Das Buch

DIE LETZTEN TAGE DES EBERS erzählt die große Geschichte des legendären Arverner-Fürsten Vercingetorix, der die zerstrittenen gallischen Stämme ein letztes Mal vereinte und im Jahre 51 vor Christus in einen beispiellosen Aufstand gegen die römischen Heerscharen führte. Es ist eine Geschichte voller Kampf und Leidenschaft, voller Intrigen und Idealismus – und es ist die Geschichte vom endgültigen Untergang der keltischen Kultur und dem Siegeszug der raubgierigen Wölfe vom Tiber.

Vercingetorix steht auf der Stadtmauer von Alesia, der gallischen Hauptstadt, und beobachtet den Sonnenaufgang. Verborgen im Morgendunst wartet der römische Belagerungsring darauf, daß er sich ausliefert und somit den letzten Aufstand der Gallier beendet. Vercingetorix' Gedanken wandern viele Jahre zurück zu dem Tag, als er mit sechzehn Jahren zum erstenmal Bekanntschaft mit den Römern machte. Damals, als sein Vater ermordet wurde, er selbst zum Krieger heranwuchs und seinem Feind und Vorbild, Julius Caesar, zum erstenmal begegnete. Wie er später, beseelt von dem Gedanken, sein Land zu verteidigen, Männer aus allen Schichten und Stämmen des keltischen Reiches zusammenbrachte, sie ausbildete und in die große Schlacht von Gergovia führte. Schmerzlich erinnert sich Vercingetorix aber auch an die Zeit nach dem großen Sieg, als seine Streitmacht auseinanderfiel und ihm die Keltenfürsten den Rücken kehrten. Und damit kehren Vercingetorix' Gedanken wieder in die morgendliche Gegenwart zurück. Nur noch eins bleibt ihm zu tun: sich Caesar auszuliefern – die letzten Tage des Ebers sind angebrochen.

Der Autor

Bernhard von Muecklich, geboren am 2. April 1955, studierte Geschichte, bevor er sich dem Schreiben zuwandte. »Die letzten Tage des Ebers« ist sein erster Roman.

BERNHARD VON MUECKLICH

DIE LETZTEN TAGE DES EBERS

Der große Roman der Kelten

Originalausgabe

WILHELM HEYNE VERLAG
MÜNCHEN

HEYNE ALLGEMEINE REIHE
Nr. 01/10566

Besuchen Sie uns im Internet:
http: //www.heyne.de

Für Tinúviël

Umwelthinweis:
Das Buch wurde auf
chlor- und säurefreiem Papier gedruckt.

Redaktion: Peter Ratgreb

Printed in Germany 1998
Umschlagillustration: Attila Boros/Agentur Sheliak
Umschlaggestaltung: Atelier Ingrid Schütz, München
Satz: Pinkuin Satz- und Datentechnik, Berlin
Druck und Bindung: Pressedruck, Augsburg

ISBN 3-453-13152-5

Prolog

Nicht mehr Nacht, und noch nicht Tag

Über dem dichtbewaldeten Höhenzug beginnt sich ein wolkenloser Himmel in ein frühmorgendliches Rosagrau zu färben, während das Tal unter einem Schleier aus Rauch und Dunstschwaden dem Morgen entgegendämmert. Das gelegentliche Klirren von Waffen und das vereinzelte Wiehern der Pferde unten an den römischen Schanzen klingt gedämpft. Fröstelnd zieht sich der einsame Beobachter auf der Stadtmauer den Mantel um die Schultern. Das Gesicht ist von Schlaflosigkeit gezeichnet. Durch zusammengekniffene Lider versuchen helle, grünblaue Augen den wabernden Nebel zu durchdringen. Nervös kaut er an einem Ende seines Schnurrbartes, welcher reusenartig seine Oberlippe bedeckt. Die schulterlangen rötlichen Haare sind, gefestigt durch eine Mischung aus Talg und Kalklauge, streng zum Nacken gekämmt. Die hohen Wangenknochen geben dem Gesicht etwas Katzenhaftes. Seine feingliedrige Linke scheint die Mauer Alesias festhalten zu wollen. Hin und wieder schälen sich die Umrisse der hölzernen Türme der gegnerischen Wehranlage aus dem Dunst.
»Mein Schicksal?«
Seine rechte Hand verkrampft sich im Mantelstoff. Die Flut der Erinnerungen umströmt ihn. Alles um ihn wird unwirklich. Kaum noch nimmt er seine Umwelt wahr, bemerkt nicht das Hinzutreten des alten Mannes neben ihm. Er gibt sich seinen Erinnerungen hin. Gedankenfetzen – wie der Nebel vor ihm. Irgendwo hinter sich in der Stadt hört er das traurig leise Spiel eines Harfners.

Karte von GALLIEN insgesamt
BRITAN
Tamesis (Themse)
Kent
(Gr. Stour)
(Kl. Stour)
Dover
Caleter
Bellovacer
Veneller
Veliocassen
Lexovier
Esuvier
Eburov. Aulercer
Sequana
Ambibarier
Osismer
Coriosoliten
Veneter
Diabl. Aulercer
Cenom. Aulercer
Redonen
Carnuten
Namneten
Anden
Liger (Loire)
Turoner
Pictonen
K E L
Lemonum (Poitiers)
Santonen
Lemovicen
Petrocorier
Vivisc. Biturigen
(Dordogne)
Uxellodunum (Puy d'Issolu)
Tarbeller
Cocosaten
Vocaten
Nitiobrogen
(Ciron)
Garunna (Garonne)
Cadurcer
Sotiaten (Sos)
Tarusaten
AQUITANIER
Auscer
(Adour)
Tolosa (Toulouse)
Tolos-
Tectos.
Bigerrionen

Menapier
Sugambrer
GERMANEN
Eburonen
Atuatuca (Tongern)?
Aduatucer
Nervier
Scaldis (Schelde)
(Köln)
(Bonn)
Ubier
(Neuwied)
Rhein
(Rhenus)
ELGER
Mt. Falhize
Mosa (Maas)
(Namur)
Condruser
Caerosen
Nemetocenna (Arras)
(Neuf-Mesnil)
Sabis (Sambre)
Viromanduer
Ardennen
Treverer
(Trier)
Vangionen
Bratuspantium?
Bibrax (V.Laon)
Berry-au-Bac
Axona (Aisne)
Remer
Noviodunum
Mt. St. Pierre
Durocortorum (Reims)
Mediomatricer
Mosella (Mosel)
Nemeter
Suessionen
Tribocer
Leucer
Matrona (Marne)
Metlosedum (Melun)
Agedincum (Sens)
(Donau)
Lingonen
(Fecht)
Latobrigen
Tulinger
Ambivareter
TEN
Sequaner
(Belfort)
(Rioz)
Villersexel
Alesia (Alise-Sainte-Reine)
Magetobriga?
Vesontio (Besançon)
Dubis (Doubs)
Mandubier
(Dijon)
Noviodunum (Nevers)
Bibracte (Mt Beuvray)
Cavillonum (Chalon)
(Pontarlier)
Helvetier
Lepontier
Gorgobina
Boier
Decetia (Decize)
Haeduer
Armecy (Toulon s.A.)
Arar (Saône)
Matisco (Mâcon)
Ambarrer
Jura
(Genfer-See)
Nantuaten
Veragrer
Seduner
ALPEN
Genava (Genf)
Octodurus (Martigny)
Segusiaver
(Ambérieux)
Pas de l'Ecluse
(Gr. St Bernhard)
Comum (Como)
Gergovia
Vellavier
Vienna (Vienne)
Allobrogen
(Kl. St. Bernhard)
Ceutronen
Vercellae (Vercelli)
DIESSEIT.
GALLIEN
Graioceler
Padus (Po)
Elaver (Allier)
Isara (Isère)
Mont Genèvre
(Dora Riparia)
Ocelum
Gabaler
Helvier
Rhodanus (Rhone)
Vapincum (Gap)
Caturiger
Brigantio (Briançon)
Vocontier
Cevennen
M. PROVINZ
Druentia (Durance)
Arelate (Arles)
Aquae Sextiae (Aix)
Salyer
Narbo (Narbonne)
Massilia (Marseille)

1

»Fearr!

Die Stimme seiner Mutter. »Fearr, bring das Pferd in den Pferch und komm ins Haus! Dein Vater will mit dir sprechen!«

Das bedeutete zunächst nichts Gutes. Der Junge zügelte sein Pferd, sprang ab, tätschelte den starken Hals und führte es in die neben den Stallungen liegende Koppel. Ausgefressen hatte er nichts, soviel er wußte. Was also konnte sein Vater von ihm wollen? Seine Mutter, eine Frau von schlankem, hohem Wuchs, lehnte neben der Tür. Als er an ihr vorbeiging, strich sie ihm mit einer zärtlichen Geste durch das ungebändigte rote Haar.

Vor dem offenen Kaminfeuer im Inneren der dunklen, holzgetäfelten Halle, deren relativ niedriges und offenliegendes Dachgebälk vom Rauch über die Jahre hin nahezu schwarz geworden war, saß sein Vater auf einem Sessel aus Bronze und Leder. Fearrs Augen hatten sich bald an das Dämmerlicht des Raumes gewöhnt, und er bemerkte die Gestalt eines zweiten Mannes, der mit verschränkten Armen links neben der Feuerstelle stand. Es war sein Onkel Govanned. Die Atmosphäre kam ihm irgendwie gespannt vor. Auf dem großen, mit kunstvoll verschlungenen Schnitzereien versehenen Tisch in der Mitte der Halle fiel ihm ein in ein Tuch eingeschlagener, länglicher Gegenstand ins Auge.

»Mein Vater! Onkel Govanned!«

Fearrs Vater hob den Blick und sah seinen Sohn wohlwollend, aber scharf an.

»Machst du Fortschritte mit dem Gaul? Seit du ihn geschenkt bekommen hast, scheinst du dich ja um nichts anderes zu kümmern.«

»Na ja, er ist halt noch jung und wild und ...« Fearr schluckte. Was sollte das Gefrage nach dem Pferd? Noch gestern hatte der Vater ihn wegen seiner Fertigkeit, die er beim Zureiten des Tieres zeigte, gelobt.

Jetzt war sein Onkel an ihn herangetreten und hatte ihm die Hände auf die Schultern gelegt. Govanned war von gleicher kräftiger Statur wie sein Bruder Celteall, Fearrs Vater. Er war nur ein paar Jahre jünger; die schwarzen, schon leicht angegrauten Haare fielen ihm bis auf die Schultern.

Seine dunklen Augen hatten einen faszinierenden, manchmal fast schon fanatischen Blick. Bekleidet war er mit einem einfachen Kittel aus hellem Leinen und einer buntkarierten Hose aus einem dichtgewebten Wollstoff in den Farben des Stammes der Arverner. An den Füßen trug er halbhohe Stiefel aus feingegerbtem Wildleder, deren Spitzen nach oben gebogen waren. Ein dunkelblauer, wollener Kapuzenmantel, der am Halsansatz von einer feinziselierten, prächtigen Goldfibel zusammengehalten wurde und bis zu den Waden reichte, lag ihm um die breiten Schultern. Ein aus massivem Gold gearbeiteter, daumendicker Halsreif vervollständigte das äußere Erscheinungsbild des Arvernerfürsten.

»Mach das Bündel auf und sag uns, was du siehst«, sagte er mit leiser, eindringlicher Stimme zu seinem verständnislos dreinschauenden Neffen. Fearr schlug mit vor Erregung zitternden Händen das Tuch umständlich beiseite und legte ein in einer schmucklosen Holzscheide steckendes kurzes Schwert frei.

»Nun, das … das ist … ist ein ziemlich kurz geratenes Schwert …«, stotterte er zögerlich, sich der Dümmlichkeit seiner Antwort gleich bewußt werdend.

»Ja, in der Tat, das ist das ziemlich kurz geratene Schwert eines immer länger werdenden Armes, der sich begehrlich nach unserem Land reckt«, bellte Govanned. Fearr starrte seinen Onkel hilflos an. Dann wandte er sich seinem Vater zu.

»Das, was du da siehst, ist eine römische Klinge, mein Sohn«, erklärte Celteall sanft. »Und was dein Onkel meint«, fuhr er weiter fort, »ist, daß du endlich lernen solltest, mit einem Schwert umzugehen. Immer häufiger erreichen uns beunruhigende Nachrichten aus dem Süden, daß die Römer Gelüste zeigen, ihren Machtbereich auf unser Land auszudehnen. Früher oder später, so glaube ich, werden sie versuchen, ihre Legionen gegen uns in Marsch zu setzen. Fearr, du bist mein Erbe und wirst dereinst die Verantwortung über unseren Clan zu tragen haben. Jagen und Pferde zuzureiten war bislang dein Lebensinhalt. Jetzt aber ist für dich die Zeit gekommen, die Welt kennenzulernen, die sich jenseits der dir vertrauten Wälder und Felder unserer Heimat befindet. Deine Mutter und ich haben deshalb beschlossen, daß du für die nächste Zeit bei deinem Onkel leben sollst. Du wirst ihn auf seinen Reisen begleiten und dadurch Gelegenheit haben, die Stämme unseres Volkes kennenzulernen. Des weiteren wirst du in dieser Zeit von Govanned in allen Kampftechniken unterwiesen, auf daß du dir einen Namen erringst in den Reihen der Krieger unseres Clans. Ich will, daß du, wenn du meine Nachfolge antrittst, meinem, unserem Namen Ehre machst.«

Celteall betrachtete seinen Sohn liebevoll aus seinen wasserblauen, ein wenig melancholisch blickenden Augen. Dann erhob er sich aus seinem Sessel, ging auf Fearr zu und umarmte ihn innig.

Fearr wußte nicht, wie ihm geschah. Eine derartige Gefühlsäußerung seines Vaters hatte er noch nie erlebt. Bislang hatte Fearr seinen Vater als den unnahbaren Clansherren der Arverner erlebt, der noch nicht einmal dem eigenen Sohn irgendwelche Privilegien zubilligte.

Im Gegenteil, zunächst waren die Belange des Clans für ihn von Bedeutung. Selbst der geringste unter den Knechten am elterlichen Hof fand Gehör bei seinem Vater. Nur seiner Frau gegenüber erlaubte er sich, zärtliche Regungen zu zeigen.

Celteall griff zu seinem silbernen Becher. »Schenk uns nach, Fearr, und füll auch dir eine Schale Wein ein!«

Zum erstenmal durfte er Wein trinken. Fearr geriet zunehmend in eine feierliche Stimmung. Irgend etwas Endgültiges, Schicksalträchtiges haftete dieser Stunde an. Einerseits lockte ihn die Aussicht, fremde Länder zu sehen, andererseits saß die Geborgenheit der ihm gewohnten Umgebung noch tief in ihm.

»Es fällt mir nicht leicht, dich jetzt ziehen zu lassen, glaube es mir«, führte Celteall weiter aus. »Gerade jetzt bräuchte ich dich hier. Es gibt Unruhen im Clan.« Er schaute in sein Trinkgefäß. »Trinken wir auf das ewige Rad ...«, begann er die uralte Weiheformel.

»Wo immer es uns auch hinführen mag – Taran wird unseren Weg begleiten!« setzte Govanned, seinen Becher erhebend, hinzu.

»Taran ist bei uns! Taran begleitet unseren Weg!« vollendete Fearr murmelnd den Spruch und schüttete gemeinsam mit seinem Vater und seinem Onkel etwas Wein auf den Boden. Dann tranken sie gemeinsam ihre Becher in einem Zuge leer.

»Fearr, mein Junge, vergiß nicht, daß du, bevor du uns verlassen wirst, auf jeden Fall noch Cunlean aufsuchen solltest«, ermahnte Celteall seinen Sohn nachdrücklich. Fearr wurde es warm ums Herz, als er den Namen hörte. Cunlean, der Druide, lebte fernab von jeglicher menschlichen Behausung am Rande eines ausgedehnten Eichenwaldes. Er liebte diese selbstgewählte Abgeschiedenheit, die er nur mit Cardho, seinem Gehilfen und Nachfolger, teilte. Es kam zwar ab und zu vor, daß er einen Schüler annahm, aber das war äußerst selten, denn Cunlean wählte den Kandidaten erst nach strengen Prüfungen hinsichtlich dessen geistigen und menschlichen Fähigkeiten aus. Auch Fearr hatte das Glück, einer dieser Auserwählten gewesen zu sein. Er erinnerte sich noch sehr gut an den Tag, als Cunlean spät am Abend im Hause Celtealls erschienen war. Der Junge war sofort von der erhabenen, fast mystischen Aura, die die Persönlichkeit des Druiden umgab, fasziniert gewesen. Mit geduldiger Leichtigkeit hatte er den Knaben in ein kompliziertes Frage-und-Antwort-Spiel verwickelt. Am nächsten Morgen schon wanderte Fearr mit dem Druiden zu dessen einsamer Klause, wo er nahezu ein Jahr verbringen durfte. Während dieser Zeit lernte er unglaublich viel.

Cunlean unterwies ihn in den Traditionen und dem Glauben seines Volkes. Doch während ausgedehnter Wanderungen machte Cunlean seinen Schützling auch mit den ewigen Gesetzmäßigkeiten der Natur vertraut. Er lernte die Tiere und Pflanzen seiner Heimat zu benennen und mit ihnen umzugehen. Dabei wies der Druide immer wieder darauf hin, daß jegliches Lebewesen ein Kind der Großen Mutter sei und deshalb, wenn es auch noch so klein und unbedeutend erscheinen würde, mit größtem Respekt und höchster Achtung zu behandeln sei. Nächtens dann, am flackernden Herdfeuer, erzählte Cunlean von seinen Reisen in fremde Länder, wo Menschen lebten, die eine völlig andere Kultur und Sprache hatten als das Volk der Kelten. Am meisten hatten den Jungen allerdings die Erzählungen von den großen Meeren, die im Norden und Süden das Land umspannten, interessiert. Noch heute träumte Fearr davon, einmal an den Gestaden jener unendlich in den Horizont reichenden Wassermassen zu stehen und dem Geräusch der sich an den Felsen brechenden Wellen zu lauschen. »Ja, Vater, gleich morgen früh werde ich zu ihm reiten«, sagte Fearr und nahm einen herzhaften Zug aus seinem Becher. Ganz im stillen weihte er diesen Schluck seinem alten Lehrer. Dann versuchte er wieder dem Gespräch, das sich zwischen seinem Vater und Govanned entwickelte, zu folgen. Vieles von dem, was die beiden beredeten, war für ihn unverständlich; was wußte er auch schon von den Rankünen der Politik zwischen den Stämmen. Irgendwann, wohl ausgelöst durch den ungewohnten Genuß des schweren roten Weines, übermannte ihn eine tiefe Müdigkeit, und er nickte auf seinem Stuhl von einer Minute zur anderen ein.

2

Mit schneidenden Kopfschmerzen wachte Fearr am nächsten Morgen auf. Das geschäftige Treiben im Hause hatte ihn aus seinem von absurden Träumen begleiteten Schlaf geweckt. Immer noch spürte er die Nachwirkungen des Alkohols in seinem Gehirn. Eine lange Weile blieb er bewegungslos auf seinem Bett liegen, dann beschloß er, aufzustehen. Jede seiner Bewegungen wurde von einem quälenden Stechen in seinem Kopf bestraft. Taumelig verließ er sein Zimmer und ging langsam, sich immer wieder irgendwo anlehnend, auf den Hof und weiter zum Brunnen. Die helle Frühlingssonne erschien ihm unerträglich grell, und er mußte fortwährend blinzeln. Am Brunnen angelangt, schüttete er sich einen Eimer kaltes Wasser über seinen umnebelten Kopf. Es half nichts. Noch zwei weitere Eimer folgten dem ersten, aber Fearr konnte keine Erleichterung seiner Schmerzen feststellen. Kurz entschlossen richtete er sich auf und rannte, grimmig seine Pein herausschreiend, zum nahe gelegenen Weiher. Ohne zu zögern sprang er in das flache Gewässer und ließ das eiskalte Wasser seinen Körper umspülen. Nachdem er mehrere Runden geschwommen war, verspürte er endlich eine deutliche Linderung seines Kopfwehs. Langsam kehrten seine Lebensgeister zurück, und er fühlte sich einigermaßen erfrischt. Ein paarmal noch tauchte er unter, dann strebte er wieder dem Ufer zu, stieg aus dem Teich und ließ sich rücklings auf das taufeuchte Gras sinken. Tief atmete er die klare, warme Frühlingsluft ein und schloß dabei die Augen. Das Zwitschern der Vögel und das leise Rauschen des nahen Birkenwäldchens drang an sein Ohr. Ein wenig später war sein Kopf schmerzfrei. Er erhob sich, lief wieder zum Hof in sein Zimmer, wo er sich mit Hemd und Hose bekleidete. Hastig stopfte er sich ein Stück von dem frischgebackenen Brot in den Mund, das er zuvor mit dem herrlichen Kräuterkäse bestrichen hatte, den seine Mutter erst vorgestern angesetzt hatte. Dann schlenderte er zur Koppel und griff sich ein Zaumzeug. Ein kurzer Pfiff, und sein Pony galoppierte übermütig zu ihm hin. Er zäumte es auf, schwang sich auf den kräftigen Rücken des Tieres und trabte durch das Hoftor dem nahen Wald zu.

Als er den Waldrand erreicht hatte, ließ er sein Pony in Schritt fallen und saugte genüßlich den würzigen Duft der Moose und Bäume ein. Ja, unverkennbar, es war endlich Frühling geworden. Alles ergrünte und erblühte. Fearr fühlte sich glücklich und frei. Wieder trabte er an und strebte dem Waldrain zu. Dort angekommen, verhielt er neben den eingefallenen Blöcken eines alten Steingrabes. Seine Augen schweiften über das vor ihm liegende Panorama. Leicht hügelig erstreckte sich ein ausgedehntes Wiesengelände zum Bach hinab, an dessen Auen wulstige alte Weiden wuchsen, deren Kätzchen graugelb in der Sonne schimmerten. Die Blumen und Sträucher auf den Wiesen erstrahlten in bunter Pracht und Vielfalt und lockten Bienen und Schmetterlinge in allen Farben an. Mit einem Jubelschrei feuerte er sein Pony an und ritt in voller Karriere zum Bach hinunter. Das Wasser war klar und an dieser Stelle ziemlich flach. Beim Hindurchreiten störte er ein paar Forellen auf, die nach allen Seiten davonstoben. Dann galoppierte er den leicht ansteigenden Hang hinauf, einem lichten Eichenhain zu. Dort, in einer runden, strohgedeckten Hütte, wohnten Cunlean und Cardho, sein Lehrling.

Als ob er Fearr erwartet hätte, stand der Druide vor seinem Haus, gestützt auf seinen mit verschlungenen Mustern reichlich verzierten langen Stab. Das schon ergraute, ehemals schwarze Haar trug er, vom Stirnansatz bis zur Mitte des Kopfes rasiert, schulterlang. Wache, hellblaue weise Augen spähten aus einem wettergegerbten, sonnengebräunten Antlitz. Bekleidet war er mit einem einfachen, wollenen, knöchellangen Gewand in unbeflecktem Weiß.

Fearr parierte sein Pferd, sprang ab und warf die Zügel dem herbeieilenden Cardho zu. Dann lief er zu seinem alten Lehrer, der seinen Stab an die Hauswand lehnte und die Arme ausbreitete; lachend fielen sich beide in die Arme. Wenig später saßen sie bei einem Krug Korma*, Brot, Käse und Honig auf der Bank neben dem Hauseingang. Nachdem Fearr zunächst von seinen kleinen Sorgen und Alltäglichkeiten am Hofe seines Vaters berichtet hatte, erkundigte sich Cunlean nach dem Grund seines unerwarteten Besuchs.

»Vater möchte, daß ich für einige Zeit bei Onkel Govanned leben soll. Er wünscht, daß ich mit ihm auf Reisen gehe, um unser Land und andere Stämme kennenzulernen. Außerdem wird Govanned mich zum Krieger ausbilden.«

Cunlean nickte leicht mit dem Kopf.

»Nun ja, auf ewig kannst du nicht der Pferdepfleger dei-

---

* Korma – Siehe Glossar S. 335.

nes Vaters bleiben!« Cunlean nippte von seiner Korma. »Ich finde die Entscheidung deines Vaters gut«, fuhr er nach einer Pause fort. »Höchste Zeit, daß du die Welt außerhalb des arvernischen Clangebietes zu sehen bekommst. Schau, Fearr, vieles konnte ich dich lehren, aber nun ist der Augenblick gekommen, daß du beginnst, dich selbst zu vervollkommnen und zum Mann zu reifen. Betrachte nur diese große Eiche dort.« Cunlean wies auf einen mächtigen, alleinstehenden Baum unweit des Hauses. »Als kleine Eichel lag sie einst auf dem Boden. Irgendwann entstand ein Wurzelgeflecht. Wasser und Erde dienten als Nahrung. Dann strebte zaghaft ein zarter Schößling zum Licht. Wenn der Boden schlecht ist oder kein Wasser erhält, verkümmert der junge Trieb. Wächst er aber ungestört heran, so beginnt der junge Stamm bald Äste und Blattwerk auszutreiben. Und wieder Jahre später wird auch er Eicheln tragen und sie zur Erde fallen lassen, aus der einst er selbst entstand. So ist es auch mit dem Leben eines Menschen: Deine Familie, wie auch ich, waren das Wasser und das Erdreich, die dich wohlbehütet zum Jungbaum wachsen ließen. Nun ist es an dir, ein kräftiger Stamm zu werden und Äste, Laubwerk und Früchte zu entwickeln. Vielleicht wirst du dereinst auch so ein mächtiger Baum, unter dessen Laubdach, andere Schatten suchen – wer weiß? Aber eigne dir zudem auch die Geschmeidigkeit der Birke an: leichter fällt die starke, trotzige Eiche unter einem dahinrasenden Sturm als jener schlanke Baum!« Fearr vergaß sein Mahl und hing fasziniert an den Lippen seines Lehrers. »Du hast vieles gelernt«, mahnte dieser noch, »aber du darfst nie aufhören, zu lernen! Der Mensch, der nicht mehr lernen will, ist tot. Merke dir zu guter Letzt noch, daß nichts, was dir auf deinen zukünftigen Wegen begegnen wird, von Grund auf gut oder böse ist. Es gibt das eine nicht ohne das andere. Die Biene sticht nur, wenn sie angegriffen wird.«

Mittlerweile war es Abend geworden, und es wurde merklich kühler. »Komm, Fearr, laß uns nun hineingehen und uns ans Feuer setzen. Morgen magst du dann zurückreiten«, schlug Cunlean vor.

Bald darauf, draußen war es schon dunkel geworden, saßen Cunlean, Cardho und Fearr gemütlich um die offene Herdstelle, in der ein Feuer wärmend prasselte. »Meister«, fragte Fearr, »gestern abend zeigten Vater und Onkel Govanned mir ein Römerschwert und sagten, daß die Römer sich anschicken würden, uns zu bekriegen. Und dann haben sie gesagt, daß das Anlaß zur Besorgnis gäbe, da unsere Stämme uneins seien und den römischen Legionen nicht standhalten könnten. Vieles davon habe ich jedoch nicht verstanden.«

Cunlean starrte in die Flammen und drehte versonnen seinen Krug in der Hand. »Es ist leider die Wahrheit. Schau, Fearr, unser Volk war von jeher unruhig und wanderlustig. Es gab eine Zeit, da sind die Stämme der Kelten in die entferntesten Länder dieser Erde gezogen. Habe ich dir je von dem Fürsten Bran na Shea erzählt, der vor drei Menschenaltern mit seinen Scharen vor die Tore Roms marschiert ist und es erobert und gebrandschatzt hat? Aber er, wie viele andere Clansherren, hatten es nicht verstanden, die Besiegten zu beherrschen und Reiche zu schaffen. Ja, es ist wahr – unser Volk ist uneins. Nur der eigene Stamm zählt. Das ist es, was uns letztendlich, trotz aller Tapferkeit und allem Unternehmensdrang, verwundbar macht. Andere Völker, wie die Römer, haben gelernt, sich in Gemeinschaften zu organisieren, die sie Staaten nennen. Unsere Clans hingegen können zwar zusammen kämpfen, aber auf Dauer nicht zusammenleben. Selbst du weißt doch, daß die Arverner seit Generationen im Streit mit den Lemovikern liegen, die doch eigentlich ihre Nachbarn sind. Ganz anders sieht das bei den Römern aus. Ich war in Rom ... etwas, das ich dir nie erzählt habe, aber jetzt ist der rechte Moment dafür gekommen.« Cunlean hielt inne und trank aus seinem Krug. Dann begann er, seine Erlebnisse zu schildern. Er ließ die wechselhafte Geschichte des Volkes am Tiber vor den geistigen Augen seiner jungen Zuhörer entstehen und beschrieb anschaulich die majestätische Größe Roms. Fearr bekam langsam einen Eindruck, nicht nur von jener fernen, sonnendurchfluteten mediterranen Welt, sondern auch von dem komplizierten, aber überaus effektiv funktionierenden Staatsapparat der Römer. Staunend hörte er auch von anderen Kulturen, die, in Nachbarschaft zu den Römern, ebenfalls um das Mittelmeer beheimatet waren, wie die Griechen und Etrusker, von denen die Römer in Kunst und Politik profitiert hatten.

»Fearr, es ist wahr. Die Anzeichen mehren sich, daß die Römer damit beginnen werden, sich auch noch unser Land in ihr Reich einzuverleiben. Gewiß, unsere Stämme sind stark, aber ihre Uneinigkeit macht sie schwach gegenüber dieser straff organisierten Militärmacht. Schwere Zeiten brechen für uns an! Eine große Unruhe erschüttert die Harmonie unserer geheiligten Mutter Erde. Geh hinaus mit deinem Onkel und lerne. Es scheint mir – alle Zeichen deuten darauf hin –, daß du, mein Sohn, vom Schicksal auserwählt wurdest, dereinst einen besonderen Platz in den Reihen unseres Volkes einzunehmen. Deine Zeit wird kommen, aber nur du wirst erkennen, wann das so sein wird.« Nach diesen orakelhaften Worten versank Cunlean in ein tiefes Schweigen und schaute seltsam entrückt in die Flammen.

Fearr fühlte sich wie in Trance. Schemenhaft tauchten in seiner Fantasie riesige Städte auf, groß und farbig. Menschen wimmelten wie in einem Ameisenhaufen darin umher. Und dann, im stampfenden Gleichschritt, näherten sich metallene, dunkel drohende Kader. Er erkannte ein Symbol, vielleicht ein Feldzeichen – einen goldenen Adler mit weit ausgebreiteten Schwingen, und in seinen Klauen hielt er ein Bündel gleißender Blitze …

»Fearr!« die Stimme Cunleans riß ihn aus seiner Vision. »Es ist schon bald Mitternacht. Dort hinten findest du dein Lager für die Nacht. Leg dich nun hin und schlafe dich aus.«

»Danke, Meister! Und gute Nacht!« Wenig später war er in einen tiefen, traumlosen Schlummer gefallen.

Es war Stunden später, als Fearr von Cunlean sanft wachgerüttelt wurde. Schlaftrunken öffnete er die Augen.

»Was ist, Meister?«

»Komm, Fearr, steh auf, zieh deinen Mantel an und folge mir. Es ist die Stunde zwischen Nacht und Tag, die Stunde, in der die Anderswelt der unseren am nächsten ist.«

Wortlos stand er auf und folgte dem Druiden aus dem Haus. Ihn fröstelte, und so stülpte er sich die Kapuze seines Mantels über den Kopf und hüllte sich in den wärmenden Wollstoff. Cunlean lenkte seine Schritte, mit seinem Stab energisch ausschreitend, zu dem vor ihnen liegenden Eichenwald, und bald hatte das Dunkel des Waldes sie verschluckt. Nichts war zu hören – kein Lüftchen rührte sich. Dicke Nebelschwaden geisterten zwischen den mächtigen Baumriesen. Der Pfad stieg leicht an, und endlich gelangten sie auf eine Lichtung. Der Nebel waberte dicht über dem Boden. Am nachtklaren Himmel, der sich über den beiden einsamen Wanderern wölbte, funkelten bewegungslos die Sterne. Es kam Fearr so vor, als ob das Rad des Kosmos zum Stillstand gekommen sei. Das sie umgebende bläulich-fahle Licht ließ eine geradezu unheimliche Atmosphäre entstehen. Plötzlich fühlte Fearr die Hand Cunleans auf seiner Schulter. Er wagte kaum zu atmen – die sie umgebende Stille war bedrückend hörbar. Intuitiv wußte er, daß irgend etwas Besonderes passieren würde – ohne Grund hätte der Druide ihn zu einer so ungewöhnlichen Stunde nicht hierher geführt.

Sein Herz pochte wie wild. Unmerklich verstärkte sich der Griff Cunleans. Und dann stockte Fearr schier der Atem …

Auf einem kleinen Hügel, der sich in der Mitte der Lichtung erhob, stand urplötzlich die massige Gestalt eines riesigen Ebers. Witternd bewegte er seinen starken Kopf, und das bleiche Mondlicht ließ sein mächtiges Gewaff aufblitzen.

Fearr hatte das unbestimmte Gefühl, daß das Tier ihn mit seinen kleinen, stechenden, rotglühenden Augen fixierte.

Der Moment schien sich ins Unendliche auszudehnen.

Dann, mit einem unwirklich grollenden Ton, hob der Eber sein Haupt zum fahlen Mond, schüttelte den hohen Borstenkamm – und war im gleichen Moment genauso geheimnisvoll verschwunden, wie er erschienen war.

Immer noch im Bann dieser rätselhaften und unheimlichen Begegnung stehend, konnte Fearr noch lange seinen Blick nicht von dem Hügel wenden, als ob er erwartete, daß der Eber wiederkommen würde.

Eine geraume Weile verstrich in fast schmerzhafter Lautlosigkeit, dann durchbrach ein einsamer Vogelruf die bedrohliche Stille.

Langsam wurde es grau um ihn her, und die Morgendämmerung begann. Fearr zog wie befreit die Luft tief ein, und mit einemmal drang das Rauschen des Waldes wieder in sein Ohr, hörte er die Stimmen der anderen Vögel, die sich zu dem Gesang des ersten gesellten, um den erwachenden Tag zu begrüßen.

Schweigend und immer noch etwas benommen trat er dann mit Cunlean den Rückweg an.

Unzählige Gedanken schwirrten durch Fearrs Gehirn, aber sie alle wurden beherrscht von der Unglaublichkeit des soeben Erlebten.

Fearr hatte den großen Eber gesehen!

Seit den Zeiten der Urväter galt der Eber als das gemeinsame Totemtier bei allen keltischen Stämmen als heilig. Er war ein Geistsymbol, welches nur den Männern und Kriegern vorbehalten war. Die Frauen hatten eigene Geistwesen, die von ihnen in uralten Ritualen verehrt wurden, wie die weiße Hindin, die im geheimen Kult der Großen Mutter Bedeutung fand. Man sagte, daß die Priesterinnen der Großen Mutter die Macht hätten, sich des Nachts in weiße Hirschkühe zu verwandeln, um so, durch Wälder und Wiesen streifend, über die Geschicke aller Kinder von Mutter Erde wachen zu können.

Der Eber war gleichsam der männliche Gegenpart zur Großen Mutter, obgleich sie ihn geboren hatte. In ihm vereinten sich die Ideale des keltischen Kriegers – Angriffslust, Furchtlosigkeit und Manneskraft. Der große Eber stand zudem auch für das Land, welches es zu verteidigen galt, und so wurde der Eber als Feldzeichen von dem jeweils tapfersten Krieger des Stammes während einer Schlacht dem Heer vorangetragen, in die Reihen des Feindes hinein, um die Männer zu äußerstem Wagemut anzuspornen. Es gab auch einen geheimen Kriegerorden, dessen Mitglieder ganz nackt und nur mit einem Eberschädel als Helm in den Kampf zogen.

An all das mußte Fearr denken, und er erschauerte ehrfurchtsvoll unter der ihm gerade zuteil gewordenen göttlichen Vision.

Nach und nach wurde ihm deutlich, daß die Erscheinung ihn zum Mann gemacht, den Weg des Kriegers gewiesen hatte. Mit tief empfundener Dankbarkeit sandte er ein inniges Gebet zu den Göttern.

Als Fearr sich dann noch ein letztes Mal zu der Lichtung umwandte, war es ihm, als ob ein großer Vogel, vielleicht ein Adler, vor dem zunehmend verblassenden Mond vorbeistrich. Aber ganz sicher war er sich nicht – er war möglicherweise in dem Aufruhr seiner Gefühle einer Sinnestäuschung erlegen –, und so beschloß er, diese letzte Beobachtung später vor Cunlean nicht zu erwähnen.

Inzwischen war das Konzert der Vögel angeschwollen, und der Nebel verflüchtigte sich allmählich. Fearr fand sich mehr und mehr in der Gegenwart und verspürte ein starkes Hungergefühl.

Wieder im Hause Cunleans angelangt, erwartete sie zum Glück ein reichhaltiges Frühstück, bestehend aus noch warmem Brot, Schinken, dicker Milch, Käse und Honig, welches Cardho in der Zwischenzeit vorbereitet hatte. Während der Heißhunger ihn kräftig zulangen ließ, fühlte Fearr, wie tiefer Frieden und ein inniges Glücksgefühl Einzug in seinem Herzen hielten. Cunlean mußte es bemerkt haben, denn er lächelte seinen Schützling immer wieder wissend und aufmunternd an. Immer noch beeindruckt von der nächtlichen Begegnung, nahmen sie schweigend ihr Mahl zu sich.

Dann kam der Moment des Abschieds. Sie umarmten sich innig, und der Druide segnete seinen Schützling.

»Wir werden uns wiedersehen, Fearr! Vielleicht in nicht so glücklichen Zeiten, aber bis dahin haben du und auch ich noch etliche, nicht immer einfache Aufgaben zu lösen. Aber was immer du auch in Zukunft tun magst – denke immer an den heutigen Morgen und präge dir das Geschaute tief in der Seele ein. Nun aber fort mit dir, zu den deinen! Reise mit Govanned durch unser herrliches Land! Beobachte und schweige! Die Götter sind mit dir, Fearr Singetrech. Noch vermag ich nicht genau zu erkennen, welch große Prüfungen sie dir zugedacht haben – aber ich kann es ergründen, und dann werde ich dich finden, wo immer du auch sein magst! Erwarte mich dann, wenn du in Not bist – oder wenn du es am wenigsten erhoffst ...! Leb wohl, bis zu dieser Stunde!«

Fearr warf seinem Lehrer einen Blick zu, in dem sich Bewunderung und Traurigkeit mischten. Dann bestieg er sein Pony, das Cardho gesattelt hatte, und ritt seines Weges.

Noch einmal wandte er sich um und sah den alten Mann mit segnend ausgebreiteten Armen, den Stab in der Hand, vor seinem Hause stehen.

Fearr winkte ihm ein letztes Mal zu, dann stob er davon, sich verstohlen die Tränen aus den Augen wischend.

3

Es war schon Mitte Mai geworden, als Fearr und sein Onkel Govanned Celtealls Hof verließen und sich zunächst nach Bebracht, der Hauptstadt der Haeduer, auf den Weg machten.

Dort würden sie sich mit den beiden Haeduerfürsten Dumnorech und Dyffekiach treffen, zwei Brüdern aus dem angesehensten Hause des Clans. Celteall hatte beschlossen, ein Bündnis zwischen den beiden mächtigsten keltischen Clans zu schließen. Govanned sollte als arvernischer Unterhändler diesen Plan in geheimer Mission den beiden Fürsten unterbreiten.

Seit zwei Tagen waren sie nun schon unterwegs, und seit zwei Tagen hatte es nicht aufgehört zu regnen. Schweigend ritten sie nebeneinander über die rauhe, karge Hochebene, die sich bis fast zur Grenze des Haeduergebietes erstreckte.

Fearr hing seinen Gedanken nach und erinnerte sich ein wenig schwermütig an den Abschied von den Seinen. Unwillkürlich umfaßte er mit seiner Rechten den Griff des Schwertes, das er am Abend vor seiner Abreise von seinen Eltern geschenkt bekommen hatte. Der ganze Clan hatte sich an diesem Tag im Hause seines Vaters versammelt, um dieses Ereignis gebührend zu feiern.

Alle waren sie gekommen, und Celteall hatte alles auffahren lassen, was der Hof hergab. Die eigens dafür bereitgestellten Tische in der Halle bogen sich förmlich unter der Last der Fleischstücke von Rindern, Schweinen und Lämmern, und jeder durfte sich an Wein und Korma laben, soviel wie er wollte – und konnte.

Auch dem Gesinde und den Hörigen war es erlaubt mitzufeiern, und auch sie wurden großzügig mit Speis und Trank bedacht. Auf der freien Hoffläche waren offene Feuer entzündet worden, über denen sich Schweine am Spieß drehten. Für diese geknechteten Menschen war es eine der seltenen Gelegenheiten, sich einmal richtig satt zu essen, zu trinken, ausgelassen zu tanzen und so den von harter Arbeit und Unterdrückung geprägten Alltag für ein paar Stunden zu vergessen.

In der Halle hatte die Stimmung bald ihren Höhepunkt erreicht. Es wurde gezecht, gejohlt, und immer wieder wurde dem scheidenden Arvernerprinzen von allen Seiten zugetrunken.

Die arvernischen Krieger, wie auch die der befreundeten Clans, prahlten und wetteiferten mit ihren wahren, zumeist aber fantasievoll vorgetragenen erfundenen Heldentaten, um sich so, nach uraltem Brauch, die besten Fleischbrocken zu sichern. Das konnte bisweilen sogar zu ernsten und blutigen Zweikämpfen führen, aber im allgemeinen blieb es bei harmlosen Drohungen.

Fearr mußte schmunzeln, als er sich an das Wortgefecht zwischen Mortuach, dem Bruder seiner Mutter, und Lugaid, einem jungen kadurkischen Baron, erinnerte. Am Ende hatten sie sich so weit in jene gefährlich euphorische Rage geredet, daß sie ihre Schwerter gezogen hatten und willens waren, aufeinander einzuschlagen, nur wegen einer saftigen Schweinelende, auf die beide Anspruch erhoben. Doch schon bald hatten sie sich weinselig in den Armen gelegen und zotige Lieder gegrölt.

Aber dann, ganz unerwartet, war dieser seltsame Harfner erschienen.

Stand plötzlich mitten in der Halle vor dem hohen Kamin. Gehüllt in seinen schwarzen Mantel, das bleiche, scharfgeschnittene, bartlose Gesicht teilweise umschattet von der tief herabgezogenen Kapuze, stand er einfach da. Urplötzlich waren sie alle verstummt. Nur das Knistern und Prasseln des Feuers war zu hören.

Seine tiefen, unergründlich dunklen Augen schweiften über die Anwesenden, denen der Bissen buchstäblich im Halse steckenblieb. Ein weises, spöttisches Lächeln umspielte seine Lippen. Dann, ganz behutsam, hatte er einem weißgegerbten, weichen Lederfutteral eine Harfe aus schwarzem Holz entnommen, welche mit seltsamen Ornamenten versehen war.

»Hier ist ein junger Mann, der heute von Taran in die Welt geschickt wird. Ich bin gekommen, um für ihn zu singen«, sagte er mit leiser, melodischer Stimme. Obwohl die Halle von dem Feuer und dem Licht unzähliger Fackeln hell erleuchtet wurde, schien es, als ob sich bedrohliche Dunkelheit mehr und mehr über den ganzen Raum legen würde. Die schmalen, bleichen Hände des unheimlichen Harfners glitten mit fließenden Bewegungen über die Saiten und Spannknöpfe des zweifellos kostbaren Instruments, und schnell hatte er es gestimmt.

Und dann wurde die Halle erfüllt von den perlenden, unendlich sanften und entrückten Klängen, die er mit müheloser Leichtigkeit der Harfe entlockte. Und wie hatte er gesungen! Er sang von den Ahnen, dem Ruhm der Clans, von den Tieren und von den Bäumen. Mal wurde sein Spiel schneller und intensiver, mal verlor es sich in träumerischer Langsamkeit. Aber auch wenn er nicht sang, hatte seine Musik eine wundersame Wirkung auf die wie in Trance verharrenden Zuhörer, die unter dem Bann der Melodien die eine oder andere in wilden Rhythmen vorgetragene Weise mit dumpfen Schlägen begleiteten, indem sie mit ihren Waffen oder Trinkgefäßen auf die Tischplatte hämmerten. Im Bann der Musik begannen manche zu lachen, dann wieder zu weinen, und manchmal schienen alle einfach nur nachzudenken.

Schließlich verstummte die Harfe, und es herrschte eine erwartungsträchtige Stille. Ganz der Gegenwart entrückt, hatten die Gäste ihre Hände um die Becher und Pokale gekrampft, so als sei das die einzige Möglichkeit, den Moment festzuhalten. Zum Bersten gespannt war die Atmosphäre in der Halle.

»Fearr Singetrech – sieh dein Land!« Der Barde hatte begonnen, mit volltönender und fast schon beschwörender Stimme zu sprechen. »Unser Land, die große Mutter, ist müde! Müde und überdrüssig der stetigen Zwistigkeiten zwischen ihren Kindern, zwischen Clan und Clan. Gegen die eigenen Brüder erhebt ihr euer blutiges Schwert, immer und immer wieder. Weit verstreut in der Welt leben seit Generationen die Kinder Tarans. Sie leben wie die Kinder in den Tag hinein, und wie die Kinder zanken und streiten sie untereinander um Besitztümer, die sie nie gelernt haben zu besitzen! Haltet euch nur weiter selbstherrlich und selbstvergessen für die stärksten Krieger dieser Erde! Verschanzt euch nur weiter hinter den Mauern eurer mächtigen Städte und Festungen – und eurem Hochmut! Träumt euren Traum von Ruhm, Stolz und Ehre, während das Land und die, die es für euch – versklavt und entrechtet – bebauen, mehr und mehr dem Siechtum und der dumpfen Agonie anheimfallen. Aber ihr werdet in einem Meer aus Blut und Tränen erwachen, denn im Norden und im Süden beginnt sich eine Gefahr zu erheben, von deren Tödlichkeit und Schicksalhaftigkeit ihr auch nicht das Geringste ahnt! Ein Adler schickt sich an, herniederzustoßen, um seine Klauen in das Fleisch unseres Landes zu senken. Schon wetzt er seinen Schnabel vor dem tödlichen Hieb, während die schwarzen Wölfe des nebligen Nordens mit geifernden Lefzen dem Flug des Adlers entgegenstürmen, die sichere Beute durch die Nacht witternd. Und dann wird der Große Eber waidwund darniederliegen, wehrlos den Jägern zum Fraße ausgeliefert! Der Eber, der dich, Sohn des Celteall, ansah!«

Der Harfner hatte seine Rede beendet, doch hingen die Worte seiner fürchterlichen Prophezeiung noch lange wie blanke Schwerter über den Anwesenden, die nunmehr mit vor unsäglichem Schrecken geweiteten Augen regungslos zu Fearr hinüberstarrten. Fearr selbst war vollständig in Bann geschlagen von der übermächtig auf ihn wirkenden hageren

Gestalt im schwarzen Mantel, die ihn während der ganzen Zeit mit weit aufgerissenen dunklen Augen, aus denen ein überirdisches Leuchten strahlte, fixiert hatte.

Er hatte dann versucht, zu dem seltsamen Gast hinüberzugehen, aber es wollte ihm nicht gelingen, denn seine Knie gaben zitternd nach. Schließlich stand er leicht wankend und vornübergebeugt vor seinem Stuhl, sich dabei an der Tischkante abstützend. Mehrmals öffnete er seinen Mund, um den Harfner um eine Erklärung seiner Worte zu bitten, aber die Stimme hatte ihm versagt.

Der Sänger war unterdessen wieder vor seiner Harfe auf die Knie gesunken. Noch einmal hatte er den Blick auf Fearr gerichtet. »Fearr Singetrech! Unendliche Bürde wurde dir von den Göttern auferlegt!« sagte er mit leiser, tonloser Stimme. »Dereinst wird dein Schicksal mit dem Schicksal unseres Landes verknüpft sein. Bewahre das Land vor Adlern und Wölfen! Und heile den Eber!«

Fearr war bei diesen letzten, eindringlichen Worten des Barden auf seinen Sessel zurückgetaumelt, als hätte er einen heftigen Stoß vor die Brust erhalten. Vor seinen Augen hatte sich alles zu drehen begonnen; mit einer fahrigen, hilfesuchenden Armbewegung stieß er seinen vollen Becher um, und der Wein ergoß sich über dem Tisch.

»Nein, nein, nein – ich verstehe das alles nicht«, hatte er immer wieder geflüstert. Doch dann waren in seinem Gehirn plötzlich die Bilder jener kürzlich mit Cunlean erlebten Nacht lebendig geworden.

Die Waldlichtung!

Der Eber!

Auf einmal hatte er eine tiefe, klare Ruhe in sich verspürt. Sein Blick richtete sich auf die noch immer in atemloser Spannung dasitzenden Männer und Frauen in der Halle seines Vaters. Er sah die großen, fragenden Augen und die offenen Münder.

»Es ist wahr«, hatte er vor sich hin gemurmelt, »sie sind Kinder! Große, unschuldige Kinder!«

Dann, wie unter einem inneren Zwang, schaute er in die unvermittelt hoch auflodernden Flammen des Kamins. Alles um ihn versank in schemenhaftes Dunkel. Nach einer Weile vermeinte er, ein riesiges Rad im Feuer zu erkennen, welches sich unerträglich langsam, aber dennoch unaufhörlich drehte.

Er sah lange Trecks von Ochsen gezogener lederbeplanter Karren; und Menschen, die mit ihrem Vieh und all ihrem Hab und Gut in schier endlosen Zügen über unbekanntes Land wanderten. Dann wechselte das Bild, und er schaute brennende Städte und verbrannte Felder. Und er erlebte die unsägliche Kakophonie der Schlachten. Er sah die Krieger seines Volkes, grell bemalt und nackt kämpfend, wie ein Orkan gegen steinerne Mauern und stählerne Heere anrennen.

Fremde Heere, fremde Städte, fremde Menschen.

Namenlos!

Und nur von dem Willen getrieben, weiterzukämpfen und weiterzuziehen – ruhelos und rastlos.

Dann, wie von einem fahlen Blitz erhellt, ein Gesicht. Ein schmales, glattrasiertes Gesicht mit tief eingegrabenen Zügen, etwas verlebt wirkend, mit leicht schütterem Haar. Das Gesicht schien ihn mit kalten Augen zu mustern. Nur für einen kurzen Moment war es in den Flammen zu sehen, dann – nichts mehr.

Das feine, verträumte Spiel der wunderbaren Harfe war es dann, das die noch unter dem Bann des Geschehenen Stehenden allmählich wieder sanft in die Realität geleitete. Es hatte zwar noch eine geraume Weile gedauert, aber dann fanden sie wieder zu ihrer alten, lautstarken Fröhlichkeit zurück. Vielleicht klangen ihre Stimmen jetzt ein wenig lauter und greller, als wollten sie das, was sie eben erlebt hatten, überspielen. Trotzdem fielen Fearr während des restlichen Abends sehr wohl die verstohlenen und scheuen Seitenblikke auf, mit denen sie ihn ständig bedachten.

Der schwarze Sänger hatte indes wieder hinter seiner Harfe gekauert und mit geschlossenen Augen seine Weisen gespielt, so, als ob nichts geschehen wäre. Niemand, noch nicht einmal Fearr, hatte es gewagt, ihn im nachhinein ob seiner düsteren Prophezeiung zu befragen.

Später saß Fearr gedankenverloren und immer noch ein wenig benommen auf seinem Sessel und starrte blicklos ins

Leere. Ihm zumindest war für diesen Abend jegliche Lust am Fröhlichsein vergangen.

Zu fortgeschrittener Stunde, es war schon lange nach Mitternacht, war sein Onkel auf Fearr zugekommen und hatte ihm bedeutet, ihm zu folgen. Govanned hatte ihm den Arm um die Schulter gelegt und ihn in das Privatgemach seines Vaters geführt. Als sie den Raum betraten, der von den kleinen, flackernden Flammen in den Kohlebecken nur spärlich beleuchtet wurde, erkannte er die Gestalten seines Vaters und seiner Mutter, die mitten im Raum standen und sich schattenhaft vor dem großen, kostbaren Wandteppich abhoben.

Das feingemeißelte Gesicht seiner Mutter war ihm zugewandt, voller Liebe schaute sie ihren Sohn an. Auch in Vaters Augen erkannte er Liebe und Wohlwollen, wenngleich auch eine Spur von Besorgnis.

Celteall hatte dann seinen Arm um die Hüften seiner Frau gelegt und Fearr lange mit unergründlicher Miene intensiv und prüfend in die Augen geschaut. Das unstete Licht ließ die Furchen im Gesicht seines Vaters noch tiefer erscheinen. Wie grau und alt Vater doch geworden ist, hatte er in diesem Moment mitleidsvoll gedacht. Und tatsächlich wirkte Celteall neben seiner Frau – die sich trotz ihres reifen Alters jugendliche Frische und zeitlose Schönheit bewahrt hatte – grau und gebeugt von der Last der Verantwortung über den Clan.

Der Stimmung im Raum haftete zunehmend etwas Ernstes, Feierliches an.

»Mein Sohn«, brach Celteall schließlich das Schweigen, »du hast die Worte des Barden gehört. Du magst sie zum gegenwärtigen Zeitpunkt noch nicht verstehen, denn selbst für mich bleibt vieles von dem, was uns der Sänger kündete, im dunkeln. Aber eins wurde doch für alle deutlich, daß nämlich dir, Fearr, eine große, wenn sicherlich auch leidvolle Aufgabe für die Zukunft zugedacht ist. Vielleicht wirst du einst unser Volk einigen und unsere Feinde besiegen, wer weiß?«

»Ja, dunkel waren seine Worte«, hatte seine Mutter dann

weitergesprochen, »aber was immer sie bedeuten mögen – sei eines immer eingedenk, daß deine Eltern, wie auch dein Clan, stets hinter dir stehen werden.«

Celteall hatte unterdessen sein langes, breites Schwert, welches bis dahin über der Feuerstelle an der Wand gehangen hatte, an sich genommen. Mit zitternden Händen nestelte er es seinem Sohn umständlich an den Gürtel.

»Ich übergebe dir zum Anlaß der heutigen Ereignisse das Schwert deiner Ahnen. Eigentlich hättest du es erst am Tag meines Todes erhalten sollen, aber ich bin, durch die Worte des Barden gemahnt, zu dem Entschluß gekommen, es dir heute schon zu schenken. Seit Generationen wird diese Waffe in unserer Familie an den jeweiligen Nachfolger des Clanherren der Arverner vererbt. Das Schwert versinnbildlicht die Seele unseres wehrhaften Volkes, und sein Träger soll es zum Schutze seines Clans benutzen. Das Schwert wird dir auch dann noch zur Seite stehen, wenn du von allen deinen Freunden verlassen sein solltest. Dem Schwert kannst du immer vertrauen, den Menschen kaum. Du darfst es nie verlieren, es sei denn, du fändest den Tod in der Schlacht. Das ist das Erbe des arvernischen Volkes – und du bist seine Hoffnung!«

Celteall sprach mit bewegter Stimme, und zum erstenmal in seinem Leben sah Fearr, daß sein Vater Tränen in den Augen hatte, daß er sich am Ende sogar abwandte und hemmungslos weinte.

Fearr wußte mit dieser Situation nicht umzugehen, und so senkte er hilflos den Blick und betrachtete die Klinge des Schwertes, welches er, während sein Vater noch sprach, aus der roten Lederscheide gezogen hatte. Und wie er so voll Ehrfurcht und Bewunderung mit seinen Fingern den filigran verschlungenen Linien und Mustern folgte, die auf die bläulich schimmernde Klinge auf beiden Seiten eingeätzt waren, umfaßte seine Mutter mit ihrer Rechten die blanke Schneide und zog ihre Hand entschlossen und ohne ein Anzeichen von Schmerz bis zu dem vergoldeten, reichverzierten Knauf hinauf.

Ihr Blut war in zwei Rinnsalen über seinen Handrücken geflossen – dann berührte sie seine um den Griff liegende

Faust. In ihrem Gesicht lag ein überirdischer Glanz, und ihre Augen strahlten ihn entrückt an, während ihr Blut wie Feuer auf seiner Haut brannte.

»Ich bitte die Große Mutter, daß sie dich auf all deinen Wegen beschützen möge«, hatte sie leise gesagt.

Ein rauher Ausruf Govanneds ließ ihn abrupt in die verregnete Wirklichkeit zurückkehren. Rasch parierte Fearr sein Pferd und lenkte es an die Seite seines Onkels, der von einer kleinen Anhöhe herab das Gelände beobachtete. Aus dem lichten Kiefernwald zu ihrer Linken mühten sich vier von Mauleseln gezogene, hochrädrige und mit Planen bedeckte Karren auf dem schlammigen Weg voran.

Govanned spähte noch einen Augenblick nach vorne, dann spuckte er neben seinem Pferd auf den Boden.

»Römer!« zischte er verächtlich. »Verfluchtes Händlerpack.«

Fearr schaute genauer hin. Der Zug wurde von bewaffneten Reitern begleitet, deren Tracht sie zweifelsfrei als Angehörige des Stammes der Haeduer auswies. Seit alters her webten die Frauen bunte Muster, zumeist Streifen oder Karos in die Kleidung. Diese Muster waren bei jedem keltischen Stamm individuell festgelegt und dienten als äußeres Erkennungsmerkmal der Clanzugehörigkeit ihrer Träger. Dabei hatten gerade die Farben eine besondere Aussagekraft, da jede Farbe eine eigene Bedeutung hatte. So durften die Farben Rot und Schwarz nur von den reichsten und mächtigsten Stämmen verwendet werden, da Rot die Macht und die Größe des beherrschten Gebietes und Schwarz den Reichtum des Stammes symbolisierte. Die arvernischen Farben zum Beispiel waren Blau, Schwarz und Rot, die der Haeduer Rot, Schwarz und Grün, wobei hier das Rot dominierte. Fearr hatte als Kind schon diese Dinge von seiner Mutter lernen müssen, und so war es ihm nicht schwergefallen, die Stammeszugehörigkeit der Reiter zu identifizieren.

Da es immer noch in Strömen regnete, hatten sich die Fremden die Kapuzen ihrer Sagos so tief in die Gesichter gezogen, daß nur ihre Bartspitzen zu sehen waren.

Bald waren sie herangekommen, und der Führer der Wagenkolonne brachte mit einer Armbewegung den Zug zum Halten, da er die beiden einsamen Reiter offenbar bemerkt hatte. Dann trabte er den beiden Arvernern entgegen. Kurz vor ihnen zügelte er sein Pferd und hob die Hand zum Gruß.

»Ich bin Cassital, Sohn des Mannan. Meine Männer und ich eskortieren den römischen Kaufmann Cornelius Mutius nach Gergovia. Außerdem führe ich Botschaften des Vergobreten und des Fürsten Dumnorech mit mir, die für euren Fürsten Celteall und den hohen Rat der Arverner bestimmt sind«, wies er sich mit einem breiten Grinsen aus. Der Haeduer war ein sympathischer, noch relativ junger Mann mit markanten Zügen und gutmütigem, offenem Blick.

»Ich bin Fürst Govanned, der Bruder Celtealls. Ich grüße dich! Mit mir reitet mein Neffe Fearr. Wir sind auf dem Weg nach Bebracht, um Dumnorech und Dyffekiach im Auftrag unseres Herrn unsere Aufwartung zu machen«, erklärte Govanned seine Mission. Ihr Gespräch wurde von einem ungeduldigen Wortschwall, der in einer für Fearr unbekannten Sprache von den Wagen herüberschallte, unterbrochen.

Cassital verdrehte die Augen, schaute zum Himmel und schüttelte entnervt den Kopf.

»Amici sunt!« brüllte er, sich umwendend, gereizt zurück. »Das war Mutius. Ich sagte ihm, daß ihr Freunde seid. Ihr müßt wissen, daß dieser Römer uns schon den ganzen verdammten Weg über mit seiner Ungeduld und Arroganz auf die Nerven gegangen ist.«

Dann spuckte auch er aus, wie vorhin Govanned.

Fearr versuchte, den Römer auf dem Wagen genauer zu betrachten, aber außer dessen feister, bartloser Mund- und Kinnpartie konnte er wegen der Kapuze nichts erkennen. Wohl aber nahm er zu seiner Überraschung eine zarte weibliche Gestalt wahr, die neben Mutius auf dem Kutschbock des ersten Wagens hockte und ihm einen kurzen Blick zuwarf. Cassital mußte seinen Blicken gefolgt sein, denn er zeigte wieder sein breites Grinsen.

»Das ist Valeria Mutia, die hübsche Tochter dieses Irren«, erklärte er. »Es wird bald Nacht«, fuhr er dann fort. »Dort, hinter den Hügeln gibt es ein Dorf mit einer netten kleinen Herberge. Begleitet uns doch, wenn ihr mögt, denn allzuweit werdet ihr bei diesem Sauwetter ohnehin nicht mehr kommen.«

Govanned nickte zustimmend, und dann galoppierten die drei zu den Wagen.

In knapper Form stellte Cassital seine Begleiter dem Römer und dessen Tochter Valeria vor, dann folgte eine hitzig geführte Diskussion in jener seltsamen Sprache. Fearr verstand kein einziges Wort, und außerdem mochte er die ölige und weinerliche Stimme des Fremden nicht sonderlich.

Endlich wandte sich Cassital ihnen wieder zu. »Ich mußte Mutius gerade davon überzeugen, daß ihr keine Wegelagerer seid. Der gute Mann hatte wieder einmal Angst um sein Leben und – was für ihn noch schlimmer ist – um den Verlust seiner Waren«, sagte er resigniert. »Folgt uns also in Frieden!«

Der kleine Zug setzte sich in Bewegung, und Fearr lenkte sein Pferd wie zufällig neben den ersten Wagen. Verstohlen lugte er zum Kutschbock hinauf, hoffend, daß dieses zarte, fremde Wesen ihn noch einmal anschauen würde. Nicht nur, daß er zum erstenmal in seinem Leben Römer zu Gesicht bekommen hatte, nein, der kurze Blick des Mädchens vorhin hatte ihn völlig verwirrt. Aber nun schien sie ihn nicht weiter beachten zu wollen, denn sie hielt den Blick züchtig gesenkt. Auch Fearr bemühte sich daraufhin, teilnahmslos nach vorne zu sehen. Doch als er sich gerade anschickte, den Sattel nachzugurten, bemerkte er, daß sie ihn scheu aus den Augenwinkeln heraus dabei beobachtete. Er richtete sich wieder auf und tat so, als wäre nichts geschehen. Wieder verging so eine gute Weile, dann fühlte er sich auf einmal unverhohlen angestarrt. Mit einem verlegenen Lächeln wandte er sich ihr zu, und was er da sah, nahm ihn schlagartig in Bann und trieb brennende Röte in seine Wangen.

Das noch sehr kindliche Antlitz wurde von einem Paar großer, schwarzer, mandelförmiger Augen beherrscht, die den hellbraunen Teint ihrer Haut noch unterstrichen. Unter der feinen, schmalen und leicht gebogenen Nase wölbten sich volle, sinnliche Lippen, die ihr einen fast schmollenden Gesichtsausdruck verliehen. Sie hatte kleine, wohlgeformte Hände, deren Nägel zu Fearrs großem Erstaunen rot bemalt waren. Das Ganze hatte nur wenige Augenblicke gedauert, dann wandte sich Fearr abrupt ab und bemühte sich, gänzlich unbeteiligt zu wirken. Doch eine neue, unbekannte Erregung hatte von ihm Besitz ergriffen, und wie um jenes merkwürdige und unbekannte Gefühl abzuschütteln, gab er seinem Tier energisch die Sporen und preschte zu seinem Onkel vor, der neben Cassital an der Spitze der Kolonne ritt. Schweigend legten sie die restlichen zwei Meilen bis zum Dorf zurück und nahmen in dem rauchigen, aber durchaus behaglichen Gasthof Quartier.

Die Tiere waren bald versorgt und die Karren untergestellt. Im Vorbau des Stalls hatte sich die haeduische Begleitmannschaft ein Feuer gemacht, über dem sie ein Lamm brieten.

An einem der wenigen, aus groben Brettern gezimmerten Tischen im Inneren der niedrigen Gaststube saßen Mutius und seine Tochter sowie Cassital, Govanned und Fearr um zwei wohlgefüllte Tonkrüge, die mit köstlicher Korma gefüllt waren. Der Duft von frischgebackenem Brot und würzig gebratenem Schweinefleisch drang aus der Küche in den heute offenbar nur spärlich besuchten Schankraum.

Neugierig und ein wenig mißtrauisch wurden die Fremden von den wenigen Einheimischen, die immer wieder flüsternd ihre Köpfe zusammensteckten, begutachtet. Anscheinend verirrten sich nur selten Fremde in diese abgelegene Gegend im haeduischen Grenzland.

Der römische Kaufmann wirkte, nachdem er von Cassital erfahren hatte, wer die beiden Arverner waren, ausgesprochen aufgeräumt und wißbegierig. Später lud er sie sogar ein, für diese Nacht seine Gäste zu sein. Neugierig bestürmte er Govanned mit Fragen über das Volk der Arverner, und Cassital dolmetschte geduldig das Gespräch zwischen Mutius und Govanned, der, immer noch mißtrauisch, nur zögerlich Antwort geben wollte.

Fearr hingegen nahm keinen Anteil an dem lebhaften Gespräch, sondern hatte nur Augen für die ihm gegenübersitzende junge Römerin. Jetzt, wo er sie ohne den sie vermummenden Mantel ansehen konnte, kam sie ihm noch zauberhafter vor. Immer wieder fiel eine widerspenstige Locke ihres dichten, blauschwarzen Haares, welches ihr ohnehin schon ausdrucksvolles Gesicht umrahmte, über ihr rechtes Auge; die Unterlippe schürzend, pustete sie die Strähne dann einfach weg.

Auch sie schaute ihn unentwegt an, und obwohl keiner der Sprache des anderen mächtig war, fand doch ein stummer Dialog zwischen den beiden jungen Menschen statt, der keines Dolmetschers bedurfte.

Auf einmal bemerkte Fearr ein übermütiges Funkeln in ihren Augen, und ein seltsames Lächeln spielte um ihre Lippen. Dann erhob sie sich und schwebte in ihrem langen, gefältelten Kleid durch den Raum, der Ausgangstür zu. Den Türgriff schon in der Hand haltend, drehte sie sich noch einmal zu ihm um, und ihr verschwörerisches Augenzwinkern bedeutete ihm allzu offensichtlich, ihr zu folgen. Schon war sie aus der Pforte geschlüpft.

Er nippte noch ein-, zweimal an seiner Korma, dann stand er langsam auf, reckte sich ein wenig und folgte ihr, sich dabei betont lässig zeigend. Keiner der anderen, die an dem Tisch saßen, schien das Fortgehen der beiden bemerkt zu haben, zu sehr waren sie in ihr Gespräch vertieft.

Draußen hatte es inzwischen aufgehört zu regnen. Es dämmerte bereits, und laue Abendluft lag über den Feldern; es roch nach Gras und Erde. Fearr schaute sich nach ihr um, aber es war nichts von ihr zu sehen. Mit pochendem Herzen ging er ein paar Schritte um das Haus, und dann entdeckte er sie. Anmutig lehnte sie an dem das Grundstück begrenzenden Mäuerchen.

Ein sachter, warmer Wind spielte in ihrem Haar. Ihr langes, weißes Kleid, das um die Hüften lose mit einem schmalen, silberfarbenen Gürtel zusammengehalten wurde, umfloß ihren Körper so, daß ihre weiblichen Formen vorteilhaft zur Geltung kamen. Wie versteinert stand Fearr, völlig gefangen von diesem traumhaften Bild, eine lange Zeit einfach nur da und starrte das Mädchen mit offenem Mund an. Er mußte wohl eine ziemlich komische Figur abgegeben haben, denn Valeria begann auf einmal zu lachen und fing an, auf ihn einzureden. Mit Zeichen machte sie ihm verständlich, daß er zu ihr kommen solle, was Fearr dann auch erleichtert tat. Er stellte sich neben sie, und so verharrten sie eine Ewigkeit lang nebeneinander, bis er plötzlich das zarte Tasten ihrer schmalen Finger spürte, die versuchten, einen Weg zwischen die seinen zu finden. Er mußte sich mit aller Macht dazu zwingen, seinen Blick auf die Heidefläche, die sich vor ihnen erstreckte, zu konzentrieren, denn er merkte, daß seine Knie weich wurden bei dem ungewohnt intensiven Gefühl, das ihn überkam, als sie seine Handinnenfläche zärtlich streichelte. Dann, ganz unvermittelt, lehnte sie ihren Kopf an seine Schulter. Er schnupperte an ihrem Haar, das einen herrlichen und geheimnisvollen Duft verströmte, der sich mit dem erregend natürlichen Körpergeruch des Mädchens, das an der Schwelle zur Frau stand, zu einer betörenden Mischung vereinigte. Vorsichtig, sehr vorsichtig legte Fearr seinen Arm um ihre schmalen Schultern und zog sie sacht an sich.

Es war Nacht geworden.

4

Ziemlich unsanft wurde Fearr am nächsten Morgen von seinem Onkel geweckt.

»Habe ich dich aus deinem süßen Traum gerissen, mein Junge? Los, auf die Beine mit dir! Du hast lange genug geschlafen. Ich möchte spätestens heute abend in Bebracht sein, und es liegt noch ein gutes Stück Weg vor uns!«

Schlaftrunken stand er auf. Sein erster Gedanke galt natürlich Valeria. Govanned schien es erraten zu haben, denn er begann anzüglich zu grinsen.

»Falls du daran denken solltest, dein Techtelmechtel mit der kleinen Römerin von gestern abend fortzusetzen, dann vergiß es. Sie ist heute in aller Frühe mit ihrem Vater und den anderen gen Gergovia abgereist«, sagte Govanned süffisant. Fearr war es, als hätte er einen empfindlichen Schlag in die Magengrube erhalten. Er erbleichte und schaute wohl ziemlich verdattert drein, denn Govanned fing lauthals an zu lachen.

»Hast wohl deine erste Lektion in der Liebe erhalten, he? Na, komm schon! Du wirst nicht daran sterben. Draußen, im Hof der Herberge, findest du einen Brunnen mit kaltem Wasser. Das und ein gutes Frühstück danach wird dich wieder in Ordnung bringen!« stichelte Govanned.

Fearrs anfängliche Blässe wich der Röte der Scham – und des Zorns. Am liebsten hätte er seinem Onkel ins Gesicht geschrien, er solle sich gefälligst um seinen eigenen Mist kümmern, vor allem dann, wenn es um seine ureigensten und intimsten Gefühle ginge. Doch besann er sich noch rechtzeitig und klappte nur ein-, zweimal den Mund auf und zu, um dann ohne weiteren Kommentar den Raum fluchtartig zu verlassen. Heftig knallte er die Tür hinter sich zu und ließ einen sich vor Lachen ausschüttenden Govanned zurück.

Am Brunnen angekommen, wusch er sich hastig und ging dann zu dem Mäuerchen an die Stelle, an der er gestern abend mit ihr gestanden hatte. Zärtlich strichen seine Hände über die Steine, die sie mit ihrem Körper berührt hatte …

Dann brach es aus ihm heraus, und er fing bitterlich an zu weinen. Doch nach einer Weile hatte er sich wieder gefaßt, und sein Schmerz und seine Ohnmacht schlugen in kalte Wut um. Seine erste Regung war es, sich aufs Pferd zu schwingen, ihr nachzureiten und ihr gehörig die Meinung zu sagen. Schon rannte er zu den Stallungen, da gewannen sein Stolz und seine Vernunft wieder die Oberhand. Er hielt inne, fuhr sich mit der Hand durch das nasse Haar – und ging dann langsam mit trotzigem Gesichtsausdruck und hoch erhobenen Hauptes in die Gaststube. Dumme Gans, dachte er bei sich, was bildet die sich ein, sich einfach so, ohne sich von mir verabschiedet zu haben, aus dem Staub zu machen. Und das nach all den Zärtlichkeiten, die wir beide ausgetauscht haben! Bestimmt hat sie es nicht ernst mit mir gemeint! Oder etwa doch? Fearr spürte nagenden Zweifel in sich aufkeimen.

Vielleicht konnte sie ja gar nicht anders! Möglicherweise hat ihr Vater ihr untersagt, mich noch einmal zu sehen! Solche Gedanken kreisten in seinem Kopf, während er sich zu beruhigen versuchte.

In der Gaststube fand er seinen Onkel vor einem opulenten Frühstück, das aus Brot, Honig, Käse, Milch und Korma bestand.

»Setz dich her zu mir, mein Junge, und lang kräftig zu! Wir haben noch einen langen Weg vor uns, und wenn wir heute abend in Bebracht sein wollen, werden wir nicht die Zeit haben, noch einmal einzukehren!« rief Govanned ihm bester Stimmung zu, während er auf einer dick mit Käse belegten Scheibe des noch warmen Brotes kaute. Fearr setzte sich und begann mißmutig an einem Kanten Brot zu nagen. Govanned schob ihm einen mit Korma gefüllten Holzseidel hin.

»Onkel, was meinst du, weshalb sie ohne ein Wort des Abschieds weggegangen ist? Sie war so ... wir hatten uns gestern noch ...« Neuerlich erstarb seine Stimme, und er begann wieder zu schluchzen.

Govanned schnitt sich in aller Ruhe noch eine Scheibe von dem vorzüglichen Bergkäse ab und schob sie sich in den Mund. Während er sie übertrieben langsam und genußvoll verspeiste, überließ er seinen Neffen eine Weile seinem Kummer.

Dann, nachdem er sich mit einem langen Schluck Korma gestärkt hatte, begann er umständlich, Fearr in die Geheimnisse des Verliebtseins einzuweihen.

»Also, lieber Neffe«, schloß er nach einer Weile seine Ausführungen, »es wird nicht das letzte Mädchen sein, dem du begegnen wirst in deinem Leben, das kannst du mir glauben! Aber du solltest dieses erste, zarte Erlebnis immer in deinem Herzen bewahren. Und außerdem – wer weiß? Vielleicht triffst du sie ja irgendwann wieder! Aber das bestimmen nur die Götter.«

Das Gespräch mit Govanned hatte Fearrs angeschlagenes inneres Gleichgewicht wieder einigermaßen hergestellt, und so lenkte er seine Gedanken schließlich auf die nun vor ihnen liegende letzte Etappe ihrer Reise nach Bebracht.

Es war schon spät am Nachmittag, als sie endlich ihr Ziel erreichten. Auf der langsam ansteigenden Höhe vor ihnen reckten sich die hohen Mauern und Türme von Bebracht.

Für Fearr, der bislang nur ein paarmal mit seinen Eltern die arvernische Hauptstadt Gergovia besucht hatte, war der Anblick einer so großen Stadt höchst faszinierend.

Voll Bewunderung wanderten seine Augen entlang der mächtigen Wehranlage, die Bebracht wie ein steinerner Ring umgab, um es vor möglichen Feinden erfolgreich zu schützen. Govanned begann, ihm das Bauwerk zu erklären, und Fearr erfuhr, daß diese Verteidigungsanlage eigentlich aus einem inneren und einem äußeren Mauerring bestand.

In regelmäßigen Abständen hatten die Bauleute während des Schichtens der Steine von unten nach oben gewaltige Holzbalken kassettenartig in Längs- und Querrichtung zwischen den beiden Mauern eingelassen. Die so entstandenen und von den Balken stabilisierten Zwischenräume wurden nun mit dem angefallenen Bauschutt verfüllt. Man erreichte durch diese Bauweise ein Höchstmaß an Elastizität des Mauerwerks, was zur Folge hatte, daß mauerbrechende Belagerungsgeräte nahezu wirkungslos blieben, da ihre Stoßkraft durch den innenliegenden Schuttkern absorbiert wurde. Zum anderen lockerte die Balkenkonstruktion den massigen Eindruck des Bauwerks ästhetisch auf, so daß es fast schon filigran auf den Betrachter wirkte.

Die beiden Arverner waren nun am Fuß der Mauer angelangt und schwenkten gerade zum Südtor ein. Aus belagerungstechnischen Gründen hatte man die Tore nach rückwärts versetzt errichtet, so daß eine Gasse entstanden war, die beidseitig von hohen Mauern flankiert wurde. Ein etwaiger Angreifer mußte diese Gasse also zunächst durchqueren, um zu dem aus Holz und Eisen gefertigten Tor zu gelangen, und konnte dabei von den Verteidigern, die sich auf den Zinnen und in den Tortürmen aufhielten, regelrecht in die Zange genommen werden.

Natürlich wurde Bebracht zur Zeit aber nicht belagert, sondern es herrschte ein reger Alltagsverkehr, ein stetes Kommen und Gehen von Menschen und Fuhrwerken.

Vor allem waren es Bauern und Händler, die tagsüber ihre Waren auf den Märkten der Stadt feilgeboten hatten und die sich nun wieder auf den Weg in ihre heimatlichen Höfe und Weiler begaben. Zum anderen beeilten sich diejenigen, die außerhalb der Stadt ihren Geschäften nachgegangen waren, in ihre Häuser innerhalb der Mauern zurückzukehren, da nach Einbruch der Dunkelheit die Tore für die Nacht geschlossen wurden.

Govanned und Fearr reihten sich in den Strom der Heimkehrenden ein und passierten gerade, ihre Pferde am Zügel führend, unbehelligt die gelangweilt dreinschauende Torwache, als ihnen ein junger Mann auf seinem scheckigen Pony ungestüm entgegentrabte, Fearr dabei anrempelte und zu Fall brachte.

»Was fällt dir ein, du Schwachkopf!« brüllte ihm Fearr wütend hinterher, während er sich aufrappelte.

Der Reiter zügelte augenblicklich sein Pferd und drehte sich provozierend langsam in seinem Sattel um. »Willst du dir Ärger einhandeln, Rotschopf?« fragte der Fremde und grinste dabei unverschämt. Fearr ballte seine Rechte zur Faust und schüttelte sie drohend, worauf der junge Mann sich seelenruhig und geschmeidig aus dem Sattel gleiten ließ und auf ihn zuging.

Bald standen die beiden sich gegenüber, der eine gelassen, der andere vor Zorn bebend.

Govanned hatte beschlossen, sich aus der Sache herauszuhalten; er nahm sich statt dessen der Pferde an, führte die Tiere ein wenig abseits, verschränkte die Arme und wartete gespannt den weiteren Verlauf der Dinge ab. Mehrere Passanten, die eine spontane Rauferei als eine willkommene Abwechselung in ihrem ansonsten eher tristen Alltag begrüßten, hatten schnell einen dichten Kreis um die beiden Streithähne geschlossen.

»He, ihr Helden, die Waffen legt ihr aber ab!« ließ sich Govanned lachend vernehmen und nahm die Schwerter der beiden an sich. Einige der Schaulustigen begannen daraufhin zu murren, weil sie offenbar der Meinung waren, daß es gar nicht so schlecht wäre, wenn ein wenig Blut fließen würde.

»Wie heißt du kadurkisches Großmaul eigentlich und was machst du bei den Haeduern?« wollte Fearr wissen. Daß er ein Kadurker war, verriet ihm die Kleidung des Fremden, nur wunderte ihn, was ihn hierher geführt hatte. Die Kadurker waren ein den Arvernern verwandter Stamm, der weit im Süden von Gergovia um die Stadt Dun Uchell beheimatet war.

»Das gleiche frage ich mich, edler Arverner! Aber immerhin, ich heiße Lochtaire und bin der Sohn Donnotals, des Fürsten unseres Stammes. Das soll vorerst genügen.«

Fearr musterte daraufhin sein Gegenüber etwas genauer. Lochtaire mußte etwa gleichaltrig sein, vielleicht ein bis zwei Jahre älter. Hellgrüne Augen funkelten aus einem fast schon wölfisch anmutenden Gesicht, das von lockigem, dichtem schwarzem Haar umrahmt wurde. Ein herablassendes Lächeln umspielte seine vollen, sinnlichen Lippen.

Jetzt warf er mit einer lässigen Bewegung seinen Umhang ab und zog sein Hemd aus. Dann stand er, sich leicht in den Hüften wiegend, nach vorne gebeugt da und wartete auf eine Reaktion Fearrs.

Der betrachtete nicht ohne Neid den durchtrainierten Körper Lochtaires und war sich einen kurzen Moment hinsichtlich seiner Erfolgsaussichten in diesem Zweikampf gar nicht mehr so sicher; doch dann konzentrierte er sich wieder auf seinen Gegner. Beide starrten sich an und begannen sich zu umkreisen, bis Lochtaire plötzlich die Initiative ergriff. Halb von unten herauf sprang er Fearr geschmeidig wie eine Katze an und hatte ihn, ehe der völlig Überraschte reagieren konnte, in den Schwitzkasten genommen. Der Überraschungsmoment währte jedoch nicht lange, und Fearr versuchte sich nun mit allen ihm zur Verfügung stehenden Mitteln aus seiner mißlichen Lage zu befreien. »Ich muß ihn zwischen die Beine treten!« schoß es ihm durch den Kopf, aber wie er es auch anfing, es wollte nicht gelingen. Irgendwie schaffte er es dann doch, Lochtaire geschickt zu Fall zu bringen, so daß sie sich nun beide im Schmutz wälzten, wobei Lochtaire seinen Griff um Fearrs Hals beibehalten konnte. Er verstärkte ihn sogar, und Fearr merkte, daß seine Kräfte mehr und mehr schwanden und daß er Atemnot bekam. Seine Anstrengungen, sich aus dem immer enger werdenden Schraubstock des gegnerischen Armes zu befreien, wurden immer schwächer ... da ließ ihn Lochtaire unvermittelt los und sprang blitzschnell hoch. Heftig atmend und mit einem offenen Lachen reichte er dem verdutzt dreinschauenden Fearr die Hand, die dieser, eine Finte vermutend, nur sehr zögerlich ergriff. Lochtaire jedoch zog den am Boden liegenden mit einem Ruck auf die noch immer wackligen Beine und versetzte ihm einen freundschaftlichen Schlag auf die Schulter. »Wollen wir es gut sein lassen, ja?« sagte Lochtaire gutmütig und streckte ihm erneut die Hand entgegen. Obwohl seine Wut auf den frechen Kadurker noch nicht gänzlich verflogen war, verblüffte ihn dessen ritterliche Geste zutiefst, und so ergriff er die ihm dargebotene Rechte. Die natürliche Unbekümmertheit Lochtaires wirkte ansteckend, und so verzog sich nun auch Fearrs Mund zu einem verstohlenen Lächeln, welches sich bald in ein befreiendes Lachen wandelte.

Die Schaulustigen zerstreuten sich allmählich, enttäuscht von der ihrer Ansicht nach viel zu kurzen Vorstellung.

»Also, jetzt könntest du mir doch eigentlich verraten, wer du bist!« fragte Lochtaire, nachdem sie sich wieder einigermaßen unbeobachtet fühlten.

»F-f-fearr Singetrech heiße ich. Ich bin der Sohn Celtealls«, stotterte Fearr verlegen.

»Oh, oh! Dann bist du ja der Sohn meines Lehnsherren! Nun, ich hoffe, daß du mir nicht übelnimmst, dich besiegt zu haben. Wenn du erlaubst, mein Fürst, dann laß uns jetzt unseren kleinen Zwist mit einem Krug guten Korma beilegen, zu dem ich dich selbstverständlich herzlich einladen werde!« sagte Lochtaire mit einem verschmitzten Blick aus seinen grünschimmernden Augen.

»Na, ihr zwei!« rief Govanned dazwischen. »Ihr werdet mich doch wohl nicht vergessen, wenn ihr auf eure neue Bekanntschaft trinkt?«

»Mein Onkel Govanned«, stellte Fearr vor.

»Aber bevor ihr in ein Gasthaus geht, solltet ihr euch zunächst einmal reinigen! Ihr seht aus und riecht wie die ... na ja, lassen wir das«, sagte Govanned und rümpfte seine Nase. Fearr und Lochtaire schauten sich betreten an und dann an sich herunter.

Der Schmutz der Straße klebte an ihnen, eine übelriechende Mischung aus Staub und tierischen Exkrementen. Wortlos gingen sie zu einem nahe gelegenen Brunnen und säuberten sich, so gut es eben ging. Dann beschlossen sie, eine Schänke aufzusuchen.

»Ich war zwar gerade auf dem Weg zu einem Mädchen, aber das kann jetzt warten«, erklärte Lochtaire und zwinkerte seinem neuen Freund vergnügt zu.

Fearr mußte sich eingestehen, daß ihm dieser kadurkische Edeling zunehmend sympathisch wurde.

Lochtaire führte seine neuen Bekannten zielsicher durch einige Gassen zu einem Gasthaus, welches schon auf den ersten Blick einen sauberen Eindruck vermittelte.

»Hier bei Carilo können wir unbesorgt einkehren. Er hat, das ist gewiß, die beste Korma in Bebracht.«

Govanned hatte es sich wohl in der Zwischenzeit anders überlegt, denn er machte keine Anstalten, den Schankraum zu betreten. Vielmehr klopfte er den beiden jungen Männern auf die Schultern und bestieg dann sein Pferd.

»Trinkt ihr hier nur in aller Ruhe eure Korma und lernt euch kennen! Ich störe dabei nur, denke ich. Derweil werde ich schon zu Dumnorech und Dyffekiach reiten und uns bei ihnen ankündigen«, sagte er schmunzelnd, wendete sein Pferd, nahm das von Fearr am Zügel und ritt davon.

»Keine Sorge, ich bringe deinen Neffen nachher wohlbehalten zu Dumnorechs Haus, Govanned!« rief Lochtaire ihm nach. Govanned winkte bestätigend und war kurz darauf in einer Seitengasse verschwunden.

Carilos Schänke war hoffnungslos überfüllt, trotzdem konnten sich die beiden neuen Freunde ganz hinten in einem schummerigen Eckchen zwei Plätze an einem wackligen, runden Tischchen ergattern. Während sie sich ihren Weg durch die dicht an dicht sitzenden und stehenden Gäste bahnten, wurde Lochtaire von vielen mit großem Hallo begrüßt und bekam auch des öfteren einen freundschaftlichen Knuff gegen die Schulter.

Sie saßen noch nicht richtig, da kam ein ziemlich dicker, glatzköpfiger Mann mit einem dichten schwarzen Vollbart zu ihnen und stellte unaufgefordert einen bauchigen Tonkrug sowie zwei hölzerne Humpen vor ihnen ab. Er wischte sich mit einem fleckigen Tuch über die schweißnasse Stirn und schaute seine neuen Gäste aus seinen hellen, verschmitzten Schweinsäuglein erwartungsvoll an.

»Wollen die jungen Herren vielleicht ein Stück von dem herrlichen Wildschweinbraten probieren? Oder lieber ein Hähnchen? Dazu bekommt ihr feldfrisches Gemüse!« fragte er mit seiner tiefen Baßstimme.

»Fearr, koste von dem Wildschwein, sage ich dir! Du wirst es nirgendwo besser zubereitet bekommen«, riet Lochtaire, und als Fearr zustimmend nickte, wandte er sich wieder dem Schwarzbärtigen zu. »Also gut, Carilo! Zwei große Portionen von deinem Schwein, wir haben mächtigen Hunger!«

»Wird gemacht, junger Herr. Aber bis dahin laßt euch diesen Krug Korma munden, er geht auf Rechnung des Hauses! Immer nach meiner Devise: Gute Gäste soll man verwöhnen. Übrigens, erwartest du noch jemand, hm?« lachte Carilo und zwinkerte Lochtaire dabei verschwörerisch zu. Als dieser verneinte, zuckte er mit den Schultern und eilte davon.

»Du scheinst hier bekannt zu sein, was?« fragte Fearr anzüglich, als Carilo verschwunden war.

»Na ja, es ist die einzig annehmbare Schänke in dieser Stadt, und außerdem findest du hier ab und an ganz hübsche Mädchen, mußt du wissen«, erklärte Lochtaire mit einem spitzbübischen Lächeln.

»Wie heißt sie denn?« wollte Fearr wissen.

»Wer? Wen meinst du?« Lochtaire sah sein Gegenüber mit Unschuldsmiene an.

»Nun, du warst doch auf dem Weg, ein Mädchen zu besuchen, als wir uns – hm – trafen, oder etwa nicht?«

»Ach, du meinst Cambia!« antwortete Lochtaire gedehnt. »Willst du sie kennenlernen? Das träfe sich gut, denn sie hat eine ausgesprochen hübsche Schwester. Wollen wir nach dem Essen bei ihnen vorbeischauen? Sie wohnen nicht weit von der Stadt entfernt. Glaube mir, du wirst es nicht bereuen!« versuchte der Kadurker Fearr mit verheißungsvollem Unterton von seiner Idee zu begeistern, wobei seine Augen vor Unternehmungslust sprühten.

»N... nein, danke«, schlug Fearr das verlockende Angebot nach einem kurzen Moment des Überlegens jedoch aus. »Weißt du, ich ... ich liebe ... nun ja, wie soll ich sagen? Es gibt da ein Mädchen, das mir nicht aus dem Sinn geht.« Fearr errötete bei seinen Worten.

»Nein, wie aufregend! Nun sage mir, wer mag das Zauberwesen sein, welches das Herz eines tapferen Arvernerprinzen umgarnen konnte?« fragte Lochtaire übertrieben ernst.

»Valeria Mutia heißt sie und ist die Tochter eines reichen Kaufmannes aus Massilia. Aber eigentlich wohnt sie in Rom!« erklärte Fearr eifrig, die leise Ironie, die in der Frage Lochtaires mitschwang, nicht bemerkend.

»So, so! Ein saftiges italienisches Olivchen, hm? So richtig feurig, richtig stolz? Na, mein Freund, daß du dir daran nicht den Magen verdirbst!«

»Wie meinst du das?« brauste Fearr auf.

»Lebt sie in Gergovia?« konterte Lochtaire, die Erregung Fearrs nicht beachtend, sachlich mit einer Gegenfrage und sah ihn dabei mit hochgezogenen Augenbrauen an.

»Natürlich nicht!« bestätigte Fearr unwillig. »Ihr Vater treibt im ganzen Land Handel, und so müssen sie von einer Stadt zur anderen reisen.«

»Aha, dann hast du sie vermutlich nur einmal gesehen, nicht wahr?«

»Ja! Und dabei haben wir uns versprochen, einander für immer treu zu bleiben«, sagte Fearr trotzig.

»Das habt ihr euch wirklich versprochen? Mein Fürst, du erstaunst mich immer mehr! Du sprichst Latein? Ich meine, du mußt ja ihrer Sprache mächtig sein, denn sie wird sich kaum dazu herabgelassen haben, die Geheimnisse unseres barbarischen Gekrächzes – denn so bezeichnen die Römer unsere Sprache – zu enträtseln.«

»Lochtaire, du magst mir in deinen Erfahrungen mit dem weiblichen Geschlecht in vielem voraus sein, aber die Liebe ist dir wohl noch nicht begegnet, denn dann wüßtest du, daß zwei, die sich lieben, keiner Worte bedürfen, um sich ihres Zusammenbleibens zu versichern!« begegnete Fearr altklug dem Spott des Kadurkers.

»Verzeih mir meine Unwissenheit, o Sohn des Celteall! Aber ich bin eben nur ein ungebildeter kadurkischer Bauernsohn, der mit den feinen Gepflogenheiten und der Bildung, die am arvernischen Hofe üblich sind, nicht vertraut ist. Also erleuchte mich Unwissenden, indem du mir verrätst, wo, beim Lug, deine hochedle Freundin dann ist?« lenkte Lochtaire in scheinbarer Unterwürfigkeit ein, dabei seinen Sarkasmus aber nicht verhehlend.

»Ich habe sie erst gestern auf der Reise hierher kennengelernt. Sie ist ... sie mußte ganz früh heute morgen mit ihrem Vater weiterziehen. Wichtige Geschäfte in Gergovia«, sagte Fearr und wirkte dabei kleinlaut und merklich verunsichert.

»Aber du hast gewiß eine wundervolle Nacht verlebt, nicht wahr?« flötete Lochtaire mit zuckersüßer Stimme, seinen Spott nur mühsam verbergend.

»W... w... was? Ja, ich habe recht gut geschlafen«, beantwortete Fearr unschuldig und gleichzeitig verständnislos die listige Frage Lochtaires.

Dieser konnte nicht mehr an sich halten, als er mit der krassen Naivität des jungen Arverners konfrontiert wurde, und schlug sich auf die Schenkel vor Lachen.

»Würdest du mir vielleicht den Grund deiner Heiterkeit nennen, damit ich mitlachen kann?« fuhr ihn Fearr nach einer Weile wütend an.

Lochtaire wurde unvermittelt ernst. »Ich wollte dich beileibe nicht kränken, mein Freund«, sagte er dann begütigend, »aber ich sehe schon, daß ich dir dennoch einiges über Frauen erzählen muß. Ich sollte dir vielleicht sagen, daß es mir einmal ähnlich erging. Ich war damals mit meinem Vater in Massilia und traf dort ein Mädchen. Sie war eine Griechin und entstammte einer vornehmen Familie, die schon seit der Gründung der Stadt dort lebte. Du weißt, daß Massilia von

Griechen gegründet wurde? Gut. Also … Übrigens, warst du schon vor Valeria in ein anderes Mädchen verliebt?« Lochtaire sah Fearr prüfend an. Fearr wollte ihm daraufhin erst heftig erwidern, daß ihn das nichts anginge, besann sich dann aber eines Besseren und begnügte sich nur mit einem stummen Kopfschütteln. Die Augen verlegen auf die Tischplatte gerichtet, begann er nervös mit seinem Zeigefinger Figuren aus den Tropfen vergossener Korma zu zeichnen. In diesem Moment kam Carilo an den Tisch und stellte zwei gut gehäufte Teller ab. »Eßt lieber, anstatt Trübsal zu blasen!« löste sein fröhlicher Baß die peinliche Stille zwischen den beiden mit der nur Wirten eigenen Einfühlsamkeit auf.

»Komm, Fearr, laß uns auf unsere Freundschaft trinken! Ich weiß, ich sollte mein loses Mundwerk öfters im Zaume halten, schaffe das aber einfach nicht! Trotzdem magst du meiner ehrlich empfundenen Freundschaft ab heute vertrauen! Und glaube mir, das habe ich noch zu niemandem gesagt.« Seltsamerweise wußte Fearr in diesem Moment, daß Lochtaire genau das meinte, was er sagte, und daß er heute in diesem zynischen Kadurker einen Freund fürs Leben gefunden hatte. Den einzigen, wie sich erst sehr viel später herausstellen sollte.

Die beiden tranken ihre Humpen in einem Zuge leer und machten sich dann über das Essen her, welches tatsächlich hervorragend schmeckte.

Während des Mahles erfuhr Fearr, vielleicht ein wenig unverbrämter als weiland von seinem Onkel, bis ins kleinste Detail all das, was es über Liebe und Mädchen im allgemeinen – und über Römerinnen und Griechinnen im besonderen – zu erfahren gab.

Am Ende seiner Ausführungen angekommen, leerte Lochtaire erneut einen Humpen, wischte sich über den Mund und schaute Fearr mit einem hintergründigen Lächeln an.

»Hast du jetzt nicht doch Lust bekommen, Cambia und ihrer Schwester einen kleinen Besuch abzustatten?« schlug er ihm vor. Aber Fearr schüttelte ablehnend den Kopf. Einerseits wollte er mit den neuen Erkenntnissen, mit denen er von Lochtaire konfrontiert worden war, allein sein, zum anderen mußte er an seinen Onkel denken, der sicherlich schon auf ihn wartete.

»Es ist schon spät geworden, und Onkel Govanned wird sich Sorgen um mich machen!«

»Beruhige dich, mein arvernischer Freund – ich werde dich zum Hause Dumnorechs begleiten. Morgen, wenn du willst, hole ich dich dort ab und zeige dir die Stadt. Vielleicht denkst du im Hinblick auf den morgigen Tag auch noch mal über Cambias Schwester nach ... Heda! Carilo! Wir wollen dir deine abscheuliche Brühe, die du Korma nennst, sowie das Stück Leder bezahlen, das du uns serviert hast!« Die letzten Worte rief er dem zwischen den Gästen beflissen hin und her wuselnden dicken Wirt zu.

Nachdem sie die Schänke wieder verlassen hatten, geleitete Lochtaire, sein Pferd am Zügel führend, Fearr durch enge, verwinkelte Gassen in den nördlichen Teil der Stadt. Während im übrigen Stadtgebiet die Häuser vorwiegend rund gebaut waren und sehr eng zusammenstanden, herrschte hier ein freizügiger, mehr rechteckig angelegter Baustil vor. Zumeist handelte es sich um große Häuser mit Nebengebäuden für Vieh und Gesinde. Auf eine der imposantesten Wohnanlagen in diesem Viertel steuerte Lochtaire zielstrebig zu. Am Tor angekommen, klopfte er an, und eine noch sehr junge Frau, offensichtlich eine Dienstmagd, öffnete ihnen.

»Ich bringe den Neffen des Fürsten Govanned, der in diesem Hause Gast ist«, erklärte er. Dann umarmten sich die neuen Freunde.

»Bis morgen, Fearr!« verabschiedete sich Lochtaire. Ein kurzes Winken, und schon hatte ihn die Dunkelheit verschluckt.

Die Magd führte Fearr über den gepflasterten Hof zum Haupthaus. Es war ein prachtvolles zweistöckiges Gebäude, dessen Fachwerk auf einem fast mannshohen Sockel aus Naturstein errichtet worden war. Die Gefache zwischen dem symmetrisch konstruierten Gebälk waren weiß verputzt. Die großen Fenster hatten zu Fearrs Erstaunen Glasscheiben, und außerdem war das Haus mit Schieferschindeln gedeckt. Das alles zeugte von dem offensichtlichen Reichtum des Besitzers. In die steinernen Pfosten, an denen die Angeln der zweiflügeligen, mit Bronzefiguren verzierten Eingangstür befestigt waren, sowie in den Sturz darüber hatte man Nischen gehauen, in denen die Schädel der im Krieg erschlagenen Gegner aufbewahrt wurden. Für Fearr war das allerdings ein gewohnter Anblick, da jeder keltische Krieger seinen Feind, so dieser sich als tapfer im Kampf erwiesen hatte, auf solche Weise ehrte. Durch diese makaber geschmückte Tür trat er nun in die mit breiten Schieferplatten ausgelegte Vorhalle, die von Kienfackeln in schmiedeeisernen Halterungen ausgeleuchtet wurde. An den rauhverputzten, weißgetünchten Wänden hingen dicke, bildreiche Wollgobelins. Der Raum war nur spärlich, dafür aber geschmackvoll möbliert, was ihn heller und größer erscheinen ließ. Jeweils in den vier Ekken standen bronzene, mit Leder bespannte Lehnstühle, deren Beine sich bogenförmig überkreuzten. Unter dem Gobelin an der rechten Wand zog eine lange, bronzene Liege auf acht sich nach allen Seiten drehenden Rädchen die Augen auf sich. Darüber war wie zufällig ein Bärenfell geworfen. Fearr zählte drei Türen, die in kunstvoll geschnitzten breiten Eichenzargen eingelassen waren. Links und rechts neben den Türen waren bronzene Dreifüße aufgestellt worden, die jeweils große, langbauchige Vasen umschlossen, die rundum mit rot- und schwarzglänzenden Motiven verziert waren. Nie zuvor hatte Fearr eine solche Töpferkunst bewundern können, und er beschloß, den Hausherrn bei nächster Gelegenheit über die Herkunft der Keramiken zu befragen.

Die Magd hatte unterdessen die mittlere Türe geöffnet und bedeutete ihm einzutreten. Fearr gelangte in einen langgestreckten, hallenartigen Raum, dessen hohe Decke von sechs massigen runden Holzsäulen getragen wurde. Die Stirnseite wurde von einem bis fast zur Decke reichenden, aus rohem Felsgestein errichteten Kamin beherrscht. Im flakkernden Halbdunkel nahm er einige Frauen und Männer wahr, die sich gerade zu einem reichhaltigen Abendessen um einen langen Tisch versammelt hatten. Am Kopfende der Tafel, mit dem Rücken zum Kamin, saß ein vornehm gekleideter Mann mittleren Alters, offenbar der Hausherr, zu seiner Rechten, auf dem Ehrenplatz, entdeckte er seinen Onkel Govanned. Fearrs Eintreten veranlaßte die Anwesenden, ihr Mahl und ihre angeregte Unterhaltung zu unterbrechen und ihn erwartungsvoll anzusehen.

»Ah, da kommt unser jugendlicher Held ja endlich von seinem kleinen Abenteuer in der Stadt zurück! Tritt näher und begrüße unsere Gastgeber!« rief ihm Govanned fröhlich zu und winkte ihn mit einem halb abgenagten Hühnerbein in der Hand zu sich.

Fearr gehorchte, und als er bei ihm angelangt war, stand Govanned auf und wandte sich, seinen Neffen an der Schulter fassend, zunächst dem Hausherrn zu. »Fearr, verneige dich vor Fürst Dumnorech, der uns seine Gastfreundschaft so freigiebig gewährt.«

Fearr tat es und ergriff die ihm dargebotene Rechte. Er blickte in ein offenes Gesicht, beherrscht von schwarzen, klugen Augen, die ihn aufmerksam und wohlwollend musterten. Auch das schulterlange Haar war schwarz, mit einigen grauen Strähnen durchzogen, genauso wie der dichte Oberlippenbart. Sein einfacher, leinener Kittel war mit einer kostbaren Pelzborte verbrämt, um seinen Hals trug er einen kunstvoll aus Gold geschmiedeten breiten Ring. Lässig fiel ihm sein in den Farben seines Clans gewebtes Plaid, das von einer handtellergroßen, mit Email eingelegten runden Silberfibel gehalten wurde, über die rechte Schulter.

»Sei mir herzlich willkommen in meinem Hause, Sohn des Celteall!« sagte er freundlich. „Laß mich dich nun mit den anderen Gästen bekannt machen.« Dumnorech erhob sich und begann, ihn herumzuführen. Als erstes begrüßte Fearr den Mann, der zur Linken Dumnorechs saß, ein verwegen aussehender blonder Hüne mit hellblauen Augen und einem Schnurrbart, dessen lange Enden bis weit unters Kinn reichten.

»Dies ist mein Schwager Orgetrech, ein Fürst der Helveter.«

Fearr zuckte bei dem kräftigen Händedruck des Fürsten ein wenig zusammen.

»Freut mich, dich kennenzulernen, junger Arverner! Weißt du, ich kenne deinen Vater recht gut, denn wir haben schon in einigen Schlachten Seite an Seite gekämpft«, hörte Fearr ihn mit sonorer Stimme sagen.

Dann stand er vor einer Frau, deren Ausstrahlung ihn sofort gefangennahm. Sie mochte Mitte Dreißig sein und war das weibliche Ebenbild Dumnorechs. Lange schwarze Haare, die ein elfenhaft bleiches, ebenmäßiges Antlitz umrahmten, fielen ihr bis fast zur Hüfte. Eine einzelne weiße Strähne, die ihr Haar, über dem linken Auge beginnend, der Länge nach durchzog, gab ihr etwas Geheimnisvolles.

»Troucissa, meine Schwester«, hörte er Dumnorech wie durch einen Nebel sagen. Verlegen umfaßte er vorsichtig ihre schmale, feingliedrige Hand. Der Zauber ihrer seltsamen, violetten Augen nahm ihn vollständig gefangen. Doch schon gingen sie weiter.

Auch die Züge des nächsten Mannes hatten starke Ähnlichkeit mit denen des Hausherrn, allerdings war sein kurzes, gelocktes Haar hellbraun, und er trug einen gestutzten Vollbart.

»Mein Bruder Dyffekiach.« Fearr war irritiert von dessen gelangweiltem Blick – er schien geradezu an ihm vorbeizusehen – und dem schlaffen Händedruck, mit dem er ihn wortlos bedachte.

Dann, zum Schluß, am anderen Ende der Tafel, eine schöne, reife Frau, deren volles, rötlichblondes Haar am Hinterkopf von einem feinen, mit Goldfäden durchwirkten Netz zusammengehalten wurde.

»Darf ich dich nun mit Viriota bekannt machen, meiner geliebten Frau; sie ist die Schwester des edlen Orgetrech.«

»Sei willkommen, Fearr, und fühle dich bei uns zu Hause«, sagte sie mit warmer Altstimme, seine Rechte dabei mit beiden Händen umfassend.

Dumnorech geleitete ihn zu einem Stuhl neben seinem Onkel, und die vorhin unterbrochene Unterhaltung zwischen den Gastgebern und ihren Gästen wurde allenthalben wieder aufgenommen.

Fearr indes fiel es schwer, den Gesprächen der anderen zu

folgen, zu sehr nahm ihn die Gegenwart Troucissas, die ihm nun gegenübersaß, gefangen. Auch sie schien sich für das, was um sie herum gesprochen wurde, nicht sonderlich zu interessieren, vielmehr sah sie ihn unentwegt und schweigend an, und auch Fearrs Blicke schweiften immer wieder zu ihr. Zerstreut führte er seinen Becher zum Mund und beantwortete dann fahrig einige belanglose Fragen Dumnorechs, die seinen Interessen und seinen Plänen für die Zukunft galten. Als dieser sich danach wieder den anderen widmete, versuchte auch er krampfhaft und nur mit halbem Ohr lauschend, den wortreichen Ausführungen Orgetrechs zu folgen, der gerade über die Absicht seines Volkes berichtete, die angestammte Heimat zu verlassen und in das Gebiet der Haeduer zu ziehen, um dort in den fruchtbaren und zumeist unbewohnten Ebenen eine neue und bessere Existenzgrundlage für sich zu schaffen; der karge Boden der heimatlichen Bergtäler reiche für die Ernährung der immer mehr anwachsenden Bevölkerung nicht mehr aus. Vehement warb er um die Hilfe und die Freundschaft aller benachbarten Stämme und schilderte blumig die Vorteile, die dieses Unterfangen allen Beteiligten brächte. Fearr, der kaum etwas davon verstand – vielleicht auch nicht verstehen wollte –, begann sich zunehmend zu langweilen. Gleichzeitig keimte in ihm das drängende Verlangen auf, endlich ein paar Worte mit seinem noch immer in beharrliches Schweigen gehüllten Gegenüber zu wechseln. Wieder schaute er sie an. Sie hatte ihre Ellbogen auf die Tischplatte gestützt und erwiderte hintergründig lächelnd seinen Blick über den Rand ihres Bechers, den sie mit beiden Händen etwa in Augenhöhe hielt. Wie zart doch ihre Hände sind, dachte er bei sich, und für einen flüchtigen Moment beneidete er das Trinkgefäß, das gerade von ihren Lippen berührt wurde. Linkisch versuchte er, ihr zuzutrinken. Und tatsächlich, sein Herz begann rascher zu schlagen, erwiderte sie diesen Gruß mit einer unmerklichen Gebärde. Mit einemmal schienen nur noch Troucissa und er im Raum zu sein. Und dann hörte er ihre Stimme, nicht in seinem Ohr, sondern in seinem Geist. Er hörte sie kristallklar, und er ergab sich dem sanften Zwang ihrer Fragen. Seine Gedanken und Erinnerungen flossen zu ihr, und auch er fand Zugang zu ihren Empfindungen. Er hatte kein Zeitgefühl mehr, aber irgendwann verebbte der intensive Gedankenaustausch, und er fand sich jäh wieder in die Realität zurückversetzt.

Jetzt erst bemerkte er, daß etwas zärtlich sein Bein berührte.

Es war ihr Fuß.

Er wagte nicht, sich ihr zu entziehen, so sehr stand er noch unter dem Einfluß des gerade Geschehenen. Außerdem erregte ihn diese physische Berührung aufs angenehmste.

Da zog sie ihren Fuß zurück. Erste Gesprächsfetzen drangen an sein Ohr, denen er entnahm, daß gerade eine Allianz zwischen den Haeduern, Arvernern und den Helvetern in Erwägung gezogen wurde. Ungläubig suchte sein Blick wieder den ihren, aber da hatte sie sich schon den anderen zugewandt und sich, als ob nichts gewesen wäre, in die Konversation eingeschaltet. Halbherzig und in seinem Innersten zutiefst verstört versuchte auch er, wieder am Gespräch teilzunehmen.

Später in der Nacht zogen sich die Frauen zurück.

Es wollte ihm nicht gelingen, das Erlebte zu verarbeiten. Zudem mußte er sich zu seinem großen Erstaunen eingestehen, daß das Antlitz Valerias vor seinem inneren Auge zunehmend verblaßte, während das Troucissas mehr und mehr Raum gewann.

Auf einmal fühlte er sich nur noch müde, hielt sich krampfhaft an seinem Becher fest und versuchte, seine Lider offenzuhalten.

»Es scheint, daß unser junger Krieger hier der Reden der Alten überdrüssig ist«, lachte Dumnorech, die Schläfrigkeit Fearrs bemerkend. »Die Magd wird dir dein Zimmer zeigen!«

Fearr hörte sich einen Gutenachtgruß murmeln und folgte dem Mädchen, dankbar, der rauchgeschwängerten Halle entrinnen zu können.

Draußen auf dem Hof hielt er einen Moment inne und atmete die kühle Nachtluft in tiefen Zügen ein. Er sah zum Firmament empor und betrachtete eine Weile den rötlichen

Vollmond, der sich immer wieder zwischen den an ihm vorbeiziehenden Wolken sehen ließ.

Die Magd führte ihn zu einem der kleinen Häuschen, die den Hof an der linken Seite des Herrenhauses umstanden, und öffnete ihm die Tür. Fearr trat ein und fand sich in einem Raum mit niedriger Decke, in dem das Kaminfeuer schon fast herabgebrannt war. Die tanzenden Flämmchen in den auf zwei bronzenen Dreibeinen stehenden Kohlebecken spendeten flackerndes Licht. Langsam gewöhnten sich seine Augen an das Halbdunkel, und dann sah er – sie. Er wollte zunächst seinen Augen nicht trauen – aber es war wirklich Troucissa, die mit untergeschlagenen Beinen auf der mit Fellen bedeckten Lagerstatt hockte. Sein erster Gedanke war es, daß die Magd sich möglicherweise im Zimmer geirrt haben mochte, doch als er sich gerade für sein Eindringen entschuldigen wollte, bemerkte er ihre einladende Handbewegung, mit der sie ihn zum Bleiben aufforderte.

Sie hielt ihm eine Schale Wein hin.

»Setz dich bitte her zu mir, Fearr, und laß uns reden«, lud sie ihn mit sanfter Stimme ein. Er fühlte, wie ihr Zauber ihn umwob und ihn nahezu willenlos machte. Und so ging er mit mechanischen Schritten zu ihr und setzte sich mit überkreuzten Beinen ihr gegenüber hin. Er beschloß, sich dem Traum, in dem er sich befinden mußte, gänzlich hinzugeben.

Merkwürdigerweise war die bleierne Müdigkeit vollständig von ihm gewichen, im Gegenteil, seine Sinne waren hellwach, und er nahm seine Umwelt mit einer geradezu euphorischen Intensität wahr, wie er es nur einmal, bei der Begegnung mit dem Eber, erlebt hatte.

Und dann begannen sie zu reden. Sie redeten von der Welt und den Göttern, vom Leben und von den Menschen. Sie fragte ihn vieles über sein bisheriges Leben, seine Erlebnisse, Gefühle und Empfindungen. Zu seinem eigenen Erstaunen mußte er feststellen, wie weit sein Erinnerungsvermögen in die Kindheit zurückreichte, ja sogar bis zurück in das rotwarme Dunkel des Mutterleibes. Er erzählte ihr Dinge und Träume, die er bislang nie gewagt hätte, mit anderen zu teilen. Und er erzählte auch von dem Großen Eber – und dem

Raubvogel, den er danach gesehen hatte. Wissend lächelte sie ihn an, während er von dieser Begebenheit berichtete, und strich ihm dann zärtlich über die Stirn.

»Cunlean und der schwarze Sänger haben recht, Fearr«, sagte sie und schaute ihm intensiv in die Augen, wobei er spürte, wie sein ganzes Ich zu ihr hinüberfloß und sich mit dem ihren zu einer pulsierenden Einheit verschmolz.

»Ich bin eine Priesterin der Großen Mutter, und schon lange vor unserer Zeit wurde uns geweissagt, daß uns, wenn die Tage dunkel werden und der Adler sich gegen den Eber erhebt, ein Mann geboren würde, der die Kinder des Taran mit der Großen Mutter versöhnt und sie geeint gegen die Heere des Adlers führen wird. Du, Fearr Singetrech, wirst dieser Mann sein, dessen bin ich mir jetzt, nachdem ich so vieles von dir erfahren habe, sicher. Du bist in deiner Unschuld der süßen Versuchung Roms begegnet, aber du bist ihr nicht erlegen, was mir beweist, daß deine Wurzeln fest in der mütterlichen Erde ruhen. Ich dagegen bin die Inkarnation der Großen Mutter, und durch mich wirst du zum Mann geboren.«

Irgendwann waren die zuckenden Flammen in den Kohlebecken mit sich kräuselnden Rauchfahnen verloschen. Nur das Feuer im Kamin flackerte und warf irisierende Schatten an die Wände.

Sie hatten schon eine geraume Weile in ihrem träumerischen Schweigen verharrt, als Troucissa sein Gesicht mit einer unendlich zarten Geste zwischen ihre Hände nahm. Und sehr leise zu singen begann. Sie sang das Lied der Eberesche, dem Baum des immerwährenden Sommers, deren rote Beeren die Liebe und deren Blätter die vielfältige Hoffnung verkörperten. Ihr Kleid war ihr, während sie ihn streichelte, über die Schultern geglitten, und er sah den Ansatz ihrer vollen, weißen Brüste. Mit einer fließenden Beweg entledigte sie sich vollends ihres Kleides, danach zog sie ihm gleichfalls das Hemd aus, was er in diesem Moment als völlig natürlich empfand. Bald knieten sie nackt auf der Lagerstatt. Immer noch die zauberhafte Melodie summend, führte sie seinen Kopf zwischen ihre Brüste und wiegte ihn sanft wie einen Säugling. Dann legte sie ihre schlanken, wohlgeformten Beine über seine Oberschenkel und verschränkte sie hinter seinen Hüften. Ihre duftenden Lippen näherten sich den seinen, und in dem Moment, wo sie sich trafen, spürte Fearr das fordernde Spiel ihrer Zunge, die sich schon bald ihren Weg zwischen seinen sich nur zögerlich öffnenden Lippen und Zähnen gebahnt hatte und nun begann, seine Zunge zu umtanzen. Gleichzeitig steigerte sie mit der Hand seine wachsende Erregung und schaffte es dabei virtuos, seine immer wieder durchbrechende Begierde zu zügeln und, wenn nötig, zu steigern. Sie ließen sich Zeit, und Fearr erfuhr, daß der Körper sowohl der Frau als auch der des Mannes der Lust dienlich sei, daß aber der Same des Mannes sich nur in den Schoß der zukünftigen Mutter eines gemeinsamen Kindes ergießen sollte. Ein wirklicher Mann, so sagte sie ihm, achtete die Frau und das Geheimnis ihrer Gebärfähigkeit, die dem Manne versagt bliebe. Nur die Frau wäre die Trägerin neuen Lebens. Die Lust hingegen, so lehrte sie ihn, sei die sinnenerregende Fortsetzung eines Dialoges zwischen Mann und Frau, nur daß die Körper die Sprache ersetzen würden, so daß jeder für sich eine tiefe Befriedigung im Gemeinsamen erleben könne. Käme aber beides zusammen, die Lust wie auch der Wille zu neuem Leben, dann erst sollten zwei Menschen beginnen, die Verantwortung eines gemeinsamen und beschwerlichen Lebensweges auf sich zu nehmen.

Einfühlsam zeigte sie ihm aber auch die mannigfaltigen Wege und Möglichkeiten auf, die ein Mann kennen sollte, um eine Frau körperlich zu befriedigen. Fearr erwies sich als ein gelehriger Schüler, denn auch Troucissa begann heftiger zu atmen und sich an seinen Lenden zu reiben.

Dann ließ sie sich mit einemmal, Fearr dabei mit sich ziehend, ganz langsam nach hinten sinken. Sie klammerte ihre Schenkel um seine Hüften und preßte ihre Lippen auf die seinen zu einem tiefen, nicht enden wollenden Kuß. Wie von selbst war er in sie eingedrungen. Bewegungslos verharrten sie so eine kleine Unendlichkeit. Fearrs anfängliche zitternde Erregung war längst schon einer ihn bis zur letzten Nervenfaser durchdringenden, konzentrierten Beherrschtheit gewichen. Gleichzeitig fühlte er eine ungeheure, nie gekannte

Kraft in sich aufkeimen, die sich ins Unendliche zu steigern schien.

Vorsichtig begann sie sich unter ihm zu bewegen, kam ihm erst ganz sanft entgegen, dann immer fordernder. Beider Atem ging schneller, und ihr Stöhnen wandelte sich schon bald in rhythmische Schreie. Plötzlich spürte er ein rotglühendes Brennen in seinen Lenden, welches sich mit quälender Langsamkeit die Wirbelsäule hinauf zu seinem Gehirn schraubte, wo es sich zu einem immer größer werdenden roten Feuerball aufblähte ... Und dann explodierte der Feuerball unter gleißenden Blitzen, und Fearr wurde in ein dunkelrot waberndes Nichts katapultiert, in dem er schwerelos dahinschwebte. Doch er war nicht allein, denn mit ihm verschmolz die Gestalt Troucissas zu einer Einheit. Er hörte ihre Stimme: »Fearr, aus dem Nichts entsteht das All, Gut bedingt Böse, das Weibliche beinhaltet das Männliche! Das ist das Gesetz des ewigen Rades. Ich bin die Große Mutter, aus der alles kommt und in die alles wieder eingehen wird! Ich werde immer bei dir sein, denn ich habe dich geboren!«

Im Kamin erloschen die letzten Flammen, und bald auch die rote Glut.

5

Drei Jahre später jagte ein einsamer Reiter durch die kalte Märznacht, aus Norden kommend, Bebracht zu. Das Pferd war am Rande der Erschöpfung, Flanken und Brust weiß von schaumigem Schweiß. Trotzdem versuchte der Mann verzweifelt, auch noch die letzten Kraftreserven seines Tieres zu mobilisieren.

Es gelang ihm, und sie erreichten endlich ihr Ziel. Er sprang von seinem vor Anstrengung zitternden und schnaubenden Pony und schlug wild an die dicken Bohlen des Stadttores von Bebracht. Die Wache hatte den Reiter schon von den Zinnen aus gesehen, und kurz darauf schwang der rechte Torflügel auf.

»Ich ... ich habe ... habe dringende Nachricht ...«, keuchte er mühsam. »Eine Botschaft meines Fürsten Castich an ... an den Rat der Haeduer! Muß zu Dumnorech, sofort!« Eine der Wachen führte das taumelnde Pferd in den gleich neben dem Wachraum gelegenen Stall, während zwei weitere Männer den Boten auf dem schnellsten Wege zum Hause Dumnorechs brachten. Dort angelangt, führte man ihn, nachdem er angemeldet worden war, augenblicklich zum Hausherrn, der gerade mit seiner Frau vor dem Kamin saß und versonnen dem Spiel eines Harfners lauschte. Dumnorech wies dem Boten zunächst einen Platz an, beauftragte einen Diener, dem Manne eine Stärkung zu bringen, und schaute ihm dann unverwandt und schweigend mit aneinandergelegten Fingerspitzen bei seinem Mahl zu, das er hastig in sich hineinschlang.

Dumnorech war sehr überrascht gewesen, als ihm ein Bote der Sequaner gemeldet wurde, und war sehr gespannt auf das, was ihm Castich so dringend übermitteln wollte. Er wußte allerdings intuitiv, daß es sich dabei nur um etwas Unangenehmes handeln konnte, da zwischen den Sequanern und Haeduern eine uralte Rivalität bestand. Wegen dieser gegenseitigen herzlichen Abneigung war es in der Vergangenheit schon zu blutigen Auseinandersetzungen zwischen den beiden Stämmen gekommen.

Viriota setzte sich zu ihrem Mann und legte ihre Hand auf seinen Unterarm. Beide warteten, bis der Sequaner seine Mahlzeit beendet hatte.

»Wie lautet deine Botschaft?« fragte Dumnorech schließlich, das lastende Schweigen mit leiser, beherrschter Stimme brechend.

»Lucho ist mein Name, und ich komme aus Vesontio, auf Geheiß Castichs, meines Herrn. Fürst Castich und der Rat der sequanischen Stämme bitten die Haeduer um Waffenhilfe. Die Sueben und noch einige andere germanische Stämme haben den Rhein überquert und stehen nun mit großer Heeresmacht in der Ebene von Magetobriga. Sie sind im Schutze der Vogesen vorgerückt, so daß wir ihr Erscheinen viel zu spät bemerkt haben.«

Dumnorech verharrte daraufhin einen Moment in betroffenem Schweigen. Das, was der Mann ihm da geschildert hatte, war so unglaublich, daß er zunächst Mühe hatte, die volle Tragweite der Meldung zu erfassen.

»Weißt du, wie viele es insgesamt sind und ob sie ihre Frauen und Kinder mitgenommen haben?« wollte Dumnorech wissen.

»Wir können ihre Anzahl nur schwer abschätzen, da sie fast täglich neue Truppen heranführen. Aber es sind wohl weit über vierzigtausend Krieger, die Frauen und Kinder nicht eingerechnet.«

Dumnorech war bleich geworden. Seine anfängliche Sorge hatte sich nicht nur bestätigt, nein, das Unangenehme, auf das er gefaßt war, entpuppte sich als eine schiere Katastrophe. Gewiß hatte es in der Vergangenheit des öfteren Überfälle einzelner germanischer Stämme auf keltisches Gebiet gegeben, aber dabei hatte es sich nur um kurze Raubzüge ins nahe Grenzland gehandelt, ausgeführt von zahlenmäßig nicht sehr starken Verbänden, die keineswegs die Absicht hatten, das Land zu erobern und es langfristig zu besetzen.

Doch vor einiger Zeit hatten die Sueben einen neuen Herzog gewählt – Dumnorech versuchte krampfhaft, sich an den Namen des Mannes zu erinnern –, und seitdem kamen immer wieder Gerüchte auf, daß die Germanen Lust auf das fruchtbare und dazu viel leichter zu bewirtschaftende Land jenseits des Rheins bekommen hätten. Kein Mensch hatte das ernstgenommen – bis heute. Jetzt fiel ihm auch der Name des Suebenherzogs ein ... vor zwei Jahren war er ihm in Vesontio begegnet. Der Mann führte damals eine suebische Gesandtschaft an. Ein Riesenkerl mit strohblondem Haar und stahlblauen Augen! Ariovist – das war der Name.

Er mußte der Urheber dieser offensichtlich gutgeplanten Invasion sein, denn daß es sich um eine solche handelte, bezweifelte Dumnorech nun nicht mehr.

Fieberhaft nachdenkend, schaute er Viriota an.

»Sind die Helveter davon unterrichtet worden?« fragte sie Lucho erregt, waren doch die Helveter die direkten Nachbarn der Sueben und sie die Schwester eines helvetischen Fürsten.

»Es wurden Boten zu allen Grenzstämmen ausgesandt, auch zu Fürst Orgetrech«, gab Lucho bereitwillig Auskunft.

Dumnorech hatte unterdessen einige seiner Krieger rufen lassen, und bald standen sie vor ihm. Im Nu war die lähmende Stimmung im Raum in hektische Betriebsamkeit umgeschlagen, und Dumnorech, der seine Fassung inzwischen einigermaßen zurückgewonnen hatte, gab seine Anweisungen.

»Du – du gehst zum Vergobreten! – Du zu Dyffekiach! – Und du zu Eporedorech und Virdomar! Bittet sie, nein, befehlt ihnen, unverzüglich hierherzukommen! Macht die Sache äußerst dringlich! Los, los – was steht ihr hier noch herum? Raus mit euch!«

Die letzten Worte bellte er gereizt den Davoneilenden hinterher. Sich immer noch zur Ruhe zwingend, wandte er sich wieder dem Sequaner zu, der sich nun ein wenig erholt hatte und sich gerade an einem zweiten Krug Korma labte, den Viriota ihm hatte bringen lassen. Dumnorech setzte sich zu ihm und begann nervös mit den Fingerspitzen auf der Stuhllehne zu trommeln. Dann sprang er unversehens wieder auf, stellte sich mit seinem Becher Wein vor das Kaminfeuer und starrte gedankenverloren ins Leere. Aufgeschreckt wurde er dabei erst durch die lauten Schritte und Stimmen der Geladenen, die nach etwa einer halben Stunde in das Zimmer polterten. Bald saßen sie um die Tafel und schauten ihn mit teilweise verschlafenen Augen erwartungsvoll an.

»Ich hoffe doch sehr, lieber Bruder, daß du eine plausible Erklärung für deine rüde überbrachte, sagen wir mal – Einladung zu dieser doch recht außergewöhnlichen Zeit parat hast. Das letztemal, wo ich zu so später Stunde aus meinem Bett gerufen wurde, standen die Biturigen gegen uns auf und bedrohten uns mit Krieg!« sagte Dyffekiach spitz und sah dabei seinen Bruder herausfordernd an.

»Um genau so etwas Ähnliches könnte es sich handeln; oder meint ihr, ich hätte euch ohne Grund aus den Armen und Schößen eurer Frauen hierher getrieben?« knurrte Dumnorech und stützte sich mit beiden Händen auf der Tischplatte ab. Er fixierte jeden einzelnen von ihnen; um seine Mundwinkel zuckte es, immer wieder biß er sich auf die Unterlippe. Langsam deutete er dann endlich mit dem ausgestreckten Zeigefinger auf Lucho.

»Das hier, liebe Freunde«, sagte er mit erzwungener Gelassenheit, »ist Lucho, ein Bote Castichs. Ich meine natürlich, um eventuellen Mißverständnissen vorzubeugen, den Sequaner Castich!« Mit Genugtuung bemerkte Dumnorech, wie sich die Augen der Anwesenden bei der bloßen Nennung dieses Namens, den er so gedehnt aussprach, als würde ihm gerade ein Leckerbissen auf der Zunge zergehen, vor ungläubigem Staunen weiteten. »Nun, er ist von seinem Fürsten zu uns gesandt worden, um uns um Waffenhilfe zu bitten, was nach den Erfahrungen, die wir mit unseren geschätzten Nachbarn im Norden in der Vergangenheit machen mußten, ein wenig sonderbar anmutet, nicht wahr?« Er legte eine kleine Redepause ein und genoß die Wirkung seiner Worte, die sich in den immer verständnisloser dreinschauenden Gesichtern seiner späten Gäste zeigte.

»Ich schlage deshalb vor«, fuhr er weiter fort, »daß uns Lucho nunmehr den Grund seiner Mission erklärt und uns einen ausführlichen Bericht über die Lage bei den Sequanern gibt, die dazu geführt hat, daß der stolze Castich ausgerechnet uns um Hilfe bitten mußte.«

»Wahrscheinlich haben sich Treverer und Leuker verbündet und sind diesmal vernünftigerweise vereint über die Sequaner hergefallen! He, Lucho, bestelle deinem Herrn, daß er sich zunächst Verbündete schaffen sollte, bevor er sich in seinem arroganten Größenwahn einen immer größer werdenden Haufen Feinde an den fetten Hals lädt!« lästerte Virdomar und löste dadurch bei den anderen, Dumnorech ausgenommen, ein langanhaltendes Gelächter aus, was die Situation für einen kurzen Moment entspannte.

Dumnorech ließ sie lachen. »Immer zu einem kleinen Spaß bereit, was, Virdomar?« kommentierte er gefährlich leise die überheblichen Worte. Dann schlug er mit der Faust auf den Tisch. »Wenn es nur das wäre, was unser Freund in seiner Weisheit vermutet, glaubt mir, dann hätte ich euch und mir die wohlverdiente Nachtruhe gegönnt!« schleuderte er ihnen spöttisch entgegen. Dann setzte er sich, streckte die Beine aus und verschränkte die Arme hinter dem Kopf.

»Aber reden wir nun von Tatsachen«, fuhr er fort, sich zur Ruhe zwingend. »Und Tatsache ist, daß der Suebenherzog Ariovist mit einem gewaltigen Heeresaufgebot in das Stammesgebiet der Sequaner eingedrungen ist und jetzt auf der Ebene vor Magetobriga lagert. Und sie haben ihre Frauen und Kinder gleich mitgebracht, was bedeutet, daß sie sich auf einen längeren Aufenthalt in unserem schönen Land einrichten wollen.«

Die Worte waren zwar sachlich formuliert, wirkten aber auf die Zuhörer wie Hammerschläge; schiere Fassungslosigkeit stand in ihren Gesichtern geschrieben.

»Alsdann, Lucho, schildere uns noch einmal ausführlich die Lage!« forderte Dumnorech den Sequaner auf.

Dieser berichtete daraufhin umfassend von dem Ausmaß der Invasion und von der momentanen Situation vor Magetobriga. Nachdem er geendet hatte, konnten sich alle im Raum eine genaue Vorstellung von der Stärke und der Ausrüstung des Feindes machen.

Eine Weile hockten sie allerdings wie betäubt da und versuchten, die Ungeheuerlichkeit des eben Gehörten zu verarbeiten. Dann begannen sie alle auf einmal lautstark durcheinanderzureden. Dumnorech ließ sie zunächst diskutieren, dann verschaffte er sich energisch Gehör.

»Wir sind doch wohl einer Meinung hinsichtlich der Bedrohung, die aus dieser Situation für uns erwachsen ist. Ich schlage deshalb vor, sofort alle tauglichen Männer zu den Waffen zu rufen und sie nach Vesontio zu schicken! Wieviel Zeit, meint ihr, wird das in Anspruch nehmen?«

»Drei bis vier Tage«, antwortete Dyffekiach. »Aber denke daran, es ist Saatzeit, und die Leute werden murren.«

»Sie würden noch mehr murren, wenn sie künftig ihre Felder für einen suebischen Edeling bestellen müßten«, räsonierte Eporedorech giftig.

»Was ist mit den Arvernern? Sollten wir nicht auch von ihnen Unterstützung erbitten?« gab Lisco, der Vergobret dieses Jahres, zu bedenken.

»Die Arverner sind zu weit weg vom Geschehen und somit noch nicht direkt bedroht«, folgerte Dumnorech realistisch. »Deshalb bezweifle ich sehr stark, daß Celteall zum jetzigen Zeitpunkt, eben weil Saatzeit ist, uns auch nur einen Mann schicken würde. Außerdem«, setzte er sarkastisch hinzu, »sind die Arverner keiner der von uns abhängigen Stämme!«

»Verdammt, ein Feind steht im Land, der alle Stämme des Keltenlandes in absehbarer Zukunft bedrohen wird. Das ist es, was wir Celteall deutlich machen sollten, falls er unser Ersuchen ablehnt!« erregte sich Virdomar.

Dyffekiach, der sich während der ganzen Zeit eher bedeckt gehalten hatte, bat nun ums Wort: »Ich sehe da noch eine andere Lösung des Problems. Bislang hat offenbar noch keiner der betroffenen Stämmen mit den Sueben gesprochen. Wir könnten doch eine Abordnung, bestehend aus Vertretern der Sequaner, Haeduer, Lingonen, Leuker und Helveter zu Herzog Ariovist entsenden und uns so Klarheit über seine wahren Pläne verschaffen. Es besteht immerhin die Möglichkeit, daß die Germanen mit friedlichen Absichten zu uns gekommen sind!« stellte er seine Ansicht zur Diskussion.

Einige Sekunden lang schauten ihn die anderen völlig entgeistert an. Dann fingen sie an zu lachen. »Nun sag uns nur noch, daß die Sueben uns um Schutz und Heimstatt anflehen werden, und ich rühre mein Lebtag keine Frau und keinen Wein mehr an!« prustete Eporedorech lauthals.

»Na, soweit wird es, Lug sei Dank, wohl nicht kommen«, sagte Dumnorech, immer noch lachend. »Aber im Ernst, Dyffekiach, dein Friedenswunsch in allen Ehren, aber glaubst du ernsthaft, daß die Germanen mit sich verhandeln ließen? Das haben sie noch nie getan! Die nehmen sich, was sie wollen, ohne zu fragen! So zumindest lehrt es uns die Erfahrung aus der Vergangenheit. Nein, mein Bruder, wir haben keine Zeit zu verlieren.«

Dumnorech legte kurz den Finger an die Nase und dachte angestrengt nach. »Viriota, hole mir Verbrol, sofort!«

Der Herbeigerufene erschien auf der Stelle. Er war Dumnorechs bester und zuverlässigster Gefolgsmann.

»Verbrol! Du reitest sofort nach Gergovia, suchst Fürst

Celteall auf und übermittelst ihm folgende Botschaft! Hör jetzt genau zu: Ein starkes suebisches Heer ist über die Vogesen gezogen und stößt gerade nach Magetobriga vor. Die Haeduer haben beschlossen, den Sequanern Waffenhilfe zu leisten und werden spätestens in vier Tagen nach Vesontio ziehen. Wir bitten die Arverner, daß sie mit allen waffenfähigen Männern, die sie aufbieten können, nach Magetobriga marschieren. Wir werden auf der Höhe von Vesontio dann zu ihnen stoßen. Bei Lug, sie sollen jeden Mann, der eine Waffe tragen kann, nach Magetobriga schicken, mach ihnen das klar!« Die letzten Worte sagte er schon fast beschwörend.

Verbrol wiederholte die Botschaft und stürmte dann aus dem Raum. Kurze Zeit später verlor sich das Getrappel der Hufe seines Pferdes in der Dunkelheit. Noch andere Boten wurden instruiert und weggeschickt, dann löste sich die nächtliche Versammlung auf.

Bald loderten auf allen Höhen im Land die Signalfeuer und riefen die Haeduer zur Heeresfolge.

6

Das Gelage im Hause Celtealls hatte seinen Höhepunkt schon längst überschritten, als Verbrol in die Halle geführt wurde. Er hatte einen scharfen Ritt hinter sich und hatte seit zwei Tagen und Nächten keinen Schlaf gefunden. Aber müde war er trotzdem nicht, sondern befand sich jetzt in jenem hellwachen Zustand, der sich immer dann einstellt, wenn dem Körper über längere Zeit hinweg der Schlaf entzogen wird. So nahm er das, was um ihn herum geschah, mit einer fast schon schmerzhaften Überdeutlichkeit wahr.

Nicht wenige der Zechenden lagen bereits schnarchend unter den Tischen oder mit dem Kopf in den Essensresten auf der Tischplatte. Zwei spärlich bekleidete Mädchen tanzten in tranceartiger Entrückung mit lasziven Bewegungen zu den aufpeitschenden Rhythmen der Flöten und Harfen. Selbstvergessen und ekstatisch bewegten sie sich und schienen nicht zu bemerken, daß rauhe Männerhände nach ihren Brüsten und Schenkeln griffen. Aus den weniger beleuchteten Ecken des rauchgeschwängerten Saales drangen die eindeutigen Geräusche körperlicher Liebe an Verbrols Ohr. Das Stöhnen und die halberstickten Seufzer ließen unschwer vermuten, daß einige Männer und Mädchen, die vielleicht vorhin noch züchtig beisammengesessen hatten, sich nun für das flüchtige Vergnügen einer Nacht fanden. In seine Nase drangen die streng riechenden Ausdünstungen der völlig überfüllten Halle, ein Gemisch aus Rauch, Schweiß, vergossener Korma und dem süßlich-sauren Geruch von Erbrochenem.

Dann stand er vor Celteall.

Neben dem Fürst saßen – oder lagen – die Edlen der Arverner, unter ihnen Govanned, Fearr und Lochtaire. Govanned erzählte gerade lallend und lautstark von den Reizen einer unbekannten Schönen, dabei merkte er gar nicht, daß ihm niemand zuhörte, denn sein Gegenüber war schon längst selig eingeschlafen.

Auch Fearr und Lochtaire waren vom eifrigen Trinken ziemlich angeschlagen und starrten nur noch dumpf in ihre Becher.

In seiner wachen Nüchternheit fühlte sich Verbrol ein wenig fehl am Platz, doch dann ging die Wache, die ihn hereingeführt hatte, zu Celteall und flüsterte ihm ins Ohr, daß ein haeduischer Bote eingetroffen sei.

Jetzt erst schien Celteall den Mann wahrzunehmen. Er erhob sich leicht schwankend aus seinem Sessel und stierte den unverhofften Gast aus zusammengekniffenen, rotunterlaufenen Augen an. Ein Diener reichte Verbrol ein mit Silber beschlagenes Trinkhorn, welches mit schäumender Korma gefüllt war.

»Stärke dich, mein haeduischer Freund, und sei mir willkommen!« begrüßte Celteall ihn mit schwerer Zunge. Darauf ließ er sich wieder mit einem lauten Rülpsen in seine Kissen fallen. »Was bringst du uns so Wichtiges aus Bebracht, das nicht bis morgen warten könnte, hm?«

Verbrol schaute sich um und zögerte sichtlich mit der Antwort.

»Nun, du kannst frei sprechen!« ermunterte Celteall den Haeduer. »Es gibt niemanden hier, der deine Botschaft nicht hören sollte.« Celteall schaute sich stirnrunzelnd um. »Wenn er noch hören kann!« fügte er hinzu, den Zustand der meisten seiner Gäste bemerkend.

Verbrol räusperte sich kurz und berichtete dann mit leiser Stimme in knapper Form, was ihm aufgetragen worden war.

Noch während er sprach, bemerkte er, daß die, die ihm zuhörten, bei jedem seiner Worte aufmerksamer wurden.

Am Ende seines Berichtes waren die meisten vollends nüchtern geworden, und Verbrol stellte besorgte Betroffenheit in ihren Blicken fest, die sie miteinander wechselten.

Lochtaire scheuchte ein Mädchen, das ziemlich angetrunken war und sich gerade mit gespreizten Beinen auf seinen Schoß setzen wollte, mit einem derben Klaps auf ihr strammes Hinterteil davon.

Fearr lugte zu seinem Vater. Der zwirbelte sichtlich nervös an seinem Bart und hielt die Augen geschlossen, als ob er das soeben Gehörte noch einmal an seinem Innersten vorbeiziehen lassen wolle.

Unterdessen hatten auch die Musiker ihr Spiel unterbrochen und blickten mit den wenigen anderen im Saal, die noch einigermaßen bei Bewußtsein waren, gespannt zu Celteall. Die meisten von ihnen wußten zwar nicht, um was es eigentlich ging, aber sie hatten gleichwohl die Veränderung im Verhalten ihres Gastgebers registriert.

Celteall erhob sich langsam und ließ seinen Blick in die Runde schweifen. Als er jedoch feststellte, daß viele der Zecher sich schon weitab jedweder Aufnahmefähigkeit befanden, verzichtete er darauf, einige erklärende Worte zu den Anwesenden zu sprechen.

Statt dessen machte er nur eine wegwerfende Handbewegung und schüttelte seinen Kopf. »Ach, feiert nur schön weiter und laßt euch nicht stören! Aber gleich morgen tritt der Rat zusammen, und ich will, daß alle daran teilnehmen!« befahl er noch, dann setzte er sich resigniert wieder hin und versank in dumpfes Brüten. Immerhin wurden noch in derselben Stunde Eilboten zu allen Stämmen der Arverner gesandt, um die Clanchefs zum Kriegsrat nach Gergovia einzuberufen.

Im Saal hatte die Musik zaghaft ihr Spiel wieder aufgenommen, aber die bis dahin ausgelassene Stimmung wollte sich nicht mehr einstellen. Diejenigen, die dazu noch in der Lage waren, rätselten und debattierten lautstark über das, was sie meinten mitbekommen zu haben, der Rest betrank sich vollends. Auch Fearr und Lochtaire bestürmten Celteall mit allen möglichen Fragen, die sich auf den Inhalt der Botschaft und die möglichen Konsequenzen bezogen, die sich daraus für die Arverner ergaben. Doch Celteall hüllte sich weiterhin in Schweigen, so daß sie es bald aufgaben, in ihn zu dringen. In dem sicheren Bewußtsein, bald an einem Kriegszug teilnehmen zu können, schwankten die beiden Freunde irgendwann in der Nacht zu ihren Lagerstätten und versanken in einen unruhigen Schlaf.

Schon früh am Morgen des nächsten Tages trafen die Clanherren der Arverner im Hause Celtealls ein. Sie waren zwar alle wieder einigermaßen nüchtern, aber bei manchen hatte der gestrige Tag seine Spuren hinterlassen. Auch Fearrs Schädel brummte noch heftig. Als sich alle versammelt und Celteall den Kriegsrat feierlich eröffnet hatte, bat man Verbrol, seine Botschaft noch einmal zu wiederholen. Danach setzte eine hitzige Diskussion über das Für und Wider einer Teilnahme der arvernischen Stämme an einem Krieg gegen die Sueben ein. Während die Arverner selbst für eine direkte Unterstützung der Haeduer waren – Celteall hatte erst vor kurzem einen Beistandspakt mit Dumnorech geschlossen –, waren es vor allem die Gabaler und Kadurker, die vehement dagegen plädierten.

Da ergriff auf einmal Donnotal das Wort, der Vater Lochtaires und Fürst der Kadurker. Donnotal war ein stämmiger, großer Mann, dessen weingerötetes Gesicht in auffallendem Kontrast zu seinem kurzgeschnittenen, schlohweißen Haupt- und Barthaar stand. Er genoß den Ruf eines besonnenen und äußerst tapferen Gefolgsmannes Celtealls, dessen Meinung deshalb von einigem Gewicht im Rate war.

»Ruhe!« donnerte sein volltönender Baß. »Ruhe, und hört mir zu, ihr alle! Es nutzt keinem etwas, wenn wir unsere Zeit damit vertrödeln, uns gegenseitig entweder der vermeintlichen Feigheit oder der Kriegstreiberei zu bezichtigen. Viele Argumente für und gegen einen Krieg gegen die Sueben sind heute schon vorgetragen worden, und es gibt auf beiden Seiten ernst zu nehmende Gründe, die gut abgewogen sein wollen. Fassen wir doch einmal zusammen. Die einen sagen – und dazu zählen auch die Kadurker, die ich zu vertreten habe und denen man bislang keinen Mangel an ihrer Lehenstreue nachsagen konnte –, daß es gerade jetzt in der Saatzeit unklug wäre, weit entfernt von der Heimat mit einem in meinen Augen recht zweifelhaften Verbündeten gegen einen Feind zu kämpfen, dessen genaue Stärken und Absichten weitgehend unbekannt sind. Ein Feind«, fuhr er dann mit eindringlicher Stimme fort, »der uns im übrigen noch nie behelligt hat ...!«

»Ein Feind, der uns aber in allernächster Zukunft durchaus behelligen könnte, wenn nur ein Bruchteil von dem, was uns Dumnorech übermitteln ließ, zutreffen sollte«, höhnte Govanned dazwischen, der sich schon zuvor zum Wortführer derer gemacht hatte, die den Krieg wollten und die ihm jetzt auf diesen Einwurf hin lautstark Beifall zollten.

Donnotal hingegen überging in aller Ruhe diese Unhöflichkeit und setzte gelassen seine Rede fort.

»Die anderen hingegen, zu denen, wie wir gerade deutlich vernommen haben, gerade die jungen Krieger aus Cetealls Clan gehören, berufen sich auf das Waffenbündnis mit den Haeduern und auf die zweifellos bestehende Gefahr einer großangelegten Invasion der Germanen. Ich sage nun, daß beide recht haben. Meine Meinung – aufgrund derer ich die Zustimmung für diesen Feldzug verweigern möchte – wird gebildet von der doch eher kargen Information über die tatsächliche Lage. Auch wir sind ja willens, sofort für unsere Freiheit zum Schwert zu greifen, wenn es notwendig wäre, aber dafür müßten wir schon viel mehr über unseren Gegner wissen. Deshalb schlage ich vor ...«

»Rede nicht soviel, sondern mach deinem Ruf Ehre und

komm mit uns nach Magetobriga. Es sei denn, dein Clan zieht es vor, Rüben zu säen. In Magetobriga magst du dann entscheiden, ob du kämpfen willst wie ein Krieger oder lieber wieder zurück zu deinen Bauern reiten möchtest, um mit ihnen Schweine zu mästen!« Kritognat war es, der das dazwischenrief, ein noch junger arvernischer Heerführer. Daraufhin zogen einige der gabalischen und kadurkischen Barone zornentbrannt ihre Schwerter und wollten sich auf die um Govanned stehenden Arverner stürzen, die nun ebenfalls blankgezogen hatten und die Stimmung mit wütenden Schmährufen noch mehr anheizten. Es wäre wohl zu einem Blutbad gekommen und damit zu dem irreparablen Bruch der arvernischen Stammesbündnisse – von den persönlichen Blutfehden, die sich über Generationen hinziehen konnten, einmal abgesehen –, wenn nicht in diesem Moment Celteall, der bislang schweigend den Verlauf der Debatte von seinem Hochsitz aus verfolgt hatte, beherzt mit gezogenem Schwert zwischen die Streitenden getreten wäre. Im gleichen Moment hatte sich auch Donnotal mit ausgebreiteten Armen vor seine Männer gestellt.

»Auseinander, sage ich! Los, steckt eure Schwerter weg, und zwar alle, sonst, bei Lug, lasse ich meine Wache kommen, und dann könnt ihr euer Mütchen im Kerker kühlen, indem ihr mit euren Hitzköpfen gegen die feuchten Mauern anrennt. Seit wann dürft ihr die Gesetze des Rates verletzen? Nicht genug, daß ein junger Gockel mit seinem Gekrähe den Älteren in seiner Rede unterbricht, nein, ihr wagt es auch noch, in meinem Haus und während des heiligen Rates die Schwerter gegeneinander zu ziehen!« brüllte Celteall mit zorngerötetem Gesicht.

Die Drohung und die imposante Gestalt des Arvernerfürsten zeigten fast auf der Stelle ihre Wirkung; kleinlaut wurden die Schwerter wieder in ihre Scheiden geschoben. Fearr und Lochtaire, die an dem Kriegsrat nur als Zuschauer teilnehmen durften – sie waren offiziell noch nicht ratsmündig – und die Eskalation des Zwistes bleich und wie gelähmt miterlebt hatten, atmeten nun erleichtert auf und gaben sich die Hand.

»Stell dir vor, wir müßten unsere Freundschaft wegen ein paar unbesonnener Worte begraben und uns, nur weil einige ihr Recht unbedingt mit Blut verteidigen wollten, irgendwann auf dem Schlachtfeld gegenüberstehen! Lochtaire, deine Freundschaft ist mit das wichtigste in meinem Leben geworden, und ich wünsch mir nichts mehr, als daß sie mir erhalten bleibt!« raunte Fearr.

»Worauf du Gift nehmen kannst! Du wirst mich nicht mehr los, das schwöre ich dir! Aber ich schwöre dir auch, daß das nicht immer angenehm sein wird für dich, mein Freund!« lachte Lochtaire, und erleichtert wandten sie sich wieder dem Geschehen zu. Mittlerweile hatten die Streithähne ihre Plätze um die Tafel erneut eingenommen, und so mancher saß mit schuldbewußt gesenktem Kopf da. Aber es flog doch noch so mancher böse Blick quer über den Tisch.

»Ich will versuchen, das, was sich soeben in dieser Halle abgespielt hat, zu vergessen, und ich halte es eurer unerfahrenen Jugend zugute, daß ihr euch zu diesem Frevel habt hinreißen lassen«, sagte Celteall mühsam beherrscht. »Dankt den Göttern, daß kein Blut geflossen ist! Und dankt Donnotal und mir, daß wir eingegriffen haben! Wer seid ihr schon? Kritognat und ihr anderen jungen Heißsporne – habt ihr je in einer richtigen Schlacht gekämpft, he? Nein! Außer bei euren lächerlichen Zweikämpfen und vielleicht in den Betten eurer Dirnen habt ihr euch noch nicht als große Helden erwiesen! Und von dir, Govanned, der du schlachterfahren bist, von dir hätte ich ein solches Verhalten am wenigsten erwartet! Anstatt diese Herrchen hier in ihrem Übermut zu zügeln, unterstützt du ihre blinde Arroganz noch! Also, ich will, daß ihr euch alle, auch du, mein Bruder, bei Donnotal für eure Unverschämtheit entschuldigt! Was dich und deine Leute betrifft, Senno«, und dabei wandte er sich an den jungen Gabalerfürsten, »so fällt es mir ziemlich schwer, meinen Männern zu befehlen, sich bei euch zu entschuldigen, denn du hast, anstatt Besonnenheit zu zeigen, als erster zum Schwert gegriffen. Aber sei gewiß, dein Vater wird es erfahren, und dann, lieber Neffe, mögen dir die Götter beistehen.« Senno sank bei diesen Worten förmlich in sich zusammen, denn er wußte nur zu gut, was ihm blühte, wenn man seinem Vater Mortuach, dem Bruder von Caramariacha, Celtealls Frau, davon berichten würde. Durch eine Krankheit ans Bett gefesselt, hatte Mortuach seinen Sohn gebeten, an seiner Statt der Einladung seines Schwagers zu dem großen Fest zu folgen, und so hatte Senno wie selbstverständlich auch seines Vaters Platz im Rat eingenommen.

»Ich bin dir dankbar, Celteall, für deine Bemühungen, daß hier kein Blut vergossen wurde, und für deine Worte des Friedens!« erwiderte Donnotal herzlich. »Aber auch ich möchte mich für das ungebührliche Verhalten meiner Männer in deiner Halle entschuldigen. Allerdings habe ich, trotz allem, ein gewisses Verständnis gerade für die, die zum Kriege drängen. Auch wir waren einst jung, Celteall, und begierig, unsere Tapferkeit in der Schlacht unter Beweis zu stellen. Es ist schon lange her, daß unsere Stämme Krieg führten, und so ist es kein Wunder, daß unsere jungen Männer danach lechzen, ihre Schwerter im Kampf zum Ruhme der Arverner zu erproben. Vielleicht habe ich das vorhin bei meinen Ausführungen nicht bedacht. Ich schlage deshalb vor, daß eine kleine, schlagkräftige Truppe, bestehend aus Kriegern, die sich freiwillig dazu gemeldet haben, nach Magetobriga aufbricht, um sich dort vor Ort einen Eindruck von der Lage zu verschaffen. Sollte es sich wirklich um eine Invasion in den von Dumnorech geschilderten Ausmaßen handeln, könnten wir immer noch kurzfristig unsere gesamte Streitmacht zu den Sequanern entsenden. Ich selbst wäre bereit, etwa hundert ausgewählte Leute zu stellen, die von meinem Sohn Lochtaire angeführt werden.«

Nach einem Moment verblüfften Schweigens schlugen alle Versammelten zustimmend und begeistert auf die Tische. Donnotal hatte mit seiner Rede, wie so oft schon in der Vergangenheit, die erhitzten Gemüter beruhigt und einen gangbaren Kompromiß gefunden. So war beiden Seiten gedient, und keiner hatte letztendlich das Gesicht verloren. Fearr bemerkte nur, daß Donnotal seinem Vater verstohlen zuzwinkerte, was in der allgemeinen Euphorie jedoch von niemand wahrgenommen wurde.

Nach einer kurzen Diskussion, bei der die genaue Anzahl der Männer und die Organisation des aufzustellenden Trupps besprochen wurde, beschloß man einmütig, daß die Krieger sobald als möglich, das hieß in spätestens zwei Tagen, unter der Führung Govanneds gen Magetobriga aufbrechen sollten, insgesamt dreihundert Mann, davon hundert zu Pferde.

Fearr wurde ebenfalls dazu eingeteilt – er sollte die arvernischen Reiter befehligen.

Es war sein erstes Kommando. Und sein erster Krieg.

7

Zwei Tage später befand sich die kleine Streitmacht auf dem Weg nach Magetobriga. Govanned trieb sie unerbittlich in Eilmärschen voran. Schon zu Beginn des Unternehmens hatte er ihnen gesagt, daß es sich dabei um keinen Spaziergang handeln würde, und da die meisten von ihnen noch nie an einer Feldschlacht teilgenommen hätten, sollten sie sich vom ersten Tag an daran gewöhnen, Strapazen klaglos zu ertragen. Dies, so hatte er erklärt, könne man am besten dadurch erlernen, indem man sich schon auf dem Marsch in Selbstdisziplin üben und weitermachen würde, selbst wenn man meinte, die Grenzen der physischen und psychischen Belastbarkeit erreicht zu haben. Während der ersten Tage ließ er auch kaum rasten, und wenn, dann nur kurz, damit die Männer wenigstens ihre sowieso schon begrenzten Rationen an Essen und Trinken hinunterschlingen konnten. Jede Nachlässigkeit wurde von ihm aufs strengste geahndet. Schlief ein zur Wache eingeteilter Mann ein, prügelte er ihn eigenhändig wach. »Zum Schlafen«, so hatte er bei einer solchen Gelegenheit gebrüllt, »findet ihr immer noch genügend Zeit im Grab! Aber wenn ihr diesen Krieg überleben wollt, dann müßt ihr eure Müdigkeit überwinden, denn der Gegner wird sicher ausgeschlafen sein! Gerade während des Marsches ist eine Truppe am verwundbarsten, also haltet gefälligst eure Augen offen, oder der Feind schließt sie euch für immer!« Mit solchen und ähnlichen Worten spornte er sie immer wieder an, wenn er irgendwelche Disziplinlosigkeiten ahndete. Govanned selbst zeigte niemals auch nur eine Spur von Müdigkeit; die wenigen Minuten, in denen er während der kurzen Ruhepausen einnickte, schienen seine Kräfte genügend zu regenerieren. Oft simulierte er nachts mit ein paar anderen einen angreifenden Feind, während er tagsüber die Truppe darin übte, eine geeignete, dem jeweiligen Gelände angepaßte Kampfposition aus der Bewegung heraus einzunehmen. Er war überall präsent; mal ritt er mit den Reitern voraus, um das Terrain zu sondieren, mal ritt er am Schluß des Zuges, um säumige Nachzügler anzutreiben. So kamen sie schnell voran und erreichten, nachdem sie nahezu Tag und Nacht unterwegs gewesen waren, nach vier Tagen schon die Stelle, an der die Dubh in die Arar mündete; einige Meilen nördlich der Stadt Cavilion, an der sie in den frühen Morgenstunden vorbeimarschiert waren. Gegen Mittag überquerten sie die Dubh an einer seichten Furt und befanden sich jetzt im Stammesgebiet der Sequaner. Das Aprilwetter war wechselhaft, und es begann heftig zu regnen, was aber auf die Moral der Arverner keine besondere Wirkung mehr hatte; sie waren ohnedies schon völlig vom Flußwasser durchnäßt worden. Im Gegenteil, der harte Drill Govanneds während der vergangenen Tage begann erste Früchte zu tragen. Einerseits zeigten sich die Männer mehr und mehr abgehärtet gegen die Qualen, die sie anfänglich während des Marsches hatten erdulden müssen, wie auch hinsichtlich der Unbill des launischen Wetters, andererseits stieg ihre Stimmung durch die Erkenntnis, daß sie eine so lange Wegstrecke in einer doch verhältnismäßig kurzen Zeit zurückgelegt hatten. Das erfüllte sie mit Stolz und ließ sie die bisherigen Strapazen fast schon wieder vergessen. Außerdem fieberten sie förmlich der Begegnung mit dem Feind entgegen, dem sie nun mit jeder zurückgelegten Meile näher rückten. Die Tatsache, daß es sich bei diesem Feind um Germanen handelte, übte vor allem bei den jungen Kriegern, die noch nie an einer Schlacht teilgenommen hatten – und das war die Mehrzahl in Govanneds Schar –, eine magische Wirkung aus. Sie kannten dieses Volk nur aus den Erzählungen der Alten, und wie oft hatten sie in ihrer Kindheit von ihren Eltern zu hören bekommen, daß, wenn sie nicht gehorchen würden, die schrecklichen Germanen kämen, um sie in ihre dunklen Wälder zu verschleppen. Schon deswegen wollten sie es ihnen jetzt heimzahlen, denn nun waren sie keine kleinen Kinder mehr, und Angst hatten sie erst recht nicht. Im Gegenteil, die Aussicht, sich mit diesem Schreckgespenst aus Kindertagen im Kampf messen zu können und dadurch zu besonderem Ruhm zu gelangen, ließ den Gedanken an den Tod, der in der Schlacht lauerte, schnell verfliegen.

Auch Fearr versuchte, sich diesen als besonders gefährlich bekannten Feind in seiner Fantasie vorzustellen, und sein Wunsch, ihm endlich gegenüberzustehen, wuchs von Meile zu Meile. Nur Lochtaire, der neben ihm ritt, starrte schon eine geraume Zeit ins Leere und wirkte verschlossen und in sich gekehrt. Irgendwann konnte Fearr nicht mehr an sich halten und stellte den Freund kurz entschlossen zur Rede.

»Würdest du die Güte haben, mir mitzuteilen, was du seit Tagen in dich hineinfrißt? Ich bin nicht erst seit gestern dein Freund, und ich sehe es dir doch an, wenn dich etwas bedrückt. Komm, sprich mit mir, vertraue dich mir an!«

Eine Weile noch verharrte Lochtaire in seinem brütenden Schweigen, dann aber wandte er sich Fearr zu und sah ihn mit nachdenklich gerunzelter Stirn an.

»Na gut! Ich schäme mich meines Vaters!« sagte er mit leiser Stimme. »Im Gegensatz zu ihm schätze ich nämlich die Bedrohung durch diese Nebelriesen als sehr viel ernster ein.«

»Und wie kommst du darauf?«

»Hast du schon jemals etwas von den Kimbern und Teutonen gehört?«

»Ja, aber das ist lange her! Cunlean erzählte einmal davon.«

»Nun, mein Großvater hat mir, als ich noch klein war, öfter von den Kimbern und Teutonen berichtet, die zu seiner

Zeit auf ihrem Weg nach Süden einige Jahre kreuz und quer durch unser Land gezogen sind.«

»Aber die Teutonen waren doch Kelten, so jedenfalls lehrte es mich Cunlean«, wurde er von Fearr unterbrochen.

»Ja, schon, wenigstens zum größten Teil. Aber eben nicht die Kimbern. Deren Heimat war die neblige Küste des kalten Nordmeeres. Wahre Hünen sollen das gewesen sein und noch wilder im Kampf, als man es uns nachsagt. Auf jeden Fall sind sie zunächst den Rhoiden entlang in das Gebiet der Allobroger und Vocontier gezogen, das wie du weißt, schon seit langem zum Römischen Reich gehört. Als sie dort siedeln wollten, haben ihnen die Römer jedoch die Landnahme verweigert und ihnen den Krieg erklärt. Nachdem die Germanen dann so ziemlich jede Legion, die gegen sie gesandt wurde, vernichtet hatten, wandten sie sich wieder nach Norden und begannen ein paar Jahre scheinbar ziellos unser schönes Land zu durchstreifen. Nicht daß es dabei zu größeren Auseinandersetzungen mit unseren Stämmen kam, nein, sie waren einfach nur lästig, da die Landstriche, auf denen sie sich immer nur kurzfristig häuslich eingerichtet hatten, von uns nicht genutzt werden konnten. Aber dann sind sie plötzlich doch wieder gen Süden gewandert und erneut in die römische Provinz eingefallen, wobei sie sich wohl geteilt haben müssen, denn während die Teutonen im Gebiet der Salyer zurückblieben, zogen die Kimbern weit in den Norden Italiens hin. Wieder verweigerte Rom ihnen den Verbleib in ihrem Land und schickte Truppen gegen die unheimlichen Barbaren. Und wieder wurden diese Truppen restlos vernichtet. Bis dann ein Konsul, ein gewisser Marius, den Oberbefehl erhielt, neue Legionen aushob – die Götter wissen, woher er sie noch bekam – und sich den beiden Stämmen nacheinander in den Weg stellte. So konnte er zuerst die Kimbern bei Vercailla, wo immer das sein mag, und danach die Teutonen bei Aquae Sextiae, das liegt im Salyergau, so vernichtend schlagen, daß wohl keiner von ihnen je die Heimat wiedergesehen hat.«

»Immerhin zeigt das aber doch, daß die Germanen zu besiegen sind! Deshalb verstehe ich deine Sorgen, mit Verlaub gesagt, noch weniger. Willst du mir etwa einreden, daß die Sueben im Gegensatz zu ihren unglücklichen Brüdern nicht zu besiegen seien?«

»Fearr, natürlich sind auch sie zu besiegen, aber wie ich schon sagte, haben die Römer dazu Jahre gebraucht und dabei viel zu viele ihrer wehrfähigen Männer verloren.«

»Aber du denkst doch hoffentlich nicht, daß die Römer stärker sind als wir?« fragte Fearr entrüstet.

»Nein, Fearr, stärker als wir sind sie nicht, aber wesentlich besser organisiert. Ich hatte einmal die Gelegenheit, sie kämpfen zu sehen. Das war vor knapp drei Jahren in Vienna, wo die Allobroger gerade wieder einmal versuchten, sich von ihrem Joch zu befreien. Als die Legion dann eisenklirrend heranmarschierte, bekam selbst ich Angst! In dicht gestaffelten Kadern kamen sie, Schild an Schild, alles niederwalzend, was sich ihnen in den Weg stellte! Nein, die kämpfen völlig anders, als wir es gewohnt sind! Außerdem sind es Berufssoldaten mit eiserner Disziplin und langjähriger Ausbildung. Die Stärke unserer Stämme ist der Mut, aber großes Durchhaltevermögen ist ihnen nicht gegeben.«

Fearr konnte sich zwar nichts Genaues unter einem Berufssoldaten vorstellen, aber die Erklärung dafür konnte zunächst warten. Viel brennender interessierte ihn der Grund, weshalb Lochtaire die Sueben als so gefährlich einschätzte, denn das hatte ihm sein Freund bislang noch nicht deutlich machen können.

»Ja, aber was hat das nun mit den Sueben und uns zu tun, das ist mir immer noch nicht ganz klar?«

»Wieso hörst du mir eigentlich nicht richtig zu?« fragte Lochtaire ein wenig gereizt. »Weshalb, glaubst du, habe ich dir die Geschichte der Kimbern und Teutonen erzählt, he? Erkennst du nicht, daß wir uns einer ähnlichen Situation wie der, die damals den Römern zu schaffen machte, gegenübersehen? Allerdings mit zwei entscheidenden Unterschieden. Erstens kommen die Sueben nicht als Bittsteller in unser Land, wie seinerzeit ihre unbedarften nördlichen Vettern, sondern als zu allem entschlossene Eroberer, die genau wissen, was sie wollen, und zweitens sollte dir klar sein, daß diese Germanen nicht weniger diszipliniert in der Schlacht kämpfen als die Römer. Du scheinst das nicht begriffen zu haben: Marius hat damals nur deshalb den Sieg davongetragen, weil er erstens – aus zahllosen Niederlagen eine Lehre ziehend – das Durchhaltevermögen seiner Soldaten an das seiner Gegner anglich, und zweitens auch noch Nutzen daraus ziehen konnte, daß die Kimbern sich von den Teutonen getrennt hatten und so ihre Kampfkraft entscheidend geschwächt worden war. Nein, Fearr, glaube ja nicht, daß die Sueben leichte Gegner für uns sein werden! Bei denen, so sagt man, werden schon die Kinder mit der Waffe in der Hand geboren. Unsere Clans hingegen beweisen zwar großen Mut in der Schlacht und kämpfen wie rasende Wildkatzen, aber dann sind die Kräfte schnell erschöpft, und die Lust am Kämpfen ist verflogen. Sieger bleibt dann gewöhnlich derjenige, der am längsten durchhält. Die Germanen dagegen – wie übrigens auch die Römer – lassen uns in aller Ruhe an ihren Schildmauern unsere Kräfte austoben, um uns dann, wenn unsere Krieger ermattet sind, in aller Ruhe niederzuwalzen. Und deshalb, mein Freund, fürchte ich, daß dieses Abenteuer unser letztes werden könnte.«

»Wie kamen die Sueben eigentlich dazu, in das Gebiet der Sequaner einzufallen?« fragte Fearr, schon wesentlich kleinlauter geworden.

»Also an diesem unerfreulichen Zustand sind seltsamerweise die Sequaner selber schuld«, antwortete Lochtaire und lachte dabei ein wenig höhnisch. »Kurz bevor wir aufgebrochen sind, hat mir mein Vater nämlich seine persönliche Meinung über diesen Einfall kundgetan. Wie du weißt, haben und hatten die Sequaner immer schon irgendwelche Händel mit ihren Nachbarn. Vor rund zehn Jahren sind sie dann auf die Idee gekommen, die Sueben um Waffenhilfe gegen die Leuker zu ersuchen, wohl weil sie nach allem, was sie sich mit den Clans aus ihrer näheren Umgebung geleistet haben, keinen anderen Dummen finden konnten. Den Sueben kam das sehr entgegen, hatten sie doch nun einen triftigen Grund, bei ihren Nachbarn auf der anderen Rheinseite einmal vorbeizuschauen. Aber es blieb nicht bei dem einen Mal. Die Sequaner, von dem ersten Erfolg durchaus angetan, luden die Germanen nun immer öfter zu solchen kleinen Kriegszügen ein, und dabei werden die zunehmend Geschmack an unserer Lebensart gefunden haben. Kurz, ich glaube, daß Herzog Ariovist, der offenbar ein sehr zielgerichtet denkender Mann ist, den Sueben geraten hat, die ewigen Rheinüberquerungen lästig zu finden. Schließlich ist es doch so viel praktischer für alle Beteiligten, wenn man sich gleich in direkter Nachbarschaft mit seinen Schutzbefohlenen befindet. Weil es bei uns so schön ist, wird er diese Idee auch bei den mit den Sueben befreundeten Stämmen erfolgreich verbreitet haben, was zur Folge hatte, daß sie nun mit ihren Familien und all ihrem Hab und Gut ein letztes Mal über den Rhein gezogen sind, um bei uns eine neue Heimat zu finden. Leider ist das Gebiet der Sequaner naturgegeben viel zu klein für so viele Menschen, also werden sie sich schnell entschlossen haben, sich nicht mit langwierigen Kleinkriegen und Verhandlungen aufzuhalten, sondern gleich das ganze Keltenland für sich zu erobern. Und weil Herzog Ariovist dazu noch ein weitsichtiger Mann ist, hat er sich für dieses hohe Ziel zunächst einmal mit seinen späteren Nachbarn, den Römern, verbündet und von ihnen den Titel ›Freund des römischen Volkes‹ erhalten. Du siehst Fearr, die Germanen machen keine halben Sachen, und deswegen glaube ich, daß unsere Erfolgsaussichten hinsichtlich dieser Auseinandersetzung ziemlich dürftig sind. Die Wölfe werden den Eber hetzen!«

Fearr zuckte bei der letzten Bemerkung seines Freundes unmerklich zusammen, erwiderte aber zunächst nichts darauf. Eine Weile noch ritten sie nebeneinander her und hingen schweigend ihren Gedanken nach.

An diesem Tag ließ Govanned zur allgemeinen Überraschung schon früh am Nachmittag einen geeigneten Lagerplatz an der Arar suchen, um den Männern Gelegenheit zu geben, sich nach den Gewaltmärschen der letzten Tage einmal richtig auszuruhen. Es lagen nur noch knapp zwei Tagesmärsche nach Vesontio vor ihnen, und Govanned war mit den Leistungen seiner Krieger sehr zufrieden, so daß er ihnen diese Ruhepause gerne gönnte. Außerdem wollte er vermeiden, mit einer erschöpften Truppe in die Nähe des Feindes zu geraten.

Bald war ein geeigneter Platz in Ufernähe gefunden, und die Männer begannen, das Lager für die Nacht herzurichten. Ein Trupp Reiter wurde in den nahen Wald geschickt, um etwas für das Abendessen zu erjagen; andere machten sich zu Fuß in dieselbe Richtung auf, um Feuerholz zu sammeln.

Mittlerweile hatte es aufgehört zu regnen, und hie und da ließ sich sogar die Nachmittagssonne sehen.

Nachdem zunächst die Pferde mit Wasser und Hafer versorgt worden waren, wurden die Feuer entfacht, und die Männer hängten ihre nasse, klamme Kleidung, nachdem sie sie im Fluß gründlich ausgewaschen hatten, davor zum Trocknen auf. Danach sprangen sie, die eisige Kälte des Wassers nicht achtend, selber in den träge dahinfließenden, klaren Fluß, der an dieser Stelle nicht besonders tief war, um sich von dem Schweiß und dem Dreck der letzten Tage zu befreien. Alle waren dankbar für die langersehnte Rast; es herrschte eine ausgelassene, fast fröhliche Stimmung. Als gegen Abend die Jäger mit reicher Beute wieder ins Lager kamen, wurden sie mit Freudengeschrei begrüßt, und die Stimmung der Männer erreichte einen ersten Höhepunkt, als sie sahen, daß die Strecke von acht Wildschweinen durch ein paar Rehe und etliche Hasen vervollständigt wurde, was die nächtliche Speisefolge zumindest abwechslungsreich gestaltete. Es dauerte dann auch nicht mehr lange, bis allen der verlockende Duft gebratenen Wildbrets in die Nase stieg, und das Glücksgefühl der Männer wuchs noch mehr, als Govanned ihnen erlaubte, zwei der auf dem Fouragekarren mitgeführten Fässer mit Korma zu öffnen. Er ermahnte sie noch, nicht zuviel davon zu trinken, damit sie morgen ausgeschlafen und mit klarem Kopf den Weitermarsch antreten könnten, dann teilte er die Nachtwachen ein und machte einen Rundgang durch das Lager. An jedem Feuer ließ er sich eine Weile nieder und sprach mit seinen Schützlingen, ermunterte sie, wenn es notwendig war, und nahm wie selbstverständlich an ihren bisweilen derben Späßen teil. Auch Fearr saß mit Lochtaire an einer der Feuerstellen und nagte lustlos an einer Wildschweinrippe. Die Rollen schienen vertauscht zu sein: Während Lochtaire fröhlich dem saftigen Braten zusprach und unablässig deftige Anekdoten und Witze zum besten gab, wirkte Fearr verschlossen und abweisend. Seit ihrem Gespräch vorhin war ihm eine Menge durch den Kopf gegangen, und er spürte eine unerklärliche Nervosität in sich aufsteigen, die mehr und mehr Besitz von ihm ergriff. Irgendwann stand er wortlos auf und suchte seinen Schlafplatz auf, den er sich etwas abseits von den Feuern ausgesucht hatte. Er rollte sich in seine Decke ein und starrte, auf dem Rücken liegend, zum sternenklaren Nachthimmel empor. Eine Flut von Fragen und Empfindungen drängte sich in seinem Gehirn, und sein Körper war wie gelähmt.

»Die Wölfe hetzen den Eber!« Da war es wieder! Die Worte Cunleans drangen in sein Ohr, und auch die des schwarzen Sängers. Jetzt begann alles, was er bisher erfahren und erlebt hatte, einen tieferen Sinn zu bekommen und sich zu einer schreckenerregenden Vision zu verdichten.

Germanen im Norden – die Römer im Süden! Beide Völker waren hochgerüstet, wurden energisch geführt und hatten ehrgeizige Ziele. Dazwischen sein eigenes Volk – die Kelten, aufgesplittert in zahllose untereinander heillos zerstrittene Clans.

Seine strudelnde Erinnerung versetzte ihn mit einemmal in die Schmiede des alten Adderic in Gergovia, in der er so viele Stunden verbracht hatte, um dem Meister bei der Kunst des Schwertfegens zuzuschauen.

Das war es! Sein Volk war das glühende, nach allen Seiten funkensprühende Stück Eisen, welches zwischen dem germanischen Hammer und dem römischen Amboß schwebte. Wenn das Werkstück richtig bearbeitet wurde, konnte ein scharfes Schwert entstehen. Gelang das nicht, dann wurde das Metall entweder eingeschmolzen oder, wenn es durch die Schläge und übermäßige Hitze porös geworden war, einfach weggeworfen. Fearr erkannte in diesem Moment mit seltener Klarheit, daß die Auseinandersetzung mit den germanischen Wölfen einerseits und den römischen Adlern andererseits unausweichlich sein würde und das künftige Schicksal der Kelten nachhaltig bestimmen mußte. Hielten die Kinder Tarans den Schlägen stand, können sie zu einer starken Nation zusammengeschmiedet werden, wenn nicht, würden sie namenlos dem Untergang anheimfallen. Er beschloß deshalb, sich viel mehr Wissen über die beiden fremden Völker anzueignen; dabei wurde ihm schmerzlich bewußt, daß es auch noch vieles über sein eigenes Volk für ihn zu lernen gab. Erst spät übermannte ihn ein gnädiger, traumloser Schlaf.

8

Früh am Morgen des darauffolgenden Tages – Vesontio lag nur noch einen langen Tagesritt vor ihnen – bekamen sie durch einen Melder die Nachricht übermittelt, sich auf dem schnellsten Wege und möglichst ohne Aufenthalt nach Magetobriga zu verfügen, da der Ausbruch des Krieges unmittelbar bevorstünde. Govanned ließ sofort schwenken und führte seine Leute in Eilmärschen nach Norden. Auf halbem Wege trafen sie dann auf die gewaltige Heeresmacht der Haeduer. Schon von weitem war die riesige Staubwolke auszumachen, die sich flirrend über der dahinziehenden Masse an Mensch und Tier in den frühlingsblauen Himmel erhob.

Govanned ließ halten, und sie beobachteten eine Weile staunend den Vorbeimarsch der Haeduer. Flankiert von der zur Sicherung immer wieder ausschwärmenden Reiterei bewegten sie sich, Clan nach Clan, schnell voran. Fearr, der noch nie in seinem Leben ein so großes Heer gesehen hatte, wunderte sich, wie es den Haeduern gelungen sein mochte, in einer so knapp bemessenen Frist eine solche Menge an Menschen und Material für diesen Kriegszug aufzubieten. Es mußten mehrere Tausend sein, die dort vor ihnen auf der weiten Ebene nach Magetobriga marschierten! Das grelle Sonnenlicht vergoldete ihre Speerspitzen und Helme zwischen den Staubschleiern und ließ sie hell aufblitzen.

Und sie sangen! Sie sangen vom Krieg und vom Sieg, von den Frauen und vom Wein. Begleitet wurde ihr Gesang von den wilden, aufpeitschenden Klängen unzähliger Trommeln und Sackpfeifen. Auf einer kleinen Anhöhe, die sich ihnen gegenüber auf der anderen Seite des dahinziehenden Heerbannes erhob, erschienen plötzlich mehrere Reiter, die ebenfalls den Vorbeimarsch beobachteten. Govanned ließ seine Leute eine Rast einlegen und sprengte dann mit Fearr und Lochtaire zwischen den marschierenden Abteilungen zu der Anhöhe. Dort trafen sie auf Dumnorech und seine Hauptleute, die ihrerseits die Ankunft der kleinen arvernischen Streitmacht beobachtet hatten.

»Sollte das etwa alles sein, was die Arverner aufzubieten haben?« bellte Dumnorech grußlos den drei Ankömmlingen entgegen und wies dabei auf den kleinen Trupp.

»Es gab Stimmen im Rate, die eine Teilnahme der Arverner an diesem Kriegszug gänzlich abgelehnt haben!« entgegnete Govanned dem Haeduer ebenso barsch.

»Wenn euer hoher Rat eine blasse Ahnung von dem tatsächlichen Ausmaß der Gefahr gehabt hätte, dann wären die Arverner sicherlich mit allen ihnen zu Gebot stehenden Kriegern ins Feld gezogen. So aber ist euer armseliges Häuflein da drüben wohl eher ein Tropfen auf den heißen Stein«, zischte Dumnorech unwirsch.

»Verzeihe uns Unwissenden, edler Dumnorech, aber die kargen Nachrichten, die wir von euch erhalten haben, vermittelten uns durchaus kein Bild der genauen Lage. Das ist im übrigen auch der Grund unseres Hierseins: uns vor Ort zu informieren, damit denn nötigenfalls stärkere Truppen angefordert werden können«, reagierte Govanned scheinbar gelassen auf die anmaßenden Worte des Haeduers.

»Also gut, wie auch immer – was geschah, kam eben ziemlich unvermutet für uns alle«, lenkte Dumnorech ein. »Aber es sieht in der Tat sehr viel schlimmer aus, als wir es bisher überhaupt erahnen konnten. Auf jeden Fall belagern die Germanen zur Zeit Magetobriga, und die Sequaner wurden seit ein paar Tagen bereits in größere Kampfhandlungen verwickelt.«

»Sind denn keine Versuche unternommen worden, Verhandlungen mit Ariovist zu führen?« fragte Govanned.

»Natürlich, was glaubst du? Nur blieben es eben leider Versuche, denn Ariovist hat bislang jede Art von Gespräch kategorisch abgelehnt. Er und sein Volk, so ließ er nur wissen, seien ins Land gerufen worden, um den Sequanern bei ihren vielen Auseinandersetzungen mit ihren Nachbarn zu helfen, und so stünde den Sueben zu Recht neuer Siedlungsraum in unserem Land zu. Er habe nicht die Absicht, auf diesen Anspruch zu verzichten, nachdem die Sueben uns doch so tatkräftig zur Seite gestanden hätten.«

»Wurden ihm etwa von den Sequanern derartige Zugeständnisse gemacht?« rief Govanned entgeistert.

»Castich hat uns jedenfalls beteuert, daß nichts dergleichen geschah.«

»Bei Lug! Gerade ein Grenzstamm, wie es die Sequaner sind, müßte doch aus Erfahrung wissen, daß die Germanen schon immer Hunger auf keltisches Gebiet hatten. Jetzt haben sie die Wölfe in ihr Land geholt und meinen, daß sie sich, nachdem sie mit einem freundlichen Dankeschön abgespeist wurden, wieder freiwillig in ihre unwirtlichen Wälder zurückziehen würden. Sollten wir, was ich inständig hoffe, diesen Krieg zu unseren Gunsten beenden, dann werden wir mit Castich einiges zu besprechen haben, was ihm sicherlich nicht gefallen wird!«

»Genau diese unangenehmen Dinge sind es, die der Vergobret der Haeduer zum Hauptbestandteil des Beistandspaktes mit den Sequanern gemacht hat!« Dumnorech lachte grimmig. »Aber jetzt haben wir keine Zeit mehr zu verlieren«, fuhr er fort. »Hoffentlich gelingt es uns, so rechtzeitig vor Magetobriga zu erscheinen, daß wir Castichs angeschlagene Truppen erfolgreich und überraschend für den Feind entsetzen können. Ich schlage deshalb vor, daß wir zwei uns sofort zum Lager der Sequaner begeben und uns dort ein Bild von der momentanen Situation machen, um dann das nachrückende Heer – es wird bei diesem Marschtempo schätzungsweise gegen Abend vor der Stadt eintreffen – in die jeweils günstigsten Abschnitte einzuweisen.« Dumnorech drehte sich im Sattel nach einem verwegen dreinblickenden, narbenübersäten Mann um, der leicht vornübergebeugt auf seinem Pferd saß. »Carannog! Führe das Heer nach Magetobriga und gliedere die Arverner bei der Nachhut ein. Halte beim ersten sequanischen Posten und melde mir dann sofort eure Ankunft! Vermeidet, wenn irgend möglich, jede Feindberührung. Und achte mir auf die Flankendeckung. Solltet ihr dennoch angegriffen werden, so handle nach deinem Ermessen; schicke mir nur rechtzeitig eine Nachricht!« Wortlos nickend bestätigte Carannog den Befehl des Fürsten, dann ritten er und die anderen Hauptleute den Hügel hinab und setzten sich an die Spitze des Heerbannes, während Fearr und Lochtaire wieder zu den Arvernern stießen, um sie zu der ihnen befohlenen Position zu führen.

Dumnorech und Govanned warteten noch einen Moment die Ausführung ihrer Befehle ab, dann gaben sie ihren Pferden die Sporen und jagten mit wehenden Mänteln davon.

Im Lager der Sequaner herrschte die schiere Hoffnungslosigkeit; in jedem Gesicht spiegelte sich Niedergeschlagenheit und Schrecken. Schon die Männer, die sie unterwegs getroffen hatten, erschienen ihnen ausgemergelt und übermüdet, aber das, was sich den beiden Fürsten im Lager selbst bot, übertraf die schlimmsten Erwartungen. Überall lagen Verwundete, teils stumm ergeben, teils laut stöhnend umher. Nachdem sie sich bei einem der Posten gemeldet hatten, wurden sie sofort zu Castich geführt, der gerade inmitten seiner Hauptleute hastig ein Stück kalten Bratens verschlang. Auch er war von den Anstrengungen der letzten Tage gezeichnet und schaute die Neuankömmlinge aus übernächtigten Augen an. Das graue Haar hing ihm in wirren, verklebten Strähnen ins stoppelige Gesicht, und sein Bart war seit Tagen nicht mehr gekämmt worden.

»Gut, daß ihr da seid!« begrüßte er sie mit vom vielen Brüllen heiser gewordener Stimme.« Wie viele Krieger führt ihr uns zu?«

»Auch ich freue mich, dich zu sehen, Castich! Die Haeduer sind deinem Ruf mit ihrer gesamten Heeresmacht gefolgt, insgesamt sechstausend Mann, davon tausend zu Pferde.«

Dumnorech vermied es, das kleine Aufgebot der Arverner zu erwähnen.

»Ich ... ich hatte mehr erwartet«, sagte Castich mit brüchiger Stimme und ließ den Blick seiner rotgeäderten Augen vielsagend auf Govanned verweilen.

»Wie sieht es denn aus?« versuchte Dumnorech rasch die peinliche Situation zu entschärfen. Castich antwortete zunächst nichts darauf, sondern füllte drei Trinkhörner mit Korma und reichte zwei davon an seine Gäste weiter. Dann nahm er selbst einen tiefen Schluck, rülpste vernehmlich und wischte sich den Schaum aus seinem Bart.

»Nun, Magetobriga ist eingeschlossen. Die Germanen haben einen doppelten Belagerungsring um die Stadt gelegt. Außerdem stehen Truppenteile in den umliegenden Wäldern und kontrollieren somit die Zufahrtswege zur Stadt. Ständig führen sie neue Scharen heran«, erklärte einer der sequanischen Hauptleute.

»Seit Tagen versuchen wir erfolglos, ihre Linien zu durchbrechen«, ergänzte Castich den knappen Lagebericht. »Allerdings erwarten wir noch an diesem Abend die Hilfstruppen der Senonen und Treverer. Sobald diese Krieger eingetroffen sind, werden wir unser weiteres Vorgehen gemeinschaftlich planen.«

»Sehr gut«, stimmte Dumnorech zu. »Ich werde, falls du nichts dagegen hast, bis dahin meine Truppen etwas abseits eures Lagers Stellung beziehen lassen, um uns und euch den Rücken frei zu halten. Übrigens würde ich gerne noch mehr von deiner köstlichen Korma trinken; es wird sowieso noch eine Weile dauern, bis meine Leute ankommen.«

Er lehnte sich zurück, trank Castich zu und begann mit den anderen Anwesenden zu plaudern, als ob sie sich im tiefsten Frieden befänden. Am frühen Abend wurde dann die Ankunft des haeduischen Heeres gemeldet.

»Also, Castich, ich werde jetzt meine Leute wie besprochen in ihre Stellungen einweisen. Wir treffen uns morgen früh mit den anderen. Bis dahin wünsche ich dir eine gute Nacht«, sagte Dumnorech, leerte sein Horn und verließ dann mit Govanned das Lager.

9

Schon vor Morgengrauen kam ein Bote Castichs, der Dumnorech und dessen Hauptleute zu der am Vortag anberaumten Lagebesprechung auf eine bewaldete Höhe führte, die sich etwa eine Meile südlich der Stadt befand. Auch Fearr und Lochtaire durften auf Geheiß Govanneds daran teilnehmen. Wie erwartet, waren die Senonen und Treverer während der Nacht ebenfalls eingetroffen und hatten ihre Lager im rückwärtigen Gelände errichtet.

Als sie den Aussichtspunkt auf der Höhe erreicht hatten, fanden sie die Stammesführer der Sequaner, Senonen und Treverer bereits versammelt. Formlos und schweigend begrüßten sie einander. Mit reichlich gemischten Gefühlen reichte Govanned seine Hand dem stolzen Trevererfürsten Indochmar; sie hatten sich in der Vergangenheit mehr als einmal als erbitterte Gegner auf dem Schlachtfeld gegenübergestanden. Dagegen fiel die Begrüßung mit Cavarin, dem Fürsten der Senonen, überaus herzlich aus, zählte dieses Volk doch zu den ältesten und treuesten Verbündeten der Arverner. Überdies waren Govanned und Cavarin seit ihrer Jugend eng befreundet. Als sie nun auf Magetobriga und die Ebene davor herunterschauten, stellten sie zu ihrem großen Erstaunen fest, daß von dem Feind, der noch gestern die Stadt umzingelt hatte, jede Spur fehlte.

»Sie müssen sich im Schutz der Dunkelheit in die Wälder nördlich der Stadt zurückgezogen haben. Wahrscheinlich wurden sie durch das Eintreffen der neuen Truppen verunsichert«, vermutete Boudicen, der Führer der sequanischen Reiterei.

»Das einzige, was die Germanen wirklich verunsichern könnte«, lachte Indochmar bösartig, »wäre ein Gewitter zum falschen Zeitpunkt! Denn dann, so glauben sie, sind ihre Götter gegen eine Schlacht. Ich kämpfe nicht zum erstenmal gegen sie, und deshalb warne ich euch, die Sueben zu unterschätzen! Natürlich haben sie das Heranrücken unserer Truppen bemerkt und werden nun das einzig Vernünftige in dieser Situation tun: Sie stellen sich auf die neue Lage ein und formieren ihre Streitmacht neu. Daß sie die Belagerung aufgehoben haben, will nichts besagen, wissen sie doch, daß ihnen aus der Stadt keine nennenswerte Gefahr mehr droht.«

»Wo genau habt ihr eure Truppen in Stellung gehen lassen?« wollte Castich wissen.

»Die Haeduer halten das lichte Waldgelände westlich von diesem Punkt besetzt, welches sich vom Ufer der Arar bis fast hierher erstreckt!« erklärte Dumnorech.

»Meine Leute haben sich angeschlossen und sich zu beiden Seiten dieser Höhe formiert. Sie berühren somit den linken Flügel der sequanischen Truppen«, wies Cavarin Castich weiter ein.

»Das Heer der Treverer hat sich, vom rechten Flügel deiner Truppen beginnend, in dem offenen Hügelgelände, das sich von hier aus nach Osten erstreckt, verschanzt. Außerdem habe ich einige Truppenteile weiter südlich in Stellung gehen lassen, um uns vor etwaigen Überraschungen in unserem Rücken zu schützen«, beendete Indochmar den Lagebericht.

In diesem Augenblick erscholl aus den Wäldern nördlich von Magetorbriga ein infernalisches, stetig an- und abschwellendes Geheul.

»Was ist das?« fragte Fearr fassungslos.

»Das heißt, daß die Sueben uns gerade auf ihre sehr persönliche Art ankündigen, daß der Tanz beginnt!« knurrte Govanned und griff unwillkürlich nach seinem Schwert.

Er hatte den Satz kaum beendet, als eine schier unüberschaubare Masse an Menschen aus den Wäldern in die vor ihnen liegende Ebene vor Magetobriga quoll und sich wie von Geisterhand geführt in drei hintereinander gestaffelte Schlachtreihen formierte. Das Geheul verebbte, und das Heer der Sueben und ihrer Verbündeten stand jetzt wie eine stumme, dunkel drohende Mauer zwischen den Kelten und der Stadt.

»Wir können sie nur frontal und vielleicht noch in ihrer linken Flanke angreifen! Die rechte Flanke wird durch den Fluß geschützt, und die linke aller Wahrscheinlichkeit nach durch Reserven in den Wäldern«, kommentierte Cavarin den feindlichen Aufmarsch.

»Wo nur ist ihre verdammte Reiterei?« fragte Indochmar, seine Erregung kaum noch zügelnd.

»In dem Waldstück, das sich genau gegenüber deinen Truppen erstreckt«, vermutete Dumnorech.

»Sie wollen ihre Entscheidungsschlacht hier und jetzt! Und sie haben Ort und Zeit gut gewählt!« befand Castich nicht ohne Bewunderung für den Feind.

»Also, wir sollten in drei Wellen zeitlich versetzt angreifen. So lassen wir den Feind zumindest für eine gewisse Zeit über unsere tatsächliche Stärke und Absicht im unklaren«, schlug Dumnorech vor.

»Ja, gut so! Die Haeduer und Sequaner werden zuerst das Zentrum des Feindes angreifen. Danach versuchen sich die Senonen und Leuker mit einem gezielten Vorstoß zwischen den Feind und den Fluß zu setzen. In der dritten Welle führen die Treverer zusammen mit den Lingonen einen umfassenden Angriff gegen die linke Flanke des Gegners«, schloß sich Castich begeistert dem Vorschlag des Haeduerfürsten an.

»Mögen uns die Götter beistehen!« murmelte Indochmar, dann reichten sie sich noch einmal die Hände und beeilten sich, auf dem schnellsten Weg zu ihren Einheiten zu gelangen.

Als Govanned, gefolgt von Fearr und Lochtaire, wieder im arvernischen Lager erschien, waren die Männer bereits dabei, sich für die Schlacht zu rüsten. Etwa drei Dutzend Eberkrieger hatten sich vollständig entkleidet und fingen an, sich gegenseitig am ganzen Körper mit blauer und schwarzer Farbe zu bemalen. Dabei sangen sie die uralten, monotonen Weiheformeln ihres Schutzgeistes. Außerdem hatten sie sich mit langen Eisenketten zusammengeschlossen, um so dem Feind zu demonstrieren, daß sie nicht gewillt waren, auch nur einen Fußbreit vor ihm zu weichen.

Auch Fearr und Lochtaire knieten sich voreinander nieder und begannen, sich gegenseitig Gesicht und Oberkörper mit den Farben der Arverner zu bemalen, wobei das Gesicht zur Hälfte blau und schwarz, der Oberkörper diagonal in schwarz, blau und rot eingefärbt wurde. Zum Schluß standen sie auf, um sich, einer dem anderen, das Schwert an den Gürtel zu heften. Noch einmal umarmten sie sich stumm, dann gingen sie zu ihren Männern.

Kurze Zeit später riefen die langen, nach oben gebogenen und mit stilisierten Wolfsköpfen als Schalltrichter versehenen Signaltrompeten zum Angriff. Als erstes rückten wie geplant die Haeduer und Sequaner in zwei Marschsäulen gegen das Zentrum des Feindes vor; dazwischen das weit ausgefächerte kleine Kontingent der Arverner, um so den Sueben den Eindruck einer breiten Front zu vermitteln. Fearr ritt an der Spitze seiner ihm anbefohlenen Reiterabteilung im versammelten Schritt einher, vor ihm schwärmten Lochtaires Kadurker aus. Sein Herz klopfte ihm bis zum Hals. Das dumpfe Dröhnen der Kriegstrommeln und das durchdringende, aufstachelnde Jaulen der Sackpfeifen nahm er nur wie durch eine Nebelwand wahr und fühlte sich mehr und mehr in einen tranceähnlichen Zustand entrückt. Aus den Augenwinkeln heraus erblickte er Lochtaire, dessen Gesichtszüge, durch die Bemalung verändert, nun tatsächlich an einen jagenden Wolf erinnerten.

Die Germanen hatten sich bislang nicht von der Stelle gerührt, obwohl die Kelten sich ihnen jetzt im Laufschritt näherten. Fearr bemerkte einen einzelnen Reiter vor der waffenstarrenden Phalanx der Sueben auf einem nervös tänzelnden großen Schimmel. Das Gesicht des Reiters war bis fast zur Oberlippe von einer an seinem Helmrand befestigten eisernen Halbmaske bedeckt, deren stilisierte Augen- und Nasenpartie ihrem Träger ein dämonisches Äußeres verlieh. Sein Oberkörper wurde durch einen mit unzähligen Eisenplättchen verstärkten schwarzledernen Harnisch geschützt. Das lange, breite Schwert trug er lässig in seiner herabhängenden Rechten, während er mit der linken Hand spielerisch das Pferd zügelte.

Das muß Ariovist sein! schoß es Fearr durch den Kopf. Plötzlich hob der Reiter sein Schwert und ließ es einige Male über dem Kopf kreisen. Sogleich kam Bewegung in die feindliche Front; die dreifach gestaffelte Phalanx löste sich blitzartig auf und formierte sich zu einem Keil, der nun langsam vorrückte. Das alles ging so schnell, daß den Angreifern keine Zeit mehr blieb, sich auf die veränderte Situation einzustellen und sich ihrerseits neu zu formieren. Sekunden später schon trafen sie auf den Feind, dessen Stoßkeil sich nun stetig in die eigenen Reihen bohrte. Vergeblich versuchten die Kelten, die sich mit ohrenbetäubendem Geheul immer wieder dem Feind entgegenwarfen, eine Lücke zu entdecken, aber an der Mauer aus Speeren und Schilden scheiterten all ihre Bemühungen. Auch die Reiterattacke, die Fearr mit dem Mut der Verzweiflung führte, endete kläglich an den Speeren der Germanen. Sein Pferd brach röchelnd zu Tode getroffen zusammen, und er selbst konnte nur mit knapper Not abspringen. Im gleichen Moment fühlte er einen stechenden Schmerz an seinem rechten Oberarm. Mühsam kam er wieder hoch und griff sich geistesgegenwärtig einen vor ihm liegenden Schild, mit dem er gerade noch rechtzeitig einen Axthieb abwehren konnte. Blinde, kalte Wut überkam ihn. Er hob sein Schwert und warf sich, seine Schmerzen mißachtend, gegen die vor ihm aufragende Schilderwand. Wie von Sinnen hieb und stach er in rasender Folge auf seine Gegner ein, spürte auch dann und wann das Nachgeben von Fleisch, in das sich seine Klinge biß. Wie durch ein Wunder konnte er den Speeren, die nach ihm stießen, entgehen, während er wieder und wieder mit schier übermenschlichen Kräften gegen den Feind anrannte. Längst schon nahm er das, was um ihn herum geschah, nicht mehr wahr. Er sah nur die dunkle, anonyme Masse des Feindes, in die er wahllos hineinhieb, hörte nicht die Signale, die zum Rückzug der Clans bliesen, merkte nicht, daß auch der Flankenangriff der Treverer gescheitert war, die sich daraufhin in heilloser Flucht von dem übermächtigen Gegner absetzten. Auch den donnernden Reiterangriff der Sueben in den Rücken der Haeduer bekam er nicht mehr mit. Irgendwann spürte er nur noch einen dumpfen Schlag in den Nacken, der ihn auf der Stelle besinnungslos machte. Dunkelheit umfing ihn gnädig.

10

Als Fearr wieder zu sich kam, war es bereits Nacht geworden. Voller Schrecken bemerkte er zunächst, daß er sich kaum bewegen konnte, da er unter mehreren leblosen Körpern lag. Gleichzeitig wurde ihm bewußt, daß ihm gerade dieser Umstand wahrscheinlich das Leben gerettet hatte. Als er seinen Kopf heben wollte, fuhr ein stechender Schmerz durch sein Hirn, und er ließ ihn wieder zurücksinken. Auch die Schnittwunde an seinem Oberarm machte sich pochend bemerkbar. Durch die auf ihm lastenden Toten waren seine Glieder eingeschlafen, und so gelang es ihm nur mühsam und immer wieder vom Schmerz gepeinigt, sich unter den Leichen herauszuwälzen. Als er es endlich geschafft hatte, blieb er noch eine Weile auf dem Rücken liegen und atmete die kalte Nachtluft in vollen Zügen ein. Doch schon bald stieg ihm ein ekelhaft süßlicher Geruch, jene unsägliche Mischung aus Blut, Leder und Exkrementen in die Nase, der wie ein unsichtbares Leichentuch über der Walstatt lag. Er mußte sich erbrechen, doch dann kehrte nach und nach sein Erinnerungsvermögen zurück. Da war zuletzt diese blonde, bärtige Fratze gewesen, in die er sein Schwert gefetzt hatte. Dann der Schlag in seinen Nacken, und dann nichts mehr ... Unwillkürlich tastete er seinen Hinterkopf ab und fühlte etwas Warmes, Klebriges zwischen seinen Fingern. Auch aus der Wunde an seinem Arm, die halb verkrustet war, sickerte immer noch Blut. Erst jetzt bemerkte er, wie still es um ihn war. Es war die fast körperlich spürbare Stille des Todes, die ihn umgab. Nahezu jeder Fußbreit Boden der Ebene war bedeckt mit den toten Körpern von Menschen und Tieren, die zum Teil aufgetürmt umherlagen. Wer wohl die Schlacht gewonnen haben mochte? fragte er sich und fröstelte vor der intensiven Nähe des Todes um ihn her. Einerseits war er froh, dem Morden halbwegs glimpflich entronnen zu sein, andererseits sagte ihm sein Instinkt, daß er sich noch lange nicht außer Gefahr befand. Abgesehen von der Frage, wer aus dieser Schlacht letztendlich als Sieger hervorgegangen war, interessierte ihn aber vor allem, was aus Govanned, Lochtaire und den anderen Arvernern geworden war, ob sie überhaupt noch lebten. Er richtete sich vollends auf und versuchte, sich im Gelände zu orientieren, was ihm außerordentlich schwerfiel, da sich der Mond nahezu vollständig hinter einer dichten Wolkendecke verbarg. Trotzdem konnte er, nachdem sich seine Augen der Dunkelheit angepaßt hatten, die Raine der umliegenden Wälder ausmachen, die sich in einiger Entfernung wie schwarze, ausgefranste Bänder vom Horizont abhoben. Davor flackerten, wie auf einer Perlenkette aneinandergereiht, unzählige kleine Lichtpunkte, die er als Wachfeuer deutete. Nur wer dort saß, ob Freund oder Feind, das konnte er nur vermuten. Zu seiner Rechten schälten sich undeutlich und ziemlich weit entfernt die schattenhaften Umrisse Magetobrigas aus der Dunkelheit. Eine innere Stimme riet ihm jedoch, den Weg dorthin zu meiden. Zumindest wußte er aber nun, wohin er sich zu wenden hatte, um wieder zu den keltischen Stellungen zu gelangen. Sie hatten den Angriff von Süden aus begonnen und dabei die Stadt zu ihrer Linken, das heißt im Nordwesten gelassen. Jetzt nahm er auch den schmalen, bewaldeten Höhenzug wahr, von dem aus sie am Morgen ihr Vorgehen besprochen hatten. Einen kurzen Moment überlegte er noch, ob es besser wäre, das Morgengrauen abzuwarten, dann aber beschloß er doch, sich im Schutze der Dunkelheit zu den Seinen durchzuschlagen.

Tief gebückt und immer wieder hinter den Toten Dekkung suchend, begann er, sich an den ihm gegenüberliegenden Waldrand heranzupirschen. Als er etwa die halbe Strekke dorthin zurückgelegt hatte, fiel ihm zu seinem Schrecken ein, daß er sein Schwert unter den Toten zurückgelassen hatte. Dabei beunruhigte ihn weniger der Umstand, daß er ohne eine Waffe war, sondern daß es sich um das Schwert seines Clans handelte, welches ihm von seinem Vater mit dem bindenden Hindernis anvertraut worden war, daß er es nur im Tode verlieren dürfe. Hastig wandte er sich um und versuchte, den Ausgangspunkt seines bisherigen Weges auszumachen. Dabei wurde ihm sehr schnell die Sinnlosigkeit seines Unterfangens bewußt: zu viele Leichen häuften sich auf dem Schlachtfeld, und die Dunkelheit ließ keine Orientierung.

Selbst wenn er das Tageslicht abwarten würde, hätte er sicherlich Schwierigkeiten, die richtige Stelle wiederzufinden. Also setzte er schweren Herzens seinen Weg fort. Langsam stieg nun das Gelände zum Waldrand hin an, und bald hatte er eine Position erreicht, von der aus er einigermaßen gedeckt eine der Feuerstellen, die in unregelmäßigen Abständen längs des Waldrandes loderten, beobachten konnte. Um das Feuer saßen Menschen, die sich schattenhaft vor den Flammen bewegten, noch konnte er allerdings nicht erkennen, ob es sich um Freund oder Feind handelte. Er mußte näher heran. Dabei fiel ihm auf, daß die Männer am Feuer sich merkwürdig ruhig verhielten. Wenn es die Sieger wären, so dachte er bei sich, müßten sie doch lautstark feiern! Die Ungewißheit machte ihn zunehmend nervös. Unweit der Feuerstelle machte er einen einzelnen hohen Felsbrocken aus, zu dem er nun behutsam und flach auf dem Boden hinkroch und dahinter in Deckung ging. Vorsichtig lugte er um den Stein. Er hörte Gesprächsfetzen und auch das vereinzelte Stöhnen von Verwundeten, konnte aber noch nicht die Sprache identifizieren, in der sich die Männer unterhielten. Mit allen Sinnen konzentrierte er sich – und erstarrte vor Schreck, denn das, was er hörte, war ganz außer Zweifel germanisch! Tausend Gedanken wirbelten durch sein Hirn, und er geriet fast in Panik. Zunächst glaubte er, sich in der Richtung geirrt zu haben, aber gleichzeitig wurde ihm bewußt, daß das nicht sein konnte, hatte er sich doch auf seinem Weg von dem ihm bekannten Anhaltspunkt im Gelände – dem Höhenzug – leiten lassen. Aber trotzdem befand er sich vor einem suebischen Wachfeuer.

Fieberhaft überdachte er seine Lage. Hatten die Sueben womöglich die keltischen Stellungen überrannt? Der Gedanke, daß die Germanen gesiegt haben könnten, wollte ihm nicht in den Kopf. Nein, sicher waren die eigenen Truppen nur in das rückwärtige Gelände ausgewichen. Seinen ersten Impuls, sich augenblicklich in das schützende Dunkel des Schlachtfeldes zurückzuziehen, verwarf er, da er sich viel zu erschöpft fühlte, um noch einmal ziellos die weite Ebene zu durchmessen. Aber hier konnte er auch nicht bleiben. Er mußte einen Weg finden, unbemerkt zwischen den suebischen Posten durchzuschlüpfen und sich dann weiter durch den Wald ins Hinterland abzusetzen, um so möglicherweise zu den eigenen Reihen zu gelangen. Aufmerksam betrachtete er den Verlauf des Waldrandes. Dabei fiel ihm auf, daß der Abstand zwischen dem Wachfeuer vor ihm und dem zu seiner Rechten erheblich größer war als zu der Feuerstelle links davon. Sein Entschluß war gefaßt. Er atmete noch einmal tief durch, glitt lautlos ein paar Meter rückwärts vom Felsen weg und schlich sich dann parallel zum Waldrand zu einem Punkt, der ziemlich genau in der Mitte zwischen dem rechten und dem Wachfeuer hinter ihm lag und der vor allem vom Feuerschein nicht erhellt wurde. Von dort aus wollte er in den Wald hinüberwechseln.

An der Stelle endlich angelangt, fand er dort einen hochgewachsenen, dichten Busch, hinter den er sich schwer atmend kauerte. Bis hierher war eigentlich alles gutgegangen, und Fearr war froh, daß er alleine war. Hätte er sein Vorhaben mit mehreren anderen durchführen müssen, wäre die Gefahr, dabei entdeckt zu werden, ungleich höher gewesen. Außerdem rechnete er damit, daß die suebischen Wachen, die am Tag so hart gekämpft hatten, aller Wahrscheinlichkeit nach müde wären und schon deshalb weniger aufmerksam sein würden. Als er sich anschickte, den nur ein paar Schritte entfernten Waldrand im Sprung zu erreichen, bemerkte er gerade noch rechtzeitig zwei Gestalten – offensichtlich eine Streife –, die vom rechts von ihm liegenden Feuer kommend gemächlich auf ihn zuschlenderten. Er drückte sich platt auf den Boden und versuchte, mit den Konturen des Busches zu verschmelzen. Sein Herz schlug so laut, daß er Angst hatte, es könnte ihn verraten. Kaum wagte er zu atmen. Die Streife war herangekommen und hielt direkt vor ihm an. Sie haben mich bemerkt, schoß es ihm durch den Kopf. Schon wollte er aufspringen und fliehen, da trat einer der Posten ganz nah an den Busch heran. Fearr schloß die Augen und erwartete jeden Moment einen Speerstoß, doch nach einigen bangen Sekunden hörte er ein plätscherndes Geräusch genau vor sich, das ihn sofort ungemein beruhigte. Jemand, der gerade sein Wasser abschlug, hätte das wohl kaum vor einem Feind getan. Schließlich hatte der Mann sich erleichtert, und Fearr hörte, wie er sich die Hose richtete und den Gürtel schloß. Eine heisere Stimme im Hintergrund rief etwas in einer rauhen Sprache, und der Suebe vor dem Busch antwortete lachend. Dann setzten die beiden Wachen ihren Weg fort, und bald hatten sich ihre Schritte in der Dunkelheit verloren. Fearr wartete noch eine kurze Weile ab und vergewisserte sich nach beiden Seiten, ob nicht noch eine Streife käme; dann sprang er auf, überwand die kurze Distanz zum Waldrand mit zwei, drei langen Sätzen und war im nächsten Moment im Wald verschwunden. Er rannte, seinem Instinkt folgend, ohne innezuhalten einfach aufs Geratewohl los. Sein Oberkörper und sein Gesicht waren bald zerkratzt von herabhängenden Ästen, und seine Hosen wie auch seine Schenkel wurden von Dornen zerfetzt. Eine geraume Zeit lief er so mit unvermindertem Tempo, seine Schmerzen nicht beachtend, einem ungewissen Ziel entgegen. Irgendwann gelangte er an den Rand einer Lichtung, die über und über mit hohem Farn bewachsen war. Völlig entkräftet und außer Atem verhielt er und schaute sich um. Er wußte, daß er nicht weiter konnte, und so ließ er sich einfach nach vorne ins Farnkraut fallen und bedeckte sich, so gut es eben ging, mit dem dicht umherliegenden Laub des Vorjahres; über ihm schlossen sich schützend die Farnwedel. Mit dem tröstlichen Gedanken, daß ihn hier niemand finden konnte, und einem Dankgebet an Cernunnos, den Herrn der Wälder, fiel er in einen bleiernen Schlaf.

11

Noch vor Morgengrauen wurde er plötzlich wach. Über Nacht war es wärmer geworden, und ein lichter Nebel lag über der Lichtung. Er streckte seine zerschundenen Glieder und versuchte sich aufzurichten, was ihm schwerfiel, da seine Rückenmuskulatur durch das Liegen auf dem trotz des Laubes doch sehr harten Waldboden fast taub geworden war. Seine Kehle war ausgedörrt, und anstelle seiner Zunge fühlte er einen pelzigen Kloß. Er hatte Hunger und Durst. Vor allem Durst. Der einzige Gedanke, der ihn jetzt beherrschte, war Wasser zu finden, um zu trinken und seinen Körper von all dem Schmutz, dem Blut und dem Schweiß der letzten Tage zu reinigen.

Er stand auf und ließ seinen Blick über die Lichtung schweifen. Nichts regte sich, doch hatte er das unbestimmte Gefühl, nicht alleine zu sein. Seine Augen versuchten den Nebel zu durchdringen. Ihm war unheimlich zumute, aber seltsamerweise empfand er nichts Bedrohliches, sondern vielmehr etwas sehr Beruhigendes. Irgend etwas erinnerte ihn an jene Vision, die er mit Cunlean erlebt hatte, damals, als ihm der Eber erschienen war. Instinktiv spürte er, daß er keine Angst zu haben brauchte. Aber er ahnte auch, daß ihn etwas Unerklärliches erwartete.

Vorsichtig bahnte er sich seinen Weg durch das wuchernde Farnkraut dem anderen Ende der Lichtung zu. Allmählich schälten sich die hoch aufragenden Bäume des gegenüberliegenden Waldrandes aus dem bläulich schweifenden Nebel – und dann sah er es! Direkt vor ihm, zwischen zwei mächtigen Stämmen, erblickte er die grazile Gestalt einer schneeweißen Hindin, die ihn aus großen Augen intensiv anschaute. Wie angewurzelt blieb er stehen. Abgesehen davon, daß er noch nie in seinem Leben einem so schönen Tier begegnet war, gewann er den Eindruck, daß der Hindin etwas Menschliches innewohnte und gleichermaßen etwas, das nicht von dieser Welt war. Während er seinen Blick in die Augen des herrlichen Geschöpfes versenkte, wußte er im gleichen Moment, daß er schon einmal in diese faszinierenden Augen geschaut hatte. Und er wußte auch sofort, wo: Es war an jenem Abend in Bebracht gewesen, im Hause Dumnorechs. Ganz ohne Zweifel, er schaute in die Augen Troucissas! Abwechselnd wurde ihm kalt und heiß, vergessen waren Hunger, Durst und Schmerz. Auf einmal war es ihm, als ob eine lautlose Stimme zu ihm spräche – war es die Troucissas? Nur zu gut konnte er sich an dieses leise, dunkle und leicht spöttische Lachen erinnern, welches er in jener

Nacht so oft gehört hatte und das jetzt die geisterhaften Worte, die er in seinem Inneren vernahm, begleitete.

»Folge mir, Fearr, ich führe dich aus dem Wald!« flüsterte die Stimme. Die Hindin hatte sich umgewandt und strebte in die Dunkelheit des Dickichts. Halb träumend folgte er dem strahlend weißen Tier. Er mußte an all die alten Sagen denken, die man ihm in seiner Kindheit erzählt hatte. Wie oft hatte ihm seine Mutter von den weisen Frauen berichtet, die wie die Druiden große Macht und großes Wissen über das Wesen der Natur besäßen. Sie seien Töchter der Großen Mutter, die sich von Generation zu Generation neu in besonders schönen und edlen Mädchen verkörpern könne. Sie hätte auch eine besondere Beziehung zu Cernunnos, dem geheimnisvollen, mit einem Hirschgeweih gekrönten Gott der Wälder. Von ihm wäre ihnen die Gabe verliehen worden, sich nächtens, wann immer sie es wollten, in eine weiße Hindin zu verwandeln, in eine Korrigan. Wieder erklang dieses spöttische Lachen, und vor ihm tauchten die Szenen jener Nacht auf, in der Troucissa ihm so vieles über die wahrnehmbare und nicht wahrnehmbare Natur erzählt hatte. Mit großer Ehrfurcht hatte sie von der Großen Mutter gesprochen, aus der alles kommt und in die alles wieder geht. In Wahrheit, so hatte sie ihm damals gesagt, regiere das mütterliche Prinzip die Welt; das Männliche aber lehne sich ständig dagegen auf, und so gäbe es immer wieder Auseinandersetzungen und Kriege, nicht nur zwischen den Völkern, sondern auch zwischen Mann und Frau. Die Frauen schenkten das Leben und beschützten es, während der Mann dazu neige, sich der Natur gegenüber zerstörerisch zu verhalten. Also müsse das weibliche Element stets weise lenkend und beschützend auf das männliche einwirken; vor allem aber mit unendlicher Liebe, denn die Liebe sei das höchste und zugleich edelste Prinzip des Weiblichen. Und so dürfte sich das Weibliche niemals dem Männlichen unterwerfen, denn sonst würde das Gefüge der Natur nachhaltig und unwiederbringlich zerstört.

»Du, Fearr«, hatte sie ihm damals noch gesagt, »wirst einen schweren Weg vor dir haben; aber ich erkenne, daß die Große Mutter in dir wirkt. Ich werde immer deinen Weg begleiten und an deiner Seite sein, vor allem dann, wenn du es am wenigsten vermutest.«

All diese Worte formten sich in seinem Gedächtnis, während er der schimmernden Erscheinung folgte. Nach endlos langer Zeit begann sich der dichte Baumbestand zunehmend zu lichten. Das Wesen vor ihm blieb unvermittelt unter einer mächtigen Eiche am Saum des Waldes stehen und wandte ihm seinen schmalen, zierlichen Kopf zu. Auch Fearr verhielt und streckte seine geöffnete Hand der Hindin entgegen. Diese berührte seine Handfläche sanft mit ihren feuchten Nüstern, schloß ein-, zweimal die wunderschönen Augen und war im selben Moment im dahinziehenden Nebel verschwunden. Trotzdem hatte Fearr noch die kleine schwarze Strähne oberhalb des linken Auges in dem sonst makellos weißen Fell des Tieres erkennen können. Verwirrt lehnte er sich an den Baum und schloß für eine Weile die Augen.

Als er sie wieder öffnete, begann der Nebel sich gerade zu verflüchtigen und gab den Blick auf eine Ebene mit üppigen Wiesen und frisch gepflügten, mit niedrigen Mäuerchen umfriedeten Äckern frei. In einiger Entfernung sah er mehrere strohgedeckte, einfache Häuser und Hütten. Nun drang ihm auch das Geplätscher eines von Weiden umsäumten Baches ins Ohr, der sich zu seinen Füßen durch die vor ihm liegende Wiesenaue schlängelte. Dieses Geräusch versetzte ihn vollends in die Wirklichkeit zurück, und der Drang zu trinken und sich zu waschen meldete sich erneut. Nachdem er sich ein letztes Mal vergewissert hatte, daß niemand zu sehen war, stolperte er mit letzter Kraft hinunter zum Bach. Dort angelangt, kniete er sich an einer etwas tieferen Stelle in das sprudelnde Wasser und trank gierig. Danach ließ er sich einfach vornüber fallen und drehte sich ein paarmal um sich selbst, wobei er die eisige Kälte des Wassers nicht einmal bemerkte. Mit Hilfe des feinen Sandes aus dem Bachbett wusch er sich den Schmutz vom Körper, wobei er auch behutsam die kaum verkrustete Wunde am Oberarm säuberlich abtupfte. Dann tauchte er unter und reinigte sein mit Talg und Kalklauge verschmiertes Haar, was einige Mühe machte und Zeit kostete, da die Haare zu einer starren, festen Masse verklebt waren. Schließlich aber fühlte er sich sauber und stieg wieder ans Ufer. Da das Wasser offenbar kälter als die Luft war, fühlte er sich danach nicht nur angenehm erfrischt, sondern genoß auch die ihn umgebende Wärme. Dafür machte sich nun der Hunger um so stärker bemerkbar, und er beschloß, zu dem kleinen Gehöft zu gehen in der Hoffnung, daß man ihm dort etwas zu essen geben würde. Immer noch vorsichtig machte er sich auf den Weg. Dunst lag über den Wiesen, und der Morgen war gerade erst angebrochen, aber es versprach ein schöner Tag zu werden, denn die ersten Sonnenstrahlen blinkten auf dem Tau, der die Gräser bedeckte.

Als er sich der Häusergruppe näherte, stieg ihm der herrliche Geruch frischgebackenen Brotes in die Nase. Kaum hatte er jedoch die brusthohe Mauer, die das Gehöft umschloß, erreicht, wurde er von einer resolut klingenden weiblichen Stimme angerufen.

»Wenn du einer der Unsrigen bist, so gib dich zu erkennen! Solltest du jedoch einer dieser suebischen Banditen sein, dann rate ich dir dringend, dich von hier fernzuhalten, sonst erschlagen wir dich wie einen räudigen Hund!« Da kaum ein Germane der keltischen Sprache mächtig war, diente der letzte Teil der Warnung wohl eher als eine Art vorbeugende Prüfung.

»Ich heiße Fearr Singetrech und bin der Sohn des Celteall vom Stamme der Arverner!« beeilte sich Fearr zurückzurufen. »Ich komme geradewegs vom Schlachtfeld vor Magetobriga ... und habe großen Hunger ... und weiß überhaupt nicht, wo ich eigentlich bin!«

»Dann steige über die Mauer, Fearr von den Arvernern, und laß dich anschauen. Deiner Stimme nach mag ich dir schon trauen – aber wer weiß ...?« Fearr holte tief Luft, schwang sich mit einem Satz auf die steinerne Umfriedung und glitt dann auf der anderen Seite hinunter. Zu seiner Verblüffung sah er sich einer hochgewachsenen, schlanken, schönen jungen Frau gegenüber, die sich offenbar hinter dem Stapel Brennholz, der sich rechts neben dem Hauseingang befand, verborgen gehalten hatte und ihn von da aus schon länger beobachtet haben mußte. In ihren Händen hielt sie ein einfaches Schwert, das sie nun drohend erhob.

»Ich … ich bin unbewaffnet, wie du siehst! Ich … oh …« Ihm versagte die Sprache. Neben der unerwartet kriegerisch entschlossenen Haltung der Frau nahm ihn deren anziehendes Äußeres völlig gefangen. Sie trug ein knöchellanges wollenes, reinweißes Gewand, welches um die Hüften von einem aus silbernen Ringen gefügten Gürtel gehalten wurde. Über die rechte Schulter fiel ihr eine von einer reichverzierten Schmuckfibel gehaltene Decke in den Farben ihres Clans. Das auffallendste an ihrer Erscheinung aber war ihr feuerrotes, üppig gelocktes und bis weit über die Taille reichendes Haar. Hellgrüne Augen funkelten ihn furchtlos aus einem sommersprossigen Gesicht an, das außerdem durch eine kecke, kleine Nase und einen breiten Mund mit schwellenden Lippen geprägt wurde. Inzwischen hatten sich noch andere Bewohner des Gehöfts – es waren zumeist Frauen, mit Äxten oder Knüppeln bewaffnet – um sie versammelt und starrten den Neuankömmling mit unverhohlener Neugier an. Fearr wurde bewußt, daß er in seinem Zustand eher den Eindruck einer aus dem Wasser gezogenen Ratte vermittelte als den eines Kriegers. Seine Hosen hingen in Fetzen an ihm herab, und sein Körper war völlig zerkratzt. Nachdem er errötend an sich heruntergeblickt hatte, machte er eine hilflose Geste, worauf die junge Frau vor ihm auf einmal zu lachen begann und ihr Schwert sinken ließ. Es war ein helles und befreiendes Lachen, in das die anderen schnell einfielen. Auch Fearr wurde schließlich von der allgemeinen Heiterkeit angesteckt und setzte ein breites, verlegenes Grinsen auf.

»Ich möchte schon gerne wissen, wer mich so wehrhaft empfangen hat – und wo ich mich befinde?« fragte Fearr endlich.

»Du bist auf dem Hof Trogons, eines Edlen der Lingonen. Ich heiße Brigainn und bin seine Tochter!« erklärte ihm die rothaarige Schöne stolz. »Wie ich vermute, bist du offenbar einer der wenigen, die das gestrige Gemetzel überlebt haben, nicht wahr?« setzte sie dann noch mit einem bissigen Unterton hinzu. Fearr sah sie entgeistert an, und alles Blut wich ihm bei ihren Worten aus dem Gesicht.

»Willst du damit sagen, daß wir besiegt wurden?« preßte er mit tonloser Stimme hervor.

»Ich sehe, daß du offensichtlich über den Ausgang des Treffens nicht unterrichtet bist. Ja, es war eine totale Niederlage! Nur muß ich mich jetzt fragen, warum du es nicht weißt! Bist du etwa feige geflohen?« Ihre Stimme wurde gefährlich leise, und sie verstärkte den Griff um die Waffe, die sie immer noch in ihren Händen hielt. Noch einmal zogen die Ereignisse der letzten Stunden an seinem Inneren vorüber. Dann schüttelte er heftig den Kopf und wollte gerade anheben, seine Geschichte zu erzählen, als Brigainn ihm mit einer einhaltenden Handbewegung zuvorkam und ihn aufforderte, zunächst einmal ins Haus zu kommen.

Wenig später saß er, mit einem frischen Hemd und einer Hose bekleidet, vor einem kleinen Imbiß aus Brot, Käse und Korma. Die Sachen, so hatte sie ihm erklärt, gehörten zwar ihrem Bruder, der ebenfalls, wie auch ihr Vater und die meisten anderen männlichen Angehörigen dieses Hofes, an den Kämpfen teilgenommen hatte, aber der wäre wohl damit einverstanden, wenn er sie nun behalten würde.

Während Fearr sich mit Heißhunger über seine Mahlzeit hermachte, saß sie ihm schweigend gegenüber und sah ihm beim Essen zu. Als er damit fertig war, forderte sie ihn auf, seine Geschichte zu erzählen. Fearr begann alles zu berichten, was ihm seit Beginn des Kriegszuges widerfahren war, und Brigainn erwies sich als eine geduldige und aufmerksame Zuhörerin. Erst als er ihr von seiner seltsamen Begegnung mit der weißen Hindin erzählte, bemerkte er, wie sich ihre Brauen hoben und ein eigentümliches Leuchten in ihren Augen erschien.

»In dem Bach dort hinten habe ich mich dann gewaschen – den Rest kennst du«, schloß er seinen Bericht. Brigainn schaute ihn eine geraume Weile an, dann faltete sie ihre schönen, schlanken Hände vor ihren Lippen und beugte sich, ihre Ellenbogen auf den Tisch stützend, leicht zu ihm hin.

»Ich glaube dir deine Geschichte«, sagte sie sanft. »Du

mußt, nach all dem, was ich von dir erfahren habe, wahrhaftig unter dem Schutz der Götter stehen, daß sie dir sogar eine Korrigan sandten, die dich aus dem Wald führte.« Mit diesem Satz hatte sie seine Ahnung bestätigt.

»Woher willst du wissen, daß es eine Korrigan war und nicht nur einfach eine weiße Hirschkuh? Oder daß es sich schlicht um ein Trugbild meines übermüdeten Geistes handelte?« fragte er sie dennoch.

»Ich weiß es eben! Das sollte dir vorerst genügen!« beschied sie ihn mit einem wissenden Lächeln. »Erzähl mir aber ein wenig mehr über dich und deine Herkunft! Du solltest sowieso fürs erste hierbleiben und dich von deinen Strapazen erholen, bevor du dich wieder zu den Deinen aufmachst«, forderte sie ihn statt dessen auf.

»Nein! Ich kann jetzt nicht mit gutem Gewissen hier bei dir sitzen, während meine Gefährten ... Ich meine, vielleicht sind sie alle tot, und ...«

»Du kannst an den Dingen, die geschehen sind, nicht das geringste ändern! Die Menschen, die ich liebe, mein Vater und mein Bruder, sind auch in jene Schlacht gezogen, und ich habe seitdem nichts mehr von ihnen gehört. Meinst du etwa, ich mache mir keine Sorgen um sie? Aber was soll ich tun? Mein Platz ist hier auf dem Hof, und ich trage die Verantwortung für die, die hier leben und arbeiten. Auch ich kann nur hoffen – und dem Schicksal seinen Lauf lassen«, unterbrach sie ihn ruhig und bestimmt. Fearr öffnete den Mund, um ihr heftig zu erwidern, schloß ihn dann aber wieder und fügte sich ihrem Argument.

So verbrachten sie den ganzen Tag zusammen und erzählten sich ihr Leben. Es war wirklich ein schöner, warmer Frühlingstag geworden, deshalb unternahmen sie am frühen Nachmittag einen ausgedehnten Spaziergang durch die umliegenden Wiesen und Felder. Brigainn zeigte ihrem Gast nicht ohne Stolz den reichen Viehbestand ihres Clans. Es war, als ob die grausame Realität des Krieges, der gar nicht weit entfernt von ihnen tobte, aus ihren Gedanken gelöscht worden wäre. Je länger sie sich so miteinander unterhielten, desto mehr wuchs in ihnen das Gefühl einer tiefen Zuneigung.

Das Abendessen nahmen sie gemeinsam mit dem daheimgebliebenen Gesinde des Gehöftes ein, und als sie fertig gegessen hatten, holte Brigainn ihre Harfe und begann mit klarer, einfühlsamer Stimme die alten Lieder ihres Clans zu singen. Wie die anderen lauschte Fearr verzaubert ihrem Gesang. Bald schon waren die letzten dunklen Schatten aus seinem Herzen verflogen, und er ließ sich von der Musik in das Land der Fantasie entführen, denn die Weisen, die sie manchmal ohne zu singen auf ihrem Instrument spielte, erzählten Sagen und Märchen, die auf wunderbare Art im Geist der Zuhörenden Gestalt annahmen.

Und noch etwas anderes drang mit kristallener Ruhe in sein Bewußtsein: die Erkenntnis, daß er Brigainn liebte – und sie ihn! Es waren nicht die auflodernden Flammen der Verliebtheit und der Begierde, die er schon so manches Mal erlebt hatte. Flammen verlöschen, wenn ihnen keine Luft mehr zugeführt wird. Nein, es war eher eine stete Glut, die doch soviel heißer und dauerhafter als das offene Feuer ist. Tief in seiner Seele wußte er es, ganz ohne eine Erklärung! Und er wußte, daß sie es auch wußte. Mit dieser unendlich friedlichen Gewißheit begab er sich spät in der Nacht zu seiner Bettstatt, die man ihm in einem der Nebenräume hergerichtet hatte. Aber er konnte keinen Schlaf finden, zu sehr wirkten die Eindrücke der letzten Stunden in ihm nach. Und dann wurden seine Wachträume jäh von dem leisen Knarren der Zimmertür gestört. Hellwach und doch unfähig, sich zu bewegen, hörte er verhaltenes Atmen vor seinem Bett. Dann ein klirrendes Rascheln. Wenige Augenblicke später spürte er den nackten Körper einer Frau, der sich unter der Decke an ihn schmiegte. Brigainn sagte kein Wort, und auch er, erregt von ihrer vibrierenden Nähe, wagte es nicht, sich zu bewegen oder gar etwas zu sprechen. Eine zeitlose Weile lagen sie schweigend und fest aneinandergeschmiegt da, bis sie behutsam damit begann, ihn mit ihren feingliedrigen Fingern zu berühren. Unwillkürlich mußte er dabei an ihr Harfenspiel denken, denn ihre Finger glitten mit einer ebenso spielerischen Sanftheit über seinen Körper, wie sie vordem über die Saiten ihrer Harfe getanzt waren und ihnen jene wundervollen Melodien entlockt hatten.

Auch er fing an, sie zu streicheln, zunächst noch zaghaft und sanft, dann aber zunehmend stürmischer, bis ihr warmer Leib unter seinen Berührungen erbebte. Ihre Lippen fanden sich zu einem endlosen, tiefen und immer fordernder werdenden Kuß zusammen, der bald in einen sich ins Grenzenlose steigernden Rausch überging. Es war so, als hätten sie nur einen Körper, der in einem purpurroten, dichten Nebel einem fernen, gleißenden Ziel zustrebte. Bis Brigainn sich nach einem langen Seufzer rittlings über ihn schwang. Regungslos und doch außer sich vor Lust lag er wie bezwungen einige Momente unter ihr, während sie ihn schwer atmend mit ihren Händen und ihrem Schoß auf dem Bett fixierte. Stöhnend nahm sie dann endlich Besitz von ihm, und sie versanken endgültig in der Flut ihrer rhythmischen, immer wilder werdenden Bewegungen, die irgendwann in einem lang anhaltenden, ekstatischen Höhepunkt gipfelten.

Noch lange danach lagen sie so mit Körper und Seele vereint zusammen und lauschten ihren im Gleichklang schlagenden Herzen.

Als Fearr am nächsten Morgen erwachte, fand er sich zu seinem Erstaunen allein im Bett. Zunächst war er ein wenig enttäuscht, daß sie ihn nicht geweckt hatte, bevor sie gegangen war, dann stand er auf, zog sich an und ging sie suchen. Er traf sie auf dem Hof, wo sie gerade damit beschäftigt war, dem Gesinde Anweisungen für den Tag zu geben. Seine anfängliche Mißstimmung verflog sofort, als er sie sah. Außerdem erinnerte er sich daran, daß sie ja während der Abwesenheit ihres Vaters ihren Pflichten als Verwalterin des Gutes nachkommen mußte. Als sie ihn bemerkte, kam sie sogleich auf ihn zu und begrüßte ihn wie selbstverständlich vor dem Gesinde mit einem herzhaften, innigen Kuß.

»Na, du Langschläfer«, neckte sie ihn, »hast du endlich aus dem Bett gefunden? Also, mach dich frisch und laß uns frühstücken!«

Fearr hatte das Gefühl, als ob er sie schon ewig kennen

würde und nicht erst einen Tag, so gewohnt erschien ihm die Szene. Wenig später saßen sie bei warmem Brot, Butter und Honig zusammen. Unvermittelt wurde sie ernst.

»Ich habe dir ein Pferd bereitstellen lassen. Du solltest gleich nach Magetobriga aufbrechen, um deine wie auch meine Leute ausfindig zu machen. Sag meinem Vater, daß hier alles zum besten steht. Ach, und dann vergiß nicht, meinem Vater und meinem Bruder auszurichten, daß ich dich zu heiraten gedenke! – Du hast doch nichts dagegen, oder?« Letzteres sagte sie wie beiläufig, schaute ihn dabei aber ernst und eindringlich an.

Fearr stand auf, zog sie zu sich hoch, schloß sie fest in seine Arme und drückte ihren Kopf an seine Brust.

»Liebste, glaubst du wirklich, ich könnte mir noch ein Leben ohne dich vorstellen? Ich weiß nicht, wie dieser Krieg ausgehen wird, aber wenn das alles hier vorüber ist, dann möchte ich dich bitten, mit mir nach Gergovia zu kommen!«

Sie stellte sich auf die Zehenspitzen, schloß die Augen und preßte ihre Lippen fest auf die seinen. Dann löste sie sich energisch aus seinen Armen.

»Fort mit dir! Ich habe noch zu tun – und du hast einen langen Ritt vor dir!« rief sie und wies mit der Hand zum Hoftor.

Als er vom Hof geritten war, wandte er sich noch einmal zu ihr um. Sie stand aufrecht am Tor, und der Wind spielte in ihrem Haar. Er war schon zu weit entfernt, um ihre Tränen zu sehen.

12

Vor Magetobriga lagerten sowohl die Sieger als auch die Besiegten; die geschlagenen Kelten im Süden, die Germanen im Norden und Osten der Stadt. Das keltische Lager war von suebischen Wachen umringt, während ihre Krieger ständig das Gelände durchkämmten. Auch Fearr stieß, als er sich der Stadt näherte, auf eine Streife. Schon auf seinem Weg war er vereinzelt Versprengten und Flüchtenden begegnet, die ihm Genaueres über die Niederlage berichtet hatten, und so war er einigermaßen vorbereitet, als ihn die germanischen Krieger anhielten. Einer der Sueben war des Keltischen halbwegs mächtig und fragte ihn, was er beabsichtige und wohin er wolle. Fearr gab ihm wahrheitsgemäß und bereitwillig Auskunft, und da er vorhatte, sich freiwillig in das bewachte Gefangenenlager zu begeben, ließen sie ihn auch ohne weitere Fragen ziehen. Nur widerwillig konnte er sich an den Gedanken gewöhnen, daß der Krieg verloren war und er womöglich viele seiner Freunde und Krieger seines Stammes in diesem Leben nicht mehr wiedersehen würde.

Wut und Hilflosigkeit stiegen in ihm hoch, je näher er dem Lager kam. Er lenkte sein Pferd zu einem der Wachtposten, die um die gesamte Begrenzung des Lagers verteilt waren. Die Wachen saßen gerade um ein lustig prasselndes Feuer und brieten ein Ferkel. Einer von ihnen stand auf, als Fearr sein Pferd angehalten hatte, und trat ihm entgegen. Lässig stützte er sich auf seinen Speer und musterte ihn gelangweilt aus wasserblauen Augen. Das also sind die Sieger, dachte Fearr bei sich, als er seinen Blick kurz über die vierschrötigen, blonden und zumeist vollbärtigen Gestalten schweifen ließ, die da voller Selbstbewußtsein lauthals lachend und scherzend um das Feuer hockten. Von ihm schienen sie keinerlei Notiz zu nehmen.

Der Krieger vor ihm, ein athletisch gebauter, noch junger Mann – er mochte so alt wie Fearr sein –, der sein hellblondes Haar, sorgfältig nach suebischer Sitte zu einem Knoten kunstvoll verschlungen, über dem linken Ohr trug, sprach ihn nun mit seinem singenden germanischen Akzent in recht passablem Keltisch an.

»Wer bist du und wo willst du hin?« fragte er knapp.

»Ich komme aus dem Gau der Arverner, um meinen Bruder zu suchen, der hier gekämpft hat«, log Fearr, einer plötzlichen Eingebung folgend. Er dankte insgeheim seinen Göttern, daß er ohne Waffen und in einfacher, sauberer Kleidung hergekommen war, unter der man seine Verwundung nicht sehen konnte.

»Mußtest wohl das Haus hüten – und eure Schweine, hm? Deine Mutter hatte sicherlich Angst, die ganze Brut zu verlieren? Na ja, nicht jeder ist zum Kämpfen geboren. Du darfst passieren, Bauer! Vielleicht findest du ja dein Brüderchen und kannst ihm Trost zusprechen. Aber ich mache dir wenig Hoffnung, denn es ist nicht viel übriggeblieben von eurer jämmerlichen Streitmacht!« höhnte der Suebe arrogant und gab den Weg frei. Fearr bezähmte seine rasende Wut, die ihn bei diesen Worten packte, und trabte, dankbar mit dem Kopf nickend, an dem Posten vorbei.

»Solltest du je einmal daran denken, das Kämpfen wie ein Mann zu lernen, dann komm zu uns! Wir werden es dir schon beibringen!« rief der Krieger ihm noch lachend hinterher. Während er nun durchs Lager ritt, wurde ihm allerdings schmerzlich bewußt, daß der Suebe zumindest in einem Punkt die bittere Wahrheit gesagt hatte: Von dem einst so stolzen Heer der Kelten war nicht mehr allzuviel übriggeblieben. Unzählige Verwundete und Sterbende lagen, oft nur mangelhaft versorgt, auf dem nackten Boden, und die, die nur leichte Verwundungen erlitten oder einfach nur überlebt hatten, hockten apathisch in Gruppen zusammen. Er sah die schiere Hoffnungslosigkeit in ihren vor Schmutz starrenden Gesichtern. Überall stank es nach Exkrementen und Erbrochenem. Wahrlich, die Germanen hatten ganze Arbeit geleistet. Absitzend führte er sein Pferd am Zügel und blieb erst bei einer Gruppe Senonen, die er als solche nur an den bunten Mustern ihrer nur mehr aus verdreckten Fetzen bestehenden Kleidung erkannte, stehen. Sie schauten überhaupt nicht auf. Er räusperte sich und sprach sie, sich seiner aufsteigenden Tränen erwehrend, leise an.

»Ich ... ich suche, suche die ... ich ...« Die Stimme versagte ihm.

Einer der Männer wandte sich ihm zu. Fearr schaute in ein hohlwangiges und hohläugiges Gesicht. Eine lange Schnittwunde, die quer über den Brustkorb des Kriegers verlief, war nur notdürftig verbunden, und das Blut sickerte immer noch durch den Verband. Fearr versuchte, sich zusammenzunehmen.

»Kannst du mir sagen, wo ich die Arverner und die Haeduer finde?« fragte er und bemühte sich, seiner Stimme einen festen Klang zu geben. Wortlos wies der Angesprochene mit müder Geste in eine Richtung und drehte sich dann wieder mit gesenktem Kopf um. Fearr wollte noch etwas sagen, entschloß sich dann aber, einfach weiterzugehen.

Gleich darauf stieß er auf die Haeduer, die im nördlichen Teil des Areals lagerten. Einer der Krieger führte ihn, nachdem Fearr ihn nach dem Verbleib Dumnorechs und Govanneds gefragt hatte, zu einem behelfsmäßig errichteten Zelt aus Rinderhäuten. Er band sein Pferd an einen Pfosten und trat ein.

Im Inneren des Zeltes saßen einige teilnahmslos dreinblikkende Hauptleute der Haeduer um einen Mann, der offensichtlich schwer verwundet auf dem Boden lag. Fearr erkannte in dem Verwundeten Carannog, den Stellvertreter Dumnorechs. Er hatte in der Schlacht sowohl sein rechtes Bein, als auch sein rechtes Auge verloren. Schweigend verharrte er eine Weile stehend, dann setzte er sich, nachdem ihn niemand eines Blickes gewürdigt hatte, unaufgefordert in den Kreis. Keiner der Anwesenden richtete das Wort an ihn.

»Ich bin Fearr Singetrech, der Sohn Celtealls«, brach er schließlich beherzt das Schweigen, »und habe die arvernische Reiterei in der Schlacht geführt. Nach einer Verwundung war ich lange bewußtlos, bis ich dann nachts auf dem Schlachtfeld erwachte. Ich ...« Er beendete abrupt seine Rede, weil er bemerkte, daß ihn die um ihn Sitzenden fast feindselig musterten. Den Blick senkend wurde er sich im gleichen Augenblick bewußt, daß niemand hier seiner Geschichte Glauben schenkte; dafür waren er und seine Kleidung zu sauber. Gleichzeitig sah er ein, daß dies nicht der Ort und die Zeit war, seine jüngsten Erlebnisse zu erzählen, und so verzichtete er auch darauf, gerade in Gegenwart des so schwer getroffenen Carannog, seine vergleichsweise geringfügigen Verletzungen als Beweis für seine Teilnahme an der Schlacht zu präsentieren. Außerdem mußte er an die Begegnung und vor allem an die Nacht mit Brigainn denken, und schon das allein trieb ihm, angesichts all des Elends um ihn her, die Schamesröte ins Gesicht. Nein, diese Männer hätten wirklich kein Verständnis für seine Handlungsweise. Dann aber faßte er sich und dachte an Brigainns Worte, daß er an dem, was einmal geschehen war, nichts würde ändern können.

»Sagt mir wenigstens, was aus meinen Gefährten geworden ist und wo ich meinen Onkel Govanned und Fürst Dumnorech finden kann!« Diesmal klang seine Stimme ungewollt rauh und barsch.

»Mein Fürst und dein Onkel sind in der Stadt ... Friedensverhandlungen ... du verstehst ...«, kam es stoßweise aus dem Mund des von Fieberschauern geschüttelten Carannog.

»Und weißt du auch, was aus meinen Arvernern wurde?« erkundigte er sich vorsichtig weiter.

»Auf dem Schlachtfeld geblieben, denke ich! Zurückgekommen ist wohl keiner!« zischte einer der Hauptleute hämisch. Fearr hatte genug. Er stand auf und verließ grußlos das Zelt. Draußen blieb er stehen und überlegte für einen Moment, was jetzt zu tun wäre. Vielleicht hatten ja doch einige seiner Männer das Gemetzel überlebt! Er beschloß, sich auf die Suche nach ihnen zu machen. Außerdem mußte er ja auch das Versprechen einlösen, daß er Brigainn gegeben hatte, mußte ihren Vater und ihren Bruder suchen, um ihnen ihre Nachricht zukommen zu lassen. Ruhiger geworden wollte er gerade sein Pferd besteigen, als ihm jemand kräftig auf die Schultern hieb. Er fuhr herum – und stieß einen Freudenschrei aus.

Es war Lochtaire! Fassungslos vor Glück stand er dem Freund einen Augenblick wie erstarrt gegenüber, dann fielen sie sich wortlos und mit Tränen in den Augen in die Arme. Eine Weile verharrten sie so, dann lösten sie sich voneinander und schauten sich an. Der Kadurker hatte einen blutverkrusteten, schmutzigen Verband um den Kopf, ansonsten schien er keine ernsteren Verletzungen davongetragen zu haben. Lochtaire bemühte sich, ein Grinsen in seinem zerschundenen Gesicht zustande zu bringen.

»Unkraut vergeht nicht, was, Fearr?« sagte er. »Ich möchte bloß wissen, wie du an das Pferd und die sauberen Sachen gekommen bist. Und vor allem, wie du es geschafft hast, in diesem Aufzug hier unbehelligt hereinzukommen.« Das Sprechen fiel ihm sichtlich schwer.

»Wie viele von uns haben überlebt?« wollte Fearr zunächst wissen.

»Komm, ich führe dich zu ihnen«, erwiderte Lochtaire leise und mit einem seltsam grimmigen Unterton.

Fearrs anfängliche Freude, daß es doch Überlebende gab, verkehrte sich rasch ins Gegenteil, als sie zu dem Platz gelangten, an dem die Arverner, oder zumindest das, was von ihnen übriggeblieben war, lagerten. Von den ehemals dreihundert Männern zählte er gerade noch vierzig, die meisten davon mehr oder weniger schwer verwundet. Mit Sicherheit würden einige von ihnen den nächsten Morgen nicht erleben.

»Außer mir werden nur sechs Kadurker die Heimat wiedersehen«, flüsterte Lochtaire mit brüchiger Stimme. Fearr wurde von einer Welle des Schmerzes überspült. Wie versteinert stand er da, unfähig, auch nur ein Wort über die Lippen zu bringen. Der Schock der Erkenntnis, daß nahezu alle, mit denen er so hoffnungsvoll nach Magetobriga gezogen war, in der Schlacht den Tod gefunden hatten, ließ ihn tränenlos verstummen. Er kniete sich auf den Boden und starrte blicklos vor sich hin, während seine Hände fahrig in der aufgeweichten Erde wühlten. So fand ihn später Govanned, dem es nur mit Mühe gelang, ihn aus seiner Lethargie zu reißen.

Zum Schluß nahm er seinen Onkel dennoch wahr und konnte nun endlich in dessen Armen seinen Tränen freien Lauf lassen.

13

Als er am späten Vormittag des folgenden Tages aus seinem von wirren Träumen heimgesuchten Schlaf erwachte, war er ein anderer geworden. Seine Gefühle, die zwischen der Trauer um den Verlust seiner Männer und der ohnmächtigen Wut über die furchtbare Niederlage des keltischen Heeres geschwankt hatten, wurden nun von einem kalten Überlebenswillen beherrscht. Was auch immer geschehen war – er konnte nichts mehr ändern. Die Seelen der Toten hatten die Grenzen zur Anderswelt überschritten und weilten nun glücklich im Land der ewigen Jugend. Was ihn jetzt viel mehr beschäftigte, waren die Gründe für dieses Unglück und die sich daraus ergebenden Konsequenzen für ihn und sein Volk. Außerdem hatte er Hunger, aber er unterdrückte dieses Verlangen, da es im ganzen Lager so gut wie nichts zu essen gab. Statt dessen trank er Wasser aus einem der überall im Lager verteilten Fässer und begab sich auf die Suche nach Lochtaire. Er fand ihn teilnahmslos neben einem sterbenden Kadurker knien.

»Komm, ich muß mit dir reden!« versuchte Fearr ihn aus seinem dumpfen Brüten zu rütteln.

»Was gibt es jetzt noch zu reden? Es wird schon genug geredet, da oben in der Stadt. Das macht die Toten weder lebendig noch die Schmach der Niederlage erträglicher!« erwiderte Lochtaire trotzig.

»Ach, laß doch das Gerede und hör auf, dich in Selbstmitleid zu vergraben! Den Toten geht es besser als uns. Und wir, die wir das Morden überlebt haben, sollten uns auf die Zukunft besinnen. Gut, wir haben eine Schlacht verloren, aber damit ist noch nicht alles verloren! Lochtaire, ich will in die Stadt, um den Verhandlungen beizuwohnen.« Lochtaire sah den Freund aus rotumränderten Augen fassungslos an.

»Fearr, wach auf! Glaubst du allen Ernstes, man würde dich an den Verhandlungen teilnehmen lassen? Außerdem ist das doch alles schon geregelt: Ariovist diktiert den Frieden, und wir müssen nicken. Warum willst du dir diese Schande auch noch mitansehen?«

»Und wenn schon! Ich für meinen Teil möchte wissen, was da besprochen wird. Wie gesagt, wir mußten zwar eine Niederlage einstecken, aber das heißt noch lange nicht, daß damit unser Schicksal besiegelt ist. Dereinst wird es an uns sein, unsere Stämme zu führen, und dann ist es sicher nicht von Nachteil zu wissen, wie verhandelt wurde.« Fearr warf einen Blick auf den inzwischen leblosen Körper des kadurkischen Kriegers. »Komm, mein Freund, steh auf und laß uns ein paar Schritte gehen! Hier kannst du eh nichts mehr tun«, ermunterte er Lochtaire. Ergeben seufzend stand Lochtaire auf und schaute Fearr erwartungsvoll an.

»Wie willst du in die Stadt kommen?« fragte er, schon merklich interessierter.

»Ganz einfach indem wir uns der offiziellen Delegation anschließen. Sobald Govanned zurückgekehrt ist, werde ich ihn fragen, wie es weitergeht.«

Sie begannen darüber zu diskutieren, wie der Friedensvertrag wohl aussehen mochte, und gingen dabei im Lager umher. Immer wieder unterbrachen sie ihr Gespräch, um den Verwundeten und denen, die einfach nur hoffnungslos waren, zu helfen und Mut zuzusprechen. Fearr forderte seine Leute darüber hinaus auf, dem Feind nicht die Genugtuung zu gönnen, sich ihre Demütigung anmerken zu lassen; sie sollten genauso tapfer, wie sie gekämpft hatten, auch ihre Gefangenschaft ertragen. Im übrigen glaube er nicht, so sagte er überzeugt, daß dieser Zustand noch lange anhalten würde. Sicher könnten sie schon sehr bald wieder nach Hause gehen.

»Wie kommst du zu der Annahme, daß die Sueben uns bald freilassen?« fragte ihn Lochtaire wenig später verwundert.

»Ist dir schon aufgefallen, daß sie uns zwar Wasser gegeben haben, aber keine Lebensmittel? Wenn mich nicht alles täuscht, werden sie die Verhandlungen zu einem raschen Ende bringen wollen und uns dann in die Freiheit entlassen. Sie haben uns so gründlich besiegt, daß sie kaum mit einer ernsthaften Bedrohung von unserer Seite rechnen. Warum sollten sie sich dann mit Gefangenen belasten, die viel besser auf ihren heimischen Feldern ihrer eigentlichen Arbeit nachgehen könnten, um so den Siegern zu ihrem zweifellos ohnehin hohen Tribut zu verhelfen«, argumentierte Fearr.

»Du könntest recht haben! Bei Lug, du könntest wirklich recht haben!« Lächelnd nahm Fearr die plötzliche Wandlung in Lochtaires Verhalten zur Kenntnis. Sein Freund, bis vorhin noch das personifizierte Selbstmitleid, hatte endlich wieder zu dem ihm eigenen Optimismus zurückgefunden. Seine Augen glänzten und sprühten förmlich vor Tatendurst.

»So gefällst du mir schon viel besser!« lachte Fearr ihn an und klopfte ihm auf die Schulter. »Nachdem du einigermaßen der Alte geworden bist, könntest du mir eigentlich dabei helfen, die lingonischen Krieger ausfindig zu machen. Ich muß da jemandem eine wichtige Botschaft übermitteln, mußt du wissen.«

»Was hast du mit den Lingonen zu schaffen?« fragte Lochtaire verständnislos.

»Seit gestern eine ganze Menge! Ich werde dir das alles näher erklären!« Während sie sich auf die Suche nach den Lingonen begaben, erzählte Fearr in aller Ausführlichkeit von seinen Erlebnissen auf dem Schlachtfeld bis zu seinem Abschied von Brigainn.

»So ist das also! Während unsereins gedemütigt, wie Vieh zusammengetrieben und eingepfercht wird, gibt sich der junge Herr der Liebe mit einem lingonischen Edelfräulein hin. Und heiraten willst du sie auch noch? Na, was soll's – die Hauptsache ist, daß du der Hölle einigermaßen glimpflich entronnen bist!« spottete Lochtaire gutmütig.

Mittlerweile hatten sie, den Hinweisen anderer Gefangener folgend, den Lagerplatz der Lingonen gefunden. Auch hier bot sich ihnen der gleiche trostlose Anblick wie überall sonst im Lager.

»Kannst du mich zu Trogon und seinem Sohn Kintogen bringen?« fragte Fearr einen einzelnen Krieger, der, vollständig in seinen Mantel gehüllt, am Boden kauerte und sich leise singend hin und her wiegte. Ohne seinen Gesang zu unterbrechen, wandte der Mann ihnen sein Gesicht zu, welches er bis dahin unter der Kapuze verborgen hatte. Da, wo einmal die Augen gewesen waren, starrten jetzt zwei blutverkrustete Löcher. »Verzeih mir …«, hörte Fearr sich noch murmeln, bevor er ein Stück zur Seite lief und sich übergab. Lochtaire indes blieb vor dem Blinden stehen und konnte so dessen Antwort auf Fearrs Frage hören.

»Fürst Trogan ist gefallen, und seinen Sohn wirst du bei den Schwerverwundeten finden. Nur mußt du leider den Weg alleine suchen, ich …« Was er vielleicht noch sagen wollte, wurde von einem gepreßten Schluchzen erstickt. Lochtaire beugte sich zu dem Mann und legte ihm seine Hände begütigend auf die Schultern.

»Ich danke dir, mein Freund! Nimm das von mir – du wirst es brauchen!« sagte er sanft und legte zwei kleine Goldmünzen in die verkrampfte rechte Hand des Lingonen. Dann ging er wortlos zu Fearr, der immer noch abseits stand, und beide machten sich wieder auf den Weg.

Es dauerte nicht lange, da hatten sie den Ort gefunden, wo die Lingonen ihre Verwundeten pflegten. Ein noch sehr junger Mann, der sich offenbar als einziger um die Pflege seiner Landsleute kümmerte, brachte sie zum Ziel ihrer Suche. »Kintogen hat es schwer erwischt! Eine Axt ist ihm tief in die Schulter gedrungen. Es sieht gar nicht gut aus«, berichtete er beflissen und gleichermaßen besorgt. Als sie dann vor Kintogen standen, der auf einer Trage unter einem dicken Fellmantel lag, fiel Fearr sofort die frappierende Ähnlichkeit zu Brigainn auf: die gleichen feuerroten Haare und die gleichen ausdrucksvollen Augen. Der Verletzte versuchte sich, einem Reflex folgend, aufzurichten, was ihm aber nicht gelang. Stöhnend sank er wieder zurück und begann seine spröden, aufgesprungenen Lippen zu bewegen, als wollte er etwas sagen. Fearr kniete sich neben ihn und redete beruhigend auf ihn ein, wobei er den Fieberschweiß von der Stirn seines zukünftigen Schwagers tupfte.

»Ich bin Fearr Singetrech, Sohn des Celteall«, sagte er, »und ich bringe dir Grüße von deiner Schwester Brigainn! Ich soll dir ausrichten, daß auf dem Hof alles in Ordnung ist und daß du dir keine Sorgen zu machen brauchst.« Kintogen entspannte sich zusehends bei den Worten Fearrs.

»Woher ... woher kennst ... kennst du meine Schwester?« krächzte er schließlich, wobei ihm jedes Wort Mühe zu bereiten schien. Fearr schilderte ausführlich die Umstände, die ihn zu Trogans Hof geführt hatten. »Brigainn und ich lieben uns, und Brigainn möchte, daß ich sie heiraten soll, wenn du wieder genesen bist und den Hof weiterführen kannst«, beendete er seine Geschichte.

Kintogen sah Fearr daraufhin lange und eindringlich an; dann drang ein in krampfhaftes Husten übergehendes Lachen aus seiner Kehle.

»Du sagst die Wahrheit, Arverner. Das sieht meiner

Schwester ähnlich ... So ist sie ... sie hat immer ihren Willen durchgesetzt, und sie hat immer wieder gesagt, daß sie sich einst selbst ihren Gemahl erwählen wird. Ich bin froh, daß sie dich will, weiß ich doch nun, daß unser Besitz in gute Hände gerät. Wie sehr ich es bedaure, daß ich an eurer Hochzeit nicht ...«, brachte er noch stockend hervor, dann fiel er in eine plötzliche Ohnmacht.

»Ich bringe dich nach Hause, Kintogen, und wenn es das letzte ist, was ich für dich tun kann! Doch du wirst leben, das verspreche ich dir«, sagte Fearr mit fester Stimme. Dann erhob er sich und suchte den jungen Lingonen, der sie hergeführt hatte.

»Tue alles, was in deiner Macht steht, um Kintogen am Leben zu erhalten! Ich werde versuchen, ihn sobald als möglich hier herauszuholen und nach Hause zu bringen«, beschwor er den Mann noch, dann kehrte er mit Lochtaire zu dem Häuflein der Arverner zurück.

Spät am Abend trafen endlich Dumnorech und Govanned im Lager ein. Fearr suchte seinen Onkel sofort auf und trug ihm sein Anliegen vor, am nächsten Tag an den Verhandlungen teilnehmen zu dürfen.

»Ich würde ja gern deiner Bitte willfahren, Fearr, aber es ist alles vorbei! Ariovist hat seine Bedingungen unnachgiebig und kompromißlos durchgesetzt! Morgen früh müssen wir alle vor der Stadt Aufstellung nehmen – natürlich nur die, die dazu noch in der Lage sind –, um den Siegern offiziell unseren Frieden und unsere bedingungslose Unterwerfung zu beeiden. Geiseln werden ausgewählt, und dann können wir daran denken, nach Hause zu gehen.«

Fearr war bei den letzten Worten seines Onkels bleich geworden, was diesem nicht entging.

»Die Arverner brauchen keine Geiseln zu stellen. Ariovist war sehr wohl über die zögerliche Haltung unseres Stammesrates zu diesem Kriegszug unterrichtet worden. Hätten wir damals entschieden, unsere gesamte Streitmacht nach Magetobriga zu entsenden, wäre das einer Kriegserklärung gleichgekommen. So aber wertet Ariovist die Teilnahme unseres kleinen Verbandes an den Kämpfen als einen formellen Akt der Bündnistreue, was die Germanen im übrigen als sehr ehrenhaft ansehen. Ich für meinen Teil glaube außerdem, daß er mit dieser Geste der Großherzigkeit den Weg für zukünftige Bündnisgespräche mit uns ebnen wollte. Kurz, du brauchst dir keine Sorgen zu machen, daß du die nächste Zeit in den verräucherten Katen dieser Barbaren verbringen mußt«, beruhigte Govanned ein wenig schmunzelnd seinen Neffen.

14

Der schicksalhafte Tag, der für das geschlagene Heer der Kelten den Höhepunkt seiner Demütigung, gleichzeitig aber auch das Ende ihrer entwürdigenden Gefangenschaft bringen sollte, war angebrochen. Das Wetter an diesem Morgen zeigte sich der Situation angemessen. Der Himmel war grau, und kalte Sturmböen jagten tiefhängende dunkle Wolken über das Land, die sich ihrer Last in nicht enden wollenden Sturzbächen entledigten.

Durchnäßt, frierend und verschmutzt standen die Besiegten, nach Stämmen geordnet, auf einem Feld vor den Mauern Magetobrigas. Ausgemergelte Gestalten waren es, die sich dort, von den Entbehrungen der letzten Tage gezeichnet, ihres Schmuckes, ihrer Waffen und ihrer Ehre beraubt, vor den Toren der Stadt versammelt hatten. Mit gesenkten Köpfen harrten sie nun des letzten Aktes des traurigen Spektakels, welches sich vor ihnen abspielen sollte. Flankiert wurde das Heer der Gefangenen von kampfstarken suebischen Abteilungen. Hinter ihnen gruppierten sich Trupps der lanzenstarrenden Reiterei.

»Bei Lug! Was befürchten die eigentlich noch von uns?« zischte Lochtaire, der neben seinem Freund vor dem zusammengeschmolzenen Häuflein der Arverner stand. Bevor sie vom Lager aufgebrochen waren, hatte Fearr eine kurze Ansprache an die Männer gehalten, in der er an ihren Stolz appellierte, dem Feind nicht die Genugtuung zu geben, sich bei dieser entehrenden Zeremonie kleinlaut und eingeschüchtert zu zeigen. Sie bräuchten sich ihrer Niederlage nicht zu schämen, hatte er ihnen zugerufen, denn sie hätten sich in der Schlacht aufs tapferste bewährt. Vielmehr sollten sie die Demütigung des Feindes erhobenen Hauptes über sich ergehen lassen, um so dem Gegner ein wenig den Triumph des vollständigen Sieges zu schmälern.

So standen also die arvernischen Krieger als einzige mit stolz nach vorne gerichtetem Blick inmitten der ansonsten dumpf in ihr Schicksal ergebenen Schar der Gefangenen.

Vor den Reihen der Besiegten standen ihre Stammesführer, denen man als einzigen ihre Schwerter belassen hatte. Aber auch sie zeigten sich in ihrer Haltung eher niedergeschlagen und betroffen, als in dieser Situation wenigstens noch einen Rest von Würde zu bewahren. Nach einer endlos erscheinenden Zeitspanne löste sich endlich aus dem Dunkel des weit geöffneten Stadttores ein kleiner Trupp Berittener, angeführt von einem in Schwarz gekleideten Mann auf einem großen Schimmel. Gemächlich trabend kamen sie den leicht abfallenden Weg von der Feste herunter und hielten in einiger Entfernung vor den Gefangenen an. Die suebischen Krieger begrüßten die Reiter, indem sie ihre Waffen im Takt gegen ihre Schilde schlugen. Dann verstummte der martialische Lärm wieder, und nur das Prasseln des Regens war zu hören. Der Schwarzgekleidete, es war der Suebenherzog, lenkte sein Pferd im tänzelnden Schritt bis dicht vor die wie versteinert dastehenden keltischen Stammesführer. Lange ließ er seinen Blick über die Besiegten schweifen, dann setzte er sein Pferd wieder mit einem kurzen Schnalzen in Bewegung, um es eine Armeslänge vor Castich erneut zum Stehen zu bringen. Mit einem herrischen Gesichtsausdruck streckte er fordernd seine geöffnete rechte Hand aus. Nach kurzem Zögern zog der Sequaner sein Schwert und bot es ihm dar, den Knauf voran.

Ariovist ergriff die Klinge und hob sie hoch in die Luft. Dann warf er die Waffe achtlos hinter sich. Ein dumpfes Aufstöhnen aus den Reihen der Besiegten begleitete diesen Akt der Verachtung. Wieder hob der Herzog seine Rechte, um sie dann mit einer gebieterischen Geste nach unten zu schlagen. Auf dieses Zeichen hin zogen auch die anderen Keltenführer ihre Schwerter und warfen sie vor sich in den schlammigen Boden. Ariovist reckte sich ein wenig im Sattel und lächelte zufrieden, dann aber schien er etwas bemerkt zu haben, das ihn offensichtlich irritierte. Er gab seinem Schimmel unvermittelt die Sporen, so daß er hochstieg, und jagte in voller Karriere durch die erschrocken auseinanderstiebende Menschenmenge vor ihm. Nur ein paar Schritte vor Fearr parierte er sein Pferd.

»Zu welchem Stamm gehört ihr?« fragte er barsch in fast akzentfreiem Keltisch.

»Wir sind Arverner, Herzog!« erwiderte Fearr stolz, die Augen dabei unverwandt auf den Sueben gerichtet.

»Und du, wer bist du?«

»Ich heiße Fearr Singetrech und bin der Sohn Celtealls, des Fürsten der Arverner«, antwortete Fearr ruhig und so, als ob ihn die Gegenwart des Herzogs nicht sonderlich beeindrucken würde.

Die arvernischen Krieger schauten ihn entgeistert und gleichzeitig bewundernd an. Ariovist seinerseits fixierte sein Gegenüber aus zusammengekniffenen Lidern. Mit einer fast schon an Frechheit grenzenden Gelassenheit begegnete Fearr dem durchdringenden Blick des Sueben – und hielt ihm stand. Für eine Weile starrten sich die beiden Männer, die einen Zweikampf der Willensstärke auszufechten schienen, stumm an. Ariovist war es dann, der zuerst das Wort ergriff, nachdem er leise anerkennend gepfiffen hatte.

»Du hast Mut, Fearr Singetrech«, sagte er und grinste ein wenig. »Mehr Mut jedenfalls als der Rest eurer famosen Barone!« fügte er um einiges lauter und sich dabei an die Umstehenden wendend hinzu. »Ich habe euch beobachtet, wie ihr als einzige mit erhobenen Köpfen unter all diesen Jammergestalten Haltung zu bewahren versucht. Das nenne ich Mut! Das erkenne ich an! Ha, dein Onkel kann von dir noch einiges lernen, denke ich. Also gut, Arverner, du magst noch in dieser Stunde mit deinen Leuten unbehelligt nach Hause ziehen. Ich werde euch sogar eure Waffen zurückgeben! Führe deine Krieger in die Heimat und genieße das Gefühl, einen kleinen Sieg über Ariovist errungen zu haben! Aber ich werde dich im Auge behalten! In dir steckt mehr als in einem Castich oder Dumnorech oder sonst einem Führer deines unseligen Volkes!« Er lachte noch einmal wohlwollend, neigte sein Haupt zum Gruße und galoppierte wieder zu seiner Eskorte.

Dort angekommen, wandte er sich erneut den Gefangenen zu. »Hört mich an, ihr Krieger der Kelten! Ich bin Ariovist, Herzog der Sueben und Sohn Wotans! Ihr habt euch tapfer geschlagen, aber wir haben euch besiegt. Mit dem Recht des Siegers beanspruche ich nun dieses Land für mein Volk zum immerwährenden Besitz. Eure Stammesführer haben mir geschworen und den Schwur bestätigt, indem sie ihre Waffen wegwarfen, niemals mehr einen Krieg gegen uns zu beginnen und uns dieses Land streitig zu machen. Wollen wir also ab jetzt, da die Dinge so stehen, versuchen, friedlich miteinander zu leben. Eingedenk eurer Tapferkeit und als Zeichen meines guten Willens, mögt ihr nun frei sein und zu euren Sippen zurückkehren!«

Ariovist beendete seine Ansprache mit einem Handzeichen, worauf einer seiner Begleiter sein langgeschwungenes Auerochsenhorn an die Lippen setzte und einen weittragenden dunklen Ton erschallen ließ. Auf dieses Signal hin rückten die flankierenden germanischen Abteilungen sowie die Reiterei geschlossen ab. Die keltischen Stammesfürsten führten ihre Männer ins Lager zurück und bereiteten alles Notwendige für den Rückmarsch in die Heimat vor.

Frei, aber dennoch niedergeschlagen und entmutigt zogen die Haeduer, unter ihnen auch die Arverner, am nächsten Tag mit vielen Verwundeten im Troß gen Bebracht. Diesmal sangen sie nicht.

Am Abend, bevor die Arverner zusammen mit den Haeduern den Rückmarsch antraten, hatte Fearr seinen Onkel um Urlaub gebeten, um sein Versprechen, das er Kintogen gegeben hatte, einlösen zu können. Er wollte sich bis zur vollständigen Genesung des Lingonen zusammen mit Brigainn um die Belange an Trogons Hof kümmern. Erst danach hatte er vor, mit seiner Braut zum väterlichen Hause zurückzukehren, um dort zu heiraten. Es bedurfte zwar einiger Überredungskunst, um Govanned seinem Vorhaben geneigt zu machen, aber schließlich willigte er ein. Auch bei Lochtaire stieß seine Entscheidung zunächst auf heftigen Widerstand. Der Kadurker bestand darauf, bei ihm zu bleiben, da er den Sohn seines Lehensherrn in einer solchen Situation nicht allein lassen könne. Aber schließlich akzeptierte er doch den Wunsch Fearrs, der die nächste Zeit mit seiner zukünftigen Frau möglichst ungestört verbringen wollte.

Die letzten Kolonnen des haeduischen Kontingents hatten gerade das Lager verlassen, als Fearr sich von Govanned und Lochtaire verabschiedete.

»Paß auf dich auf, du arvernischer Sturkopf! Und wenn ihr nach Hause kommt, dann vergiß nicht, daß ich dein Trauzeuge bin!« rief ihm Lochtaire noch zu, dann ritten er und Govanned den Abrückenden nach. Noch lange schaute Fearr den Davonreitenden hinterher, dann ging er zu den Lingonen.

Die Männer Kintogens hatten ihren verwundeten Clanherren inzwischen schon auf einen zweirädrigen Karren gebettet und standen zum Aufbruch bereit, als Fearr bei ihnen eintraf. Er beugte sich zu dem Kranken und legte ihm sanft die Hand auf die verletzte Schulter.

»So, mein Freund, jetzt geht es heimwärts! Es wird zwar etwas holprig für dich, aber wie ich sehe, hat man für gute Polster gesorgt.« Kintogen, immer noch fiebernd, versuchte ein wenig zu lächeln.

»Es wird schon gehen. Wie gut, daß du da bist«, flüsterte er, dann wurde er wieder von einem Hustenanfall geschüttelt. Fearr drehte sich zu den wartenden Männern um. Mitleid stieg in ihm auf, als er die ausgemergelten und verschmutzten Gestalten sah, die ihn nun, da sie führerlos waren, mit einer fast hündischen Ergebenheit anschauten. Fearr stellte sich vor sie hin und schaute jedem einzelnen in die Augen.

»Ich werde euch jetzt nach Hause bringen, Männer! Also reißt euch ein letztes Mal zusammen und folgt mir! Noch heute abend, das verspreche ich euch, werdet ihr mit euren Familien vereint sein, und wir können uns dann, wenn die Sueben den Hof in der Zwischenzeit nicht völlig geplündert haben, auf reichlich Korma und Schweinebraten freuen!« Fearrs Worte verfehlten ihre Wirkung nicht, und er bemerkte, wie neuer Lebensmut in ihnen erwachte.

Ein wenig munterer traten sie den Heimweg an, und schon am frühen Nachmittag erreichten sie Trogons Hof. Als der kleine Zug auf den Torweg einschwenkte, kamen ihnen die Frauen, allen voran Brigainn, entgegengeeilt.

Fearr ließ halten und gab so den Männern Gelegenheit, die Ihren zu begrüßen. Teils lachend, teils weinend fielen sie sich in die Arme. Brigainn nahm zunächst vorsichtig das Gesicht ihres Bruders zwischen ihre Hände und drückte ihm einen Kuß auf die heiße Stirn, dann lief sie zu Fearr, schlang ihre Arme um seinen Hals und küßte ihn lange und innig. Als sie sich wieder von ihm löste, schaute sie sich zögernd um.

»Dein Vater ist auf dem Schlachtfeld geblieben«, sagte Fearr leise.

»Ich wußte es«, erwiderte sie schlicht und richtete ihr Augenmerk auf fünf Frauen, die ein wenig abseits standen und immer wieder suchend den Weg entlangsahen. Als sie endlich begriffen, daß die, nach denen sie Ausschau hielten, nicht mehr kommen würden, verhüllten sie ihre Gesichter und gingen langsam zurück zum Hof. Brigainn warf Fearr noch einen traurigen Blick zu, dann eilte sie den Frauen nach, um ihnen in ihrem Leid beizustehen.

Entgegen seinen Befürchtungen war das Gehöft von den Germanen nicht geplündert worden, und so konnte Fearr zur allgemeinen Freude seiner Ankündigung, ein Festmahl auszurichten, nachkommen. An diesem Abend sollten die Lebenden gemeinsam mit den Verstorbenen feiern, und so versammelten sich zur festgelegten Stunde alle Angehörigen des Clans um das große Herdfeuer in der Halle des Haupthauses. Zu Ehren der Gefallenen waren zwei Schweine geschlachtet worden, deren Fleisch nun in einem riesigen Kessel gesotten oder an Spießen über dem offenen Feuer gebraten wurde. Ein Harfner pries in seinen Liedern die Taten derer, die auf dem Schlachtfeld umgekommen waren, und alle tranken sie immer wieder auf das Andenken und das Wohl der Toten.

Dem Tod an sich wohnte nichts Schreckliches inne, denn ihr Glaube lehrte sie, daß der Tod vielmehr ein Freund war, der die Menschen durch das schwarze Tor der Morrigan in das strahlende, grüne Land der ewigen Jugend, in die Anderswelt geleiten würde. Schmerz und Angst bereitete nur der kurze Weg durch jenes grauenvolle Tor; der gleiche Schmerz und die gleiche Angst, die diejenigen für eine Weile ertragen mußten, die in dieser Welt zurückblieben. Die Kelten empfanden Trauer, ganz im Gegensatz zu den Germanen und Römern, als ein Übel, das dem gleichzusetzen war, wenn jemandem etwas weggenommen oder geraubt wurde. Da es denen, die nun die Anderswelt betreten hatten, in ihrer so gewonnenen Unsterblichkeit unendlich viel besser ging als hienieden, freuten sich die Verwandten und Freunde für sie und veranstalteten ein ausgelassenes Fest am Tage der Beerdigung, wobei sie sich so verhielten, als ob der Tote weiterhin unter ihnen weilen würde. So wurde auch in Trogons Halle in dieser Nacht fröhlich und lautstark gefeiert. Es wurde getanzt, gelacht, gegessen und getrunken. Um Mitternacht erhob sich Brigainn von ihrem Sessel und holte ihre Harfe. Mit silberheller Stimme besang sie das Leben ihres Vaters, dessen Leichnam auf dem Schlachtfeld geblieben war. Als sie ihr Lied beendet hatte, nahm sie das mit reichen Goldverzierungen versehene Trinkhorn Trogans, das bis dahin über dem Kaminsims hinter dem nun verwaisten Stuhl des Hausherrn am Kopfende der Tafel hing, und füllte es bis zum Rand mit Korma. Sie sprach ein Weihegebet für den Toten, leerte darauf das Horn in einem Zuge und zertrümmerte es dann mit einem heftigen, endgültigen Schlag auf dem Boden. Bald danach zogen sich Fearr und Brigainn in ihre Schlafkammer zurück, nicht ohne vorher den noch immer zwischen Tod und Leben schwebenden Kintogen aufzusuchen. Nachdem sie ihn für die Nacht versorgt hatten, gingen sie zu Bett, um sich gegenseitig ihre Liebe zu beweisen und später ruhigen Schlaf zu finden.

Fast zwei Monate vergingen, und der Frühling wich dem Sommer. Kintogen war mittlerweile fast vollständig von seiner Verwundung genesen und konnte sich wieder den täglichen Verrichtungen auf dem Gehöft widmen, so daß Fearr sich nun mit dem Gedanken trug, nach Hause zurückzukehren.

Entgegen seiner anfänglichen Absicht, seine Braut nach Gergovia mitzunehmen, waren sie übereingekommen, daß Brigainn noch die Erntezeit über auf dem Hof bleiben sollte, um danach mit Kintogen zur Hochzeit in die arvernische Hauptstadt zu reisen.

Am Tage seines Aufbruchs steckte er ihr einen schmalen, geflochtenen goldenen Ring an den Finger. »Damit du mich bis zum Herbst nicht vergißt«, sagte er und schloß sie fest in die Arme. Dann wandte er sich zu Kintogen, nestelte seinen aus massivem Gold gearbeiteten Torques vom Hals und überreichte ihn seinem zukünftigen Schwager. »Nimm dies als Zeichen unserer brüderlichen Freundschaft und der Verbundenheit unserer Clans!«

Kintogen nahm das Schmuckstück sprachlos entgegen und betrachtete es bewundernd. Dann löste auch er seinen Halsreif und befestigte ihn an Fearrs Hals. »Meine Gabe ist nicht so kostbar wie deine! Aber ich wüßte auch nichts Wertvolleres aus meinem Besitz, was ich dir für all das, was du für mich getan hast, schenken könnte. Du wirst in mir immer einen treuen Freund und Gefolgsmann finden, und dieser Reif mag dir dafür als Unterpfand dienen.«

»Ach, Kintogen«, erinnerte Fearr den Lingonen, »du hast mir schon das Wertvollste, was du hast, gegeben – deine Schwester!«

»So, meinst du? Ich habe von meinem Besitz gesprochen, mein Freund! Meine Schwester – und das wirst auch du noch zu lernen haben – war noch nie und wird auch nie irgend jemandes Besitz sein, das kannst du mir glauben! Ich wüßte im übrigen auch niemanden, der so verrückt wäre – von dir einmal abgesehen –, sich mit dieser Kratzbürste einzulassen!« spottete Kintogen und mußte sich gleich darauf einer heftigen Attacke seiner Schwester erwehren. »Siehst du nun, was ich meinte?« rief er lachend, während er den spitzen Fingernägeln Brigainns, die sich seinem Gesicht bedrohlich näherten, auszuweichen versuchte.

Noch einmal umarmten sie sich herzlich, dann bestieg Fearr sein Pferd und trat ein wenig traurig, ein wenig freudig den Heimweg an.

15

Schon vier Tage später war er wieder in Gergovia, wo er von seinen Eltern herzlich begrüßt wurde, wobei ihm allerdings nicht entging, daß sich das Wesen seines Vaters verändert hatte. Celteall wirkte so fahrig und nervös, wie er vorher nie gewesen war. Überhaupt fiel Fearr eine geradezu hektische Betriebsamkeit auf, die sich über die ganze Stadt auszubreiten schien. Als Fearr seinen Vater darauf ansprach, erklärte dieser seinem Sohn, daß aufgrund der Ereignisse vor Magetobriga ein gesamtkeltischer Landtag einberufen worden war, den er, Celteall, die Ehre hatte, auszurichten. Eine Aufgabe, die nicht ganz einfach wäre, wie man sich denken könnte. Deswegen sei er auch ob der Rückkehr seines Sohnes so erleichtert, da er nun eine tatkräftige Hilfe an seiner Seite wüßte. Während Celteall ihm das alles mit fast atemlos hastender Stimme erzählte, nahm Fearr in den Augen seines Vaters ein abwesendes, kaltes Glitzern wahr, das ihn fremd und unheimlich berührte. Hinzu kam, daß sich Celteall an dem, was seinem Sohn in der Zwischenzeit widerfahren war, nicht sonderlich interessiert zeigte. Es waren diese kleinen Dinge und nicht die verständliche, kurzfristige Nervosität eines Mannes, der ein so wichtiges Ereignis vorzubereiten hatte, die Fearrs anfänglichen Eindruck untermauerten, daß sein Vater sich grundlegend verändert habe. Er beschloß jedoch, diese Beobachtung erst einmal für sich zu behalten und die weitere Entwicklung der Dinge abzuwarten. Auch als er später bei seiner Mutter saß und ihr ausführlich von seinen Erlebnissen, vor allem aber von Brigainn, berichtete, erwähnte er nichts davon. Mit warmem Mutterstolz schaute Caramariacha ihren Sohn an, als er ihr eröffnete, daß er und Brigainn zum Herbst hin heiraten wollten. Voller Eifer fing sie schon an, das Fest in Gedanken zu planen, und überlegte ernsthaft, wen man dazu alles einladen müsse. Fearr blieb nichts übrig, als sie schließlich lachend zu unterbrechen und sie daran zu erinnern, daß sie sich doch wohl eher mit der Organisation des anstehenden Landtages beschäftigen sollte als mit der Ausrichtung eines Festes, das erst in ein paar Monaten stattfinden würde. Aber es bereitete ihm dennoch Freude, mit seiner Mutter über die ferne Geliebte zu sprechen, mit der ihn das sichere Gefühl einer tiefempfundenen, stetig wachsenden Liebe verband. Er dachte daran, daß er eigentlich nie in Brigainn jungenhaft verliebt gewesen war, sondern daß sie sich beide vom ersten Moment an erkannt und gewußt hatten, daß sie zueinandergehörten, was einen wesentlichen Unterschied ausmachte. Der Rausch des Verliebtseins ist flüchtig und kann wieder vergehen, nicht aber die Liebe, der eine tiefe Verbundenheit zugrunde liegt. Schmunzelnd dachte er aber auch an ihre quirlige Unbeherrschtheit, die sie so oft zeigte und an der ihr Bruder schier verzweifelte. Dabei hatte sie trotzdem einen festen und ruhigen Charakter, nur daß sich dieser zumeist mit den häufigen Mißlichkeiten des Alltags konfrontiert sah.

»Sie muß eine wundervolle Frau sein«, kommentierte Caramariacha, Fearrs Gedanken ahnend. Fearr schaute seine Mutter liebevoll an, stand auf, kniete sich vor sie und legte seinen Kopf an ihre Brust.

»Hast du etwas anderes erwartet, so, wie du mich erzogen hast?« fragte er sie sanft. »Du hast mir doch täglich vorgelebt, was eine wundervolle Frau ist!«

Sie errötete ein wenig, küßte ihn auf die Stirn und dachte an all die Dinge, die sie seit seiner Geburt mit ihm erlebt hatte. »Ja, Fearr! Jetzt bist du erwachsen geworden, und ich bin stolz, daß du nun in der Lage bist, dein Leben allein zu meistern. Und ich bin froh, daß du eine Frau gefunden hast, die dieses Leben mit dir teilen will«, sagte sie nur. Dann erhob sie sich und schickte sich an, zu gehen. Für eine kurze Weile hing er noch seinen Gedanken nach, dann verließ auch er das Zimmer, um seinen Onkel zu suchen. Er fand Govanned im Hof, wie er gerade das Abladen von großen, bauchigen Amphoren, gefüllt mit italienischem Wein, beaufsichtigte.

»Na, du Herumtreiber? Schön, daß du dich wieder auf deine Pflichten hier zu Hause besonnen hast! Bist wohl deiner kleinen Lingonin endlich überdrüssig geworden, was?« Fearr kannte inzwischen zur Genüge die kritische Haltung seines Onkels Frauen gegenüber, und so überhörte er geflissentlich die kleine Spitze in der für Govanned typischen rüden Begrüßung.

»Ich habe meine Absicht, Brigainn diesen Herbst zu heiraten, keineswegs geändert«, erwiderte Fearr seelenruhig.

Govanned drehte sich zu ihm um und setzte zu einer hämischen Bemerkung an, als er gerade noch rechtzeitig den entschlossenen Gesichtsausdruck seines Neffen bemerkte. Dadurch gewarnt, zog er es vor, sich kopfschüttelnd und irgend etwas Unverständliches vor sich hin brummend wieder seiner Tätigkeit zu widmen. Auch Fearr, der Govanned eigentlich noch einiges über den bevorstehenden Landtag hatte fragen wollen, verspürte nun keine Lust mehr, sich mit ihm zu unterhalten. Statt dessen begab er sich in das Gästehaus, um dort die Arbeiten des Gesindes zu überwachen, das dabei war, die Zimmer für eine erlesene Anzahl von Ehrengästen, die zu den Feierlichkeiten an Celtealls Tafel geladen worden waren, herzurichten.

Während der darauffolgenden Tage trafen nach und nach die Delegationen nahezu aller gallischen Stämme ein, darunter auch die von Clans, die sich zu diesem Zeitpunkt sogar noch im Krieg miteinander befanden. Schmerzlich wurde es Fearr dabei wieder einmal bewußt, daß es offenbar erst einer massiven Bedrohung durch eine fremde Macht bedurfte, um die hoffnungslos zerstrittenen stolzen Clanbarone an einen Tisch zu zwingen. Ja, selbst in diesen Tagen, an denen der allgemeine Landfriede herrschen sollte, kam es in den Schänken und Gassen der Arvernerstadt immer wieder aus nichtigen Anlässen heraus zu Streitereien und Handgemengen zwischen den Angehörigen der verfeindeten Clans, die nicht selten ein blutiges Ende fanden.

Als Fearr am Morgen vor der Eröffnung des Landtages die Wachen am Westtor der Stadt inspizierte, wurde er selber unfreiwillig Zeuge einer solchen Auseinandersetzung.

Zwei Abordnungen, die der Turonen und die der Lemoviker, trafen etwa zur gleichen Zeit vor dem Tor ein und begehrten Einlaß. Nachdem man ihnen das Tor geöffnet hatte, begannen sie darüber zu streiten, wer von ihnen das Recht hätte, als erster durch den engen Torweg zu reiten. Schmähworte wurden von beiden Seiten lautstark gewechselt, bis die Situation plötzlich eskalierte. Die turonischen Reiter zogen blank und drängten ihre Pferde gegen die Lemoviker, die darauf ihrerseits zu den Waffen griffen. Das war der Moment, in dem Fearr eingriff. »Aufhören! Sofort! Wollt ihr verdammten Narren endlich aufhören – Wachen, vorrücken!« schrie Fearr mit sich überschlagender Stimme. Von dem unerwarteten Eingreifen des Arverners irritiert, hielten die beiden zum Kampf bereiten Parteien einen Moment inne. »Wer bist du, daß du es wagst, dich in unsere Angelegenheiten einzumischen?« brüllte einer der turonischen Edelinge, offensichtlich der Führer der Abordnung. Unterdessen hatte auch Fearr sein Schwert gezogen und stand, die Torwachen im Rücken, wutentbrannt den Streitenden gegenüber. »Ich mische mich ein mit dem Recht des Hausherrn! Ich bin Fearr Singetrech, der Sohn Celtealls, des Herrn dieser Stadt! In seinem Namen befehle ich euch, eure Zwistigkeiten für die Dauer des Landtages einzustellen, so wie es der Landfriede gebietet!«

»Und wer sagt uns, daß du die Wahrheit sprichst?« schrie streitlustig ein grellbemalter Krieger aus den Reihen der Lemoviker.

»Ich sage es, du Tölpel! Wenn einer von euch ahnenlosen Gesellen, sei es Turone oder Lemoviker, es noch einmal wagen sollte, seine Stimme oder gar sein Schwert gegen einen Arverner zu erheben, dann solltet ihr euch lieber anstelle eines gemütlichen Gasthofes sechs Fuß Land für euer Grab suchen. Wir schenken es euch sogar, auf daß ihr unsere Gastfreundschaft noch in der Hölle preisen könnt, denn dahin, das garantiere ich euch, werdet ihr fahren, so wahr mein Name Lochtaire vom ruhmreichen Clan der Kadurker ist!« rief mit schneidender Stimme der Sohn des Donnotal, der sich unbemerkt aus dem Schatten der Torgasse gelöst hatte, in der er, nachdem er auf seiner Suche nach Fearr dorthin gelangt war, die Szene bis zu diesem Zeitpunkt beobachtet hatte. Jetzt baute er sich, mit der Schwertklinge lässig auf seine linke Handfläche klopfend, neben dem Freund auf. Erleichtert und freudig überrascht registrierte Fearr die unerwartete, höchst willkommene Anwesenheit seines treuen Kampfgefährten.

Lochtaire grinste ihn augenzwinkernd an, um sich dann wieder mit herausfordernder Miene den Abgesandten zuzuwenden, die ihre aggressive Haltung noch immer nicht aufgegeben hatten. »Da wir gerade von Gastfreundschaft sprachen, sollten wir an dieser Stelle auch einige Worte über das, was man gemeinhin unter Höflichkeit versteht, wechseln. Wir sind da, wie ich meine, mit gutem Beispiel vorangegangen, indem wir uns, weil wir uns unserer Namen und unserer Herkunft nicht zu schämen brauchen, euch Pack zu erkennen gegeben haben. Wie aber steht's mit euch? Also, ich weiß zwar, daß man Lemoviker und Turonen nicht gerade zu den vornehmsten Stämmen zählt, aber so dumm kann doch auch keiner von euch Hinterwäldlern sein, sich auf eine Fehde mit Kriegern der Arverner einzulassen! Wenn die Herren also erlauben, dann schlage ich hiermit vor, daß sie sich höflichst ausweisen, sich dann artig entschuldigen – und vor allem ihr unnützes Spielzeug auf der Stelle fallen lassen, sonst, bei Lug, gibt es ein Massaker!«

Während seiner Rede hatten sich etliche finster dreinblikkende Arverner mit ihren Waffen hinter ihrem Clansherren zusammengerottet, was die Fremden endgültig zu verunsichern schien.

Nachdem die beiden Führer der verfeindeten Gruppen sich schulterzuckend angesehen hatten, gaben sie ihren Männern ein Zeichen, die daraufhin die Waffen fallen ließen und absaßen. Sichtlich eingeschüchtert kamen die Anführer auf Fearr und Lochtaire zu. Der eine von ihnen – es war der unbeherrschte Turone –, ein stämmiger Mann mittleren Alters mit einem viel zu groß geratenen, reich ornamentierten goldenen Torques um den Hals, ergriff als erster das Wort.

»Ballandon heiße ich und bin der oberste Kriegsherr der turonischen Gaue und offizieller Abgesandter meines Herrn, des Fürsten Dunmogen. Ich möchte ... mein Bedauern für diesen Zwischenfall zum Ausdruck bringen«, sagte er stokkend. Man sah ihm an, wie schwer es ihm fiel, sich zu beherrschen.

»Cilliach, Sohn Carinoms, des Fürsten der Lemoviker, ist mein Name. Auch ich ... ich ... äh ... will mich für diese ... äh ... Sache entschuldigen«, brachte nun auch der andere ziemlich kleinlaut hervor. Cilliach war ein mausgesichtiger, schmalbrüstiger Jüngling, der sein aschblondes, etwas schütteres Haar zu einem lächerlich wirkenden Zopf zusammengebunden hatte. Sein farbenprächtiger Mantel, der an der linken Schulter von einer protzigen Goldfibel gehalten wurde, kontrastierte zu seinem ansonsten eher nichtssagenden Äußeren.

»Ich nehme eure Entschuldigung im Namen meines Vaters an! Haltet nun wenigstens für die Zeit eures Aufenthaltes in Gergovia Frieden, dann soll das Geschehene vergessen sein!« ermahnte Fearr die beiden mit immer noch zorniger Miene.

»Und ihr könnt euren Göttern danken, daß nicht ich Celtealls Sohn bin und mich deshalb seiner Entscheidung beugen muß, sonst hätte ich euch meinen Leuten zum Fraß vorgeworfen. Ich rate euch deshalb dringend um eurer Gesundheit willen, bei nächster Gelegenheit diese tapferen Männer hinter mir, denen ihr den Spaß an einer handfesten Rauferei genommen habt, mit einem großen Faß Korma zu versöhnen«, setzte Lochtaire der Ermahnung Fearrs hinzu, was nicht nur von den arvernischen Kriegern mit einem befreienden Lachen aufgenommen wurde. Auch Fearr konnte sich eines Grinsens nicht erwehren und mußte wieder einmal die Gabe seines Freundes bewundern, auf Menschen einzugehen und so oftmals brenzlige Situationen spielerisch zu meistern. »Da Fürst Celteall, wie ich gehört habe, nach dem großen Opferfest heute nacht, die Führer der Delegationen zu einem opulenten Festmahl geladen hat, wird sich zumindest für euch zwei Helden die einmalige Gelegenheit ergeben, euch mit mir und meinem wakkeren Schwertbruder Fearr in einer nicht minder spektakulären Art zu messen. Aber ich bin mir fast sicher, daß wir Arverner euch Bauern auch in der hohen Kunst des Trinkens überlegen sein werden. Und nun trollt euch, sonst kommt ihr noch zu spät, und das wäre dann wahrlich unverzeihlich. Auch die Sanftmut dieses hochherzigen Arvernerprinzen könnte euch dann nicht mehr vor meiner Klinge schützen, denn ich bin in solchen Dingen sehr eigen und äußerst nachtragend«, fügte Lochtaire seinen vorangegangenen Worten noch hinzu, während er, wie um dem zuletzt Gesagten Nachdruck zu verleihen, einen übertrieben grimmigen Gesichtsausdruck annahm. Beide Abordnungen zogen daraufhin gemeinsam mit den Arvernern lachend in die Stadt, und fast schien es so, als ob es den Zwischenfall nie gegeben hätte.

»Puh, das wäre, verdammt noch mal, fast ins Auge gegangen«, sagte Lochtaire, der mit Fearr zurückgeblieben war und wischte sich mit dem Handrücken über die Stirn. Plötzlich wirkte er sehr angespannt.

»Na komm schon«, lachte Fearr und legte den Arm um Lochtaires Schulter. »Du hast das hervorragend hingebogen! Ich habe heute eine für mich bedeutsame Lektion von dir erhalten, und dafür bin ich dir sehr dankbar.«

16

Bei Anbruch der Dämmerung versammelten sich sowohl die freien und halbfreien Einwohner der Stadt als auch die Angehörigen der zum Landtag erschienenen Delegationen der gallischen Stämme vor den Mauern Gergovias. Dort formierten sie sich, nach Clans geordnet, zu einer feierlichen Prozession. Angeführt wurde sie von dem extra zu diesem Anlaß aus Kenabo, der Hauptstadt der Karnuten, angereisten Hochdruiden und zwei weiteren Druiden – in einem erkannte

Fearr seinen alten Lehrer Cunlean. Langsam setzte sich der Zug zu einem unweit der Stadt gelegenen Eichenhain in Bewegung. Alle, Männer wie Frauen, hatten sich für die bevorstehende heilige Handlung festlich herausgeputzt. Im flakkernden Schein der vielen hundert Fackeln erglänzte das Gold ihrer Halsringe, ihrer Armspangen und Gewandnadeln. Uralte Gebete und Hymnen stiegen im steten Wechselgesang zwischen Männern und Frauen zum Preis der Götter in den sternenübersäten Himmel auf. Bald hatten sie sich auf einer weiten Lichtung des Haines, in deren Mitte sich ein mächtiger Scheiterhaufen erhob, versammelt. Die Gesänge verstummten, und die Menschen harrten schweigend der nun folgenden heiligen Handlung. Um den Scheiterhaufen standen, bewegungslos auf ihre Stäbe gestützt, sieben Druiden. Ihre weißen Gewänder unter schwarzen Mänteln verbergend, wirkten sie wie drohende Schatten. Etwas weiter im Hintergrund gewahrte Fearr eine unbestimmte Anzahl offensichtlich gefesselter Menschen, deren nackte Körper sich seltsam bleich vor dem dahinter liegenden dunklen Waldrand abhoben. Der Hochdruide und seine zwei Begleiter traten vor den Scheiterhaufen in die Mitte des von den sieben Druiden gebildeten Kreises und wandten sich den Versammelten zu. Die Lichtung wurde von den Fackeln hell erleuchtet. Es herrschte eine atemlose, spannungsgeladene Stille, die nur von dem fauchenden Knistern der abbrennenden Kienhölzer gestört wurde.

Mit einemmal hob der Hochdruide in einer alles umfassenden, segnenden Geste die Arme, seinen Stab dabei mit der Rechten haltend, und begann mit ernster, weittragender Stimme zu sprechen:

»Taranis, Esos und Teutates! Ich, Atechtorig, gewählter Hochdruide des geheimen Rates des ewigen Rades, rufe euch in dieser schicksalschweren Stunde um Beistand und Hilfe! Alle Götter und du, Große Mutter Erde, deren Kinder wir alle sind, bitte ich, uns Sterblichen Weisheit in die Herzen zu pflanzen, auf daß die, die hier zusammengekommen sind, um über die Zukunft unseres Volkes zu beraten, nach eurem Sinn und Ratschluß entscheiden mögen.

Wir, die wir dem Hohen Orden angehören, sind zutiefst beunruhigt ob der von den Göttern gesandten Zeichen. Krieg wurde in unser Land getragen! Im Norden und Süden werden wir von Völkern bedroht, die nicht unsere Sprache sprechen. Völker, die noch gestern vor dem donnernden Hufschlag unserer Pferde und dem wilden Ansturm unserer Krieger erzitterten, erdreisten sich nun immer häufiger, uns unseren geheiligten Boden zu entreißen und freie Menschen in die Sklaverei zu führen. Aber meine Ordensbrüder und ich können die Fremden deswegen kaum anklagen, denn die Schuld liegt allein bei euch! Ihr seid es, die die Götter fortwährend mit eurer Überheblichkeit und euren unseligen Zwistigkeiten beleidigt!

Bei der letzten Zusammenkunft des Rates haben wir die Zeichen gedeutet und mußten einhellig erkennen, daß die Götter sich von uns abwenden und daß unser Volk am Ende seiner Zeit steht. Es sei denn, es gelänge euch, euren inneren Hader für immer zu beenden, und so, geeint in einer Nation und unter einer von euch allen gewählten einheitlichen Führung, den Feinden von außen Einhalt zu gebieten!«

Fearr lief es kalt über den Rücken. Da war es wieder! Die Worte des Barden und die Gedanken auf dem Schlachtfeld vor Magetobriga! Aber schon fuhr der alte Mann in seiner Rede fort:

»Ihr habt euch nun entschlossen, auf diesem Landtag genau darüber zu beraten. Der geheime Rat hat deshalb gemeinsam mit dem Orden der Großen Mutter beschlossen, den Göttern und der Erde in dieser Nacht das Hohe Opfer darzubringen.

Von der Erde erhielten wir unsere sterbliche Hülle, unsere Seelen aber sind Leihgaben der Unsterblichen. Das Blut und die Körper der zum Opfer Ausersehenen werden deshalb der Großen Mutter überantwortet, während deren Seelen unser Flehen und Hoffen stellvertretend für uns vor das strenge Gericht der allmächtigen Götter tragen sollen.

So wird es sein! Aus Leben erwächst Tod – aus Tod geht das Leben hervor! Wenige müssen unfrei sterben, damit viele frei leben können! Das ist das Gesetz des ewigen Rades!

Aus Alles wird Nichts – aus Nichts wird Alles! So war es, so ist es, so wird es immer sein!«

Der Hochdruide senkte die Arme wieder, während ein Stöhnen die in Andacht versunkene Menge durchlief. Stille trat ein, bis wie aus dem Nichts zehn weißgekleidete Frauen in das Rund der Druiden traten, von denen vier einen großen silbernen Kessel trugen. Fearrs Atem stockte, als er sah, wer der Prozession der Priesterinnen voranschritt.

Es war Troucissa!

Für einen kurzen Moment kam es ihm so vor, als ob auch sie seine Anwesenheit wahrgenommen hätte, denn er vermeinte, ihren unergründlichen Blick und ihr warmes Lächeln fast körperlich zu spüren. Aber schon war dieser flüchtige Augenblick vergangen, und Fearr wurde wieder von dem weiteren Ablauf des Geschehens in Bann gezogen. Der Kessel war mittlerweile vor dem Hochdruiden abgestellt worden, und Troucissa hatte mit zwei ihrer Priesterinnen davor Aufstellung genommen. Dem Volk zugewandt, erhob sie beide Arme und ließ ihre dunkle Stimme über der Lichtung erklingen.

»Ihr, die ihr zu dieser nächtlichen Feier zusammengekommen seid, hört meine Worte! Im Namen der Großen Mutter werde ich nun vor euch das Hohe Opfer vollziehen! Wie es nur dem Weiblichen gegeben wurde, Leben zu gebären, so ist es auch an uns Frauen, es wieder zu nehmen! So, wie das Weibliche den männlichen Samen benutzt, um im Schoß der Frauen neues Leben entstehen zu lassen, so wird sich nun das Blut dieser Opfer in den Schoß der Erde verströmen, damit unser Volk neu geboren werde!«

Troucissa wandte sich nach diesen Worten dem Hochdruiden zu, welcher sein Haupt achtungsvoll vor ihr neigte. Unterdessen waren die sieben zum Opfer bestimmten Sklaven von den Gehilfen der Druiden herangeführt worden und standen nun, die Hände auf dem Rücken gefesselt, in einer Reihe hintereinander vor dem Kessel.

Angesichts dessen, was sie jetzt erwartete, verhielten sie sich fast teilnahmslos; ihre Gesichtszüge wirkten abgestumpft, und ihre Augen starrten blicklos ins Leere.

Troucissa trat von der Seite an das erste Opfer heran und legte ihm die linke Hand in den Nacken. Dem zwingenden Druck nachgebend, sank der Mann vor dem Kessel auf die Knie. Mit einer fast zärtlich anmutenden Geste strich sie durch sein Haar, um dann seinen Kopf, eine Strähne ergreifend, mit einem festen Ruck nach hinten zu ziehen. Gleichzeitig ließ sie ihre Rechte, in der sie die scharfe Klinge hielt, über den Hals des Opfers gleiten, dessen Blut sich augenblicklich pulsierend in den Kessel ergoß. Den leblosen Körper ließ sie neben dem Opfergefäß zu Boden sinken und wandte sich dem Nächsten in der Reihe zu, der, wie auch die fünf anderen, der Opferung apathisch zugesehen hatte.

Nachdem auch der letzte sein Blut in den Kessel verströmt hatte, wurde der Scheiterhaufen entzündet. Troucissa hob noch einmal beschwörend die blutverschmierten Arme vor den aufstiebenden Flammen und warf den Kopf in den Nakken, während aus ihrer Kehle ein langanhaltender, kaum menschlich klingender Schrei drang, der alle im tiefsten Inneren berührte und erschauern ließ. Dann brach sie ohnmächtig zusammen. Atechtorig gab mit seinem Stab ein Zeichen, woraufhin die Gehilfen die leblosen Körper der Geopferten in die mittlerweile hoch auflodernden Flammen des Scheiterhaufens warfen, begleitet von den monoton auf- und abschwellenden Gebetsgesängen der Druiden, die mit ausgebreiteten Armen um das tosende Feuer standen.

Plötzlich erhob sich Troucissa wieder und stellte sich vor den Kessel. Gleichzeitig bildeten die anderen Frauen einen engen Kreis um sie und das Gefäß. Troucissa streckte ihre Arme über dem Kessel aus, und ihre Lippen formten unhörbare Beschwörungen an die Große Mutter, während die übrigen Priesterinnen, eine nach der anderen, ihre rechte Hand in das warme Blut tauchten und zu den immer noch regungslos dastehenden Druiden schritten. Mit ihren Handflächen drückten sie ihnen ein blutiges Mal auf die Stirn und zogen mit dem Daumen und dem kleinen Finger zwei blutige Linien von den Schläfen bis zum Kinn; danach kehrten sie wieder auf ihren Platz zurück. Nun trat der Hochdruide mit seinen zwei Begleitern auf Troucissa zu und überreichte ihr einen

Wedel aus Eichenlaub, welcher die ganze Zeit über am oberen Ende seines Stabes befestigt gewesen war. Troucissa netzte das Laub mit dem Opferblut und ging einige Schritte auf die wie in Trance gefallene Menschenmenge zu. Dreimal besprengte sie wortlos die vor ihr Stehenden mit den Tropfen des Blutes. Als sie sich danach wieder umgewandt hatte, hoben die Frauen den Kessel an, und Troucissa ließ sich auf die Knie nieder. Sie öffnete einen bis dahin verborgenen Schacht, der mit einem mit Bronzebeschlägen reich verzierten Holzdeckel verschlossen war. Und während das Blut in den Schacht floß, der den Schoß der Großen Mutter symbolisierte, begannen die Frauen mit ihren kristallklaren Stimmen die uralte Hymne an die Erde zu intonieren. Dieser überirdisch klingende Gesang wirkte wie befreiend auf die von dem archaischen Ritual – nur wenige der Alten konnten sich daran erinnern, es miterlebt zu haben – zutiefst betroffene Volksmenge. Mit einem jubelnden Aufschrei traten sie singend den Heimweg an, wobei sie zuerst zwischen dem Feuer, an dem sie ihre Fackeln neu entzündeten, und dem offenen Opferschacht betend hindurchschritten, um sich dann auf den Weg in die Stadt zu machen.

Die ganze Nacht über wurde in den Häusern und Schänken Gergovias gefeiert und gezecht. Auch in der Halle Celtealls. Dort saßen unter anderem vier Männer beisammen, die ihre morgendliche Verabredung nicht vergessen hatten und sich nun so miteinander maßen, wie es Kriegern gebührte, die ihre Waffen zur Seite gelegt hatten.

17

Die nächsten zwei Tage verliefen äußerst dramatisch. Schon am ersten Tag – der Landtag war gerade erst feierlich eröffnet worden – wurde ein Kurier aus Vienna, der Hauptstadt der Allobroger, mit einer dringlichen Nachricht an Lugotrech, den Führer der allobrogischen Gesandtschaft vorgelassen. Lugotrech wandte sich, nachdem er die Botschaft entgegengenommen hatte, mit blaß gewordenem Gesicht an Celteall und bat mit vor Erregung bebender Stimme ums Wort. Schnell wurde es still in der Halle, und alle Versammelten richteten ihre Blicke auf den Allobroger, der nur mit Mühe seine Haltung bewahren konnte. Nachdem er mehrmals geschluckt hatte, begann er zu sprechen: »Mein Fürst und Vetter Dumnomot hat ... hat sich ... Ach, verdammt! Die Allobroger haben sich offen gegen Rom erhoben! Die römischen Handelsniederlassungen wurden geplündert und die bei uns stationierte Legion getötet. In diesem Augenblick nähern sich drei kampfstarke römische Legionen unseren Grenzen ... und wir werden jede erdenkliche Hilfe brauchen!« Für einen Moment dauerte die Stille im Saal noch an, denn die Anwesenden schienen auf diese ungeheuerliche Nachricht hin wie vom Donner gerührt. Fearr sah erst seinen Vater an, dessen Hände sich um die Stuhllehne verkrampften, dann zu Lochtaire hinüber, dessen Gesicht wieder jenen wölfischen Ausdruck zeigte, der bei ihm einem Kampf vorausging.

Auch Fearrs erste Regung war es, den Aufstand der Allobroger mit allen Kräften zu unterstützen, wobei er wieder einmal feststellte, daß ihn irgend etwas gegen diese Römer einnahm, ohne daß er einen greifbaren Grund dafür hätte nennen können.

Dann fingen alle gleichzeitig an, lauthals zu debattieren, und während gerade die Stämme aus dem Süden sich sofort mit den Allobrogern solidarisch erklärten und deren Aufstand als willkommenen Anlaß betrachteten, mit aller Kraft gegen die ihnen verhaßten Römer vorzugehen, um das von Rom unrechtmäßig okkupierte Land zwischen Rhoiden und Garunna zurückzuerobern, sprachen andere von einem übereilten, ja sogar äußerst unklugen Verhalten der Allobroger. Die hätten sich doch vorher besser bei einer solchen Gelegenheit, wie es der Landtag war, mit den versammelten Stämmen abstimmen sollen. Eine Argumentation, die natürlich von denjenigen, die den Allobrogern Waffenhilfe leisten wollten, als feiger Verrat ausgelegt wurde. Binnen kürzester Zeit hatte die Unruhe in der Halle ihren Siedepunkt erreicht, und wie seinerzeit, als es um die Teilnahme an dem Krieg gegen die Sueben ging, erregten sich viele derart, daß es zu ersten Handgreiflichkeiten kam. Celteall hatte allerdings zu Beginn des Landtages wohlweislich das Tragen von Waffen strikt verboten, also blieb es bei ein paar blutenden Nasen und blaugeschlagenen Augen.

Wieder einmal war es Donnotal, dem es schließlich gelang, sich in dem Hexenkessel Gehör zu verschaffen und mit schlichtenden Worten die ärgsten Hitzköpfe zu trennen. Aber auch er befürwortete in seiner nachfolgenden Rede, im Gegensatz zu damals, als er sich gegen einen Krieg mit den Sueben ausgesprochen hatte, das sofortige Eingreifen aller freien Stämme, um jenes Territorium, das die Römer arrogant als ihre Provinz betrachteten, wieder zu befreien. »Denkt an die Worte des Hochdruiden!« rief er ihnen zu. »Jetzt haben wir die Chance, uns vereint gegen einen Feind zu stellen, der seit Jahren frech unser Land besetzt und unsere Bruderstämme knechtet! Das ist der Zeitpunkt, an dem wir beweisen können, daß wir immer noch ein freies, starkes Volk sind, das in der Lage ist, sein Land gemeinsam zu verteidigen! Stehen wir jetzt den Allobrogern bei, dann kann das der erste Baustein für ein geeintes Keltenland sein, das uns Atechtorig versprochen hat!«

Mit diesem zu Herzen gehenden Aufruf erreichte er, daß nahezu alle diejenigen, die sich vorher noch vehement gegen eine Unterstützung der Allobroger gewehrt hatten, nun doch erwogen, bei einem solchen Unternehmen mitzumachen. Ergab sich doch für sie neben der Genugtuung, eine alte Scharte auszuwetzen, auch noch die Möglichkeit, den Angriff bis tief in das Land des Feindes voranzutreiben, was wiederum große Landgewinne versprach sowie die Aussicht auf reiche Beute. Schon begannen sie ebenso lautstark, wie sie eben noch miteinander gestritten hatten, in ihren Träumen von Ruhm, Ehre und Reichtum zu schwelgen, als Dyffekiach sich von seinem Platz erhob, von dem aus er bis dahin gelassen das Geschehen verfolgt hatte. Augenblicklich verstummte der Lärm, und alle Blicke richteten sich gespannt auf den Haeduerfürsten.

»Die Haeduer werden, sofern hier ein Krieg gegen die Römer beschlossen werden sollte, diesem Abenteuer fernbleiben«, erklärte er einfach. Es dauerte eine geraume Weile, bis die Bedeutung seiner Worte in das Bewußtsein der Anwesenden vorgedrungen war. Aber noch bevor die Delegierten darauf reagieren konnten, stand auch Castich auf, der sich die ganze Zeit über ebenso passiv verhalten hatte wie der Haeduer, und ergriff das Wort.

»Ich schließe mich dem Entschluß des edlen Dyffekiach an! Auch die Sequaner werden in diesem Fall ihre Unterstützung verweigern!« Alle Euphorie war mit einem Schlag dahin, und das betretene Schweigen im Saal machte die unabänderlichen Konsequenzen dieser Aussagen mehr als deutlich.

Die Haeduer und die Sequaner waren neben den Arvernern die mächtigsten Stämme der Kelten, und ohne deren Teilnahme würde es weder eine Unterstützung der Allobroger noch einen Krieg gegen die Römer geben, das zumindest wurde jetzt allen klar.

Fearr schaute wieder seinen Vater an, der den fragenden Blick mit einem hilflosen Schulterzucken quittierte.

»Ich frage mich, was, in Lugs Namen, hinter diesen feigen Worten steht!« zischte Lochtaire wütend zu Fearr gewandt, der in Gedanken ebenfalls fieberhaft nach einer Erklärung für diese unerwartete Wendung der Dinge suchte. Doch außer einem matten Kopfschütteln fiel auch ihm nichts ein.

Bis auf einige flüsternd geführte Gespräche verharrte die Versammlung in niedergeschlagener Stummheit, aus der sie erst das Geräusch der sich öffnenden Hallentüren herausriß. Gefolgt von Cunlean betrat gänzlich unerwartet Atechtorig, der Hochdruide, die Halle. Achtunggebietend schritt er vor den erhöhten Sitz Celtealls und drehte sich dann zu den Delegierten um. Seine fanatisch glänzenden Augen erfaßten jeden einzelnen in der Runde. Mit einer gebieterischen Geste erheischte er Gehör; drohende Dunkelheit schien plötzlich die Halle zu erfüllen.

»Mit großer Bestürzung hat der Hohe Rat Kenntnis von den Vorgängen bei den Allobrogern erhalten. Während wir

Druiden jedoch das mutige Aufbegehren des Dumnomot, der sein Volk von dem unerträglich gewordenen Joch der Römer befreien will, als Fanal für alle freien Stämme ansehen und segnen, müssen wir gleichzeitig die Beistandsunwilligkeit der hier Versammelten in höchstem Maße verurteilen. Nur selten mischt sich der Hohe Rat in die Angelegenheiten der Stämme ein, das ist nicht seine Sache! Aber das Fortbestehen unseres Volkes zu sichern, dessen geheiligten Boden zu schützen, das gehört zu unseren vornehmsten Aufgaben. Wie wir in Erfahrung bringen konnten, spielt der römische Senat schon lange mit dem Gedanken, uns mit Krieg zu überziehen. Aber uns sind auch noch andere Dinge aus Rom hinterbracht worden.«

Atechtorig hielt einen Moment inne, um dann, seinen Stab wie eine Waffe gegen Dyffekiach und Castich richtend, mit schneidender Stimme in seiner Rede fortzufahren:

»Warst nicht du es, edler Dyffekiach, der unlängst beim Senat und dem Volk von Rom um einen Freundestitel nachgesucht hat und diesen auch erhielt? Und du, Fürst der Sequaner, war es nicht dein ruhmreicher Vater Cataman ta Leod, Cataman der Prächtige, der jenen Titel ebenfalls verliehen bekommen hatte, um so seine anmaßende Königswürde zu begründen?

Und warum wohl haben wir nun die Geißel der Germanen im Land? Doch nur deswegen, weil die Sequaner sie um Unterstützung ihres unseligen Strebens gebeten haben, Macht über die keltischen Stämme auszuüben. Sehr klug ausgedacht haben sich das die Sequaner und die Haeduer, will mir scheinen! Erst versichert man sich der Freundschaft der beiden mächtigsten Feinde unseres Landes, um dann in aller Ruhe einen Stamm nach dem anderen zu bekriegen und zu unterwerfen! Ich danke den Göttern dafür, daß die Germanen letztlich das Spiel nicht mitmachen wollten, weil sie ihre Interessen über die euren gestellt haben. Und was eure Freundschaft mit Rom betrifft, so fürchte ich, daß die Römer sie dazu benutzen werden, nach und nach von Süden her unser Land zu erobern und euch in der trügerischen Sicherheit zu wiegen, daß ihr dieses Land zusammen mit den

Römern beherrschen dürft, bis sie euch dann auch noch schlucken!

Der Hohe Rat klagt euch an, Dyffekiach und Castich! Wir klagen euch an des Hochverrats und der Gotteslästerung! Ihr habt mit eurem niederträchtigen Intrigenspiel um die Vorherrschaft in Gallien, habt mit Verrat in euren Herzen an dem gestrigen Opfer teilgenommen – und habt dieses Opfer damit wirkungslos gemacht!

Die Endzeit ist nun angebrochen, und die Götter wenden sich mit Abscheu von uns ab. Das Rad des Taran hört auf, sich zu drehen. Cernunnos flieht die Wälder, und ich sah Tränen in seinen Augen! Lug, der schillernde Fürst des Chaos, schließt bereits die Tore zur Anderswelt, und ich hörte sein dämonisches Lachen! Teutates hat seine segnenden Hände müde sinken lassen und verschwindet bald im ewigen Blau des Himmels. Auch Lucell, der uns einst lehrte, das Eisen zu gewinnen und zu bearbeiten, hat seinen Hammer beiseite gelegt, mit dem er uns damals, als die Kelten begannen, sich erobernd über viele Länder auszubreiten, zusammengeschmiedet hatte: Jetzt ist das Eisen spröde geworden und brüchig! So, wie heute die Allobroger untergehen werden, so ist auch unser aller Untergang vorgezeichnet! Dafür verfluchen wir euch, die ihr euch Volksfürsten nennt!

Ich habe nichts mehr zu sagen!«

Der Hochdruide drehte sich abrupt um und schritt langsam, müde und gebeugt aus dem Saal. Schon während der Rede des alten Mannes waren die Gesichter der Zuhörenden bleich geworden, nun aber stand das nackte Grauen in ihren Mienen. Unter dem furchtbaren Bann seiner Worte blieben sie noch lange, nachdem Atechtorig die Versammlung verlassen hatte, wie versteinert sitzen. Nur die Beschuldigten zeigten keinerlei Betroffenheit. Fast hochmütig ließen sie ihre Blicke umherschweifen.

»Verhält es sich so, wie es Atechtorig gesagt hat? Haben die Haeduer und Sequaner ein Bündnis mit Rom geschlossen, welches sie nun daran hindert, den Allobrogern zu Hilfe zu eilen?« fragte Celteall in die unheimliche Stille hinein.

»Denk doch, was du willst!« antwortete Dyffekiach

schneidend. »Schließlich ist es doch hinlänglich bekannt, daß die Haeduer seit jeher gute Beziehungen zu Rom gepflegt haben! Deswegen glaube ich auch, daß die Befürchtungen unseres geschätzten Druiden völlig aus der Luft gegriffen sind! Die Römer wollen Handel mit uns treiben, unser Land interessiert sie nicht. Es ist ihnen zu kalt und zu unwirtlich! Aber in einem hatte der alte Mann recht: Die keltischen Stämme sind untereinander hoffnungslos zerstritten! Nun, meiner Meinung nach wird sich dieser Zustand auch nicht ändern. Es sprach deshalb in der Vergangenheit nichts dagegen, daß die großen Clans – und dazu zähle ich auch die Arverner! – sich die Macht über die kleinen Stämme teilten. Aber auch aufgrund der letzten Erfahrungen mit den Sueben halte ich es für unabdingbar, in Zukunft eine friedliche Kooperation mit einem kulturell so hochstehenden Volk, wie es die Römer sind, anzustreben. Immer noch besser, als sich der harten Faust der Germanen zu beugen. Wir werden niemals ein geeintes Volk sein! Wollen wir aber wenigstens als halbwegs eigenständiges Volk überleben, dann sollten wir um Aufnahme in den römischen Staatenbund ersuchen! Kein Zweifel, von den Römern könnten wir noch viel lernen!«

Während sich auf diese Worte hin ein allgemeiner Sturm der Entrüstung erhob, ließ Fearr das Gesagte auf sich wirken. Natürlich lehnte auch er ein Bündnis mit Rom oder sonst einer fremden Macht ab, selbst wenn das eigene Volk nicht in der Lage war, sich dauerhaft zu vereinigen. Aber es war auch etwas Wahres an den Ausführungen Dyffekiachs, und das betraf das Problem, das ihm immer öfter durch den Kopf ging: Die Kelten mußten endlich zu einer sie einigenden Staatsform finden, die sie auf lange Sicht gegen Angriffe fremder Mächte schützte. Und im Hinblick darauf konnte man von den Römern sicher eine Menge lernen, denn nicht umsonst hatten mittlerweile alle italienischen Völker die römische Staatsform übernommen, wenngleich sie nunmehr dem Römischen Reich angehörten. Nein, dachte Fearr, es müßte auch möglich sein, von Rom zu profitieren, ohne in Abhängigkeit zu ihm zu geraten oder gar seine Identität mit dem Aufgehen im großen Römischen Reich zu verlieren.

Inzwischen war es in der Halle zu tumultartigen Szenen zwischen den Delegierten der Haeduer und Sequaner einerseits und den übrigen Stämmen andererseits gekommen, die bald darauf in offene Feindseligkeit umschlugen. Die Abordnungen der Haeduer und der Sequaner wurden mit allem, was zur Hand war, bedroht und sogar attackiert; hätten sie Waffen getragen, dann wäre kein Haeduer und kein Sequaner am Leben geblieben. So aber konnten sich die beiden Delegationen unter lautem Geschrei, aber ohne größeren Schaden zu nehmen zurückziehen. Sie reisten noch am selben Tag in ihre Heimat zurück.

Damit war der Landtag, noch ehe er richtig begonnen hatte, praktisch aufgelöst, da die beiden stärksten und einflußreichsten Stämme neben den Arvernern nicht mehr vertreten waren, und es somit zu keinem zufriedenstellenden Beschluß kommen konnte. Trotzdem traf man kurz vor dem offiziellen Ende noch eine weittragende Entscheidung: Die verbliebenen Stämme riefen Celteall, von der Welle ihrer überschäumenden Wut gegen die Haeduer und Sequaner getragen, zu ihrem obersten Kriegsherren aus, was praktisch einer Königswahl gleichkam. Dabei mochte es eine große Rolle gespielt haben, daß die Vertreter der verbliebenen Stämme sehr wohl wußten, daß die Arverner nicht nur die natürlichen Rivalen der beiden nunmehr geächteten großen Clans waren, sondern auch daß es Celteall, ungeachtet seiner eigenen persönlichen Machtgelüste, niemals in Betracht ziehen würde, seine Ziele mit Hilfe fremder Völker oder mit dem Verrat an der keltischen Erde durchzusetzen. Mit dieser für Celteall späterhin so folgenreichen Entscheidung löste sich der Landtag schneller als erwartet und ohne das ursprünglich erhoffte Ergebnis auf.

Die Allobroger jedenfalls wurden in ihrem Freiheitskampf allein gelassen.

Die folgenden Wochen nutzte Celteall, um seine neugewonnene Machtposition weiter auszubauen. Er reiste im ganzen Land umher, bis hin zu den weit entfernten Stämmen der Piktonen oder Aulerkern, die an der Küste des Nordmeeres lebten, um sie zu einem Bündnis mit den Arvernern zu bewegen. Dabei kam ihm zugute, daß viele Stämme noch unter dem Schock der turbulenten Ereignisse während des Landtags standen und den Haeduern und Sequanern geradezu unversöhnlichen Haß entgegenbrachten. Die meisten der kleineren Clans, die in einem Abhängigkeitsverhältnis zu den beiden Stämmen gestanden hatten, waren nun nur allzugern bereit, spontan diese Verhältnisse zu lösen und sich unter den Schutz des Arverners zu stellen. Aber auch die größeren eigenständigen Stämme schlossen Bündnisverträge mit Celteall, weil sie des während des Landtages aufgedeckten Intrigenspiels der Haeduer und Sequaner überdrüssig waren und sich ihnen nun die Möglichkeit bot, dem geschlossen entgegenzutreten. So gelang es Celteall in relativ kurzer Zeit, einen breiten Bündnisblock zwischen dem Gebiet der Arverner bis zur armorischen Halbinsel und weit darüber hinaus zu schmieden.

Fearr, der seinen Vater auf all seinen Reisen begleitet und den Verhandlungen aufmerksam beigewohnt hatte, sammelte seine Eindrücke und bereitete sie für sich auf. Aber in dem Maße, in dem Celtealls Ansehen und sein Einfluß ständig zunahmen, veränderte sich auch auf eine krankhafte Art und Weise sein ganzes Wesen. Fearr sah in zunehmendem Maße seine Befürchtungen, die in ihm schon bei seinem ersten Zusammentreffen mit seinem Vater nach seinem Aufenthalt bei den Lingonen aufgekeimt waren, bestätigt. Immer mehr wandelte sich Celteall zu einem unnahbaren und gefühllosen Despoten, was vor allem die Familie und die Bediensteten zu spüren bekamen. Außerdem mißtraute er jedem und allem und ließ auch nicht die geringste Kritik an sich oder seiner Handlungsweise aufkommen. Das führte mit der Zeit dazu, daß er wirkliche oder sogar auch nur vermeintliche Gegner seiner Politik kurzerhand kaltstellen ließ und auch nicht davor zurückschreckte, Menschen beseitigen zu lassen, die er einmal als seine Freunde bezeichnet hatte.

Oft besuchte Fearr in diesen Tagen Cunlean, um sich in der Abgeschiedenheit seiner Klause mit ihm auszutauschen und für eine kurze Zeit wieder Frieden zu finden. Es waren diese Gespräche mit dem Druiden wie auch die Ereignisse der vergangenen Monate, die dazu beitrugen, seine ganz persönliche Vision eines geeinten Keltenstaates zu entwickeln.

18

Die Ernte, die in diesem Jahr besonders reichhaltig ausgefallen war, hatte man eingebracht, und der Herbst war ins Land gezogen. Im Hause Celtealls wurden mit großer Emsigkeit die Vorbereitungen für das bevorstehende Hochzeitsfest von Brigainn und Fearr getroffen. Celteall nahm dieses Ereignis gleichzeitig zum Anlaß, seine neugewonnenen Verbündeten noch enger an sich zu fesseln, indem er sie zu den Feierlichkeiten einlud. Er zeigte sich in dieser Zeit ausgesprochen aufgeräumt und leutselig, was Fearr eher mißtrauisch werden ließ, da er nicht wußte, ob diese plötzliche Anwandlung seines Vaters, der sich während der letzten Zeit kaum um die privaten Belange seines Sohnes gekümmert hatte, ihm und seinem Glück galt – oder ob er einfach nur dieses sehr persönliche Fest dazu benützen wollte, sich vor seinen neuen und alten Verbündeten in der eitlen Rolle des großzügigen, fürsorglichen und gönnerhaften Clansherren zu gefallen.

Schon eine Woche vor dem anberaumten Termin trafen die geladenen Gäste nach und nach ein. Dann, zwei Tage vor dem Fest, meldete ein Bote endlich das Brautgefolge. Fearr war darüber so glücklich und aufgeregt, daß er sich sofort mit einer ansehnlichen Eskorte auf den Weg machte, um den Lingonen auf ihrer letzten Etappe auf dem Weg in die arvernische Hauptstadt das Geleit zu geben. Als er zu ihnen gestoßen war, stellte er zu seiner Überraschung fest, daß der Brautzug von dem Lingonenfürsten Acco höchstpersönlich angeführt wurde, der es sich offenbar nicht hatte nehmen lassen, an Vaters Statt die Tochter seines besten Lehensmannes, der auf dem Schlachtfeld von Magetobriga geblieben war, ihrem zukünftigen Ehemann zuzuführen. Nachdem sich die beiden Brautleute in die Arme gefallen waren, bedankte sich

Fearr tief bewegt ob der hohen Ehre bei Acco und bat ihn noch einmal formell im Namen seines Vaters, an dem Fest teilzunehmen, da der Lingone aufgrund seiner Bündnistreue mit den Sequanern nicht eingeladen worden war. Zuletzt umarmte er brüderlich den inzwischen wieder völlig genesenen Kintogen.

»Ich hoffe, du weißt, auf was du dich einläßt! Ich für meinen Teil werde dir zu ewigem Dank verpflichtet sein, da du mich nun von diesem Plagegeist befreien wirst!« feixte Kintogen und grinste breit.

»Du Schandmaul! Dankbar solltest du mir sein, daß ich dich gelehrt habe, wie man einen Hof führt! Schon jetzt reut es mich in der Seele, ihn dir einfach so zu überlassen!« begehrte Brigainn in gespielter Wut auf.

»Siehst du nun, was dich erwartet, geschätzter Schwager? Komm mir also später nicht und beklage ...« Brigainn warf sich mit einem spitzen Schrei gegen ihren Bruder, so daß dieser das Gleichgewicht verlor und fast zu Boden fiel.

»Deine Ehe wird allem Anschein nach sicher nicht langweilig werden, Fearr Singetrech!« kommentierte Fürst Acco lachend die Zurschaustellung geschwisterlicher Eintracht. In gelöster Stimmung und fröhlich scherzend traten sie das letzte Stück Weg nach Gergovia an und trafen dort am frühen Abend ein.

Nachdem der unerwartete hohe Gast sowie die Braut und ihr Bruder von Celteall und Caramariacha gebührend begrüßt worden waren, nahm letztere Brigainn sofort unter ihre Fittiche und entführte sie zu den anderen Frauen des Hofes, da nach alter Sitte der Bräutigam seine Frau bis zum Tage der Hochzeit nicht mehr sehen sollte. In der Tat bekam sie Fearr denn auch kaum noch zu Gesicht, was ihm vor allem in den verbleibenden zwei Nächten sehr leid tat.

Aber es gab ja noch Lochtairé und Kintogen, die ihm über diese schwere Zeit mit so manch gutgemeintem Rat und vor allem mit viel Korma und Wein rührend hinweghalfen. So kam es, daß Fearr die Zeit bis zu den frühen Morgenstunden seines Hochzeitstages mehr in einer nebulös weinseligen Euphorie denn in bewußter Erwartung dieses für sein Leben so einschneidenden Ereignisses hinter sich brachte. Wenige Stunden tiefen, traumlosen Schlafes sowie ein Schwitzbad danach bewirkten jedoch, daß er ohne die sonst üblichen unangenehmen Nebenwirkungen zu reichlich genossenen Alkohols wieder in die Realität zurückfand.

Da die Zeremonie bei Anbruch der Dämmerung stattfinden sollte, hatte er noch genügend Zeit, sich innerlich und äußerlich darauf vorzubereiten. Dem uralten Brauche folgend, verbrachte er den restlichen Tag bis zum späten Nachmittag in stiller Meditation bei den Grabhügeln seiner Ahnen.

Während er sich dann gegen Abend in seinem Zimmer für die Feier ankleidete, klopfte es an der Tür, und Lochtaire trat ein. »Ich bringe dir da etwas, das du, wie ich meine, unbedingt zu deinem Ehrentag tragen solltest!« erklärte er geheimnisvoll seinen unerwarteten Besuch. Umständlich übergab er ihm dann ein sorgfältig in Tüchern eingeschlagenes Schwert, das er bis dahin unter seinem Mantel verborgen gehalten hatte. Fearrs Herz schlug ihm bis zum Halse, als er die Klinge enthüllte und sich unversehens einem dunklen Fleck seiner Vergangenheit gegenübersah. Es war wahrhaftig das Schwert seiner Familie, jene Waffe, die ihm sein Vater ausgehändigt und die er auf dem Schlachtfeld von Magetobriga auf immer verloren geglaubt hatte. Mit ungläubigem Staunen umfaßte er den Griff, und sein Blick wanderte eine geraume Weile verstört und fassungslos zwischen der Waffe und seinem Freund hin und her, ohne daß er in der Lage gewesen wäre, mit nur einem Wort seiner Überraschung und seiner tiefen Dankbarkeit Ausdruck zu verleihen.

»Das, Lochtaire, werde ich dir niemals vergessen!« bekam er dann schließlich mit spröder Stimme und mit Tränen in den Augen heraus.

»Laß es gut sein! Und gib in Zukunft besser auf deinen Kram acht!« Lochtaire schlug dem Freund gutmütig auf die Schulter und verließ den Raum ohne ein weiteres Wort. Noch eine Weile stand Fearr so da und grübelte über die wundersame Fügung nach, die ihm das kostbare Schwert wieder in die Hände gespielt hatte. Dann wurde er jäh von seinem Vater aus seinen Gedanken gerissen, der schon ein wenig angetrunken ins Zimmer polterte, um seinen Sohn zur Trauung abzuholen. Ein erstauntes Lächeln huschte über Celtealls Züge, als er das Schwert am Gürtel Fearrs bemerkte, der sich erst jetzt bewußt wurde, daß sein Vater ihm nie Vorhaltungen hinsichtlich des Verlusts der Waffe gemacht hatte. Auch in diesem Moment stellte er keine Fragen, obwohl ihn das unverhoffte Wiederauftauchen des alten Erbstücks doch tief hätte berühren müssen.

Schweigend führte Celteall seinen Sohn in die festlich geschmückte Halle des Hauses, in der sich inzwischen alle geladenen Gäste versammelt hatten, um dem nun bevorstehenden feierlichen Akt beizuwohnen. Wie gerne hätte Fearr vorher noch persönliche Fragen und Ängste mit seinem Vater besprochen, aber dessen kalte Unnahbarkeit, die er vor seinen Gästen hinter einer Maske des Lächelns verbarg, hinderte ihn daran – und betrübte ihn zugleich.

In der Mitte der Halle hatte man einen langen Tisch aufgestellt, über den ein Laken aus reinweißem Leinen gebreitet worden war. Darauf lag auf einem einfachen, grobgeschnitzten Holzteller ein großer runder Brotlaib, daneben standen zwei silberne Trinkschalen, die mit Wein gefüllt waren. Hinter dem Tisch warteten, in würdig gelassener Haltung Troucissa und Cunlean, die die Trauung vollziehen sollten.

Celteall geleitete seinen Sohn vor diesen einfachen Altar und legte ihm die Hand auf die Schulter, während zur gleichen Zeit Brigainn von Caramariacha und Fürst Acco an Fearrs Seite geführt wurde. Brigainn trug ein bis zu ihren bloßen Füßen fallendes Kleid aus hellblau gefärbter feinster Wolle, über dem sie ihr in den Clanfarben gewebtes Plaid elegant von der linken Hüfte über ihre rechte Schulter drapiert hatte. Außer einem schlichten Goldreif, der ihre rote Haarpracht, einem Brautschleier gleich, zusammenhielt, und einer feinziselierten, aus Gold und Silber gefertigten Spangenfibel, die das Plaid über ihrem rechten Brustansatz festhielt, hatte sie keinen weiteren Schmuck angelegt, bis auf den kleinen Ring, den sie von Fearr bekommen hatte. Fearr war mit einer buntkarierten Hose und einem weißen Leinenhemd bekleidet. Von seinen Schultern fiel ihm ein fersenlanger roter Mantel, der am Halsansatz von einer goldenen Kettenschließe gehalten wurde. Auch er war barfuß, da das Brautpaar am Tage der Hochzeit nach altem Brauch keine Schuhe tragen durfte. Außer dem Torques, den er von Kintogen geschenkt bekommen hatte, war auch bei ihm keinerlei Zierat zu sehen.

Cunlean zog nun aus einer an seinem Gürtel befestigten Lederscheide einen kleinen Feuersteindolch, erhob seine Hände und murmelte ein Gebet. Dann schnitt er ein Stück aus dem vor ihm liegenden Brotlaib und reichte es Troucissa, die es zuerst segnend in die Höhe hob, um es dann zu der vor Fearr stehenden Weinschale zu legen. Auch ein zweites Stück wurde abgeschnitten, gesegnet und vor Brigainn gelegt. Das Paar streckte nun auf ein Zeichen der beiden Zelebranten hin die linken Arme über dem Brot und dem Wein aus. Cunlean und Troucissa ergriffen die Hände der Brautleute, führten einen Schnitt längs der Unterarme und legten, während das Blut in die Schalen tropfte, die Wunden aufeinander, bevor sie die Handgelenke mit einer weißen, wollenen Binde umwanden.

»Möge euer Blut sich zu einem immerwährenden fruchtbaren Bunde mischen, zu eurem Heil und zum Wohle eures Clans«, sprach der Druide den Anfang der alten Weiheformel.

»Und möge aus diesem Bunde neues Leben entstehen, wie es das Gesetz der Großen Mutter verlangt!« vollendete Troucissa den Spruch. »Reicht euch nun gegenseitig Brot und Wein zum Zeichen, daß ihr fortan euer Leben gemeinsam teilen wollt!« forderte sie darauf das Brautpaar auf. Beide tauchten ihr Brot in den mit ihrem Blut vermischten Wein und tauschten dann sowohl das Brot als auch die Schale. Gemeinsam tranken und aßen sie, was sie einer dem anderen dargeboten hatten. Anschließend wurden sie von Cunlean und Troucissa an den Händen genommen und vor die in der Halle Versammelten geführt.

»Erkennt ab jetzt an, daß Fearr Singetrech, aus dem Hause Cetealls, mit Brigainn, der Tochter des edlen Trogon, vermählt ist und sein eigenes Haus gründen wird!« rief Cunlean und segnete erneut das Paar.

»Erkennt ab jetzt an, daß Brigainn, die Tochter Trogons,

sich Fearr Singetrech, den Sohn Celtealls, zum Mann erkoren hat und Gewalt haben wird über sein und ihr Haus!« sprach Troucissa und überreichte ihr zur Bestätigung einen kleinen eisernen Türriegel und einen langen, schmalen Dolch. Mit dieser Proklamation am Ende der Zeremonie sollte jedem deutlich gemacht werden, daß sich diese Frau und dieser Mann in völliger Gleichberechtigung gefunden hatten und daß keiner dem anderen jemals untergeordnet sein würde. Während sich daraufhin Brigainn und Fearr lange und innig vor den Gästen küßten, stimmten diese den traditionellen Hochzeitsgesang an. Dabei mußten die nächsten Verwandten und Freunde des Brautpaares spontan, nach einer alten vorgegebenen Melodie, einen Text mit einem zumeist derben und spöttischen Inhalt erfinden, der sich auf bestimmte typische Eigenarten der beiden Hochzeiter bezog. Die Strophen wurden jeweils einzeln von einer Frau oder einem Mann vorgetragen, wobei sich die Reihenfolge nach der Sitzordnung richtete. Der Refrain wurde jedesmal von allen Anwesenden lautstark intoniert.

Danach begann endlich das von allen heißersehnte Festmahl, welches von Celteall für diesen Anlaß besonders opulent gestaltet worden war. Er hatte wahrlich keine Kosten gescheut, seinen Gästen eine Vielzahl von zum Teil seltenen Gaumenfreuden zukommen zu lassen, und die honorierten das gerne, indem sie den Gastgeber – wie natürlich auch das Brautpaar – ein ums andere Mal hochleben ließen und die ihnen angediehene Gastfreundschaft aus vollen Herzen – und mit zumeist vollem Munde – lobten und priesen. Fearr und Brigainn indes nippten nur hie und da von den köstlichen Speisen und dem schweren roten italischen Wein; sie folgten auch kaum noch den Gesprächen, die um sie herum geführt wurden. Zu Anfang hatten sie sich noch lebhaft und scherzend an der Unterhaltung mit ihren Gästen beteiligt, aber je weiter der Abend fortschritt, um so mehr drängte es sie, endlich alleine und für sich zu sein. So nahm es ihnen dann auch niemand übel, als sie sich zeitig von der Tafel erhoben und sich unter vielen anzüglichen, aber durchaus herzlich gemeinten Bemerkungen in ihr Schlafgemach zurückzogen.

Nachdem sie gegangen waren, leerte Lochtaire still und ein wenig wehmütig seinen Becher auf das Wohl der beiden und setzte sich dann zu Kintogen, der ebenfalls etwas trübsinnig vor sich hinsah. »Na, mein lingonischer Freund, dir ist wohl auch nicht nach Feiern zumute, was?« sagte er und füllte seinen Becher erneut. »Zumindest wissen die zwei Turteltauben wenigstens, was sie mit dem Rest der Nacht anzufangen haben.«

»Wahrscheinlich! Weißt du, es fällt mir einfach schwer, mich daran zu gewöhnen, daß meine Schwester nicht mehr auf dem Hof leben wird. Vor zwei Jahren ist Mutter gestorben, bei Magetobriga dann Vater, und jetzt verläßt mich Brigainn und wird in Gergovia wohnen«, sinnierte Kintogen traurig.

»Da geht es mir ähnlich! Jetzt, wo Fearr an der Leine liegt, wird es wohl erst einmal vorbei sein mit gemeinsamen Streifzügen und Abenteuern in unbeschwerter Freiheit! Mußte er sich denn auch gerade zu deinem Hof verirren? Ich sag dir was: Laß dich nie zu eng mit einer Frau ein! Eh du dich versiehst, sitzt du im Ehekerker!«

Jetzt mußte Kintogen doch lächeln. »Ich für meinen Teil hätte recht gerne eine Frau, die mir die Arbeit auf dem Hof abnimmt, Lochtaire! Ich bin nämlich ausgesprochen arbeitsscheu.«

»Deshalb muß man doch nicht gleich heiraten! Such dir unter deinen Dienerinnen die Hübscheste aus, lerne sie an und laß sie den Hof führen. Du kannst derweil deine eigenen Wege gehen und findest trotzdem immer ein warmes Bett vor, wenn du wieder nach Hause kommst!«

»Wenn das so einfach wäre! Ich fürchte, das könnte ich nicht! Nein, Lochtaire, ich bin der Ehe ja gar nicht abgeneigt, nur die richtige Frau habe ich noch nicht gefunden!«

»Du solltest sie auch nicht suchen, so eine findet man allenfalls zufällig, so, wie es unserem Freund Fearr ergangen ist. Aber vielleicht kann ich dir ja helfen! Wir trinken hier noch in aller Ruhe ein paar Becher Wein, schwatzen ein wenig über die Unbill des Lebens und schauen uns dann ein bißchen unter den Schönheiten dieser Halle um. Ich weiß nicht, wie du darüber denkst, aber ich werde heute nacht sicherlich nicht allein zu Bett gehen! Also, laß mich nur machen und bleib in meiner Nähe! Du wirst sehen, daß die Frauen dann auch auf dich fliegen!« Lochtaire klopfte ihm ermunternd auf die Schulter und zwinkerte ihm dabei verschwörerisch zu. Beide waren nun wieder bester Laune – und sehr unternehmungslustig.

Im Brautgemach standen Brigainn und Fearr vor dem großen Bett und schauten sich traumverloren an. Unvermittelt schlang sie ihre Arme um seinen Hals. »Du bist mein Mann!« sagte sie einfach. Fearr legte seine Hände fest auf ihre beiden Schultern und blickte ihr lange in die strahlenden grünen Augen. »Und du bist meine Frau!« erwiderte er genauso einfach. Mit einer fließenden Handbewegung löste Brigainn die Fibeln, die ihr Kleid zusammengehalten hatten, welches nun aufreizend langsam an ihrem Körper heruntterglitt und sich um ihre schmalen Fesseln legte. Ungeduldig begann sie, an seinem Hemd und seinem Gürtel zu zerren, und Fearr seinerseits beeilte sich, die störenden Kleider endlich loszuwerden. Sich umarmend, die Lippen wundküssend fielen sie auf die Laken, verloren sich in ekstatischen Rhythmen und wurden von ihrer Lust schließlich zu einem gleißenden Höhepunkt getragen.

Als sie wenig später immer noch schwer atmend und aneinandergepreßt zusammenlagen, schob sie seinen Kopf tiefer auf ihren Schoß. »Ich habe gerade ein Kind von dir empfangen, weißt du das? In dieser Nacht, in der du endgültig mein geworden bist, wird die Bestimmung ihren Lauf nehmen.«

»Was meinst du? Von welcher Bestimmung sprichst du?« fragte Fearr seltsam berührt.

Sie wühlte in seinen Haaren und zog ihn wieder neben sich, schmiegte sich an ihn und legte ihm zwei Finger auf den Mund. »Mein Liebster! Fearr! Bitte frage nicht! Laß es dir genug sein, zu wissen, daß deine Frau eine Tochter gebären wird, die dereinst deinen Geist weitertragen soll.«

Fearr war sich bewußt, daß es nicht gut wäre, weiter auf

die dunklen Andeutungen seiner Frau einzugehen; so gab er sich statt dessen den aufreizenden Liebkosungen Brigainns hin, die seine Lust schon bald wieder aufflammen ließen. In dieser Nacht fanden sie auf jeden Fall nicht mehr zu ihrem Schlaf.

19

Den Winter über und das ganze darauffolgende Jahr verbrachten die Neuvermählten zurückgezogen auf dem Landgut, auf dem Fearr aufgewachsen war und das ihnen Celteall am Tag ihrer Hochzeit geschenkt hatte. Wie von ihr vorausgesagt, eröffnete Brigainn ihrem Mann am Mittwintertag, zwei Monate nach der Hochzeit, daß sie in Hoffnung wäre. Genau zum Mittsommertag des nächsten Jahres kam sie mit einem gesunden Mädchen nieder. Fearr hatte es sich nicht nehmen lassen, bei der Geburt dabeizusein, und das erste, was ihm ins Auge fiel, als er das kleine strampelnde Bündel in die Arme nahm, war ein dichter blonder Haarschopf und die glatte, rosige Haut. Er hatte schon viele Säuglinge gesehen, die zumeist kahlköpfig und schrumpelig zur Welt kamen, und deshalb war er besonders stolz darauf, daß seine Tochter offensichtlich eine Ausnahme darstellte. Die Haare der kleinen Carantana – so wurde sie auf Brigainns Wunsch genannt – färbten sich später ins helle Rot, bis sie genau denen ihrer Mutter glichen.

Aber auch wenn Fearr nun sein privates Glück im Kreise seiner kleinen Familie genießen konnte, versäumte er es dennoch nicht, sich ständig über die weitere Entwicklung, die sein Land durchmachte, auf dem laufenden zu halten. Als erstes erfuhr er im Frühjahr zu seiner tiefen Betroffenheit, daß der Aufstand der Allobroger von den drei Legionen unter der Führung des Prätors Pomptinus blutig niedergeschlagen und der ganze Stamm unterworfen und versklavt worden war. Dann, kurz nach der Geburt seiner Tochter, teilte ihm sein Onkel, als der ihn wieder einmal besuchte, die nächste brisante Neuigkeit mit. Kurz nach dem gescheiterten Landtag im letzten Jahr hatten sich die Sequaner ganz überraschend mit den Sueben verbündet und den Haeduern daraufhin zu Anfang des Frühlings offiziell den Krieg erklärt. Zur Zeit stünden nun die beiden Stämme in offener Feldschlacht vor Vesontio.

»Dabei sieht es ziemlich düster aus für die Haeduer«, berichtete Govanned und schnitt sich ein Stück von dem kalten Schweinebraten ab. »Ein paar kleinere Scharmützel haben sie schon verloren, und da sie nahezu allein auf weiter Flur stehen – die meisten Clans halten still und haben ihnen einfach die Heeresfolge verweigert –, wird ihnen meiner Meinung nach vor Vesontio die Quittung für Dumnorechs Verhalten auf dem Landtag zuteil.«

»Wieso haben sich die Sequaner eigentlich nach allem, was geschehen ist, wieder mit Ariovist verbündet?« wollte Fearr wissen.

»Ganz einfach! Schon vor dem letzten Landtag waren sich Haeduer und Sequaner dahin gehend einig, daß sie sich im Falle eines Bündnisses aller gallischen Stämme unter keinen Umständen einer zentralen Macht unterwerfen wollten, die man vielleicht während des Landtages küren würde. Auf der anderen Seite wußten sie aber auch, daß ein solches Bündnis nur dann zustande kommen konnte, wenn die drei mächtigsten und einflußreichsten Stämme, also sie selbst und die Arverner, dafür stimmen würden. Hätten sie das getan, wäre es für sie nur Mittel zum Zweck gewesen, ihre bereits bestehende Vormachtstellung noch mehr auszubauen und sich so die Herrschaft im Lande zu teilen. Diese Pläne verfolgte im übrigen natürlich auch Celteall. Als nun gleich zu Beginn des Landtages die Nachricht von dem Aufstand der Allobroger eintraf, war das ein willkommener Anlaß für Dumnorech und Castich, allen Versammelten deutlich zu zeigen, daß ohne sie nichts ginge. Aber mit zwei Dingen hatten sie nicht gerechnet. Zum einen waren es die unerwarteten Enthüllungen Atechtorigs, die natürlich von allen Anwesenden, selbst von denen, die in einem Abhängigkeitsverhältnis zu den beiden Stämmen standen, mit Empörung aufgenommen wurden; zum anderen hatten sie die Schlauheit deines Vaters unterschätzt, der die Gunst der Stunde erkannte und, die allgemeine Mißstimmung gegen seine ärgsten Rivalen ausnutzend, sofort damit begann, die verbliebenen Stammesführer auf seine Seite zu bringen und sie zu einem starken Bündnis unter seiner Führung zusammenzuschmieden. Plötzlich sahen sich die Haeduer und Sequaner nun einer Situation gegenüber, die sie notwendigerweise in die Isolation führen mußte, da unter dem Einfluß der Versprechungen Celtealls selbst die treuesten Verbündeten der beiden Stämme abspenstig wurden und sich dem Schutz der Arverner unterstellten. Während aber die Haeduer dieser Entwicklung tatenlos zusahen, wagte Castich den Schritt nach vorne und verbündete sich kurzerhand mit den Sueben, um nun seinerseits mit deren Hilfe die Haeduer mit Krieg zu überziehen, sie zu unterwerfen und sich ihr Stammesgebiet einzuverleiben. Was die Sueben betrifft, so hat ihnen Castich im Falle des Sieges ausgedehnte Ländereien zwischen Arar und Elaver versprochen, was zur Folge hätte, daß sie zu unseren direkten Nachbarn würden.«

Fearr sah seinen Onkel nach diesen Ausführungen entgeistert an. »Warum in aller Welt steht mein Vater den Haeduern dann in dieser bedrohlichen Lage nicht bei?« fragte er bestürzt.

Govanned schenkte sich gemächlich nach und blickte Fearr über den Becherrand versonnen in die Augen. »Ich habe es dir doch vorhin schon angedeutet, lieber Neffe«, sagte er leise mit einem seltsamen Unterton. »Dein Vater verfolgt seine eigenen Pläne! Selbstverständlich hat Dumnorech ihn um Waffenhilfe gebeten, aber mein geschätzter Bruder lehnte dieses Ansinnen rundweg mit der Begründung ab, daß er sich nach den Ereignissen in Gergovia an sein Bündnisversprechen nicht mehr gebunden fühlen würde. Überdies hätte er genug damit zu tun, sich um die Belange all der Stämme zu kümmern, die sich ihm nach dem Landtag anvertraut hätten, so daß ihm keine Zeit bliebe, sich auch noch in die Streitereien von zwei Volksgruppen einzumischen, die sich ohnehin auf eklatante Weise in ihrer Entscheidung gegen die Interessen der auf dem Landtag versammelten Stämme gestellt hätten. In Wahrheit hat Celteall natürlich nicht das geringste dagegen, daß sich die Haeduer, Sequaner und Sueben gegenseitig die Köpfe einschlagen, ergibt sich doch daraus für ihn die einmalige Möglichkeit, als lachender Dritter dazustehen, letztlich seine Arverner zum stärksten Stamm der Kelten zu machen – und sich selbst zum Herrscher ausrufen zu lassen. Fearr, seit einiger Zeit schon bemerke ich eine Veränderung im Wesen deines Vaters, die mir gar nicht gefallen will! Celteall strebt nach der Würde des Hochkönigs, nur fürchte ich, daß er das nicht mit den Mitteln tut, die im Einklang mit den Gesetzen unseres Volkes stehen.«

Diese in brüderlicher Besorgnis ausgesprochenen Worte Govanneds bestätigten den Eindruck, den Fearr schon kurz nach seiner Rückkehr aus Magetobriga gewonnen hatte und dem er aufgrund seiner veränderten Lebensumstände nicht weiter nachgegangen war. Er beschloß, seinen Vater bei seinem nächsten Besuch in Gergovia darüber zu befragen.

Die Gelegenheit zu diesem Gespräch ergab sich schneller, als Fearr es sich gedacht hatte, denn schon wenige Tage nach dem Besuch Govanneds wurde er von seinem Vater durch einen Boten aufgefordert, sofort nach Gergovia zu kommen. Nachdem er dort eingetroffen war, wurde er von Celteall übertrieben herzlich empfangen. Fearr fand seinen Vater bestens gelaunt und in geradezu euphorischer Selbstzufriedenheit schwelgend vor, was sicher auch der Wirkung des Weines zuzuschreiben war, den er hastig und reichlich in sich hineinschüttete. Nachdem er sich eher flüchtig nach dem Wohlergehen seiner Enkelin und Brigainns erkundigt hatte, kam er ohne viele Umschweife zur Sache.

»Fearr, mein Sohn, vielleicht fragst du dich, weshalb dein alter Vater so fröhlich gestimmt ist und warum ich dich zu mir bat! Nun, es gibt äußerst erfreuliche Neuigkeiten aus dem Norden. Stell dir vor, die Haeduer wurden vor Vesontio vernichtend geschlagen! Die Hälfte des Adels ist gefallen, und Dumnorech selbst kam nur mit knapper Not mit dem Leben davon. Die Sequaner haben sich des Grenzlandes bemächtigt und sich durch die Gestellung zahlreicher Geiseln aus den vornehmsten haeduischen Clans des Friedens nachhaltig versichert. Aber auch auf Seiten der Sequaner und ihrer suebischen Verbündeten wurde ein nicht unerheblicher Blutzoll entrichtet, so daß auch zumindest die Sequaner, wie mir berichtet wurde, viel von ihrer ursprünglichen Stärke eingebüßt haben. Na, was sagst du? Ist das nicht ein Grund zum Feiern?«

Celteall trank erneut mit einem Zug seinen Becher leer und sah seinen Sohn erwartungsvoll aus leicht glasigen Augen an, während er sein Gefäß mit zitternden Händen füllte.

Im Gegensatz zu seinem Vater, der dies alles höchst vergnügt geäußert hatte, war Fearr entsetzt und traurig in Hinblick auf die vielen Opfer, die dieser unselige und vor allem unnötige Krieg, der wieder einmal zwischen zwei keltischen Stämmen aufgeflammt war, gefordert hatte. Schmerzlich wurde es Fearr bewußt, daß sein Vater nur noch wenig dem gütigen, verständnisvollen und friedfertigen Mann ähnelte, für den er ihn eigentlich noch bis vor der Schlacht von Magetobriga gehalten hatte.

»Vater«, sagte er zutiefst bestürzt, »ich kann nicht verstehen, daß du über eine solch schwerwiegende Katastrophe sprichst wie von einem gelungenen Pferdehandel! Die Tatsache, daß so viele gute Krieger ihr Leben für das sinnlose Machtstreben ihrer verblendeten und kurzsichtigen Clanführer lassen mußten, scheint dich sogar noch zu freuen! Vielleicht werden uns gerade diese Männer fehlen, wenn wir uns einmal alle gegen eine fremde Macht, die unser Land erobern will, gemeinschaftlich verteidigen müssen. Ich habe schon deinen Schritt, die Haeduer in ihrem Kampf allein zu lassen, nicht gutgeheißen, denn wenn du ihnen beigestanden hättest, wäre es möglicherweise gar nicht zum Krieg gekommen, da Castich wohl kaum das Wagnis eingegangen wäre – selbst mit Hilfe der Sueben –, einem solch mächtigen Bündnis, wie du es mittlerweile aufgebaut hast, entgegenzutreten! Aber jetzt, da durch diesen unsäglichen Krieg die Germanen auch noch unsere direkten Nachbarn geworden sind, kann ich beim besten Willen nichts Erheiterndes an dieser Situation finden!«

Celtealls Gesicht lief bei den Worten seines Sohnes rot an, und eine steile Zornesfalte grub sich in seine Stirn. Mühsam um Beherrschung ringend, umkrampfte er sein Trinkgefäß. Doch dann faßte er sich wieder und atmete tief durch.

»Fearr!« begann er ruhig und scheinbar verständnisvoll auf die Vorwürfe seines Sohnes einzugehen. »Ich gebe dir ja in vielem recht, was du gerade gegen mich vorgebracht hast. Es ist wahr, daß die Sequaner, die Haeduer und natürlich auch wir in der Vergangenheit teils offen, teils verdeckt um die Vorherrschaft in Gallien gekämpft haben, so wie sich eben auch die kleineren Stämme immer wieder untereinander bekriegen. Dein Traum war immer die Einheit Galliens! Nun, spätestens seit dem Landtag ist das ebenfalls mein Traum geworden. Auch all die Stämme, die sich bis heute mit uns verbündet und mich zu ihrem obersten Kriegsherrn gewählt haben, wollen diese Einheit, die uns Atechtorig in seiner flammenden Rede gewiesen hat. Die einzigen, die sich dagegenstellten, waren die Haeduer und Sequaner. Sie haben sich durch diesen Verrat von der durch das Hohe Opfer geheiligten Gemeinschaft aller freien Stämme ausgeschlossen! Und während ich mich dem Geheiß der Götter unterworfen habe und dafür erhöht worden bin, wurden sie vom Fluch der Druiden getroffen und durch diesen Krieg von den Allmächtigen bestraft! Nun haben sie endgültig den Rest an Macht und Ansehen, der ihnen nach dem Landtag noch verblieben war, verloren; die einen, weil sie ihren Sieg nur mit Hilfe der Germanen erringen konnten und ihnen dafür sich selbst und einen großen Teil unserer heiligen Erde verkaufen mußten, die anderen, weil sie einfach nur kläglich gescheitert sind. Hätte ich mich also dem Ratschluß der Götter widersetzen und mich einmischen sollen? Nein! Mir ist es auferlegt worden, die Ernte einzubringen, denn nach diesem Ereignis wird sich nun auch der letzte Stamm, der vielleicht noch mit ihnen sympathisiert hat, auf unsere Seite schlagen. Und das ist es doch, was du wolltest: alle Stämme vereint und unter einer, nämlich meiner Führung!«

Celteall hielt inne und starrte wie im Wahn, am ganzen Leibe zitternd, an Fearr vorbei ins Leere.

Govanned hat recht, schoß es Fearr durch den Kopf. Stumm betrachtete er seinen Vater und hoffte, daß dieser noch etwas Gütiges, Menschliches zu ihm sagen würde. Doch Celteall begann statt dessen wieder zu trinken; fahrig und maßlos leerte er mehrere Becher hintereinander.

»Und … und wie wird deine Führung aussehen?« fragte Fearr vorsichtig, wobei er sich zunehmend unbehaglich fühlte, da er bereits dunkel ahnte, wie die Antwort ausfallen würde.

»Nun, mein Sohn, ich habe mich schweren Herzens entschlossen, das, was die Götter mir aufgebürdet haben, klaglos und gehorsam zu tragen!« seufzte er scheinbar mitleidheischend. Doch dann blickte er plötzlich auf, und Fearr bemerkte zu seinem Entsetzen, wie sich das Gesicht seines Vaters zu einer dämonisch grinsenden Maske verzog, während ein heiseres, unnatürlich stoßendes Lachen aus seiner Kehle drang.

»Ich werde mich nämlich zum Hochkönig aller keltischen Stämme ausrufen lassen, und dann werde ich – und später vielleicht auch du – ein vereinigtes, mächtiges keltisches Königreich regieren. Wer weiß, vielleicht sind es dann wir, vor denen die Römer und die Germanen zittern, wenn wir wie in den großen Tagen des Bran na Sheas den Krieg in ihre Länder tragen!« rief Celteall, von seiner Vision überwältigt.

»Vater, das, was du vorhast, steht im krassen Widerspruch zu dem uralten Gesetz der Großen Mutter! Nur ein von allen Stämmen frei gewählter und vom Hohen Rat der Druiden bestätigter Mann kann Hochkönig sein, und das auch nur in Zeiten höchster Not!« versuchte Fearr seinen Vater zu erinnern.

»Was redest du für einen Unsinn! Statt mir für die Erfüllung deines Traumes zu danken, hast du nichts anderes zu tun, als deinen alten Vater zu rügen! Bei Taran, daß wir in Zeiten der Not und Bedrängnis leben, muß ich doch wohl nicht näher erläutern. Und was beweist der ständige Zustrom nahezu aller gallischen Clans unter unseren, der Arverner Schutz anderes, als daß sie von mir regiert sein wollen! Du solltest endlich erwachsen werden und daran denken, daß du mein Erbe bist! Also lerne, dich zu fügen, und fange an, mich bei meinen Bemühungen zu unterstützen!«

Der irre Blick in den Augen Celtealls warnte Fearr davor, die Diskussion fortzusetzen, und so beschloß er, es für den Moment dabei bewenden zu lassen, um nicht einen weiteren Wutausbruch zu riskieren. Er stellte den Becher ab, umarmte seinen Vater kurz und verließ niedergeschlagen den Raum.

»Du ... du wirst mir noch einmal dankbar sein für all das! Ihr alle werdet mir dankbar sein ... ALLE!« rief Celteall ihm hinterher, als die Tür ins Schloß fiel.

Bevor er nach Hause ritt, suchte Fearr noch seine Mutter auf. Er fand sie in ihrem Webzimmer, wo sie, ganz in ihr Werk vertieft, vor einem großen Webrahmen stand. Sie arbeitete gerade an einem Wandteppich, und unter ihren flinken Händen entstanden wundervolle, kompliziert verschlungene farbenprächtige Figuren. Eine Weile schaute er ihr zu und genoß die Ruhe, die sie ausstrahlte. Schließlich unterbrach sie ihre Arbeit und wandte sich ihm zu.

»Ich nehme an, du möchtest dich mit mir über deinen Vater unterhalten, nicht wahr?« sagte sie. In ihren Augen lag ein unendlich trauriger Glanz, der ihm tief ins Herz schnitt.

»Mutter, was geschieht hier?« stieß er hervor und fiel ihr um den Hals. »Alles in diesem Haus hat sich so schrecklich verändert! Die Bediensteten schleichen mit finsteren Mienen umher, und auch du scheinst nicht gerade fröhlich zu sein! Und Vater ist so ... so anders!«

»Ja, Fearr, dein Vater hat sich zu meinem Kummer so sehr verändert, daß ich Mühe habe, ihn ihm den liebenden Ehemann und treusorgenden Hausvater zu sehen, der er einmal war. Schon seit einiger Zeit beobachten sowohl ich als auch alle anderen, die ihm nahestehen, diese seltsame Veränderung seines Gemüts. Sein mit Mißtrauen gepaarter Ehrgeiz macht vor nichts und niemandem Halt – selbst vor mir nicht! Du hast es doch mehrfach in der jüngsten Vergangenheit erlebt, mit welcher Unnachgiebigkeit er diejenigen verfolgt, die ihn auch nur ein wenig kritisieren. Er gleicht manchmal einem wilden Tier, das wahllos um sich beißt, und schreckt vor keiner Gewalttat zurück.«

Fearr schaute seine Mutter fassungslos an und bemerkte erst jetzt, wie abgehärmt sie aussah.

»Hat er ... schlägt er dich?«

»Nein, nein, so weit hat er es denn doch nicht kommen lassen. Aber glaube mir, es fällt mir von Tag zu Tag schwerer, ihn um mich zu ertragen.«

»Ich bewundere deine Geduld und deine Kraft! Wie erträgst du das Leben unter diesen Umständen nur?«

»Weil ich, genau wie du mit Brigainn, einst einen Bund mit ihm geschlossen habe – und weil ich ihn trotz allem liebe! Ich vertraue ganz einfach darauf, daß noch etwas Gutes in ihm ist, das aber nur durch beständige Liebe und Verständnis wieder ans Tageslicht kommen kann!«

Fearr blieb nichts übrig, als bestätigend zu nicken. Er verabschiedete sich herzlich von Caramariacha und ritt dann, ein wenig beruhigter, zu seinem Hof zurück, wo er sich noch bis tief in die Nacht hinein mit Brigainn besprach.

20

Fast ein Jahr, das Fearr und seine kleine Familie beschaulich und nahezu ungestört auf ihrem Gut verbrachten, war seit diesen Ereignissen verstrichen. Nur einmal, zur Wintersonnwende, hatten sie sich aufgemacht, um Lochtaire in Dun Uchell zu besuchen und mit ihm im Hause Donnotals zwei erholsame Wochen im Schnee zu verleben.

Aus Gergovia hatten sie zwischenzeitlich nichts Nennenswertes gehört, was Fearr aber nicht sonderlich beunruhigte. Nach der letzten Begegnung mit seinem Vater drängte es ihn zudem auch nicht sehr nach einem baldigen Wiedersehen.

Der Winter war hart und kalt gewesen, doch seit einigen Tagen wurde es zunehmend milder, so daß Eis und Schnee zu schmelzen begannen.

Kurz vor dem Frühlingsfest traf dann unverhofft ein Bote seines Vaters ein, der ihm und seiner Familie eine Einladung überbrachte, das Fest doch im Hause seiner Eltern zu feiern. Durch die ersten hellen und warmen Sonnenstrahlen in sichtlich gute Laune versetzt und vor allem angespornt durch das massive Zureden Brigainns, die endlich einmal wieder Stadtluft schnuppern wollte, sagte er zu. Als sie noch am selben Tag gegen Abend das elterliche Haus betraten, bemerkten sie sogleich, daß sie offenbar nicht die einzigen Gäste waren. Um den großen Kamin in der Eingangshalle saßen fünf Männer, unter denen Fearr zu seinem großen Erstaunen den Haeduerfürsten Dyffekiach erkannte. Celteall und Caramariacha begrüßten die drei Neuankömmlinge mit echter Wiedersehensfreude, und während Caramariacha ihre Schwiegertochter und ihre Enkelin sogleich in ihre Gemächer entführte, geleitete Celteall seinen Sohn zu einem Platz vor dem Feuer. Dort stellte er Fearr kurz seine Besucher vor, von denen er bis auf Dyffekiach keinen kannte. Er bemerkte nur, daß sie alle sorgenvoll und bedrückt dreinschauten.

»Fürst Dyffekiach und seine Begleiter sind als Gesandtschaft in geheimer Mission nach Rom unterwegs«, erklärte Celteall die unerwartete Anwesenheit der Haeduer in seinem Haus.

Später, während des Abendessens, erläuterte Dyffekiach dann, weshalb er nach Rom reiste. Die Haeduer, so sagte er, könnten und wollten sich nicht mehr länger dem sequanisch-suebischen Joch beugen. Deshalb hatten sie vor, die immer noch bestehenden guten Beziehungen zu Rom auszunutzen und den Senat um tatkräftige Hilfe bei der Lösung ihrer Probleme zu bitten. Im Zusammenhang damit seien sie bereit, einen neuerlichen erweiterten Freundschafts- und Bündnisvertrag mit dem römischen Volk zu schließen, wenn Rom sie dafür in ihrem Kampf gegen ihre Unterdrücker militärisch unterstützen würde. Während dieser Ausführungen Dyffekiachs wurde Fearr immer unruhiger, aber er bezähmte seinen Widerwillen und gab sich statt dessen interessiert; allerdings enthielt er sich jeglichen Kommentars über dieses für ihn äußerst entwürdigende Ansinnen der Haeduer. Als er danach aber von seinem Vater um seine Meinung gebeten wurde, gab er einer spontanen Eingebung nach und fragte unvermittelt, ob er sich der Gesandtschaft nicht anschließen könnte, als stiller Beobachter gewissermaßen.

Erfreut und ohne zu zögern, unterstützte Dyffekiach das Ersuchen des Arvernerprinzen, während Celteall dagegen seinen Sohn mißtrauisch ansah.

»Daß ihr in ihm aber nicht eine arvernische Geisel seht«, sagte er nur, vielleicht eine Spur zu scherzhaft.

Dyffekiach, der sehr wohl die Zeichen zu deuten verstand, schloß wie resignierend die Augen und schüttelte langsam den Kopf.

»Celteall, glaubst du denn allen Ernstes, ich würde mich deines Sohnes bemächtigen? Meinst du, ich riskierte den damit verbundenen unwiederbringlichen Untergang meines Stammes? Nein, mein edler Freund! Die Arverner sind unbestreitbar der mächtigste Stamm in Gallien, und das Bestreben der Haeduer kann es in dieser für uns so prekären Lage nicht sein – wie es das auch in der Vergangenheit niemals war –, in einen Krieg mit deinem Volk zu geraten! Du hast uns damals vor Vesontio, obgleich wir zu diesem Zeitpunkt noch Verbündete waren, die von uns erflehte Hilfe verweigert, was uns die totale Niederlage und dir die ersehnte Vorherrschaft über nahezu alle Clans verschafft hat. Wer weiß, vielleicht hast du damit, was die Einheit Galliens betrifft, sogar richtig gehandelt! Ich verstehe auch, daß du uns verachtest, weil wir uns in dieser für uns so hoffnungslosen Situation lieber mit den verhaßten Römern verbünden wollen, statt mit unseren keltischen Brüdern. Deswegen wurden wir ja schon ausreichend von Atechtorig gescholten. Und es mag auch sein, daß wir vor Vesontio dafür unsere gerechte Strafe erhalten haben; wobei hinzukommt, daß wir seinerzeit auch die Allobroger im Stich ließen. Nun, dann ist es jetzt an der Zeit, dir unsere Handlungsweise zu erklären, und danach magst du dein endgültiges Urteil über uns fällen.«

Dyffekiach hatte sich von seinem Stuhl erhoben und begann vor dem Kamin auf und ab zu schreiten; seine Rechte spielte unentwegt mit der goldenen Gewandfibel auf seiner linken Schulter. Celteall lehnte sich erwartungsvoll zurück und legte seine gefalteten Hände an die Lippen. Fearr saß immer noch mit verschränkten Armen da und versuchte, interessiert zu wirken.

»Also, sehen wir doch einmal den Tatsachen in die Augen«, setzte Dyffekiach nach einer kurzen Denkpause seine Rede fort. »Die Germanen haben Teile unseres Landes fest in Händen und stehen an euren Grenzen. Die Römer wiederum planen seit einiger Zeit ebenfalls, ganz Gallien ihrem Imperium einzuverleiben. Du, Celteall, hast durch deine rigorose Vorgehensweise erreicht, daß die meisten Stämme hinter den Arvernern stehen, mußt aber zugeben, daß die von dir angestrebte Einheit aller Stämme noch in weiter Ferne liegt! Zu neu ist diese Idee, zu schwer fällt es allen, ihren Sinn zu begreifen! Aufgrund dieser immer noch bestehenden Uneinigkeit unter den Stämmen wären diese kaum in der Lage, dem großangelegten Angriff einer fremden Macht auf unser Land wirksam zu begegnen. Machen wir uns doch nichts vor: In der momentanen Situation können wir weder die Römer noch die Germanen ernsthaft daran hindern, unser Land zu okkupieren! Aber genau das ist es, was uns letztendlich Vorteile bringen wird!« Dyffekiach unterbrach sich und schaute beschwörend in die Runde. Fearr versuchte die Gedankengänge des Haeduers nachzuvollziehen und erkannte langsam eine Methode in der Argumentation Dyffekiachs. Und da sprach er es auch schon aus. »Laßt sie kommen! Ich sage, laßt sie ruhig in unser Land einfallen! Irgendwann werden sie im Zuge ihrer Invasion unweigerlich aufeinanderprallen! Und dann werden sie sich bekriegen wie Hunde, die sich um einen Fetzen Fleisch balgen! Wer immer aus diesem Zusammentreffen siegreich hervorgeht, wird so geschwächt sein, daß wir in ihm keinen ernsthaften Gegner zu fürchten brauchen. Dann können wir den Feind, um wen es sich auch handeln mag, ohne großen Kraftaufwand aus dem Land jagen und uns danach in aller Ruhe dem widmen, was dir, Celteall, so wichtig ist: die Einheit Galliens zu schaffen!«

Fearrs anfängliche Abneigung gegen Dyffekiach war einem Gefühl zögerlicher Hochachtung gewichen. Er schaute seinen Vater an und erwartete gespannt dessen Stellungnahme. Celteall schien sich dafür allerdings noch ein wenig

Zeit zu lassen und stierte statt dessen in seinen Becher, den er in seinen Händen drehte, als ob er eine Antwort darin finden wollte. Doch plötzlich blickte er wieder auf und fixierte Dyffekiach aus zusammengekniffenen Lidern.

»Ich muß zugeben, daß ich mich in dir sehr getäuscht habe, Dyffekiach! Bislang habe ich von dir nicht viel gehalten, warst du für mich nichts als ein Mann, der sein Volk und sein Land für ein paar Fuder Wein an die Römer verkaufte. Nun aber stelle ich fest, daß du ein ganz abgefeimter Geselle bist! Dein Plan – Lug muß ihn dir eingeflüstert haben –, unsere Feinde aufeinanderzuhetzen und so die zweifache Bedrohung mit einem Schlag auszuschalten, ohne daß wir uns dabei die Hände schmutzig zu machen brauchen, verdient meine Hochachtung! Das ist nicht schlecht! Ha, das ist ein Spaß! Wer hätte das gedacht – unsere Feinde für die Lösung unserer Probleme einzuspannen! Gleich morgen, nach eurer Abreise, werde ich Dumnorech eine Botschaft senden, die ihm meine volle Unterstützung garantieren wird! Und Fearr soll ruhig mit dir nach Rom gehen, was für ihn nur von Vorteil sein kann: Er lernt seinen Gegner kennen! Ich bin schon jetzt darauf gespannt, was ihr mir nach eurer Rückkehr zu berichten habt! Ach, bei Taran, wäre ich doch noch jung! Wie gerne wäre ich mit euch gezogen! Na ja, sei's drum! Fearr, geh und hole uns vom besten Wein! Wir wollen jetzt auf unsere geschätzten und tapferen Freunde aus Rom und Germanien trinken. Auf daß der Tüchtigste geschwächt überlebe! Oh, wird das ein Tanz!«

Obwohl Fearr sich zunächst darüber freute, daß sein Vater offensichtlich zu seiner alten Fröhlichkeit zurückgefunden hatte, entging ihm doch nicht, daß dessen Augen immer noch kalt und berechnend glänzten. Während er den Wein herbeiholte, versuchte er vergeblich, seine Gedanken zu erraten.

In dem Bewußtsein, daß er am nächsten Morgen früh aufstehen mußte, verließ er jedoch bald die Runde und zog sich in die für die junge Familie extra hergerichteten Räume zurück. Dort fand er Brigainn noch wach im Bett liegend vor. Er ging zunächst zu der kleinen Wiegestatt, auf der Carantana tief schlummerte, und gab ihr einen Kuß auf die Stirn. Dann zog er sich aus und schlüpfte zu seiner Frau unter die Decke.

Entgegen seiner Befürchtung, daß Brigainn mit seiner Reise nach Rom nicht einverstanden sein könnte, bestärkte sie ihn sogar noch in seinem Entschluß. »Es gehört zu deiner Bestimmung!« sagte sie und schloß ihm den Mund mit einem innigen Kuß.

21

Seit vier Tagen schon waren sie unterwegs.

Gestern hatten sie den Rhodhen bei Arelate überquert und ritten nun auf der Küstenstraße gen Massilia, welches sie gegen Abend erreichen wollten.

Für Fearr, der sich zum erstenmal in diesem seit etwa sechzig Jahren zum Römischen Reich gehörenden Teil des Landes aufhielt, boten sich eine Fülle neuer Eindrücke.

Hier war der Frühling viel weiter fortgeschritten als in seiner Heimat. Überall blühte es, und von dem hohen blauen Himmel strahlte eine für die Jahreszeit schon recht heiße Sonne.

Und dann die Städte.

Von Cunlean hatte er gelernt, daß einige Städte schon vor langer Zeit von Griechen erbaut worden waren, wie eben Massilia und Nikaia.

Aber auch die Römer bewiesen eine rege Bautätigkeit in ihrer Provinz, was ihm besonders in Arelate aufgefallen war, wo man die ursprünglich keltische Ansiedlung vollständig überbaut hatte. Nur am Stadtrand standen noch einige aus Lehm und Fachwerk errichtete Häuser und Hütten aus der vorrömischen Zeit.

Anders als die keltischen Städte wirkte Arelate hell – die Häuser waren durchweg weiß verputzt und hatten rote Ziegeldächer – und sauber. Gepflasterte Straßen durchzogen die Stadt, und allenthalben sah er die mit Säulen umgebenen Tempel der ihm unbekannten römischen Gottheiten aufragen.

Fearr kam aus dem Staunen nicht heraus.

Als sie zum Beispiel unter einer langgestreckten, brückenähnlichen und von hohen gemauerten Bögen getragenen Konstruktion entlangritten, fragte Fearr Dyffekiach nach deren Bestimmung, denn er hatte niemals zuvor etwas Vergleichbares gesehen.

Dyffekiach erklärte ihm, daß es sich bei diesem Bauwerk um eine Wasserleitung handeln würde, die den Bewohnern der Stadt ihr Wasser sogar bis in die Wohnungen brächte, so daß zumindest im Zentrum weitgehend auf die Benutzung von Brunnen verzichtet werden konnte.

Als sie dann aber endlich Massilia erreicht hatten, erlebte Fearr noch einmal eine Steigerung dessen, was er bisher an Neuem und für ihn nicht ganz Faßbarem zu Gesicht bekommen hatte. Der Eindruck war so überwältigend, daß ihm fast schwindlig wurde.

Eine für ihn nicht mehr überschaubare Menge Menschen schob sich schreiend und gestikulierend durch die Straßen, die zudem noch mit Fahrzeugen aller Art trotz ihrer Breite nahezu verstopft waren. Alles, was er wahrnahm, mutete ihn fremdartig und bizarr an. Es war nicht nur die helle, teilweise mit grellbunten Farben bemalte Architektur, die ihn faszinierte, es waren vor allem die Menschen. Neben Griechen und Römern, die er gerade noch an ihrem Äußeren erkennen konnte, gab es eine Vielzahl teilweise exotisch gekleideter Angehöriger anderer Völker, die er nicht zu identifizieren vermochte.

Selbst Dyffekiach konnte ihm nur spärlich auf seine mannigfaltigen Fragen antworten.

Und dann sah er etwas, das ihm schier die Sprache verschlug.

Mit Ketten an den Fußgelenken und unter ihren Lasten ächzend, schleppten sich, von den Peitschen ihrer Aufseher angetrieben, zehn bis auf einen Lendenschurz unbekleidete Männer voran.

Das Ungewöhnliche für Fearr war ihre Hautfarbe.

Die Männer waren tiefschwarz.

Mit offenem Mund schaute Fearr dem kleinen Zug noch eine Weile nach.

Dann wandte er sich abrupt an Dyffekiach und schaute ihn, sprachlos auf die Szene deutend, fragend an.

»Das sind Sklaven. Alles, was ich über sie weiß, ist, daß sie in Ländern zu Hause sind, die weit südlich hinter diesem Meer liegen, wo die Sonne so heiß brennt, daß dort nichts mehr wachsen kann«, versuchte Dyffekiach zu erklären.

Fearr erinnerte sich, daß Cunlean ihm irgendwann einmal in seinen Erzählungen davon berichtet hatte, aber selbst jetzt, wo er es mit eigenen Augen sah, fiel es ihm schwer, dies zu glauben.

Während sie sich weiter mühsam ihren Weg durch das Gewimmel in den Straßen bahnten, bemerkte Fearr, daß auch sie von den Passanten neugierig angegafft wurden. Endlich gelangten sie, nachdem sie durch ein Gewirr von Straßen und Gassen geritten waren, auf einen großen, mit repräsentativen Gebäuden und Kolonnaden umsäumten Platz, dessen einzige unbebaute Seite sich zu den weiter unterhalb gelegenen Hafenanlagen öffnete.

Fearr schaute auf einen unübersehbaren Wald von Masten und Rahen der an den Kais liegenden Schiffe, die von einem steten hin- und herfließenden Strom von Arbeitssklaven be- und entladen wurden.

Selbst jetzt, in den frühen Abendstunden, war kein Nachlassen der emsigen Geschäftstätigkeit im Hafen erkennbar.

Fearr beobachtete, daß ein Teil der ausgeladenen Fracht teils auf bereitstehende große vierrädrige Planwagen verladen, teils in umliegende Speichergebäude gebracht wurde.

Die kleine Reisegruppe steuerte ein weißverputztes, zweistöckiges Haus an.

»Hier werden wir die nächsten zwei Tage bis zu unserer Abfahrt verbringen«, sagte Dyffekiach, während sie das zum Innenhof führende Tor der Herberge passierten.

Drinnen angelangt saßen sie ab, und sogleich eilten beflissene Sklaven herbei, um die Tiere zu versorgen. Während die Begleiter der beiden Keltenführer den Gesindebau aufsuchten, betraten Fearr und Dyffekiach die Herberge. Dort wurden sie von einem dicklichen, bartlosen kleinen Mann, dessen Lächeln genauso ölig wie sein sorgfältig gelocktes Haar war, in Empfang genommen.

»Die Herren wünschen Unterkunft? Für wie lange?« erkundigte er sich in einem schauderhaften Keltisch.

»Diese Nacht und noch eine weitere«, antwortete Dyffekiach knapp.

»Nun, derzeit herrscht viel Andrang in meiner bescheidenen Herberge. Ich weiß nicht, ob …«

Dyffekiach zog seinen wohlgefüllten Geldbeutel heraus und ließ ihn vielsagend vor dem Gesicht des Wirtes baumeln.

»Natürlich werden wir auch für euch noch Räume finden …«

Mit einer lässigen Gebärde ließ Dyffekiach einige Münzen in die geöffnete Hand des Mannes gleiten.

»Wenn die edlen Herren mir dann folgen wollen«, sagte er unterwürfig und verbeugte sich noch zweimal, bevor er seinen Gästen die im ersten Stock gelegenen Unterkünfte zeigte.

»Da siehst du, was ein paar Aurei bewirken können, Fearr«, bemerkte Dyffekiach sarkastisch, während er seine Sachen auf eine Bettstatt warf. Das Zimmer, welches sie sich teilten, war geräumig und mit üppigen Wandmalereien geschmückt. Außer mit den zwei Betten war der Raum noch mit einem in die Wand eingelassenen Schrank, einer geschmackvoll intarsierten Kommode sowie einem kleinen, marmornen runden Tisch und zwei Korbsesseln ausgestattet.

Durch ein großes Fenster, welches den Ausblick zum Hafen erlaubte, drang ausreichend Licht herein, und wieder einmal staunte Fearr über die Verwendung eines in seinen Augen so kostbaren Materials wie Glas als Fensterscheibe.

Dyffekiach beobachtete schmunzelnd, wie die Finger seines Gefährten vorsichtig über das Fensterglas strichen.

»Komm, Fearr, jetzt zeige ich dir etwas, was du noch nie erlebt hast«, sagte er schließlich und forderte seinen Schützling auf, ihm zu folgen. Sie verließen die Herberge, überquerten den großen Platz und wanderten zu einem langgestreckten Gebäude, welches fast die gesamte gegenüberliegende Seite einnahm. Durch ein Tor betraten sie eine von buntbemalten Säulen getragene Halle, in der sie sogleich von zwei mit weißen Tuniken bekleideten jungen Männern begrüßt wurden, die sie in einen weiteren, an die Eingangshalle angrenzenden Raum führten, in dessen Wände viele kleine Fächer eingelassen waren. Sie wurden aufgefordert, sich ihrer Kleidung zu entledigen und sie in jeweils einem der Fächer zu deponieren. Gleichzeitig erhielten sie zwei voluminöse wollene Tücher sowie zwei Paar hölzerner Sandalen.

»Wir befinden uns in einer der wichtigsten Institutionen des Römischen Reiches«, begann Dyffekiach zu erläutern. »Es handelt sich hierbei um eine Therme, eine öffentliche Badeanstalt, die von jedem guten Römer mindestens zweimal am Tag besucht wird. Man versteht jedoch unter dem Begriff Baden etwas anderes, als du es gewohnt bist. Das Baden ist schon fast eine Kulthandlung und dauert deshalb auch seine Zeit. So gibt es zum Beispiel mehrere Becken, die mit unterschiedlich temperiertem Wasser gefüllt sind und die du in einer bestimmten Reihenfolge benutzen solltest. Am Ende gelangst du dann in einen Schwitzraum, in dem man dich noch gehörig massiert. Na ja. Laß dich einfach überraschen! Gut tut es allemal.«

Fearr beschloß, dem Rat Dyffekiachs zu folgen, und ließ sich deshalb willig von einem der beiden Bediensteten in die Geheimnisse der Badekunst einführen.

Als er schließlich bäuchlings auf einer der marmornen Bänke lag, die in dem mit duftenden heißen Dampfwolken eingenebelten Sudarium standen, und von den kundigen Händen eines muskelbepackten Masseurs durchgewalkt wurde, hatte er jedes Zeitgefühl verloren und fühlte sich, nachdem er zum Abschluß noch einen Becher gewürzten Weins mit dem Haeduer getrunken hatte, rundherum zufrieden.

Es war schon dunkel, als sie wieder in den Gasthof kamen.

»Ich hoffe, daß deine Küche noch nicht geschlossen ist, denn wir haben mächtigen Hunger! Was empfiehlst du uns?« fragte Dyffekiach den Wirt, welcher schwitzend und geschäftig zwischen seinen Gästen umhereilte, beim Eintreten in die Schankstube.

»Ah, die Herren haben sich erfrischt! Fürs erste einen kühlen Wein? Danach gebackene Sardinen in Ei? Dann hätte ich eine Suppe von Linsen und Muscheln und anschließend numidisches Huhn. Dazu guten falernischen Wein, heute eingetroffen.«

»Das hört sich vielversprechend an. Trage einfach auf, und wenn dein Kopf morgen noch auf deinen Schultern sitzt, haben wir es gut gefunden«, bestätigte Dyffekiach scherzend den Vorschlag des Wirtes.

Es war in der Tat ein vorzügliches Essen, das ihnen vorgesetzt wurde. Fearr hatte nie zuvor etwas Vergleichbares zu sich genommen.

Nachdem sie ihre Nachspeise – mit Pinienkernen gefüllte und in heißem Honig gewälzte Datteln – genossen hatten, bestellten sie sich noch einen Krug mit geharztem griechischem Wein und begaben sich dann, nachdem sie ihn gemütlich plaudernd geleert hatten, in ihre Zimmer.

Am nächsten Morgen wurde Fearr durch ein energisches Klopfen an der Tür geweckt. Auch Dyffekiach wurde davon aufgeschreckt.

»Was ist denn! Herein, verdammt!« hörte er ihn schimpfen.

Es war der Wirt, der sich tausendmal für die frühe Störung entschuldigte.

»Eine dringliche Nachricht von einem Schiffsagenten ist eingetroffen Er steht unten und will sie persönlich ausrichten«, beeilte sich der dicke Mann zu erklären.

Wortlos kleidete Dyffekiach sich an und verließ das Zimmer.

Auch Fearr hielt es nicht länger im Bett. Da er sich an diesem Tag sowieso vorgenommen hatte, die Stadt und ihre nähere Umgebung ein wenig zu erkunden, war er sogar froh, daß der Wirt sie so früh geweckt hatte.

Rasch zog er sich an und aß von dem frischen, noch warmen Brot, das der Wirt ihm vorlegte.

Dann entschied er, den Tag mit einem Bad zu beginnen. Als er sich gerade anschickte, die Herberge verlassen, um zur Therme zu gehen, hörte er, wie Dyffekiach nach ihm rief.

»Fearr, sieh zu, daß du gegen Mittag wieder da bist! Das

Schiff, das uns nach Ostia bringen soll, verläßt Massilia bereits heute nachmittag. Also, sei pünktlich zur Stelle!«

Fearr war zwar etwas enttäuscht, daß er kaum noch Zeit hatte, sich die Stadt anzusehen, tröstete sich aber mit dem Gedanken, dafür früher in Rom zu sein. An seinem Vorhaben, in die Therme zu gehen, hielt er allerdings fest, denn das gestrige Erlebnis hatte ihn zumindest von dieser Errungenschaft der römischen Kultur überzeugt. Nachdem er sich ausgiebig dem Badegenuß hingegeben hatte, schlenderte er über den großen Platz dem Hafen zu.

Es war ein strahlender Tag, und auch heute wimmelte es wieder von Menschen, die ihren Geschäften nachgingen.

An einem der Kais stehend blickte er auf die funkelnde, tiefblaue See hinaus, die er noch nie gesehen hatte. Tief atmete er die würzige Meeresluft ein und wandte sich danach wieder den unzähligen Schiffen zu, die in allen Größen hier vor Anker lagen.

Hochbordige Handelsschiffe erblickte er, aber auch schlanke, vielruderige Galeeren, und er fragte sich, welches davon sie wohl besteigen würden.

Fasziniert lenkte er seinen Schritt wieder in Richtung Stadt. Neben den Marktständen auf dem großen Platz bemerkte er auch eine Vielzahl von Geschäften, die innerhalb der Kolonnaden gelegen waren.

Als er sich das mannigfaltige Warenangebot anschaute, wurde ihm fast schwindelig, denn dort gab es Dinge, von denen er noch nicht einmal geträumt hatte.

An einem Stand wurden ihm kleine, schwärzliche und in Öl eingelegte Früchte angeboten.

Er nahm eine aus der Schale und probierte.

»Gut Olivae?« fragte der Mann.

Fearr nickte nur, dann wurde er von der Menge weitergeschoben.

Und dann, an einem Laden mit Töpferwaren aus Griechenland, sah er sie.

Er war wie erstarrt, glaubte seinen Augen nicht zu trauen; auch die junge Frau wirkte wie versteinert.

»Valeria ...«, murmelte er.

Dann standen sie sich gegenüber.

Sie mußte ein wenig keltisch gelernt haben, denn sie sprach ihn in seiner Muttersprache unbeholfen an.

»Was ... was wie kommst du hierher?« stammelte sie.

Fearr sah sie unverwandt an. Er hatte zwar in den Jahren nach ihrer zärtlichen Begegnung an sie gedacht, aber mit der Zeit war das Bild immer mehr verblaßt.

Wie sie sich verändert hatte!

Aus dem einst ranken Mädchen war eine reife, etwas zur Fülle neigende Frau geworden; nur noch ihre schönen großen Augen erinnerten ihn an die Valeria, die er gekannt hatte.

»Ich gehöre zu einer offiziellen Delegation, die sich heute nach Rom einschiffen wird«, beantwortete er ihre Frage.

»Und du? Wie geht es dir?« wollte er weiter wissen.

»Ich ... ich habe vor einem Jahr geheiratet. Mein Mann ist der Stellvertreter des Legaten der Legion, die hier stationiert ist. Wir bewohnen ein kleines Gut unweit der Stadt. Du könntest uns ja vielleicht nach deiner Rückkehr besuchen?«

»Ich werde es mir überlegen. Bis dahin sage ich dir Lebewohl, Valeria«, verabschiedete sich Fearr mit dem heimlichen Gedanken, dieser Einladung sicher nicht nachzukommen.

Er ließ sie mit einem knappen Gruß in der Menge stehen und begab sich eilig zurück zur Herberge, wo seine Weggenossen schon dabei waren, sich für die bevorstehende Abreise vorzubereiten.

Wenig später schon befanden sie sich auf dem Weg zum Hafen und erfragten bei der Hafenmeisterei den Liegeplatz der Elea, wie das Schiff hieß.

Von einem offensichtlich höheren Beamten wurden sie zu einer mittelgroßen, eleganten Trireme geführt, die etwas abseits der Verladepiers festgemacht hatte. »Auf Anordnung des Präfekten von Massilia wird euch dieser Schnellsegler für eure Mission zur Verfügung gestellt. Leider hat der edle Aulus Sempronius zu spät von eurer geschätzten Anwesenheit erfahren, so daß es ihm nicht möglich war, euch vorher gebührend zu empfangen. Als Wiedergutmachung werden euch sämtliche Kosten eurer Reise erstattet. Außerdem, wie schon erwähnt, steht diese Trireme zu eurer persönlichen

Verfügung. Der Präfekt erlaubt sich auch, euch nach eurer Rückkehr zu einem Gastmahl in seiner Villa zu laden.«

Sichtlich beeindruckt von den Worten des Beamten bat Dyffekiach diesen, dem Präfekten seinen Dank über das unerwartete Anerbieten zu übermitteln und ihm zu sagen, daß sie der Einladung gerne Folge leisten würden.

Dann begaben sie sich an Bord des Schiffs, dessen Kapitän sie auf das Höflichste begrüßte.

Wenig später legten sie ab, und schon bald hatten sie, von dem rhythmischen, kräftig ausgreifenden Gleichtakt der Ruder vorangetrieben, die offene See erreicht.

22

Der zehn Tage währende Aufenthalt in der Tibermetropole war für den jungen Arverner ein einziger Alptraum, aus dem er erst auf dem Deck des Schnellseglers, der sie wieder nach Massilia zurückbringen sollte, erwachte.

Rückblickend blieb ihm das Erlebte nur bruchstückhaft in Erinnerung, ähnlich einer Landschaft, die in dunkler Nacht von grellen Blitzen erhellt wird.

Hatte er es schon in Massilia schwer gehabt, jene fremde, helle und bunte mediterrane Kultur zu begreifen, so überstieg Rom bei weitem sein Fassungsvermögen.

Es war an einem regnerischen Tag, als die Galeere nach einer kurzen und bisweilen stürmischen, aber ansonsten ereignislosen Überfahrt im Hafen von Ostia anlegte. Dort wurden sie von einer berittenen Abteilung der römischen Stadtwache in Empfang genommen, und schon bald erreichten sie – die breite, gepflasterte Via Ostiensis nutzend – die Mauern Roms. Fearr stockte der Atem, als er der mächtigen Wehranlage zum erstenmal ansichtig wurde.

Im Gegensatz zu dem lichtdurchfluteten Massilia bot Rom einen eher dunklen und bedrohlichen Anblick, wozu auch die vielen die Mauern überragenden öffentlichen und sakralen Bauten in ihrer strengen Architektur beitrugen.

Auch schienen die Menschen, die trotz des schlechten Wetters die Straßen und Plätze der Stadt bevölkerten, ernst und geradezu verbissen ihren Verrichtungen nachzugehen. Dann war da die Villa ihres Gastgebers, eines würdigen, etwas behäbig wirkenden Senators namens Marcus Tullius Cicero, der mit Dyffekiach freundschaftlich verbunden war. Nicht in seinen kühnsten Träumen hätte er sich ein solches Haus vorstellen können. Die Höhe der Räume, deren reichhaltiges und kostbares Inventar erschlugen ihn förmlich. Üppige Wandmalereien erschienen fast transparent und täuschten das Auge, so daß Fearr meinte, Säulen und Fenster zu sehen, die er erst beim zweiten Hinschauen als gemalt erkannte. Die Böden waren entweder mit mehrfarbigen Marmorplatten oder mit komplizierten Mosaiken belegt.

An die Anzahl der Räume konnte er sich später nicht mehr erinnern, doch wurde die Großzügigkeit des Gebäudes außerdem noch durch zwei nach oben hin offene und mit zierlichen Säulen umsäumte Innenhöfe, Atrien genannt, hervorgehoben.

Diese Atrien hatte man mit wundervollen Blumen und Gewächsen bepflanzt, und in deren Mitte befand sich jeweils ein mit weißem Marmor eingefaßter Teich, der von einem Springbrunnen aus dem gleichen Material gespeist wurde und in dem exotische Fische schwammen.

Wie man Fearr später erklärte, als dieser sich nach der Beheizung erkundigte, da er außer in der Küche kein offenes Feuer entdecken konnte, wurde die Villa von einer unter den Böden liegenden Dampfheizung, die vom Keller aus befeuert wurde, mit Wärme versorgt.

Bei all diesem Luxus wunderte er sich dann auch nicht mehr, daß es im Haus eine kleine Therme gab sowie wassergespülte Aborte.

Gerade weil ihn vieles so fremdartig berührte, empfand Fearr die herzliche Zuwendung, die die Familie des Senators den Fremden angedeihen ließ, als doppelt angenehm. Besonders Quintus Cicero, der zweitjüngste Sohn ihres Gastgebers, bemühte sich eifrig um den Arverner. Da Dyffekiach die ersten Tage damit beschäftigt war, mit Hilfe des Senators seine

Mission vor mehreren Ausschüssen des Senats zu vertreten, bot Quintus sich ihm als Fremdenführer an. Zusammen durchstreiften sie das Labyrinth einer Stadt, die offenbar nie zur Ruhe kam; und dabei entwickelten die beiden aus so unterschiedlichen Kulturen stammenden jungen Menschen, trotz der immensen Verständigungsschwierigkeiten, sehr bald eine gewisse Sympathie füreinander.

Fearr hatte von Anfang an zu verstehen gegeben, daß er während seines Aufenthaltes soviel wie möglich Latein lernen wollte, und Quintus erwies sich auch hierbei als ein geduldiger Lehrer, der in Fearr einen wißbegierigen und erstaunlich schnell lernenden Schüler fand.

Abgesehen von diesen wenigen freudvollen Stunden fühlte sich der junge Arverner aber doch letztlich als Fremder in einer für ihn ansonsten unbehaglichen und fast bedrückenden Umgebung.

Alles, was er bei seinen langen Streifzügen durch die Stadt sah und erlebte, empfand er denn auch als extrem. Enge, mit mehrstöckigen und zumeist recht baufälligen Mietskasernen bebaute Wohnviertel der ärmeren Bevölkerung wechselten sich mit den protzigen und weitläufigen, in Hanglage errichteten Villen der Oberschicht ab. Jeder Fußbreit Boden innerhalb der Stadtmauer war bebaut, ganz anders, als es in den Städten seiner Heimat üblich war, wo es ringsum genügend Wiesen und kleine Äcker gab.

Und dann die Menschen.

Selten sah er ein lachendes Gesicht. Die Römer schienen ihm eher ernst und humorlos zu sein.

Quintus nahm ihn auch zu Gladiatorenkämpfen mit, welche seiner Meinung nach gerade einem Krieger, wie Fearr es war, gefallen müßten, doch der sah sie sich zwar fasziniert, aber auch mit einem gewissen Ekel an. Angewidert und verständnislos beobachtete er die im Angesicht des Todes frenetisch kreischende Menge, die dieses entwürdigende Morden offenbar belustigte. Gewiß, auch bei den Kelten gab es blutige Zweikämpfe, aber doch nur zwischen freien Kriegern auf dem Schlachtfeld oder wegen eines Ehrenhändels; niemals aber, um das Volk zu belustigen.

Vollends unverständlich waren die Tierhetzen, bei denen er Kreaturen zu Gesicht bekam, die der kranken Fantasie eines Unterweltgottes entsprungen sein mochten. Am meisten erschreckte ihn ein riesiges graues Ungeheuer, welches zwei Schwänze hatte, deren einer zwischen zwei langen, gebogenen Hörnern hing. Schrill trompetend griff das Monster eine große hellbraune Katze an und zertrampelte sie unter seinen säulenförmigen Beinen.

An einem Abend – Fearr hatte mit Quintus und dessen Freunden einen langen Ausritt in die nähere Umgebung Roms unternommen – kehrten sie in einer der unzähligen Schänken Roms ein, die in einer schmutzigen Gasse der Subura lag, einem verrufenen Viertel Roms.

Quintus machte ihm verständlich, daß es geradezu in Mode war, sich in solchen Kaschemmen zu vergnügen, und so tranken die jungen Männer ihm immer wieder zu und sonnten sich darin, einem Barbaren ihre Stadt zu zeigen.

Fearr bedauerte es, des Lateinischen nicht richtig mächtig zu sein, denn er verstand kaum die vielen Fragen, die sie an ihn richteten. Mit Händen und Füßen gelang es ihm aber dennoch, sich zu artikulieren, bis er dann bemerkte, daß sich Quintus fast verschwörerisch mit einem seiner Freunde beriet. Den Blicken, die sie ihm immer wieder zuwarfen, konnte er entnehmen, daß es um ihn ging.

Und immer wieder lachten sie.

Nachdem sie noch einen letzten Krug jenes herrlich kühlen falernischen Weines geleert hatten, brachen sie auf. Fearr wurde von seinen neuen Bekannten in die Mitte genommen, und so bahnten sie sich ihren Weg durch die brodelnden, engen Gassen des Viertels.

Es mußte bereits tiefe Nacht sein, aber immer noch quoll ein nicht endenwollender Strom von Menschen aus allen Schichten der Bevölkerung durch die Subura. Teilweise waren sie maskiert. Andere wiederum tanzten und führten sich wie Verrückte auf.

Fearr versuchte herauszubekommen, wohin es denn ginge, aber die jungen Römer schlugen ihm nur freundlich auf die Schulter und grinsten ihn verschmitzt an.

Nach einiger Zeit gelangten sie in eine verwinkelte, dämmerige Gasse. In den schmalen Hauseingängen gewahrte Fearr schattenhafte Gestalten, die an den Türpfosten lehnten. Ein intensiver, schwerer und süßlicher Duft drang in seine Nase, und sein durch den übermäßigen Weingenuß bereits benebelter Verstand geriet nun vollends durcheinander.

Er wurde in einen der Hauseingänge geschoben und nahm um sich herum auf einmal grell geschminkte Frauengesichter wahr, die ihn mit unnatürlich maskenhaftem Lächeln neugierig anstarrten.

Die Frauen – oder handelte es sich noch um Mädchen? – waren spärlich mit durchsichtigen Gewändern bekleidet, die kaum ihre Reize bedeckten. Fearr wurde es zunehmend unbehaglich, und er versuchte, sich zusammenzureißen, doch da ließ schon eines der Mädchen seine Hand an der Innenseite seines rechten Schenkels auf und ab gleiten, wobei es ihn mit einem wollüstigen Lidaufschlag bedachte. Ein anderes ergriff seine Hand und führte sie an seine volle, feste Brust. Fearr fühlte trotz seiner Unsicherheit ein Prickeln in seinen Lenden, wurde aber gleichzeitig schamrot und sah sich gehetzt zu Quintus um. Sein Gefährte winkte ihm aufmunternd zu, um sich dann mit einer schlanken, schwarzhaarigen und dunkelhäutigen Schönen in eines der im ersten Stockwerk gelegenen Zimmer zurückzuziehen. Auch von den anderen Trinkkumpanen war nichts mehr zu sehen.

Die Mädchen drängten sich entschlossen an Fearr und begannen, ihn die Treppe hinaufzuschieben. Willenlos ließ er sich führen und lag bald auf einem breiten Bett, wo die beiden begannen, ihn langsam auszuziehen.

Nach und nach wich seine Scheu unter den kundigen Händen seiner Betreuerinnen. Er schloß die Augen und gab sich diesem neuen, unbekannten Spiel hin, fühlte ihre Hände und ihre Zungen, die über seinen Körper glitten, bis ihm das Blut in die Lenden schoß.

Das letzte, was er bewußt wahrnahm, war das Mädchen mit den prallen Brüsten, das sich mit einer fließenden Bewegung auf ihn setzte und sich konvulsivisch zu winden begann.

Dann näherte der duftende Schoß der zweiten Frau sich seinem Gesicht.

Er versank in einem purpurnen Rausch.

Irgendwann mitten in der Nacht wurde er wachgerüttelt.

Die beiden Mädchen waren verschwunden, und er glaubte zunächst an einen Traum, griff neben sich und erkannte erst dann das Gesicht seines römischen Freundes.

»Na? Hat es Spaß gemacht?« fragte Quintus anzüglich.

Fearr verstand ihn nicht. »Wo bin ich?« fragte er statt dessen in seinem schlechten Latein.

»Lupinar! War gut, ja?«

Mühsam versuchte Fearr, einen klaren Gedanken zu fassen. Er wußte zwar nicht, was Lupinar bedeutete, aber er konnte es sich aus dem Erlebten zusammenreimen. Das Bild Brigainns erschien vor ihm, und er sah den Römer wütend an. Dann aber besann er sich und suchte die Schuld bei sich selbst. Zerknirscht rappelte er sich auf und suchte seine Kleidung zusammen.

Quintus schien die Verlegenheit seines neuen Freundes zu bemerken, denn er fing an, begütigend auf ihn einzureden. Umständlich machte er Fearr klar, daß das eine höfliche und zudem übliche Geste der Gastfreundschaft in Rom wäre und daß dem keine große Bedeutung zuzumessen sei.

Fearr fühlte sich trotzdem angeekelt und verließ wortlos das Gebäude.

Nach solchen und ähnlichen Erlebnissen war er immer froh, in das Haus Ciceros zurückzukehren und sich in den Gärten am Teich zu erholen.

Dann, am siebenten Tag nach ihrer Ankunft in Rom, war es soweit. Dyffekiach bekam die Mitteilung, am nächsten Morgen vor dem gesamten Senat Roms sprechen zu dürfen.

Flankiert von vier Liktoren und in Begleitung Ciceros machten sie sich zeitig auf den Weg zum Kapitol, wurden auf den Straßen jedoch unentwegt angegafft, und Fearr meinte sogar, spöttische Rufe aus der Menge zu vernehmen.

Sie hatten sich für diesen wichtigen und feierlichen Anlaß natürlich entsprechend gekleidet und ihren Schmuck angelegt, mußten den Römern aber wohl als Musterexemplare der Barbaren erscheinen – so bezeichneten sie jeden Nichtrömer –, als sie mit ihren buntkarierten Hosen und farbenfrohen Umhängen sowie mit ihren langen Haaren und Bärten das Forum Romanum überquerten. Fearr hatte von Dyffekiach schon in Massilia erfahren, daß bei den Römern das Tragen von Bärten verpönt und Hosen als unzivilisiert erachtet wurden.

Der höhnischen Rufe des Pöbels nicht achtend, stiegen sie stolzerhobenen Hauptes die Stufen zum Kapitol hinauf. Und dann standen sie in dem hohen Rund der höchsten Institution der Tiberrepublik. Für einen kurzen Moment erschauerte Fearr vor der weißpurpurnen Präsenz der römischen Macht. Hier also schlug das Herz der großen Wölfin vom Tiber. Er schaute in teils gelangweilte, teils interessiert dreinblickende glattrasierte Gesichter. Auf einem der zwei etwas erhöht stehenden marmornen Sessel in der Mitte des Saales saß der an diesem Tage amtierende Konsul. Das Gesicht des etwa vierzigjährigen Mannes war markant geschnitten; zwei tiefe Falten verliefen von den Nasenflügeln zu den Mundwinkeln. Sein kurzes, sorgfältig nach vorne frisiertes, schon leicht ergrauendes Haar lichtete sich über der hohen Stirn.

Gekleidet in die Toga des Konsuls, saß er lässig, das Kinn auf seine Rechte gestützt und leicht zurückgelehnt, mit undurchschaubarer Miene auf seinem Marmorsitz.

Für einen flüchtigen Moment fühlte Fearr den prüfenden Blick des Würdenträgers aus dessen dunklen, intelligenten Augen auf sich ruhen – Fearr vermeinte sogar ein leises Lächeln zu bemerken –, dann wandte sich seine Aufmerksamkeit wieder dem Geschehen zu.

Mittlerweile hatte Cicero das Wort ergriffen und stellte dem Senat die Gesandtschaft und ihr Anliegen vor, dann forderte er Dyffekiach auf, seine Mission zu erläutern. In flüssigem Latein begann Dyffekiach zu sprechen.

»Hohes Haus! Ich bin im Auftrag meines Volkes gekommen, um die Hilfe der Römer gegen unsere Feinde zu erflehen.

Schon seit geraumer Zeit stehen die Germanen unter ihrem Fürsten Ariovist in unserem Land, ziehen unablässig andere Stämme nach sich und bedrohen unseren Lebensraum. Sollte es Ariovist gelingen, auch uns, die Haeduer, zu besiegen, dann fürchte ich, daß sie bald schon an der Grenze eures Reiches auftauchen werden.

Mein Volk allein ist zu schwach, um sie aufzuhalten, und die anderen Stämme können sich nicht zu einem Krieg mit den Germanen entschließen. Vielleicht fehlt ihnen die Weitsicht, vielleicht sind sie einfach zu feige. Trotzdem muß man etwas unternehmen, sonst kann bald niemand mehr die Germanen aufhalten.«

Fearr, der kaum etwas von der Rede verstanden hatte, versuchte derweil, irgendwelche Reaktionen aus den Gesichtern der Senatsmitglieder herauszulesen, aber die Mienen blieben ausdruckslos.

Nachdem Dyffekiach geendet hatte, kamen zwei Liktoren und bedeuteten ihnen höflich, aber bestimmt, den Saal zu verlassen und den Rest der Verhandlungen abzuwarten.

Hinter verschlossenen Türen war zu hören, daß die Debatte zunehmend heftig und zum Teil sehr lautstark geführt wurde. Während Dyffekiach mit steinerner Miene und unablässig an seinem Bart kauend dasaß, ging Fearr unruhig auf und ab.

Dann, nach einem für Fearr unendlich lang erscheinenden Zeitraum, schwangen die aus massiver Bronze gefertigten Türflügel plötzlich auf, und Cicero eilte auf sie zu.

Noch bevor der Senator etwas sagte, wußte Fearr intuitiv, daß der Senat das Gesuch abschlägig beschieden hatte. Der anschließende Wortwechsel zwischen Cicero und Dyffekiach bestätigte diesen Eindruck, denn der Haeduerfürst sank förmlich in sich zusammen, als er das Ergebnis der Abstimmung hörte. Inzwischen war auch der Konsul hinzugetreten. Mit einer begütigenden Geste legte er die Hand auf Dyffekiachs Schulter und begann freundlich auf ihn einzureden. Fearr kam es so vor, als spräche ein Vater zu seinem Kind,

Bald darauf trat Dyffekiach zu seinen Gefährten und teilte ihnen in knapper Form das niederschmetternde Ergebnis mit. Der Senat könne den Haeduern zur Zeit keine Hilfe zusichern, eine Begründung dafür gebe es nicht. Sie wandten sich gerade zum Gehen, als sich die Stimme des Konsuls noch einmal vernehmen ließ; er richtete einige Worte an Dyffekiach.

Dieser schaute Fearr verblüfft an: »Er will dich kennenlernen«, sagte er nur, nahm ihn am Arm und führte ihn vor den Konsul.

»Dies ist Fearr Singetrech, der Sohn des Arvernerfürsten Celteall«, stellte ihn der Haeduer vor.

Unverwandt und offen schaute Fearr sein Gegenüber an.

Wieder dieses merkwürdige Lächeln. Dann sagte er etwas zu Fearr, das dieser nicht verstand.

»Der Konsul sagt, daß du ein vielversprechender junger Mann zu sein scheinst«, übersetzte Dyffekiach.

»Gratias agio!« antwortete Fearr höflich.

Der Konsul legte seine Rechte auf Fearrs Schulter und ging dann gemessenen Schrittes wieder in den Sitzungssaal.

»Wie heißt er?« wollte Fearr wissen, während er hinter ihm herblickte.

»Gaius Julius Caesar«, antwortete Dyffekiach.

23

Die Rückreise nach Massilia verlief anfänglich unter keinem besonders günstigen Stern.

Kurze Zeit, nachdem sie den Hafen von Ostia verlassen hatten, traten heftige Windböen auf, die sich in den Abendstunden zu einem orkanartigen Sturm entwickelten.

An eine Rückkehr war nicht mehr zu denken, doch die Besatzung gab ihr Letztes, um gegen die entfesselten Naturgewalten anzukämpfen, und so konnte der Schiffsführer die Galeere einigermaßen unversehrt in den kleinen korsischen Hafen Alalia steuern, den sie erst im Morgengrauen erreichten.

Fearr erlebte diese Fahrt mehr tot als lebendig in dem engen Quartier, das man der kleinen Reisegruppe unter dem Achterdeck zugewiesen hatte. Das unaufhörliche Auf und Ab des Schiffskörpers verursachte ein dermaßen flaues Gefühl in seinem Magen, daß er sich dauernd übergeben mußte. Beruhigend war nur, daß es seinen Reisegefährten nicht viel anders erging. Völlig übermüdet und grün im Gesicht betraten sie endlich wieder festen Boden. Fearr verspürte überhaupt kein Hungergefühl, obwohl er seit der Abfahrt keinen Bissen zu sich genommen hatte. Schon der Gedanke an Essen bereitete ihm Übelkeit.

In der kleinen Hafenherberge fanden sie Unterkunft, und Fearr und die anderen fielen, nachdem sie ihre Zimmer aufgesucht hatten, auf ihre Betten und sanken alsbald in einen tiefen, traumlosen Schlaf.

Als er wieder wach wurde, war es bereits später Nachmittag. Immer noch ein wenig taumelig stand er auf und verließ die Unterkunft. Draußen tobte das Unwetter immer noch mit unverminderter Stärke, so daß eine Weiterfahrt in nächster Zeit wohl nicht in Frage kam. Die würzige Seeluft tat Fearr gut; er registrierte bald seinen wiederkehrenden Appetit und ging in den Schankraum der Herberge zurück, wo sich inzwischen auch Dyffekiach und seine Landsleute sowie der Kapitän zu einem einfachen Mahl eingefunden hatten. Fearr sah seine Befürchtungen, die Verzögerung der Weiterreise betreffend, durch die Worte des Kapitäns bestätigt, der ihnen mitteilte, daß man sich auf eine Wartefrist von mindestens zwei Tagen einzurichten hätte.

Tatsächlich hatte der Sturm sich erst nach fast drei Tagen soweit gelegt, daß das Auslaufen möglich wurde, aber dann schlug das Wetter plötzlich ins Gegenteil um, und als Fearr am Morgen des vierten Tages an Deck kam, strahlte die Sonne aus einem wolkenlos blauen Himmel auf das spiegelglatte Meer. Günstiger Wind hielt die nächsten Tage an, und so erreichten sie ohne weitere Verzögerung den Hafen von Massilia.

Es war um die Mittagszeit, als die Galeere festmachte, und nachdem die kleine haeduische Gesandtschaft den Kai betreten hatte, wurde sie von einem Dekurio und sechs Legionären in Empfang genommen, die sie auf Geheiß des Präfekten von Massilia zu dessen Villa geleiteten.

Das schmucke Anwesen des Präfekten war im vornehmen

griechischen Viertel der Stadt gelegen. In ihrer Bauweise glich die Villa des Sempronius der des Cicero, war aber bei weitem nicht so weitläufig und prunkvoll wie diese. Während die hohen Räume im Hause des Senators dunkel und mit all den angehäuften Kunstschätzen eher bedrückend gewirkt hatten, war es dem Architekten hier mehr auf lichte Helligkeit und pastelle Farbgebung angekommen.

Die Räume waren zwar einfach, aber gleichwohl erlesen möbliert. An den Wänden gab es fast überall durchsichtig gemalte Fresken, die selbst ein kleines Zimmer viel größer erscheinen ließen, als es tatsächlich war.

Die Gastgeber schienen überdies ein starkes Interesse an griechischer Kunst zu haben, denn allenthalben fanden sich Statuen aus diesem Kulturkreis, die teils aus Bronze, teils aus Marmor gefertigt waren und die nun, ohne aufdringlich auf den Betrachter zu wirken, überall im Hause einen liebevoll ausgesuchten Platz erhalten hatten.

Das Schönste aber, was der Präfekt aus Griechenland mitgebracht hatte, war zweifelsohne Iokaste, seine Gemahlin.

Das Ehepaar erwartete die Gäste in den lichtdurchfluteten marmornen Arkaden des mit zahllosen Sträuchern und Zierpflanzen begrünten Atriums.

Sempronius war ein schlanker, hochgewachsener Mann, der sein fünfzigstes Lebensjahr schon überschritten hatte. Die klugen, hellgrauen Augen standen in einem aparten Kontrast zu dem samtbraunen Teint seines scharfgeschnittenen, bartlosen Gesichtes und seines eng am Kopf liegenden, nach römischer Manier nach vorne frisierten, silbern schimmernden Haares. Der feingezogene Mund unter der geraden, schmalrückigen Nase wurde von einer energischen Kinnpartie akzentuiert.

Die weiße, purpurgesäumte Toga vervollständigte das aristokratische Äußere des Präfekten.

Als einzigen Schmuck trug er seinen goldenen Siegelring, Zeichen seiner Ritterwürde, am linken Daumen.

Iokaste war eine wunderschöne, reife Frau um die Vierzig. Ihr üppiges, schwarzlockiges Haar hatte man mit goldenen Bändern zu drei hintereinander liegenden Knoten zum

Hinterkopf hin geflochten, wobei einige Locken wie zufällig über die Schläfen und die hohe Stirn fielen. Mandelförmige, tiefdunkle Augen strahlten aus dem von hohen Wangenknochen geprägten, ovalen Gesicht. Eine kleine, feinflügelige gerade Nase über dem vollippigen, sinnlichen Mund verlieh ihr zusätzlichen Reiz.

Gekleidet war sie in ein knöchellanges, plissiertes weißes Kleid, welches um die schmale Taille von einem aus goldenen Blättern bestehenden Gürtel gehalten wurde. Zwischen den vollen Brüsten kreuzten sich zwei silberfarbene Schnüre, die den Busen reizvoll hervorhoben. Ihre kleinen, wohlgeformten Füße steckten in zierlichen Sandalen, deren goldene Riemen bis zur Mitte der Waden geschnürt waren. Fuß- und Fingernägel glänzten rotlackiert.

In fließendem Keltisch begrüßte das Paar seine Gäste und lud sie zu einem kleinen Imbiß ein. Sie nahmen in bequemen Korbsesseln Platz, die um einen Marmortisch standen, und sofort eilten Sklaven herbei und trugen verschiedene Speisen auf kostbarem griechischem Geschirr auf. Auch die Trinkschalen und der große Mischkrug, gefüllt mit leicht geharztem weißen Wein, bestanden aus jener typischen schwarz und rot gebrannten Keramik, auf der neben reichen Ornamenten auch Szenen und Personen aus der griechischen Mythologie dargestellt waren.

»Ihr müßt wissen, daß meine Vorliebe für alles Griechische während meines langjährigen Studiums in Athen und Korinth entstanden ist«, erklärte Sempronius. »Die griechische Kultur ist um so vieles feiner als die römische. Und dazu viel älter! Als Rom noch ein übelriechendes Dorf war, gab es in Griechenland schon große Städte, wie überhaupt Griechenland der Ursprung der Kunst und der Philosophie ist!«

Iokaste und Sempronius begannen nun gemeinsam in beredter Bildhaftigkeit die Geschichte und die Landschaften Griechenlands zu beschreiben, wobei die beiden sich die Aufgabe nicht nur teilten, sondern sich gegenseitig thematisch die Bälle zuspielten.

Fearr beobachtete das Ehepaar bewundernd. Die in den langen Jahren ihrer Ehe gewachsene gegenseitige Liebe und

Achtung sowie eine seltene innige Harmonie war in jedem Satz, in jeder Geste der beiden Menschen zu spüren. Besonders Iokaste erwies sich als eine wahre Meisterin in der hohen Kunst des Erzählens. Sicher und elegant verband sie die Prosa mit der Poesie, und so wirkte alles, was sie mit ihrer angenehmen, warmen Stimme beschrieb, äußerst real und plastisch – und das sogar in einer ihr doch fremden Sprache.

Dyffekiach und Fearr hatten längst aufgehört zu essen, so gebannt lauschten sie den spannenden Geschichten und Anekdoten.

»Und deshalb bin ich unter anderem so froh, das Amt des Präfekten in dieser immerhin ursprünglich von Griechen gegründeten Stadt bekleiden zu dürfen«, sagte Sempronius abschließend und legte dabei zärtlich seine Hand auf die seiner neben ihm sitzenden Frau.

»Also, Sempronius, du erstaunst mich sehr! Du wärest der erste Römer, den ich kennenlerne, der nicht gerne in Rom leben würde. Wie kommt das?« fragte Dyffekiach.

Auch Fearr blickte den Präfekten erstaunt und erwartungsvoll an. Dieser nippte an seinem Wein, stellte dann die Schale wieder ab und lehnte sich zurück.

Er führte seine Fingerspitzen vor seiner Brust zusammen und sah die beiden aus halbgeschlossenen Lidern an. »Nun, ihr kommt doch gerade aus unserer großartigen Hauptstadt! Fearr, sei bitte so freundlich und schildere uns deine Eindrücke und Erfahrungen, die du in Rom gewonnen hast«, forderte Sempronius dann den Arverner auf.

Noch ganz unter dem Bann des vorhin Gehörten stehend, begann Fearr zunächst stockend, dann immer fließender seinen Bericht. Mehr und mehr versuchte er dabei seinen Erzählstil dem der Gastgeber anzugleichen, was ihm auch insgesamt gut gelang, denn seine Zuhörer mußten häufig herzhaft lachen, ganz besonders als Fearr die chaotischen Zustände auf den Straßen Roms beschrieb und dabei die Menschen komisch nachahmte.

Als er geendet hatte, wurde Sempronius unvermittelt wieder ernst. »Vieles von dem, was unser junger Freund hier erzählt hat, könnte dir deine anfangs gestellte Frage zu meiner Denk- und Handlungsweise hinreichend beantworten, Dyffekiach«, sagte er, während er neuen Wein in die Schalen der Gäste goß. »Selbstverständlich bin ich stolz darauf, ein Römer zu sein«, fuhr Sempronius dann fort, »aber das heißt noch lange nicht, daß ich meinem Staat und seiner aktuellen Politik kritiklos gegenüberstehe! Spätestens nach den Kriegen mit den Kimbern und Teutonen setzte in Rom jene unheilvolle Entwicklung ein, die die Republik mehrmals an den Rand eines Bürgerkrieges geführt hat. Gewiß, Rom hat sich in den vergangenen Jahrzehnten zu einer Großmacht gemausert, aber zu welchem Preis? In dem Maße, in dem der Staat nach außen an Macht, Einfluß und Reichtum zunahm, verfielen auch die traditionellen ethischen Werte, die die Innenpolitik unseres Gemeinwesens über Jahrhunderte geprägt hatten. Um euch dies deutlich vor Augen zu führen, möchte ich euch die Geschichte Roms erzählen.«

Und so begann der Präfekt seinen von bisweilen beißender Ironie und schonungsloser Offenheit geprägten Exkurs in die wechselvolle Vergangenheit seines Volkes.

Staunend erfuhr Fearr, daß Rom nicht, wie man es ihn vordem gelehrt hatte, von dem sagenhaften Brüderpaar Romulus und Remus gegründet worden war, sondern von den im Norden Italiens lebenden Etruskern, die seinerzeit kulturell ungleich höher standen als die ursprüngliche Bevölkerung dieses Gebietes um die sieben Hügel, auf denen Rom erbaut wurde. Die spätere römische Republik hatte es ihren Gründungsvätern jedoch herzlich wenig gedankt, denn das Volk der Etrusker wurde von den Römern in vielen blutigen Kriegen nahezu ausgelöscht.

Nicht ohne insgeheim stolz auf sein Volk zu sein, hörte Fearr, wie die Kelten, genauer gesagt die Stämme der Senonen unter ihrem Fürsten Bran na Shea – die Römer nannten ihn Brennos –, in Italien eingefallen waren und Rom erobert und fast gänzlich niedergebrannt hatten. Nur durch die Zahlung einer ungeheuren Summe an Gold und Silber hatten die Römer sich damals freikaufen können.

Ausführlich schilderte Sempronius dann die für Rom so entscheidende Auseinandersetzung mit den Karthagern, deren genialer Feldherr Hannibal ebenfalls die Chance hatte, das zu diesem Zeitpunkt schwer angeschlagene Rom einzunehmen. Aus bis heute unerfindlichen Gründen hatte Hannibal aber die Gunst der Stunde nicht genutzt, und so konnten die damals ärgsten Rivalen Roms in den nachfolgenden langjährigen Kriegen vernichtend geschlagen werden. Die einstmals so blühende afrikanische Handelsmetropole Karthago wurde nach dem endgültigen Sieg dem Erdboden gleichgemacht.

Die Geschichte, die Sempronius erzählte, war die Geschichte eines Volkes, das sich permanent im Kriegszustand mit seinen Nachbarn oder später mit anderen fremden Mächten befunden hatte. Es war eine heroische, aber gleichermaßen traurige Geschichte. Eine Geschichte ohne Frieden: »Nachdem die Kimbern und Teutonen von Marius besiegt worden waren, gab es für Rom keine ernst zu nehmenden Gegner mehr. Aus den eroberten Gebieten, darunter übrigens auch Griechenland, floß ein nicht versiegender Strom an Bodenschätzen und Sklaven in die Hauptstadt. Von diesem Reichtum angelockt, verließen viele kleine Bauern ihr karges Land, um in Rom ihr schnelles Glück zu finden. Was nur den wenigsten gelang, während der Rest unter den widrigsten Bedingungen dahinvegetieren mußte. Rom platzte bald aus allen Nähten, und so begann die Unzufriedenheit in den zumeist baufälligen Mietskasernen zu gären. Das einzige, was diesen Ärmsten am Ende blieb, war ihr Bürgerrecht – und ihre Pflicht, dem Staat Kinder zu gebären, die dann in den zahlreicher werdenden Legionen Verwendung fanden. Dafür bekamen die Massen kostenlose Brotzuteilungen und durften umsonst die Spiele im Zirkus besuchen, damit hatten die um die Macht rivalisierenden Parteien der Reichen ein Mittel gefunden, den Pöbel von ihren Ränkespielen entweder abzulenken oder ihn für ihre skrupellosen Ziele zu gewinnen. All dies verschlang natürlich Unsummen an Geldmitteln, und trotzdem wurde es immer schwieriger, den Mob zufriedenzustellen.

Spätestens da starben die althergebrachten Tugenden und Traditionen der alten Republik, die längst nicht mehr eine ›öffentliche Angelegenheit‹ war.

Und Rom brauchte immer mehr Geld.

Geld, um die Mäuler der nimmersatten Massen zu stopfen – aber vor allem Geld, um die Reichen noch reicher zu machen. Und wo bekam man das her? Die Steuergelder aus dem italischen Umland reichten bald nicht mehr aus, außerdem hatte man es in Italien mit römischen Bürgern zu tun, denen man nicht zuviel Steuern aufbürden konnte.

Aus den wenigen neuen Provinzen außerhalb Italiens kam auch nicht genug zusammen, um den Etat aufzustokken, und so entschloß man sich, Krieg zu führen, um neue Länder und Völker tributpflichtig zu machen.

Versteht ihr?

Bis dahin hatte sich Rom lediglich seiner Haut gewehrt, wenn es gezwungen war, zu den Waffen zu greifen. Jetzt aber wurde eine aggressive Kolonialpolitik proklamiert.

Rom sandte seine Legionen zu immer neuen Völkern, um sie von den Vorzügen der römischen Kultur nachhaltig zu überzeugen, wobei das Vorgehen immer das gleiche blieb.

Zuerst wurden Freundschafts- und Beistandsverträge geschlossen, um die Barbaren in Sicherheit zu wiegen, doch dann wurde irgendwann ein fadenscheiniger Vorwand gefunden, den neuen Freunden einen Vertragsbruch nachzuweisen und sie zu bekriegen.

So wurden mit der Zeit aus guten Freunden Sklaven, die immer nötiger in Rom gebraucht wurden, ganz zu schweigen von den Steuergeldern aus den so gewonnenen Provinzen. Und das ist es, was mich Rom meiden läßt!

So, wie der Pöbel sich in den Straßen und Arenen verhält, so grausam und menschenverachtend ist heutzutage auch die Politik des Senates. Deswegen, liebe Freunde, bezweifle ich auch, daß eure Mission überhaupt eine Chance auf Erfolg gehabt hätte.

Ich sitze zwar in der Provinz, bin aber dessenungeachtet sehr gut über die Dinge, die zur Zeit in Rom vorgehen, unterrichtet. Die Haeduer erhielten einst den Titel eines Freundes des römischen Volkes, und so seid ihr hoffnungsvoll nach Rom aufgebrochen, um euch dort Beistand gegen einen übermächtigen Feind, der übrigens bald auch schon an den Grenzen des Reiches stehen könnte, zu erbeten.

Du hast vor den Vätern Roms gesprochen, Dyffekiach! Und was erhieltest du als Antwort? Ein paar nichtssagende, hinhaltende Floskeln, auf keinen Fall aber eine Zusicherung für eine militärische Intervention.

Ach, meine armen Freunde! Ihr habt wirklich die Arglosigkeit gehabt, Römern zu vertrauen! Ihr, die von den Römern Barbaren genannt werden.

Glaubt mir, das letzte, was ihr tun dürft ist, den Worten eines Römers Glauben zu schenken.

Vor allem dann nicht, wenn dieser Römer Caesar heißt!

Es ist zu schade, daß wir vor eurem Aufenthalt in Rom nicht miteinander reden konnten. Dann hätte ich euch nämlich vor diesem Manne gewarnt. Unser Konsul genießt in Rom einen eher zweifelhaften Ruf, denn vor seinem Aufstieg hat er ein zügelloses und verschwenderisches Leben geführt. Dann, binnen kürzester Zeit, wandelte er sich zu einem skrupellosen Politiker, der, um an die Macht zu gelangen, sogar zur Volkspartei wechselte, obwohl er selbst dem Adel angehört. Mit großen Versprechungen und teuren Geschenken an das Volk erkaufte er sich seine Ämter. Nun ist er also endlich Konsul und hält mit seinen sauberen Freunden Pompeius und Crassus die Zügel des Staates fest in der Hand.

Ihr habt mir berichtet, wie freundlich und verständnisvoll Caesar auf euch zugekommen ist. Nun, da konntet ihr ja auch noch nicht wissen, daß der Konsul sich zu diesem Zeitpunkt bereits für das Amt des Prokonsuls in dieser Provinz für die Zeit nach dem Ablauf seiner Dienstperiode beworben hat – was ihm auch zugesagt wurde.

Warum ich euch das so ausführlich erzähle? Nun, Caesar hat sich, um seine politischen Ziele zu erreichen, mit horrenden Summen verschuldet. Dazu kommt, daß seine Macht keineswegs gefestigt ist. Was er also vordringlich braucht, ist vor allem Geld. Und er braucht einen vorzeigbaren militärischen Erfolg.

Ich fürchte, meine lieben Freunde, ich fürchte, daß Caesar zwei Fliegen mit einer Klappe schlagen will! Ihr Kelten habt Gold – und ihr seid Rom noch nicht tributpflichtig. Außerdem stellt ihr eine latente Gefahr für das Reich dar! Zumindest ist das seit neuestem der Tenor seiner Reden im Senat. Wenn ihr ihm also in der Zukunft keinen Grund geben solltet, bei euch hereinzuschauen, so glaube ich sicher, daß er einen finden wird!

Ich lebe schon zu lange hier, um nicht zu wissen, wie es um eure politische Lage bestellt ist; und deshalb stehen die Chancen gar nicht so schlecht, daß Caesar seinen Antrittsbesuch bei euch, den er sicher nicht alleine, sondern in Begleitung einiger Legionen, abstatten wird, länger ausdehnen möchte, als es euch lieb sein könnte.

Er wird sich eure innere Zerstrittenheit zunutze machen und eure Stämme, einen von dem anderen befreiend, letztendlich unterwerfen.

Und das, ob ihr es mir glaubt oder nicht, fände ich äußerst bedauerlich!

Ich mag euer Volk, eure Bodenständigkeit und eure Natürlichkeit. Deshalb wäre es schade, daß so prachtvolle und stolze Menschen wie ihr es seid zu Sklaven Roms gemacht würden!«

Nach diesen Ausführungen des Präfekten, die er leise und eindringlich vorgetragen hatte, herrschte zunächst eine atemlose Stille.

Dann räusperte Dyffekiach sich vernehmlich.

»Ich kann das alles nicht glauben, Sempronius! Einmal abgesehen davon, daß du gesagt hast, wir sollten keinem Römer trauen, schließlich bist du selber einer, kann ich mir nur schwer vorstellen, daß selbst ein Mann wie Caesar so verrückt sein könnte, unsere Stämme mit Krieg zu überziehen! Wir mögen zwar unsere inneren Zwistigkeiten haben und uns auch gegen die Germanen schwertun, aber, mit Verlaub, gegen euch könnten wir allemal bestehen! Würdest du unser Land wirklich kennen, dann wüßtest du, wie rauh und unwegsam es ist. Außerdem scheinst du die sprichwörtliche Tapferkeit unserer Krieger nicht in Betracht zu ziehen. Ja, wir sind euch an Menschen und Waffen weit überlegen! Weißt du, Sempronius, für so wahnsinnig halte ich den Konsul nun doch nicht«, sagte Dyffekiach überzeugt und lächelte dabei stolz.

Sempronius neigte kurz den Kopf und schaute dann Fearr an. »Nun, junger Arverner? Teilst du diese Meinung? Sprich offen aus, was du denkst«, ermunterte ihn der Präfekt. Fearr stand noch unter dem Bann des eben Gehörten und ließ sich deshalb Zeit mit seiner Antwort. Dann schloß er kurz die Augen und blickte auf seine im Schoß verschränkten Hände. Aufgrund seiner eigenen Träume und Befürchtungen, die sich gerade während des Aufenthaltes in der Tiberstadt noch verstärkt hatten, erkannte er instinktiv, daß der Präfekt die Wahrheit gesprochen hatte. Außerdem war er, im Gegensatz zu Dyffekiach, von der militärischen Schlagkraft der Legionen völlig überzeugt.

»Ich meine, daß das, was du gesagt hast, absolut vernünftig ist! Wenn es also zutreffen sollte, daß der Konsul seine Pläne durchsetzen will, dann besteht allerdings höchste Gefahr für unser Volk und unser Land. Wobei ich leider zugeben muß, daß wir durch unsere unseligen Stammeskämpfe und Machtintrigen zu einer leichten Beute der Legionen werden könnten. Auch ich sehe deshalb die Gefahr, daß Caesar den Sieg davonträgt, wenn er die Stämme gegeneinander ausspielt. Das Schlimme ist nur, daß wir uns nicht dagegen wehren können, da wir, wie schon gesagt, untereinander völlig zerstritten sind. Weiter muß ich zugeben, daß ich, seitdem ich Rom gesehen habe, das ganze römische Imperium zu hassen beginne ...«

»Fearr, achte auf deine Worte«, unterbrach Dyffekiach ihn entsetzt, doch der Präfekt winkte ab.

»Laß ihn nur sprechen, mein Freund! Die Wahrheit hat noch nie geschadet, auch wenn sie bisweilen unangenehm ist! Was Fearr hier ausgesprochen hat, ist genau das, was alle unterjochten oder von Rom bedrohten Völker von uns denken! Rom gründet sein Reich nicht auf der Basis von Verständnis und Freundschaft, sondern durch brutale Macht und mit angsteinflößendem Terror. Und so gesehen, hasse ich mein Volk auch! Sprich nur weiter, Fearr!«

»Ich danke dir, Sempronius, aber eigentlich ist schon alles gesagt – wobei ich gerade dich nicht beleidigen wollte. Denn obgleich ich vorhin absichtlich verallgemeinernd gesprochen habe, so bin ich doch in der Lage, wohltuende Ausnahmen zu erkennen und zu schätzen! Und deshalb danke ich euch, Iokaste und Sempronius, für eure Offenheit und dieses aufschlußreiche Gespräch.«

»Nun soll mir noch einer sagen, ein Barbar hätte keine feinen Umgangsformen«, lachte Iokaste. »Wir danken dir, Fearr, daß du trotz deiner üblen Erfahrungen mit uns zu Tisch sitzt und uns damit ehrst!«

Auch Sempronius lächelte den Arverner offen an. »Nun sollten wir diese viel zu trüben Gedanken vertreiben und uns wieder den fröhlichen Seiten des Lebens widmen. Ich habe mir erlaubt, euch zu Ehren heute abend ein kleines Fest zu geben, zu dem ich einige interessante Persönlichkeiten der Stadt geladen habe. Deshalb schlage ich vor, daß wir diese Runde aufheben und uns für den Abend vorbereiten. Selbstverständlich steht euch meine private Therme zur Verfügung. Also, wir sehen uns dann später.«

Iokaste und Sempronius erhoben sich und gingen Arm in Arm in ihre Gemächer.

Fearr bemerkte noch, daß Dyffekiach ihn mit einem merkwürdigen Ausdruck von der Seite beobachtete, bevor sie sich ebenfalls zurückzogen.

Als es Abend geworden war, füllte sich das Vestibül und das Atrium allmählich mit den geladenen Gästen. Sempronius und seine Frau sowie Dyffekiach und Fearr standen nahe dem Eingang und begrüßten die Eintreffenden, wobei das Ehepaar die beiden Kelten den Leuten geziemend als ihre Ehrengäste vorstellte.

Aus einer Ecke der Halle klang gedämpfte, angenehm perlende Musik herüber. Die Musiker spielten auf den unterschiedlichsten Instrumenten. Fearr erkannte Doppelflöten, eine Kithara, Handtrommeln und Sistren.

Überall, auch in den Nebenräumen, hatte man Tische aufgestellt, auf denen kalte und warme Speisen in mannigfaltiger Auswahl auf erlesenem Geschirr bereitgestellt waren. Nach einer uralten römischen Tradition begann man ein Essen mit einem Ei und beendete es mit einem Apfel, so erhielt jeder eintreffende Gast ein kunstvoll bemaltes Ei aus den Händen der beflissen umhereilenden Sklaven, und allenthalben standen Schalen mit grünen Äpfeln.

Die Gastgeber hatten die Speisen sorgfältig ausgewählt. Es gab diverse Sorten von Gemüse und Meeresfrüchten, aber auch Eintöpfe wie Linsen mit Muscheln oder in Wein gekochtes Kalbfleisch mit Aprikosen. Als Hauptmahlzeit konnte man in Milch gekochtes Zicklein oder Spanferkel genießen.

Zu allen Gerichten waren verschiedene, reich gewürzte Soßen komponiert worden, die in kleinen Schälchen bereitstanden. Allerlei Süßspeisen, wie Datteln, die in heißem Honig gewälzt und mit Pfeffer überstreut waren, vollendeten die Menüfolge, die sich jeder nach seinem Geschmack zusammenstellen konnte.

Fearr richtete sein Augenmerk auf die Gäste. Gerade verkündete der Nomenklator das Eintreffen des Legaten Gaius Petronius Flaccus und seiner Ehefrau sowie dessen Stellvertreter Marcus Iunius Piso mit Gattin.

Fearrs Augen weiteten sich ein wenig, als sein Blick auf die Frau fiel, von der er geglaubt hatte, sie nach ihrem kurzen, zufälligen Treffen auf dem Marktplatz von Massilia vor seiner Abreise nach Rom nicht mehr wiederzusehen. Aber da kam sie.

Er erinnerte sich, daß sie ihm damals gesagt hatte, daß sie mit dem stellvertretenden Legaten der Garnison verheiratet wäre.

Auch sie schien ihn sofort bemerkt zu haben, denn ein erkennendes Lächeln spielte um ihre Lippen.

Fearr kam nicht umhin, ihren Mann, der ihn mit einem laxen Händedruck begrüßte, etwas eingehender zu mustern.

Er war noch relativ jung für sein verantwortungsvolles Amt, aber das war in der römischen Armee nichts Außergewöhnliches, da viele Söhne der Adligen, bevor sie ihre Ämterlaufbahn begannen, ihren Militärdienst auf solchen oder ähnlichen Posten absaßen. Piso sah gut aus, war drahtig und braungebrannt. Dichte schwarze Locken umrahmten sein scharfgeschnittenes Gesicht, welches einen leichten Anflug von Arroganz erkennen ließ.

Gekleidet war er in eine elegant gefältelte Toga.

Einen Moment überlegte Fearr, ob Piso wohl von ihm und Valeria wußte, verwarf aber diesen Gedanken sofort wieder, da jener ihn offen und freundlich auf sein Wohlbefinden ansprach.

»Meine Frau hat mir von dir erzählt, und ich war auf dich gespannt, Fearr!« sagte er dann aber doch überraschend.

Fearr wurde zunächst ein wenig rot, grinste ihn dann aber möglichst unbefangen an. Das Eis war gebrochen, und die drei unterhielten sich fast den ganzen Abend lang angeregt miteinander.

Im weiteren Verlauf des kleinen Festes traten Akrobaten und ein Magier auf, die die Anwesenden mit ihren Kunststücken unterhielten. Auch ein Dichter war geladen worden, der seine griechischen Verse gekonnt vortrug und reichen Beifall erntete.

Piso wollte im Verlauf ihrer Unterhaltung soviel wie möglich über Fearrs Heimat erfahren, vor allem über die Religion, und Fearr, der gerne Auskunft gab, stellte dabei fest, daß Piso eine große Liebe zur Natur und fundierte Kenntnisse ihrer Gesetze besaß, was er dem, nach seinem ersten Eindruck, verwöhnten jungen Römer nicht zugetraut hätte.

»Wie kommt es, daß du als Stadtmensch so viel über die Natur weißt?« fragte ihn Fearr interessiert.

Piso lachte. »Ich habe meine Jugend auf dem Landgut meines Vaters in den Bergen bei Rom verbracht. Und ich hatte einen guten Lehrer. Ein griechischer Sklave, den mein Vater zu meiner Erziehung gekauft hatte. Er stammte aus Athen und unterrichtete mich eingehend in der Philosophie des Aristoteles«, bekannte er freimütig.

Fearr konnte mit dem Namen nichts anfangen und wollte mehr darüber erfahren, doch bald schon schwirrte ihm der Kopf, da Piso ihn mit fremden Begriffen und unzähligen Vergleichen schier erschlug.

»Halt, halt! Laß es für heute genug sein! Ich glaube, daß ich jetzt erst einmal Zeit benötige, um all das zu verdauen!« unterbrach Fearr schließlich den unaufhaltsamen Redefluß Pisos. Auch Valeria schien dieser Meinung zu sein, denn sie hielt ihrem Mann einfach die Hand vor den Mund, wobei sie ihn kopfschüttelnd anblickte.

»Ihr habt recht! Meine Kehle ist ausgedörrt!« Piso ergriff eine kleine Amphore mit Wein, die ein Sklave gerade vorbeitrug, und goß allen ein.

»Ich trinke auf dich, mein edler Barbarenfreund! Und ich hoffe inständig, daß ich einmal die Gelegenheit bekomme, deine Heimat kennenzulernen. Vor allem die undurchdringlichen Wälder! Bei uns gibt es kaum noch Wälder, mußt du wissen. Man hat sie alle abgeholzt, weil Rom Schiffe braucht! Nicht wahr, Valeria, wir werden unserem tapferen Arverner einen Besuch abstatten?«

Fearr zuckte bei dieser Bemerkung, die ihm irgendwie zweideutig vorkam, leicht zusammen, ließ sich aber nichts anmerken und trank dem Paar freudig zu. So verging der Abend. Sie blieben noch einen Tag im Hause des Sempronius, dann, früh am Morgen des nächsten, brachen sie in ihre Heimat auf.

24

»Ich liebe sie!«

Lochtaires Augen strahlten vor Glück, während sein Gesicht einen beinahe tragikomischen Ausdruck annahm.

»Und du bist sicher, daß du sie heiraten willst? Hör mal, mein Lieber, das ist kein Spiel! Du kannst vielleicht einen Wein probieren, aber keinen Menschen, vergiß das nicht! Ich kenne dich nur zu gut, um deinen romantischen Fantasien, die leider nie von Dauer waren und sich erst recht nie in die Realität umsetzen ließen, nicht mit einem gehörigen Maß an Skepsis zu begegnen!«

»Fearr, ich … ich weiß, das alles mag für dich, nach allem, was du mit mir erlebt hast, etwas unglaubwürdig klingen, aber meinst du nicht, daß gerade so einer wie ich erst dann einen solchen Schritt unternimmt, wenn er völlig überzeugt von seiner Zukünftigen ist?«

Fearr schaute seinen Freund immer noch ein wenig zweifelnd an, aber seltsamerweise gab es da etwas Neues in dem Wesen Lochtaires, etwas, das Fearr bislang noch nie aufgefallen war und was ihn zunehmend von seinen ernsthaften Absichten überzeugte.

Fearr war erst vor einigen Wochen aus Rom zurückgekehrt, als man ihm auch schon die überraschende Einladung zu Lochtaires Hochzeit, die am Samhainfest in Dun Uchell stattfinden sollte, überbrachte. Drei Tage vor dem großen Ereignis waren Brigainn und Fearr im Hause Donnotals eingetroffen; Carantana verblieb derweil in der Obhut ihrer Großmutter, die dafür aus Gergovia gekommen war und sich gleichzeitig um die Belange des Hofes kümmerte.

Schon bei der ersten Begegnung mit Elouissa waren die beiden von ihrer offenen Herzlichkeit und ihrer Anmut angetan gewesen. Sie entstammte einer in Dun Uchell ansässigen wohlhabenden Händlerfamilie.

Die junge Braut war eine zierliche blonde Frau von seltener Schönheit. Unter der hohen Stirn glänzten große, grünbraun gesprenkelte kluge Augen. Ein schön geschwungener Mund mit warmen, vollen Lippen und eine kleine, feinflügelige Nase vervollständigten das Oval ihres Gesichts, das von fast schulterlangen, streng in den Nacken gekämmten Haaren umrahmt wurde. Trotz ihrer eher zerbrechlich wirkenden Figur verfügte sie doch über beträchtliche Energie, die aber mit viel Sinn für Humor gepaart schien.

Jetzt, am Vorabend der Feierlichkeiten, saßen die beiden Freunde in einer Schenke bei einem Krug Met zusammen und tauschten sich aus, während Brigainn und Duronia, die Mutter Lochtaires, sowie Sassonia, die Mutter der Braut, sowie ein paar andere Frauen Elouissa halfen, sich auf die bevorstehende Zeremonie vorzubereiten.

»Sag mal, wie hast du sie eigentlich kennengelernt?« wollte Fearr wissen. Er nahm sein Trinkhorn, trank einen kräftigen Schluck und lehnte sich zurück, sehr gespannt auf das, was Lochtaire ihm gleich erzählen würde.

»Es war auf dem Markt. Sie war gerade dabei, Äpfel zu kaufen, als ich sie sah. Ich war wie vom Blitz getroffen! Diese elfenhafte Figur, und dann ihre schmalen Fesseln! So etwas hatte ich noch nie zu Gesicht bekommen – und das auch noch in unserer Stadt! Na, jedenfalls sahen wir uns an. Eine Ewigkeit. Alles um mich herum war verschwunden, und ich versank völlig in ihren wundervollen Augen. Und sie, sie hat, glaube ich, ihre Äpfel fallen lassen. Du weißt ja, daß ich ein unverbesserlicher Schwerenöter war – aber in diesem Moment, glaube mir, wußte ich es einfach: Das war die Frau, mit der ich mein Leben teilen wollte. Verrückt, nicht? Aber so war es! Irgendwann bin ich dann doch an sie herangetreten und wollte etwas sagen, aber ich brachte einfach kein Wort heraus …«

»Na, und das soll ich dir glauben?« feixte Fearr.

»Doch, doch!« fuhr Lochtaire unbeirrt fort. »Ich stand da wie ein Tölpel. Es war letztendlich Elouissa, die dann die Initiative ergriff. Sie lachte mich an und fragte mich, ob ich mit ihr am Nachmittag außerhalb der Stadt spazierengehen wolle. Und das haben wir dann auch ausgiebig getan.«

»Ausgiebig, wie?« Fearr dehnte das Wort anzüglich.

»Ach, du und deine schmutzige Fantasie, dafür war doch ich sonst zuständig! Nein, ob du es nun glaubst oder nicht, wir haben uns die ganze Zeit über nur unterhalten. Und auch während der vielen Treffen, die diesem folgten, ist nichts passiert. Das war es ja gerade, was ich dir vorhin zu verstehen geben wollte und was mich letztlich in meinem Entschluß bestärkt hat! Versteh doch, natürlich habe ich mannigfaltige Erfahrungen mit Frauen gemacht, aber in meinem tiefsten Inneren hegte ich immer den Traum, die eine zu treffen, die in demselben Moment wie ich erkennt, daß wir zusammengehören! Warum sage ich das dir das eigentlich? Du hast doch Gleiches bei Brigainn erlebt, nicht wahr?«

Fearr amüsierte sich zwar köstlich über den ungewohnt romantischen Ausbruch seines Freundes, war aber gleichwohl von dessen Ernsthaftigkeit in seinen Absichten und Empfindungen überzeugt.

»Nun, nun! Ist ja schon gut! Ich glaube dir ja! Und wenn ich mir zudem Elouissa so recht betrachte, dann scheint sie mit ihrer ruhigen Art wirklich ausgesprochen gut zu dir zu passen. Vielleicht gelingt es ihr auf Dauer, deinen ungestümen Charakter einigermaßen zu bändigen.«

Es war schon Mitternacht, als Fearr seinen Freund zu dem Grabhügel der Ahnen begleitete, wo sie in stiller Meditation das Morgengrauen erwarteten. Danach wanderten sie zurück in die Stadt und bereiteten sich für das Fest vor.

Da die Hochzeit mit den Feierlichkeiten zu Samhain verbunden war, fand das Ereignis einen besonderen Rahmen. Samhain war das Fest, an dem der Herbst verabschiedet wurde und der Winter begann. An diesem Tag, und vor allem in der Nacht, war die Zeit, in der die Anderswelt dem Diesseits am nächsten stand und ihre Tore öffnete.

Annun, die Anderswelt, war das Land des grünen Königs Araun, dem Beherrscher der Toten, über den selbst die Götter keine Macht hatten. Einmal im Jahr, eben zu Samhain aber, gewährte Araun den Zugang zu der Welt der Toten, und die ungeheuren Energien längst vergangener Generationen durchfluteten das Land der Lebendigen und spendeten Kraft, die schwere Zeit des Winters zu überstehen. In dieser Nacht durfte kein Sterblicher schlafen, und deshalb wurden überall im Keltenland auf Bergen und Hügeln riesige Feuer entzündet, die das Dunkel erhellen und den Toten den Weg zu den Häusern der Menschen weisen sollten. Es war das Fest, das die Lebenden mit den Toten versöhnte und bei dem sie gemeinsam die ganze Nacht hindurch feierten.

Nachdem die Hochzeitszeremonie vorüber war, aßen, tranken und tanzten sie also auch diesmal alle, vom dumpf dröhnenden Klang unzähliger Trommeln begleitet. In ekstatischer Ausgelassenheit, der allerdings auch eine seltsame Melancholie innewohnte, umkreisten sie bis in die frühen Morgenstunden die Feuer, so als ob sie ahnen würden, daß gerade dieser Winter kein Ende finden sollte.

Drei Tage dauerten die Feierlichkeiten. Danach überließen Fearr und Brigainn die Jungvermählten sich selbst, obwohl Lochtaire die beiden bat, doch noch ein paar Tage länger zu bleiben.

»Ihr müßt damit beginnen, euch und eure Liebe in inniger

Zweisamkeit zu erkennen! Dabei stören sogar die besten Freunde!« lehnte Brigainn lachend die Bitte des Kadurkers ab. Mit vielen gutgemeinten Ratschlägen und unter Küssen und Tränen nahmen sie Abschied, nicht ohne einander vorher noch zu versprechen, sich spätestens zum Frühlingsfest im nächsten Jahr wiederzusehen.

Auf den Hof zurückgekehrt, hatte der Alltag Brigainn und Fearr bald wieder eingeholt, und sie rüsteten sich für den Winter, der bald darauf mit Macht seinen Einzug hielt. Es sollte für die beiden die letzte Zeit sein, in der sie ihr kleines Glück erleben durften. Schon bald nach der Wintersonnwende begann die dunkle Prophezeiung Atechtorigs fürchterliche Wirklichkeit zu werden.

25

Der Winter war ungewöhnlich kalt. Die grauen Wölfe hatten ihre gebirgige Heimat verlassen, und ihre Rudel jagten, schwarzen Schatten gleich, durch die tief verschneiten Täler und Ebenen. Mit ihrem grausigen Heulen verbreiteten sie Furcht und Schrecken unter den Menschen. Aber sie waren nicht die einzigen Verkünder des nahenden, unheilvollen Geschicks.

Über einem der hohen Gipfel des Bergmassivs, im Herzen des Arvernerlandes, bildete sich trotz der sternenklaren Nacht eine dichte schwarze Wolke, an deren Rändern fahlblaue Blitze zuckten.

Und während der Berg in seinen Tiefen erbebte, öffnete sich inmitten der Wolke ein glutroter, pulsierender Schlund.

Mit erhobenen Armen stand der Hochdruide im Heiligtum des Taran und murmelte uralte Gebete in einer längst vergessenen Sprache. Ächzend kam das Große Weltenrad zum Stillstand. Dann war das Tor zur Anderswelt gänzlich geöffnet, und langsam materialisierte sich eine wabernde, tiefschwarze Gestalt auf dem Gipfel des Berges, während die Erde aufstöhnte.

Lucell, der göttliche Schmied, ergriff seinen Hammer und ließ ihn mit einem mächtigen Schwung auf die Nabe des ewigen Rades fallen, welches sich daraufhin mit fürchterlichem Donnergrollen wieder langsam zu drehen begann.

Atechtorig aber schlug die Hände vors Gesicht und stürzte mit einem gellenden Aufschrei besinnungslos zu Boden.

Die Konturen des Tores verschwammen allmählich. Das mittlerweile purpurne Leuchten verblaßte, und am Ende verflüchtigte sich die Wolke unter fauchenden Entladungen. Nur das unheimliche Schemen blieb auf dem Berggipfel zurück und begann in einer grauenvollen Metamorphose deutlichere Gestalt anzunehmen.

Zwei rotglühende Katzenaugen starrten aus einem todesbleichen weiblichen Antlitz, das von wirren, langen, schneeweißen Haaren umrahmt wurde. Aber das war auch alles, was man als menschenähnlich bezeichnen konnte, denn knapp unterhalb des nackten, üppigen Brustansatzes glich das Phantom einem riesigen, glänzend schwarz gefiederten Raubvogel.

Das Wesen aus der Anderswelt warf den Kopf nach hinten, öffnete lasziv den vollippigen Mund und entblößte zwei Reihen makellos weißer, nadelspitzer Zähne, von denen jeweils zwei in Ober- und Unterkiefer zu langen Fängen ausgebildet waren. Aus der Kehle des Dämons drang ein schauerlich langanhaltender und durchdringend hoher Schrei, der weit übers Land zu hören war. Dann breitete der Nachtmahr seine lederhäutigen, mächtigen Schwingen aus und hob sich in den Nachthimmel.

Am Rande des Waldes, zu Füßen des Berges aber stand einsam eine Hindin und schaute gen Himmel. Aus ihren großen, violetten Augen rannen blutige Tränen über das leuchtendweiße Fell ihrer Wangen.

Die Morrigan jedoch begann ihren Flug über das todgeweihte Land.

Es war Sommer geworden, doch trotz der hellen Tage schien ein düsterer, lähmender Schatten über Gallien zu liegen. Schon zu Beginn des Frühlings drangen die ersten unheilvollen Nachrichten aus den östlichen Grenzgebieten zu den Stämmen. Von Krieg wurde gesprochen und von einer großen Invasion. In den darauffolgenden Monaten verbreiteten die Barden dann immer neue Schreckensmeldungen im ganzen Land. Es hieß, daß die Helveter aus den ihnen zu eng gewordenen Tälern ihrer kargen Hochgebirgsheimat fortziehen wollten, um in den weiten, fruchtbaren Ebenen an den Gestaden des großen westlichen Meeres eine neue Zukunft zu finden.

Der Anführer dieses geplanten Exodus war der Helveterfürst Orgetrech, der dabei allerdings noch ganz andere, persönliche Interessen verfolgte. Schon während des vergangenen Jahres war es ihm in geheimen Verhandlungen mit den Haeduern und Sequanern, die er auf eigene Faust und ohne Absprache mit dem Ältestenrat der Helveter geführt hatte, gelungen, sich der Unterstützung dieser beiden mächtigen Stämme bei seinem gewaltigen Vorhaben zu versichern, indem er ihnen eine Allianz vorschlug, die ihnen letztendlich die Vorherrschaft in ganz Gallien einbringen sollte.

Tatsächlich stellten die volkreichen Helveter einen nicht unerheblichen Machtfaktor unter den keltischen Stämmen dar, wenngleich sie sich bis zu diesem Zeitpunkt weitgehend aus den Machtkämpfen und Intrigen der übrigen gallischen Clans herausgehalten hatten, was vor allem daran lag, daß sie in ihren engen Bergtälern relativ isoliert von der Außenwelt lebten und nur wenig von den Geschehnissen außerhalb ihrer Grenzen mitbekamen. Nun aber sollte nach dem Willen seines Fürsten dieses durch die rauhe Umwelt der Alpen gestählte Volk eine herrschende Position unter den gallischen Stämmen einnehmen, wobei Orgetrech sich insgeheim und ungeachtet der Absprachen mit den Haeduern und Sequanern schon als Hochkönig sah und gar nicht daran dachte, seine Macht mit irgend jemand anderem zu teilen.

Zielstrebig und rücksichtslos setzte er alle Mittel ein, um seinen egozentrischen Traum zu verwirklichen. Dabei schreckte er nicht einmal davor zurück, das Vertrauen, das sein Volk in ihn gesetzt hatte, schmählich zu mißbrauchen. Die Helveter wollten aus nur zu verständlichen Gründen ihre Heimat verlassen, denn der karge Boden, auf dem sie lebten, brachte nicht genug hervor, um die stetig anwachsende Zahl der Menschen zu ernähren. Dann hatten sie erfahren, daß es am westlichen Meer, im Stammesgebiet der Santonen, noch weite unbesiedelte und fruchtbare Landstriche gäbe, und so beauftragte der Ältestenrat Orgetrech, mit den Santonen und den Anrainerstämmen über ein Abkommen für die Abtretung dieser Gebiete an die Helveter zu verhandeln. Außerdem sollte er sowohl den Santonen als auch all den Stämmen, durch deren Gebiete sie ziehen wollten, die friedlichen Absichten der Helveter darlegen.

Orgetrech indes nahm nur Verbindung zu den Haeduern und den Sequanern auf und schlug ihnen vor, mit Hilfe der Helveter, die er als das stärkste und tapferste Volk Galliens schilderte, alle anderen Stämme zu unterjochen und so die Herrschaft über das gesamte Keltenland zu erringen. Und er stieß nicht auf taube Ohren, denn sowohl die Haeduer als auch die Sequaner sahen in diesem unverhofften Anerbieten die einmalige Chance, ihre in den letzten kriegerischen Auseinandersetzungen verlorengegangene Vormachtstellung wieder zurückzugewinnen.

Doch Orgetrech hatte nicht mit der bodenständigen Lauterkeit seiner helvetischen Stammesbrüder gerechnet, die ihn, als er sich – wieder zurückgekehrt – mit diesem dubiosen Verhandlungsergebnis vor den Ältesten brüstete, kurzerhand als Verräter an der helvetischen Sache anklagten und ihn in Fesseln vor das Stammesgericht zerrten, welches ihn dann auch ohne weiteres zum Tode auf dem Scheiterhaufen verurteilte.

Orgetrech jedoch entzog sich der Vollstreckung, indem er einige tausend seiner treuesten Krieger mobilisierte, die ihn nicht nur befreiten, sondern auch mit einem Bürgerkrieg drohten. Fast wäre es zum Kampf gekommen, da nahm sich Orgetrech das Leben, wohl wissend, daß er zu weit gegangen war und daß sich seine hochfliegenden Pläne nicht mehr verwirklichen ließen.

Gleichwohl aber hielten die Helveter an ihrer Absicht fest, möglichst bald auszuwandern. Sie wählten Feruclauto, den

Fürsten der Tulinger, zu ihrem neuen Anführer. Bald darauf setzte sich ein nicht endenwollender Treck von Menschen, Vieh und Wagen in Bewegung, der sich stetig und unaufhaltsam seinen mühseligen Weg durch zum Teil unwegsames Gelände hin zur Grenze der römischen Provinz bahnte. Dort angelangt, baten sie um freien Durchzug durch das Gebiet der Allobroger und Helvier, weil dies für sie der einfachste und kürzeste Weg war, in das Stammesgebiet der Santonen zu gelangen. Der neuernannte Prokonsul der Provinz bat sich zunächst Bedenkzeit aus, während der er jedoch insgeheim stärkere Truppenverbände an die Grenze verlegte. Als das geschehen war, verbot er unter Androhung von Gewalt den Durchzug durch römisches Territorium. Inzwischen mangelte es den Helvetern jedoch an Nahrungsmitteln und Futter für die Tiere, da sie von den Segusaviern, in deren Stammesgebiet sie sich befanden, nur unwillig und unzureichend versorgt wurden.

Enttäuscht und hungrig versuchten sie dennoch, entgegen der Empfehlung Feruclautos, den Übergang über den Rhoiden, der die Grenze zur Provinz darstellte, gewaltsam zu erzwingen. Aber ihr wütender Ansturm scheiterte an dem von den befestigten Dämmen jenseits des Flusses geleisteten erbitterten Widerstand der römischen Legionäre. Notgedrungen mußten sie ihre Wagen wieder wenden und den weitaus beschwerlicheren Weg antreten, zunächst der Arar in nördlicher Richtung zu folgen, um dann, das Bergland nach Westen hin umgehend, die Länder der Sequaner, Haeduer und Lemoviker zu durchqueren, bis sie so in die Gaue der Santonen gelangten. Unterhändler wurden ausgesandt, um bei den betroffenen Stämmen Durchzugsrechte und die Belieferung mit Lebensmitteln auszuhandeln. Es war vor allem der Haeduerfürst Dumnorech, der ihnen tatkräftige Unterstützung auf ihrem langen Weg zusicherte und die anderen Stammesführer von den friedlichen Absichten der Auswanderer überzeugen konnte. Dazu trug natürlich das verwandtschaftliche Verhältnis, das ihn durch seine Frau, die Tochter des unglückseligen Orgetrech, mit den Helvetern verband, nicht unmaßgeblich bei.

Aber es sollte ganz anders kommen. Der römische Prokonsul, der seinerseits, was Gallien betraf, ehrgeizige Ambitionen hegte, nahm die Grenzverletzung der Helveter als willkommenen Anlaß, diese Absichten nun in die Tat umzusetzen.

Es war an einem der ersten warmen Sommertage, als der Harfner – es war derselbe, der damals in der Halle Celtealls seine dunklen Prophezeiungen vorgebracht hatte – auf dem Gehöft Fearrs erschien, um nach uralter Tradition seine Lieder für den Lohn einer Unterkunft und einer Mahlzeit vorzutragen. Fearr, seine Frau und einige Freunde saßen am Abend nach dem Mahl beisammen und lauschten in trauriger Gebanntheit dem Barden, der all diese Geschehnisse in seinen Liedern zusammengefaßt hatte. Melancholisch intonierend sang er davon, wie der Adler vom fernen Tiber seine Schwingen ausspannte und, seiner Beute folgend und die Freiheit der Stämme mißachtend, die geheiligten Grenzen des Keltenlandes überflog. Ihm folgte mit geifernden Lefzen die Brut der unersättlichen Wölfin. Nichts nutzte die heldenhafte Verteidigung der Gebirgspässe durch die Graiokeler, Keutronen und Katurigen – unaufhaltsam kroch der römische Lindwurm näher.

Mit einer disharmonischen Sequenz auf seiner Harfe leitete der Barde den letzten Akt seines langen Vortrages ein. Er sang jetzt von zwei ungleichen Brüdern, Dumnorech und Dyffekiach, die sich in dieser Lage um die Macht stritten, der eine, weil er den Helvetern zu ihrem Recht verhelfen wollte, der andere, weil er auf Seiten der Römer stand.

Er sang vom Verrat des Dyffekiach, der die Pläne seines Bruders und der Helveter an die Römer verriet.

Er sang von der Schlacht an der Arar.

Er sang das Todeslied der Helveter.

Noch lange an diesem Abend betrachtete Fearr die fein granulierte goldene Fibel, die er von Brigainn zur Hochzeit geschenkt bekommen hatte.

Sie war einst von einem helvetischen Goldschmied gefertigt worden.

26

»Jetzt werden wir sehen, ob der famose Plan des Dyffekiach greift!« Celtealls Gesicht war vom übermäßigen Weingenuß gerötet, und er erfreute sich offenbar allerbester Laune. Umgeben von seinen Lehensleuten feierte er in seiner Halle den Sieg der Römer über die Helveter. Zunehmend angewidert beobachtete Fearr das für ihn unverständliche Gebaren seines Vaters. Celteall schien die mißbilligenden Blicke seines Sohnes zu bemerken; er wandte sich ihm zu und schaute ihn mit gefährlich gerunzelter Stirn aus blutunterlaufenen Augen an.

»Manchmal zweifle ich daran, daß du mein Sohn bist«, schnaubte er verächtlich. »Anstatt dich darüber zu freuen, daß uns die Nachbarschaft zu diesen Halbwilden aus den Bergen erspart geblieben ist, und das ohne einen Tropfen keltischen Blutes zu vergießen, scheinst du um diese Hungerleider auch noch zu trauern! Hast du vergessen, daß sie mit Hilfe Dumnorechs und Castichs ganz Gallien beherrschen wollten? Nein, nein, mein Sohn! Dyffekiach hatte vollkommen recht! Wir sollten den Römern eher zu Dank verpflichtet sein, daß sie uns von dieser Landplage befreit haben!«

»Vater«, begehrte Fearr leidenschaftlich auf, »es ist keltisches Blut vergossen worden – oder zählen die Helveter etwa nicht zu den Kindern des Teutates? Daß Orgetrech überdies seinen Hochmut mit dem Leben bezahlen mußte, spricht doch wohl eindeutig für die ehrliche Gesinnung der Helveter den übrigen Stämmen gegenüber. Sie wollten nichts anderes, als in unserem großen, freien Land eine neue Heimat für sich und ihre Kinder finden. Ihr alle aber scheint dagegen die weitaus größere Gefahr nicht zu sehen! Die Helveter gehörten zu den stärksten Stämmen unter den Kelten und haben sich in der Vergangenheit des öfteren sogar gegen die Germanen behauptet. Jetzt wurden sie jedoch innerhalb kurzer Zeit von einer fremden Macht auf unserem Boden vernichtend geschlagen, und das ohne nennenswerte Verluste auf Seiten der Römer, während um die hunderttausend Krieger, also mehr als die Hälfte des helvetischen Volkes, ihr Leben gelassen haben. Was aber die Sieger betrifft – ich glaube nicht daran, daß die Römer sich nach diesem Erfolg so einfach wieder in ihre Provinz zurückziehen werden!«

»Nein!« bellte Celteall giftig zurück«, weil sie es nämlich jetzt, so wie es Dyffekiach vorausgesehen hatte, mit den Germanen zu tun bekommen. Und ich bin mir ziemlich sicher, daß sie in Ariovist ihren Meister finden werden. Nach dieser Schlacht, wann immer sie auch stattfinden mag, mein Junge, können wir ohne großen Kraftaufwand mit den Überlebenden aufräumen und sie uns so ein für allemal vom Halse schaffen! Oh, wie ich mich darauf freue, die Bastarde aus dem Land zu jagen!«

Celteall erhob sich leicht schwankend und ergriff seinen Pokal.

»Kommt, meine Freunde! Laßt uns auf unsere geliebten Feinde trinken! Auf daß sie sich, unsere vielgerühmte Gastfreundschaft nutzend, gegenseitig massakrieren! Trinken wir auf den großen Freund des römischen Volkes, auf Ariovist, und auf seinen parfümierten Kontrahenten, wie heißt er noch gleich, Cai... Cas... Caiser oder so ähnlich! Trinken wir auf einen verlustreichen Sieg des besseren Schwachkopfes! Bei Lug, eine solche Hatz habe ich schon lange erwartet! Wie ich hörte, haben sich kurz nach dem Sieg der Römer nicht wenige unserer Stammesführer, angeführt von Dyffekiach, bei dem römischen Befehlshaber eingefunden und ihm herzlichst für seine Tat gedankt. Außerdem hätten die Haeduer, Sequaner und ein paar andere Stämme sich als Verbündete gegen Ariovist angeboten! Sollen sie! Wir, die Arverner, werden als lachende Dritte bereitstehen, um den Überlebenden dieses Treffens den Rest zu geben! Danach wird uns niemand mehr die Herrschaft im Lande streitig machen können!« Mit einem Zug leerte er seinen Pokal, während die Umsitzenden überschwenglich in begeisterte Hochrufe ausbrachen.

»Jagt die Rübenfresser über die Rhoina!«

»Holt den römischen Adler vom Himmel!«

»Nieder mit Castich! Nieder mit den Haeduern! Wir wollen ihnen zeigen, was es heißt, sich mit freien Kelten anzulegen! Es lebe Celteall, es leben die Arverner und ihre Verbündeten!« So und ähnlich erscholl es nun lautstark aus den Reihen der Gefolgsleute. Bald schon hatten sie sich, unterstützt von Wein und Korma, in jene gefährlich unberechenbare Euphorie versetzt, aus der heraus sie am liebsten sofort in den Kampf gezogen wären.

Fearr indes konnte all dem überhaupt nichts abgewinnen, sondern schaute nur stumm und bedrückt in seinen Becher. Als sein Vater den Namen des römischen Prokonsuls nannte, war es ihm heiß und kalt den Rücken hinuntergelaufen. Wieder erschien vor ihm die Szene nach der Senatssitzung, als er dem Hageren vorgestellt worden war.

Und dieser Mann hatte nun den Befehl über die Legionen, die jetzt in Gallien standen. Er mußte an die Worte von Sempronius denken, die ihn vor Caesar und seinen Absichten gewarnt hatten. Und dann erinnerte er sich auch wieder an die Vision in Cunleans Haus, damals, bevor er mit Govanned nach Bebracht aufgebrochen war. Das Gesicht, das ihn aus dem Rauch seltsam starr angeschaut hatte! Er fröstelte, da ihm plötzlich bewußt wurde, daß er dieses Gesicht schon einmal gesehen hatte ... Ja, es war das Gesicht Caesars – und dieser Mann war offenbar mit seinem, Fearrs Schicksal eng verbunden. Plötzlich wußte er auch, daß sein Vater, wie auch Dyffekiach, sich einer tödlichen Täuschung hingaben. Fearr zweifelte keine Sekunde an dem vollständigen Sieg Caesars über die Sueben! Und ihm war auch klar, daß der Römer diesen Sieg ohne die von den Kelten erhofften Verluste erringen würde. Ariovist mochte Caesar zwar an Führungskraft und strategischem Denken einigermaßen ebenbürtig sein, aber obwohl seine Krieger todesmutig und diszipliniert in die Schlacht zogen, würden sie es am Ende mit den eisern gedrillten und zudem überlegen ausgerüsteten römischen Legionären nicht aufnehmen können. Hinzu kam, daß das römische Heer über einen ausgezeichnet organisierten Nachschub verfügte, wie es sich gerade während des Helvetierkrieges nur zu deutlich gezeigt hatte. Gewiß, es würde sicher kein leicht errungener Sieg für die Römer sein, denn die verbissene Standhaftigkeit der flachshaarigen Hünen aus dem

Norden war Legende, aber letztendlich würde die straffe Disziplin des römischen Militärs gegenüber den Bären von jenseits der Rhoina die Oberhand behalten.

Und dann? Was kam dann?

Längst schon nahm er die grölende, Kriegs- und Sauflieder singende Umgebung nicht mehr wahr.

Er erschauerte unter dem Eindruck dessen, was sich nun vor seinem geistigen Auge abzuspielen begann. Hatten die Römer einmal den Sieg errungen, würden sie mit Sicherheit eine angemessene Bezahlung für ihren Einsatz gegen die Germanen bei den gallischen Stämmen einfordern; und ein Mann wie Caesar würde sich kaum mit ein paar Wagenladungen Gold und Handelskonzessionen abspeisen lassen.

Nein, was der Römer sich als angemessene Gegenleistung vorstellen würde, das wäre zweifellos mehr als das, was die Kelten bereit sein konnten, zu geben.

Der Bezwinger der Germanen würde seine Hand nach dem gesamten freien Keltenland ausstrecken, um es dem römischen Imperium einzuverleiben. Er würde seine Adler gegen alle keltischen Stämme führen.

Gewann Caesar die Schlacht gegen Ariovist, dann war es Zeit für den großen Krieg.

Den Krieg um Gallien.

27

Am Ende des Spätsommers wurde das, was Fearr befürchtet hatte, bittere Gewißheit. Die römischen Legionen, insgesamt sechs, hatten die Germanen in einer großen Schlacht an den Ufern der Rhoina so nachhaltig besiegt, daß sie sich endgültig von keltischem Boden zurückzogen. Die Römer wurden während der Kämpfe offiziell von den Lingonen, Sequanern und Haeduern unterstützt, wobei sich die Haeduer als besonders treue Verbündete hervortaten, was vor allem in der extrem proromischen Einstellung Dyffekiachs begründet lag. Dieser hatte es nämlich geschickt verstanden, nachdem sein Bruder

Dumnorech wegen seiner unterlassenen Hilfeleistung für die römischen Truppen während der Auseinandersetzung mit den Helvetern von Caesar unter Arrest gestellt worden war, seine Machtposition unter den haeduischen Clanherren erfolgreich auszubauen. Er übte nunmehr nahezu unumschränkt die Herrschaft über den gesamten Stamm aus.

Die Römer hatten zwar bei der Schlacht mit den Germanen relativ schwere Verluste erlitten, was aber ihre Einsatzbereitschaft in keinster Weise zu schmälern schien.

Und dann, nachdem Caesar ein Treffen mit den Führern der großen Stämme einberufen hatte, geschah genau das, was Fearr in seiner Vision vorausgesehen hatte. Statt sich mit den schwülstigen und zum Teil sogar unterwürfig anbiedernden Dankesbezeugungen der Clanbarone für ihre Befreiung vom suebischen Joch zufriedenzugeben und seine Legionen wieder in die Provinz zu verlegen, tat der römische Feldherr das für alle Unerwartete. Persönlich begab sich der Prokonsul, begleitet von vier Kohorten, zwar wieder hinter die südliche Grenze, um dort einen angenehmen Winter zu verbringen, aber in der Eile seines Aufbruchs mußte er wohl einige wichtige Teile seines Heeres in Gallien übersehen und vergessen haben. Es handelte sich dabei immerhin um sechs immer noch kampfstarke Legionen, die nun damit begannen, ihre Winterlager im Stammesgebiet der Sequaner einzurichten.

Murrend und ihr Schicksal verfluchend, blieb den Sequanern nichts anderes übrig, als sich mit dem Unvermeidlichen abzufinden. Ihren ursprünglichen Plan, jetzt, nachdem die Germanen aus dem Land vertrieben worden waren, ihre alte Vormachtstellung wiederherzustellen, mußten sie unter diesen Umständen zunächst beiseite schieben. Durch die vorangegangenen Kriege und die suebische Besatzung waren sie noch viel zu schwach und konnten es außerdem nicht wagen, unter den Augen der römischen Truppen die Muskeln spielen zu lassen. Auch die Haeduer hatten angesichts dieser Lage keinerlei Lust, sich gegen die Präsenz der Römer aufzulehnen; im Gegenteil, sie belieferten die Legionen mit allem, was sie für die Überwinterung brauchten, und vertieften ihre Handelsbeziehungen mit den Römern.

Trotzdem hielt Celteall den Zeitpunkt für gekommen, das entstandene Machtvakuum auszunutzen und seine Herrschaft vollends über ganz Gallien auszudehnen. Er stellte sich taub gegen alle Argumente derer, die ihn in dieser Lage davor warnten, sein Vorhaben durchzuführen. Celteall war derart von sich und seiner Berufung überzeugt, daß er die Tatsache, daß die Römer gleichsam vor der Haustüre standen, schlichtweg ignorierte. Unduldsam und skrupellos verfolgte er sein Ziel, und selbst seine nächste Umgebung hatte keinen Einfluß mehr auf ihn.

In dieser angespannten Situation starb auch noch unverhofft Caramariacha, die bis dahin wenigstens noch einigermaßen begütigend auf ihn hatte einwirken können. Als Fearr sich während der Totenfeier dazu hinreißen ließ, seinen Vater indirekt für den Tod seiner Mutter verantwortlich zu machen, ja, ihn aus einem ohnmächtigen Gefühl der Trauer und Wut heraus beschuldigte, Caramariacha mit seiner blinden Egozentrik und seiner Rücksichtslosigkeit das Herz gebrochen zu haben, geriet Celteall dermaßen in Rage, daß er seinen Sohn haßerfüllt der Stadt verwies und ihm bei Todesstrafe verbot, jemals wieder vor ihn zu treten.

Fearr zog sich daraufhin mit seiner Familie auf seinen Hof zurück, nicht ohne zuvor seinen Vater vor allen Anwesenden des Verrates an der keltischen Sache zu bezichtigen, da er seine persönliche Machtgier über das Wohl und das Geschick der Stämme erhoben habe. Nach diesen Worten wäre Fearr wohl kaum noch lebend aus der Stadt gekommen, hätte Govanned nicht unter Einsatz seines Lebens seinem vor Wut rasenden Bruder im letzten Moment Einhalt gebieten können.

Am Fest der Wintersonnwende war es dann soweit. Celteall ließ sich von den zumeist unter Androhung von Gewalt herbeizitierten nördlichen Stämmen – die südlichen Stämme waren den Arvernern ja schon längere Zeit botmäßig – zum Hochkönig ausrufen. Die einzigen, die sich Celteall zu widersetzen wagten, waren die um die Achona siedelnden Remer, die seit vielen Jahren treu zu Rom standen. Dieses Verhalten des an sich kleinen und wenig bedeutenden Stammes nahm Celteall zum Anlaß, einen Krieg gegen die Remer anzuzetteln, der in Wahrheit nur dazu dienen sollte, den Stämmen, die vielleicht noch seine Herrschaft anzweifeln wollten, ein für allemal zu zeigen, wer die Macht im Lande innehatte.

Während also die Arverner und ihre Verbündeten zum Krieg rüsteten, fanden sich in einer frostklirrenden Februarnacht fünf Männer im Hause Cunleans ein. Es waren dies Govanned, Castich, Dyffekiach, der arvernische Edeling Epasnacht und der haeduische Vergobret Lisko. Mit düsteren Mienen saßen sie stumm um das flackernde Herdfeuer, bis Cunlean, der die Männer zu diesem Treffen einberufen hatte, das lastende Schweigen brach.

»Es ist ein trauriger Anlaß, der mich zwang, euch heute zu dieser dunklen Stunde zu mir zu bitten. Die Ereignisse des vergangenen Jahres haben uns allen gezeigt, daß die Prophezeiung Atechtorigs auf schreckliche Weise Gestalt angenommen hat. Das Tor zur Anderswelt ist brüchig geworden und gestattet den Kreaturen des Chaos den Zugang zu unserer Welt. Unlängst trat ich, von innerer Unruhe getrieben, des Nachts vor mein Haus. Als ich zum Himmel aufschaute, gewahrte ich ein riesiges, vogelähnliches Wesen, dessen schwarze Schwingen den Mond verdeckten. Und meine Brüder im weisen Rat berichten ebenfalls von solch dämonischen Erscheinungen und sind alle tief besorgt.« Cunlean hielt einen Moment inne und schaute die Männer, die geduckt und mit Angst in den Augen vor ihm saßen, der Reihe nach an.

»Nun denn! Ich habe euch kommen lassen, um mit euch den Tod Celtealls zu besprechen!« Bei diesen Worten zuckten die fünf wie unter einem Peitschenhieb zusammen, und ihre Gesichter wurden aschfahl. Aber bevor einer von ihnen etwas sagen konnte, hatte Cunlean schon wieder das Wort ergriffen.

»Wie ihr alle wißt, bin ich Celteall seit unserer gemeinsamen Jugend brüderlich zugetan. Doch von dem guten Mann, den ich einst meinen Freund und Bruder nannte, ist nichts mehr übriggeblieben. Ein Dämon hat von ihm Besitz ergriffen, und heute muß ich mit Abscheu seine Taten betrachten. Seine Augen und sein Herz sind blind geworden gegenüber den Belangen des Landes und der Menschen, die es bevölkern. Er sieht nicht die drohende Gefahr, den Abgrund, der sich immer mehr vor uns auftut – und trotzdem hatte er die Stirn, sich gegen den Willen des Hohen Rates zum Hochkönig ausrufen zu lassen! Er hat das Gesetz der Großen Mutter verletzt, denn anstatt seine ganze Kraft für die Einheit unserer Stämme zu verwenden und so die Not und die große Gefahr, die uns nunmehr umgibt, abzuwehren, benutzt er diese Position nur zu dem Zweck, seinen persönlichen, unersättlichen Machthunger zu stillen. Der Hohe Rat ist vor kurzem zusammengetreten, um über Celteall zu richten, und wir alle waren von der anmaßenden Handlungsweise des Fürsten zutiefst bestürzt. Der Rat der Druiden – wie auch der Rat der Großen Mutter – können es nicht gutheißen, daß Celteall angesichts der unmittelbaren römischen Bedrohung unser Volk in einen Bruderkrieg stürzt und somit alle Kelten unweigerlich den Römern ausliefert.

Atechtorig hat deshalb den Tod Celtealls beschlossen. Es ist an euch, es auszuführen! Beratet euch gut. Die Götter werden mit euch sein!« Cunlean lehnte sich seufzend in seinen Sessel zurück und ermunterte die Anwesenden mit einer Handbewegung, dazu Stellung zu nehmen. Eine geraume Weile herrschte jedoch betretenes Schweigen in dem niedrigen Raum.

»Gibt es denn wirklich nur diesen einen Weg – ihn zu töten?« fragte Govanned schließlich zaghaft.

Der Druide nickte energisch bejahend mit dem Kopf.

»Nun, die Angelegenheit ist höchst schwierig«, sagte Dyffekiach bedächtig, »immerhin müßte die Tat von der Hand eines Arverners erfolgen, denn wenn ihn der Angehörige eines anderen Stammes tötete, dann träte das Gesetz der Blutrache in Kraft, und das Resultat wäre ebenfalls Krieg unter den Stämmen.«

Wieder Schweigen. Mit einemmal spürte Govanned schon fast körperlich, wie sich die Blicke der übrigen auf ihn richteten. Die Erkenntnis dessen, was er aus ihren Mienen las, ließ ihn erschauern.

»Ihr … ihr … nein, ihr glaubt doch nicht im Ernst, ich würde die Hand gegen meinen eigenen Bruder erheben?« stammelte er, während er sich gleichzeitig der Unabänderlichkeit dieser Konsequenz bewußt wurde.

»Doch, Govanned! Es ist die einzige Möglichkeit, die wir haben, um den Frieden zwischen den Stämmen zu bewahren. Von jeher war es Gesetz, daß das Volk einen unfähigen König zum Wohle aller opferte. Denke an die Worte Atechtorigs: ›Es ist besser, daß wenige sterben, auf daß alle leben können‹«, sagte Cunlean mit sanfter Stimme und sah ihn dabei beschwörend an.

»Auch Orgetrech wurde von seinem Volk wegen seines Verrates zum Tode verurteilt!« beeilte sich Castich den Worten des Druiden hinzuzufügen.

»Was ist mit meinem Neffen? Fearr könnte Rache an mir nehmen!«

»Das laß getrost meine Sorge sein. Fearr ist noch jung und war von frühester Jugend an mein Schüler. Darüber hinaus hat er sich in den letzten Gesprächen, die ich mit ihm führte, ernsthaft über seinen Vater beklagt und ist, wie ihr alle wißt, sogar von ihm mit dem Tod bedroht worden. Schon deswegen meine ich, daß er zumindest versuchen wird, deine Tat zu verstehen. Auch ist mein Einfluß auf den Jungen groß, und sollte er dein Handeln wirklich mißbilligen, so könnte ich ihn bestimmt davon überzeugen, daß die Tat von den Göttern gewollt wurde.« Mit diesen Worten war es Cunlean gelungen, auch die letzten Zweifel Govanneds zu zerstreuen.

»Gut! Ich werde es auf mich nehmen! Möge ein Gott meine Hand führen!«

Govanned sagte es leise – und unendlich traurig.

28

Die Gelegenheit, das schreckliche Vorhaben in die Tat umzusetzen, ergab sich jedoch erst nach dem Frühlingsfest. Govanned war es gelungen, seinen Bruder, der aufgrund seines fast schon krankhaften Mißtrauens, das er gegen jeden in seiner direkten Umgebung hegte, nur selten die Stadt verließ, zu einer Jagd in den Wäldern um Gergovia zu bewegen. Dabei kam das sonnige Wetter, das seit einigen Tagen anhielt, dem Vorschlag Govanneds sehr entgegen. So wurden also die Edlen aus der näheren Umgebung für den nächsten Tag zu der Jagd eingeladen.

Noch vor Sonnenaufgang versammelten sich die Teilnehmer vor der Stadt und ritten in ausgelassener Stimmung, der bellenden Meute folgend, in die nahen Wälder. Sie hatten schon eine ansehnliche Menge Wild zur Strecke gebracht, als plötzlich, wie von den Göttern gesandt, ein kapitaler Hirsch aus der Dickung brach.

»Jetzt gilt's, Bruder! Ein Faß des besten Weines für den von uns beiden, der den Hirsch erlegt!« schrie Govanned an Celteall gewandt und preschte im gleichen Augenblick los.

Die restliche Jagdgesellschaft schnell hinter sich lassend, setzten sie der fliehenden Beute hinterher.

Bald erreichten sie eine Lichtung – es war dieselbe, auf der Fearr vor Jahren dem großen Eber begegnet war – und stellten, ihre Pferde zügelnd, zu ihrer Überraschung fest, daß der Hirsch völlig bewegungslos inmitten der Lichtung stand und sie aus seinen schwarzen Augen fixierte.

Celteall hob seinen Speer und wollte ihn gerade auf das Tier schleudern, als unvermittelt aus dem Nichts heraus Nebel hochquoll, der die sichergeglaubte Beute vor den Augen der Jäger verhüllte. Mit einem Wutschrei warf Celteall seine Lanze in das unirdische Wabern, doch da riß der Nebel plötzlich auseinander und enthüllte die mit überkreuzten Beinen auf dem Boden sitzende Gestalt des Gottes mit dem Hirschgeweih: Cernunnos, der Gott der Wälder – und des Todes. Mit geschlossenen Augen saß er lächelnd da, und in seiner hocherhobenen Rechten hielt er den Speer Celtealls, dessen Spitze auf den Arvernerfürsten gerichtet war. Seine Erscheinung wurde von unzähligen filigranen Blitzen umrahmt, die sich fortwährend leise summend und knisternd entluden.

Celteall saß totenbleich wie versteinert auf seinem Pferd und starrte mit Augen, in denen sich namenloses Grauen spiegelte, auf die Gottheit. Govanned indes, das Zeichen richtig deutend, trieb sein Pferd vor seinen Bruder, der ihn überhaupt nicht wahrzunehmen schien, und richtete seinen Speer auf ihn.

»Es muß sein, mein armer Bruder! Für das Heil unseres Volkes und den Frieden unter den Stämmen!« rief er und stieß die Waffe tief in die Brust Celtealls. Langsam, ohne einen Laut von sich zu geben, kippte er aus dem Sattel.

Govanned saß ab und kniete sich neben den Sterbenden. Celteall versuchte noch etwas zu sagen, seine Lippen bebten, aber die Stimme versagte ihm. Dann brachen seine Augen.

Govanned wandte sich wieder dem Gott zu. Immer noch sanft und unergründlich lächelnd legte Cernunnos den Speer vor sich auf den Boden und neigte, wie zum Gruße, sein Haupt mit dem mächtigen, golden funkelnden und vielendigen Geweih. Dann verblaßte seine Gestalt, bis nur noch irisierende Nebelfetzen über der Stelle wogten, an der er erschienen war. Stille umgab Govanned, tiefe, atemlose Stille.

Am Abend des Tages, an dem die sterblichen Überreste Celtealls im Grabhügel seiner Ahnen beigesetzt wurden, fand eine prachtvolle Totenfeier statt. Vor Beginn des großen Banketts bat Govanned, der bei dieser Gelegenheit offiziell die Herrschaft über die Arverner antrat, seinen Neffen zu sich. Obwohl Fearr von Cunlean über die Notwendigkeit des Todes seines Vaters aufgeklärt worden war, begegnete er seinem Onkel dennoch mit tiefem Unbehagen. Einerseits fügte er sich dem Unvermeidlichen und beugte sich damit den uralten Stammesgesetzen, andererseits bereitete es ihm große Schwierigkeiten, daß diese Tat ausgerechnet von seinem nächsten Verwandten ausgeführt worden war, dem Bruder seines Vaters.

Lange standen sie sich in dem kleinen Kaminzimmer gegenüber, wo Fearr vor Jahren das Schwert seines Vaters aus dessen Händen erhalten hatte, ohne daß ein Wort zwischen den beiden gewechselt worden wäre. Fearr schaute Govanned gerade und trotzig in die Augen. Doch dieser blieb gefaßt und hielt dem Blick seines Neffen stand.

»Du weißt, daß es keine Alternative für mein Tun gab, Fearr?«

»Gewiß, mein Onkel.«

»Bedenke, wie schwer es mir gefallen ist, mich der Entscheidung des Hohen Rates zu beugen. Es war immerhin mein Bruder!«

»So wie er mein Vater war!« Govanned senkte den Blick.

»Der Gott hat sich offenbart und meine Hand geführt!« sagte er dann leise.

»Auch das weiß ich.«

»Du ... du hegst keine Rachegedanken?«

»Hättest du davor etwa Angst?« entgegnete Fearr bitter.

»Sollte ich?«

Fearr schwieg.

»Fearr, ich folgte nur dem Gebot des Hochdruiden! Du solltest wissen, was das heißt.«

»Cunlean hat es mir hinreichend erklärt.«

»Es war das beste für Celteall – und für unser Volk!«

»Ich bin überzeugt, Govanned, daß du das Richtige getan hast.«

Govanned ging auf ihn zu und wollte ihn umarmen, wobei er sich seiner Tränen nicht erwehren konnte. Doch Fearr entzog sich ihm und trat einige Schritte zurück.

»Du wirst immer das Richtige tun, mein Onkel«, sagte er mit tonloser Stimme und schickte sich an, den Raum zu verlassen.

»Fearr, Fearr ... mein Junge ...!«

Die Tür hatte sich bereits hinter Fearr geschlossen. Noch zur selben Stunde verließ er Gergovia, um auf seinem Hof mit seinen Gefühlen und seiner Trauer allein zu sein.

29

Die Präsenz der römischen Truppen, die im Sequanerland überwinterten, empfanden die gallischen Stämme nun doch immer mehr als Stachel im eigenen Fleisch.

Unzufriedenheit machte sich allenthalben breit, weil die Legionen so hohe Abgaben an Getreide, Vieh und Futter für ihre Pferde von den umliegenden Stämmen forderten, daß deren Wintervorräte kaum noch für das eigene Überleben reichten. Selbst die bis dahin prorömisch eingestellten Stammesführer begannen sich nun nach dem Grund des Verbleibs der Truppen in Gallien zu fragen, da nicht nur die Bevölkerung durch die überhöhten Forderungen der Römer belastet wurde, sondern im Moment auch absolut keine akute Kriegsgefahr weder für die Kelten noch für die Römer bestand.

So wurde bei einer geheimen Zusammenkunft in Bebracht, zu der sich die Fürsten der Haeduer, Sequaner, Lingonen, Biturigen, Senonen und anderer Stämme versammelt hatten, darüber beraten, wie man sich dieses Problems entledigen könnte, ohne selber einen Krieg mit den Römern anzuzetteln. Eines allerdings war allen bewußt geworden, daß nämlich die Römer das Land nicht mehr freiwillig verlassen würden. Schließlich kam der alte Intrigant Castich auf die Idee, man solle doch eine Gesandtschaft zu den Belgern schicken, um diese um Beistand gegen die Römer zu bitten.

Die Stämme der Belger, die weit im Norden Galliens in einem Gebiet ansässig waren, welches von der Sequana im Westen, den Ardennen im Süden und der Rhoina im Norden begrenzt wurde, hatten sich in der Vergangenheit weitgehend aus den Angelegenheiten der südlichen Stämme herausgehalten, da sie sich mehr als alle anderen mit den germanischen Nachbarn, die immer wieder in ihr Land einfielen, herumzuschlagen hatten. Sie galten deshalb auch als die wildesten und kriegerischsten Stämme im ganzen Keltenland. Noch nie hatten sie einen Krieg verloren, und ihr Haß auf Rom war hinlänglich bekannt.

Stolz wiesen sie darauf hin, daß sie gleicher Herkunft wie die Germanen wären, womit sie ihre außerordentliche Tapferkeit begründeten.

Dem Hilfeersuchen der keltischen Clans standen sie durchaus wohlwollend gegenüber, sahen sie darin doch die Möglichkeit, ihren Einfluß nach Süden hin auszudehnen, und beschlossen deshalb bei einer eilig einberufenen Versammlung, die in Nemetocenna, ihrer Hauptstadt, abgehalten wurde, denn auch einhellig den Heerbann gegen Rom.

Es waren vor allem die Nervier unter ihrem Fürsten Bodugnat, die vehement für den Krieg gegen die Römer stimmten. Binnen kürzester Zeit, zu Beginn des Frühjahres, hatten sie eine gewaltige Heeresmacht von weit über sechzigtausend Kriegern aufgeboten. Den Oberbefehl übernahm der Fürst der Bellovaker, Galava, der zunächst mit der Hauptmacht der belgischen Stämme, bestehend aus Condrusen, Menapiern, Morinern, Veliocassen, Suessionen und Meldern in das Gebiet der Remer zog und deren Hauptstadt Bibrach belagerte.

Die Remer ihrerseits meldeten diese große Streitmacht sowie ihre verzweifelte Lage unverzüglich dem römischen Legaten Labienus, welcher das Kommando über die sechs Legionen, die bei den Sequanern stationiert waren, während der Abwesenheit Caesars innehatte.

Fearr erfuhr von den Kriegsvorbereitungen der Belger von Lochtaire, der ihm bei dieser Gelegenheit den Vorschlag unterbreitete, sich mit ihm zusammen den Nerviern anzuschließen und an den Kämpfen teilzunehmen. Dies würde keine Probleme bereiten, so versicherte Lochtaire, da er mit dem Fürsten Bodugnat seit seiner Kindheit bekannt wäre, weil dieser ein enger Freund seines Vaters sei.

Zunächst stand Fearr diesen Plänen eher zögerlich gegenüber, so daß es dem energischen Zureden Brigainns bedurfte, die ihn schließlich davon überzeugen konnte, daß es sinnvoll wäre, mit Lochtaire in den Krieg zu ziehen.

»Du kannst deinen Feind in der Zukunft nur erfolgreich bekämpfen, wenn du heute seine Kampfesweise kennenlernst«, hatte sie zu ihm gesagt. Ausschlaggebend für Fearr war aber auch die Tatsache, daß er nach dem Tod seiner Eltern ein doch sehr abgeschiedenes Leben führte. Die Möglichkeit, an den Kämpfen mit den Römern teilzunehmen, bedeutete für ihn eine willkommene Abwechslung, die ihn von den Sorgen ablenkte, die ihm sein Onkel, der jetzt unumschränkt in Gergovia herrschte, bereitete.

Also ritten die beiden Freunde, begleitet von einer Handvoll treu ergebener Männer, auf direktem Wege nach Nemetocenna, wo sie erfuhren, daß sich die Römer bereits auf dem

Marsch in das Stammesgebiet der Suessionen befänden, um von dort aus die in Bibrach eingeschlossenen Remer zu entsetzen. Weiterhin wurde ihnen berichtet, daß sich der römische Feldherr – wie zu erwarten, war es Julius Caesar – unverhofft wieder an die Spitze seiner Legionen gesetzt hätte.

Als sie sich nach den Stellungen der Nervier erkundigten, sagte man ihnen, daß diese sich zusammen mit den Atrebaten und Viromanduern, die heranziehenden Eburonen und Aduatuker erwartend, in den waldigen Flußniederungen der Sabis versammelt hätten, um als zweite Streitmacht zu Galava zu stoßen.

Von einem ortskundigen Führer wurden sie in das Lager der Nervier geleitet, wo man sie sofort zu Bodugnat brachte. Der Nervierfürst war ein Riese von Gestalt. Trotz der immer noch winterlichen Kälte trug er den Oberkörper entblößt; nur ein knapper, buntkarierter Mantel lag ihm, von einer einfachen eisernen Fibel gehalten, um die mächtigen Schultern. Er war außerdem mit einer blaugefärbten Leinenhose bekleidet, die von einem breiten, eisenbeschlagenen Gürtel gehalten wurde, an dem sein unverziertes langes Schwert befestigt war. Seine Füße steckten in geschlossenen, halbhohen Lederschuhen. Unter dem blonden Haarschopf strahlten wasserblaue Augen aus dem breiten, wettergegerbten, bärtigen Gesicht.

Die muskulösen Arme, die großen, schwieligen Hände schmückten an den Handgelenken zwei üppig verzierte breite Silberarmbänder.

Mit einem breiten Grinsen, bei dem er sein tadelloses Gebiß zeigte, sowie mit einem kräftigen Händedruck, der Fearr zusammenzucken ließ, begrüßte er die Ankömmlinge, bevor er sie mit dem Atrebatenfürst Segomar und dem Viromanduer Matugen bekannt machte.

Bei der nun folgenden Lagebesprechung erfuhren die beiden Arverner zu ihrer Bestürzung, daß ein Kontingent haeduischer Truppen unter der Führung Dyffekiachs zu den Römern unterwegs war, um ihnen Waffenhilfe zu leisten.

»Das wird diesen Weinsäufern auch nichts mehr nützen!« lachte Bodugnat unbeschwert, als Fearr das infame Verhalten des Haeduers kritisierte. »Wir werden diese verweichlichten Südleute samt ihren verräterischen Bundesgenossen vor uns hertreiben wie die Spreu im Wind! Keiner von denen wird je seine Heimat wiedersehen.«

Fearr, der die gewaltige Streitmacht der Nervier und ihrer Verbündeten gesehen hatte, hegte an dieser Aussage keinen Zweifel, doch da traf einige Tage später völlig überraschend eine katastrophale Nachricht bei den Nerviern ein.

Die Bellovaker und die alliierten Stämme hatten an den Ufern der Achona kapituliert! Zwar hätten sie sich noch hinter die Mauern Dun Novios zurückziehen können, aber von der raschen und effizienten römischen Belagerungstechnik seien sie sehr schnell zur Aufgabe gezwungen worden.

Aber auch diese bedrückende Neuigkeit schien den Nervierfürsten nicht sonderlich zu beeindrucken. »Na, um so besser! Dann werden die Nervier den alleinigen Ruhm ernten!« war sein einziger Kommentar. In aller Ruhe befestigte er sein Lager in dem unwegsamen Waldgelände, das sich längs dem Ufer der Sabis hinzog.

»Jetzt werden sie den Tanz mit uns versuchen. Es wird schon irgendeinen Feigling gegeben haben, der ihnen verraten hat, wo wir uns befinden«, sagte Bodugnat und verdoppelte die Wachen auf den Hügeln am jenseitigen Ufer der Sabis. Dann traf die Meldung ein, daß sich nun auch noch die Ambianer den Römern kampflos ergeben hätten.

»Wieder einer weniger! So ist das! Ha, wie ich mich auf die Romlinge freue!« Bodugnat wirkte siegesgewiß und schien keinerlei Zweifel am Gelingen seiner Sache zu haben.

Ambianische Flüchtlinge, die die schmachvolle Kapitulation ihres Stammes nicht hatten ertragen können und die sich deshalb den Nerviern anschließen wollten, berichteten, daß die römischen Legionen sich bereits seit einigen Tagen auf dem Marsch in nervisches Gebiet befänden und über die Truppenstärke der Stämme wohlunterrichtet seien.

»Wenigstens scheinen sie aber den genauen Standort unserer Truppen nicht zu kennen, was kein gutes Licht auf ihre Spione wirft«, bemerkte Bodugnat sarkastisch zu diesen Neuigkeiten.

Dann, am nächsten Morgen, meldeten die Kundschafter das Eintreffen der römischen Vorhut, die damit begonnen hatte, das Gelände am jenseitigen Ufer zu erkunden.

Sofort befahl Bodugnat Reiterangriffe aus unterschiedlichen Richtungen, zum einen, um die Römer bei ihren Absichten zu stören, zum anderen, um sie über den genauen Standort seiner Truppen im unklaren zu lassen.

Die Römer indes begannen, dessenungeachtet, mit dem Bau eines befestigten Lagers, das die allmählich nachrückenden Legionen – es waren mittlerweile acht an der Zahl, da Caesar zwei neue Legionen mitgebracht hatte – aufnehmen sollte.

Fearr, oft freiwillig als Späher unterwegs, war wieder einmal beeindruckt von der unglaublichen Disziplin, mit der die Legionäre in kürzester Zeit das Lager errichteten, und von der Präzision, mit der die römischen Truppenbewegungen abliefen.

Am Abend des dritten Tages, nach dem Eintreffen der ersten römischen Verbände, berief Bodugnat den Kriegsrat ein. »Der Zeitpunkt ist gekommen, zuzuschlagen. Unsere Späher haben Troß und Nachhut der Römer ausgemacht, also sind jetzt alle acht Legionen eingetroffen. Bis heute haben sie unser Lager offensichtlich nicht entdeckt, da fast alle Soldaten mit Schanzarbeiten beschäftigt sind. Sie mögen uns vielleicht irgendwo wähnen, nur nicht hier. Das ist unser Vorteil, und deshalb werden wir morgen früh den Angriff wagen.«

»Da ist der Fluß!« gab Matugen zu bedenken.

»Gewiß! Aber der ist nur knapp einen Meter tief und stellt somit kein nennenswertes Hindernis dar.«

»Findest du es klug, den Sturm gegen eine Anhöhe zu wagen?« fragte Segomar ein wenig zweifelnd.

»Nein. Aber bedenke, daß sie uns nicht erwarten. Das Überraschungsmoment ist auf unserer Seite. Wir müssen so schnell vorstoßen, daß sie gar nicht dazu kommen, ihre Schlachtaufstellung einzunehmen. Außerdem bleibt uns gar nichts anderes übrig, als sofort anzugreifen, da sowohl die Haeduer als auch, wie mir gerade berichtet wurde, ein großer Truppenverband der Treverer den Römern zu Hilfe eilt.«

»Hat Indochmar den Verstand verloren?« schrie Lochtaire unbeherrscht.

»Nein, aber du scheinst vergessen zu haben, daß Nervier und Treverer seit undenklichen Zeiten in Blutfehde stehen. Für Indochmar ist das eine willkommene Gelegenheit, sein Mütchen an uns zu kühlen«, antwortete Bodugnat schulterzuckend. »Ich stelle mir das Spektakel folgendermaßen vor. Du, Segomar, wirst mit deinen Atrebaten den rechten Flügel bilden, der auch als erster angreift. Die Viromanduer befinden sich im Zentrum. Matugen, ich will, daß du in direktem Angriff das feindliche Lager nimmst und hältst. Meine Nervier stehen am linken Flügel und werden gleich darauf die große Höhe links des Lagers nehmen und versuchen, die Römer im Rücken zu packen, die zu diesem Zeitpunkt hoffentlich alle Aufmerksamkeit auf euch konzentrieren. So, ihr Helden, geht noch ein wenig schlafen und bereitet euch intensiv auf morgen vor. Wir werden bei Sonnenaufgang angreifen, wenn der Nebel sich zu lichten beginnt.« Alle verließen schweigend die kleine Hütte, und auch Fearr und Lochtaire waren schon aus der Tür, als sie von Bodugnat zurückgerufen wurden.

»Ich möchte euch morgen in meiner Nähe wissen«, sagte er einfach.

»Hast du Angst? Sollen wir dich vor den bösen Römern beschützen oder gar vor deinen eigenen Leuten, wenn sie dir den Kopf abschlagen wollen, der diesen Plan ersonnen hat? Pah, erst über einen Fluß setzen und dann hügelan attackieren! Hat man je so etwas gehört«, lästerte Lochtaire, seiner Spottlust freien Lauf lassend.

»Bist du auch seiner Meinung, Fearr?« fragte Bodugnat beherrscht.

»Nein, obwohl ich ihm eigentlich recht geben müßte. Dein Plan ist tatsächlich verrückt und widerspricht aller Vernunft. Aber genau das ist es, was mich in dieser Situation überzeugt. Ich kenne unseren Gegner inzwischen recht gut und könnte mir vorstellen, daß gerade ihre perfekte Organisation eine Schwachstelle ist. Und sie erwarten uns nicht.

So wie Lochtaire denkt wahrscheinlich auch der große

Feldherr da drüben. Und genau das macht deinen Plan durchführbar. Unser Erfolg liegt im Überraschungsmoment!«

Bodugnat nickte langsam zu Fearrs Worten. »Du hast es besser ausgedrückt, als ich es gekonnt hätte, aber so ist es. Doch in einem hat Lochtaire recht: Ich habe Angst.«

»Bodugnat, der Bär, hat Angst! Der mächtige, unbesiegte Fürst der stolzen Nervier hat Angst! Na, ich glaube es kaum! Sag mal, alter Freund, willst du uns zum Narren halten? Was hast du eigentlich vorhin, als die anderen noch dabei waren, von dir gegeben? Da wirktest du nämlich alles andere als ängstlich«, blaffte Lochtaire lauthals lachend.

»Ich wollte ihnen Mut machen«, erwiderte Bodugnat und wirkte dabei fast schon schüchtern.

»Halt dein elendes Lästermaul, Lochtaire!« fuhr Fearr wütend seinen Freund an. »Unser Gegner da drüben ist nicht mit unseren Stämmen zu vergleichen. Und Caesar selbst? Hast du vergessen, daß dieser angeblich so dekadente und weinsaufende Weichling im letzten Jahr die Helveter und die Scharen des Ariovist in noch nicht einmal drei Monaten besiegt hat? Denkst du nicht mehr an den Untergang der Bellovaker und Suessionen, die freiwillige Kapitulation der Ambianer?

Eine beachtliche Leistung, nicht wahr?

Lochtaire, das ist kein verweichlichter Schwachkopf, der diese eisenstarrenden Legionäre führt! Nein, nein, mein Junge, der da drüben, auf der anderen Seite des Flusses, das ist ein gewitzter Stratege. Und deswegen stünde dir vielleicht ein wenig Demut gut zu Gesicht, vielleicht auch ein wenig Angst, solltest du diese beiden Begriffe überhaupt kennen.«

»Wohlgesprochen, Fearr! Ich bitte ehrlich um Entschuldigung, Bodugnat, für mein unüberlegtes Gewäsch. Du hast natürlich recht. Aber der Gedanke, daß ausgerechnet du Angst haben könntest, hat mich doch zumindest sehr überrascht.«

»Das wäre dann geklärt«, sagte der Nervierfürst gelassen. »Und jetzt sollten wir noch ein wenig Schlaf finden. Ich lasse euch morgen rechtzeitig zu mir rufen.«

Die beiden Freunde verließen Bodugnat.

Als sich Fearr noch einmal zu ihm umdrehte, sah er, wie der Hüne sorgenvoll den Kopf in die Hände legte.

30

Der Morgen war angebrochen.

In langen, dichten Reihen und im Dunkel des Waldes kaum zu erkennen, hatten die drei Stämme Aufstellung genommen. Jeder hatte sein Gesicht bemalt: Fearr das seine diagonal blau und weiß und um die Augen schwarz. Auch sein Oberkörper war auf diese Weise verziert. Die meisten Nervier trugen kaum Kleidung, bis auf ihre mit Schlaufen versehenen Schwertgürtel, an denen manchmal die abgeschlagenen Köpfe ihrer Feinde baumelten. Fearr und Lochtaire standen neben Bodugnat, welcher noch letzte Angriffsdetails mit Matugen und Segomar besprach; dann ritten die beiden Fürsten zu ihren Kriegern.

Der Nebel begann sich eben zu lichten, als Bodugnat das Zeichen zum Angriff gab.

Aus den langen, nach oben hin gebogenen und in einem stilisierten Wolfskopf endenden, bronzenen Kriegshörnern dröhnten langanhaltende, dumpf drohende Töne, die sich über die gesamte Hügelfläche hinzogen und von einem Stamm zum anderen weitergetragen wurden. Gleichzeitig brachen, wie verabredet, die Atrebaten und Viromanduer mit einem infernalischen Geheul in breiter Front aus ihren Stellungen hervor und liefen die Hänge zur Sabis hinunter. Auf dem gegenüberliegenden Höhenzug preschte sofort die römische Kavallerie ihrerseits dem Fluß zu.

Trotzdem schien die Überraschung gelungen zu sein, denn Fearr konnte erkennen, daß in den römischen Stellungen ein heilloses Durcheinander herrschte. Die bis dahin an der Schanze arbeitenden Legionäre hatten kaum Zeit gehabt, ihre Waffen aufzunehmen, geschweige denn, sich halbwegs in einer Schlachtordnung zu formieren.

Inzwischen hatten die vorwärtsstürmenden Kelten den Fluß erreicht, und Fearr beobachtete, daß die römischen Reiter fast ohne Gegenwehr einfach überrannt wurden.

Schon war das andere Ufer von den Atrebaten und Viromanduern genommen worden, und deren Krieger stürmten in unvermittelter Geschwindigkeit zu den feindlichen Schanzen hinauf. Immer wieder schauten die nervischen Unterführer zu ihrem Fürsten, doch der zeigte noch keine Reaktion.

Die beiden Stämme trafen gerade auf den Feind, als ein Melder die Nachricht von dem bevorstehenden Eintreffen der Treverer überbrachte.

»Die sind zu spät dran!« stellte Bodugnat lakonisch fest.

Mittlerweile waren die ersten Viromanduer in das halbfertige Lager der Römer eingedrungen.

»Sie fliehen!« schrie Lochtaire aufgeregt.

Tatsächlich strömten aus den Lagertoren und über die Wälle Legionäre, die Waffen und Rüstungen wegwarfen und nach allen Richtungen das Weite suchten. Wenig später meldete ein Kundschafter, daß die Treverer, die das Debakel wohl beobachtet hatten, sich sofort zurückziehen würden. Auch von den Haeduern wäre weit und breit nichts zu sehen. Aber dann geschah das Unerwartete.

Offensichtlich konnten sich die meisten Römer, den Befehlen einiger beherzter Führer folgend, doch noch zu handlungsfähigen Kadern formieren. Diese Truppenteile begannen auf einmal den anstürmenden Atrebaten erbitterten Widerstand zu leisten.

Fearr erkannte zwei Legionsadler.

Die Atrebaten wandten sich nun ihrerseits zur Flucht, wobei sie vom Feind unnachgiebig verfolgt wurden. Noch einmal stellten sie sich am Ufer der Sabis, aber sie waren bereits zu kraftlos, um dem entschlossenen Ansturm der Römer standzuhalten.

Erbarmungslos wurden sie niedergemacht, und der Feind setzte seinen Vormarsch fort.

Das war der Zeitpunkt, an dem Bodugnat den Angriff seiner Nervier in den Rücken des Feindes befahl, wobei ihm jedoch entging, daß sich auch die Viromanduer trotz verzweifelter Gegenwehr zurückziehen mußten.

Während nun die Nervier unaufhaltsam, einem Hornissenschwarme gleich, den rechten Flügel der Römer aufrollten, ereilte die Kämpfer Fürst Matugens das gleiche Schicksal, wie es die Atrebaten erlitten hatten.

Auch sie verbluteten an den Ufern der Sabis.

Den Nerviern hingegen blieb zunächst das Kriegsglück hold. Bodugnat, neben Fearr und Lochtaire in der ersten Schlachtreihe kämpfend, riß seine Krieger mit sich, und wo immer sie hinkamen, floh der Feind.

Im Getümmel des Kampfes entging es Fearr nicht, daß Caesar höchstpersönlich, nur geschützt durch den Schild eines einfachen Legionärs, seinen Platz in der vordersten Linie seiner Soldaten einnahm und sie durch sein tapferes Beispiel zu erbittertem Widerstand anspornte.

Fearr drängte sich immer näher an den Feldherrn heran. Alle Aufregung war von ihm gewichen, er kämpfte mit schlafwandlerischer Sicherheit und bahnte sich, mit dem Schwert zuschlagend, seinen Weg durch die feindlichen Reihen. Kaum nahm er noch das Nachgeben von Fleisch unter seinen Hieben wahr.

Sein Ziel war der Mann im roten Mantel.

Und dann war er bei ihm …

Als er gerade das Erkennen im Blick seines Gegners wahrnahm, wurde er von hinten gefaßt und zurückgerissen.

Es war Lochtaire.

»Was … was willst du, bei Lug!« stieß er hervor.

»Die Römer haben uns umzingelt!« schrie ihm der Freund zu.

»Ich hatte ihn fast …«, brüllte Fearr wutentbrannt.

»Mann, die haben uns! Wir müssen zurück!«

Lochtaire zerrte ihn weiter nach hinten zu Bodugnat hin, der aus vielen Wunden blutete. Dort blieben sie stehen und bemerkten erst jetzt, daß eine fast unheimliche Stille um sie herum herrschte.

»Sie … sie haben uns umstellt …«, ächzte Bodugnat. In der Tat hatten sich die Römer mit überlegenem taktischem

Geschick doch noch formieren können, und die zwei Legionen, die die Atrebaten verfolgt hatten, waren auf einmal unerwartet im Rücken der angreifenden Nervier aufgetaucht.

Fearr schaute sich um.

Wie eine stachelige Mauer standen die Feinde um die verbliebenen nervischen Verbände.

»Auf sie! Haltet stand! Ihr seid Nervier! Wollt ihr euer Leben in römischer Sklaverei beenden? Los, geht aufs Ganze!«

Bodugnat hatte sein Schwert erhoben und stürmte als erster auf die feindlichen Reihen los.

Mit einem wilden Aufschrei folgte ihm sein Stamm.

Lochtaire wechselte einen kurzen Blick mit Fearr, dann warf er sich ebenfalls gegen den ragenden Schilderwald.

Immer wieder brandete der nervische Ansturm gegen die Pilen und Schwerter der Legionäre. Bald standen sie auf den Leibern der Gefallenen und schleuderten ihre Speere gegen die Legionäre, die ihren Ansturm nicht nur abwehrten, sondern den Kreis immer enger schlossen.

Dabei fiel Bodugnat, durchbohrt von einem römischen Wurfspeer.

Wieder war es Lochtaire, der Fearr in diesem gefährlichen Moment rettete. Er packte ihn, doch gelang es ihm nur mit größter Anstrengung, den Widerstrebenden hinter die Kämpfenden zu ziehen.

»Wir können nichts mehr machen! Es ist keine Feigheit, Fearr! Uns bleibt nur noch, unsere Stämme zu warnen! Tot nutzen wir niemandem.« Lochtaire zerrte ihn mit sich. »Los, renn, so schnell du kannst!« schrie er ihn an und stieß ihn durch eine Lücke zwischen den Kämpfenden.

Wie durch ein Wunder gelang ihre Flucht, und so konnten sie, als sie den Waldrand auf der anderen Seite wieder erreicht hatten, das grausame und unwürdige Ende der tapferen Nervier verfolgen.

Keiner überlebte. Das Volk der Nervier hatte nahezu aufgehört zu existieren.

Auch alle Arverner, die mit den beiden in die Schlacht gezogen waren, fanden den Tod.

Wieder zog Nebel in die Flußaue und verhüllte wie ein Vorhang gnädig das grauenhafte Schauspiel.

»Komm, Fearr, machen wir uns auf den Weg nach Hause.«

31

Sechs Jahre waren seither vergangen.

Und seit sechs Jahren hatte der römische Adler seine Fänge immer fester in den sich immer wieder aufbäumenden Leib des keltischen Ebers gekrallt.

Er war sogar über das Meer zu den britannischen Stämmen geflogen, doch hatte er dort zum erstenmal Federn lassen müssen, da sich die britischen Stämme vereint und erbittert gegen den Eindringling wehrten und dessen Bastionen auf der Insel eine nach der anderen zurückeroberten.

Sechs leidvolle Jahre, in denen ganze Völker, wie die Nervier und Eburonen, unter dem klirrenden Marschtritt der Legionen aufgehört hatten zu existieren.

Sechs Jahre, in denen unzählige keltische Mütter, ihre toten Kinder auf dem Schoß wiegend, um ihre Männer weinten.

Wieder einmal nahte das Fest der Wintersonnwende. Elouissa und Lochtaire waren mit ihren beiden Kindern bei Brigainn und Fearr zu Besuch, um gemeinsam die Festtage zu verleben. Eines Abends, die Kinder waren schon zu Bett gebracht worden, saßen die beiden Ehepaare am Kamin beisammen und unterhielten sich über die mittlerweile noch dramatischere Lage im Land, welches sich die Römer während der zwei vergangenen Jahre fast vollständig unterworfen hatten.

»Fearr, so kann es nicht weitergehen«, sagte Elouissa erregt, weil sie die von Fearr offen zur Schau getragene Gleichgültigkeit gegenüber den Geschehnissen im Land nicht länger ertragen konnte.

»Bisher sind wir weitgehend vom Krieg verschont geblieben. Aber wir können deshalb nicht so tun, als würde das ewig so bleiben. Dein Onkel und ein großer Teil des Adels in Gergovia stellen sich blind und taub gegenüber den Dingen, die um sie herum geschehen. Es gehen sogar Gerüchte um, daß es den Römern gelungen wäre, sie zu kaufen.

Das mag auch der Grund sein, weshalb Govanned bislang jede Unterstützung der im Krieg stehenden Stämme durch die Arverner abgelehnt hat. Und deswegen verbluten die edelsten unserer Völker.

Brigainn und ich, aber auch die meisten anderen des Bundes der Großen Mutter, sind übereingekommen, daß jetzt der Zeitpunkt erreicht ist, an dem sich etwas ändern muß, sonst wird der Krieg uns in naher Zukunft doch berühren, und dann droht die Sklaverei; verspielt ist dann für uns und unsere Kinder eine Zukunft in Freiheit. Wie wir es in den letzten Jahren schmerzlich gesehen haben, werden die Arverner schwerlich alleine den Kampf gegen Rom gewinnen.«

»Ich muß Elouissa beipflichten«, nahm Brigainn den Faden auf. »Troucissa und die anderen Schwestern unseres Ordens beraten schon lange über diese Dinge. Fearr, du bist der Sohn Celtealls! Gewiß, sein Weg, die Einheit unter den Stämmen herbeizuführen, war verwerflich, weil er nur seinen eigenen Vorteil sah, aber die Idee als solche war nicht schlecht.

Die Gesetze unserer Ahnen erlauben, daß wir in Notzeiten, wenn die Harmonie des Rades bedroht ist, einen Hochkönig wählen dürfen, der über alle Stämme gebietet.

Aber nur so lange, bis die Gefahr gebannt ist.

Und er muß sich, wenn es die Lage erfordert, für sein Volk opfern.

Seit sechs Jahren stehen die Römer im Land und vergewaltigen es, und du, der du immer für die Einheit unseres Volkes warst, um die Freiheit aller Kelten zu erkämpfen, sitzt hier, schmollst und züchtest Pferde. Ich für meinen Teil werde kämpfen, denn ich möchte nicht, daß Carantana dereinst als Hure den Römern dient.«

»Die Worte unserer Frauen entbehren nicht der Wahrheit, mein Freund«, pflichtete Lochtaire ihnen bei. »Wie du weißt, habe ich des öfteren schon versucht, mit dir über dieses Thema zu reden. Aber du hast gar nicht hingehört, befangen in deinem egozentrischen Selbstmitleid.

Auch mit deinen Vettern Fercaswallon und Critogen habe ich schon gesprochen. Sie sind mit mir einer Meinung. Wenn die Alten in Gergovia nicht handeln wollen, dann werden es sehr bald die Jungen tun. Auch der Landadel will losschlagen. Ich selbst bin zwar ein recht guter Kämpfer und kann auch mit meinen Leuten umgehen. Aber du, der du das Zeug zu einem Feldherrn hast und über die Gaben eines Völkerführers verfügst, sitzt einfach nur da, zählst deine Rüben und erziehst dein Töchterchen. Mann, vergiß deinen Groll! Steh endlich auf, und alle Krieger unserer Stämme werden dir begeistert folgen!«

Lochtaire sah ihn erwartungsvoll an, doch Fearr starrte nur in die Flammen und sagte kein Wort. Lochtaire und er hatten während der Jahre nach ihrer Teilnahme an der Nervierschlacht noch an verschiedenen Feldzügen teilgenommen, aus denen die Römer immer wieder siegreich hervorgegangen waren. Zuletzt hatten die beiden Freunde unter Fürst Ambiorech bei dem großen Aufstand der Eburonen gekämpft.

Dabei waren sie ein weiteres Mal Augenzeuge geworden, zu welchen Greueltaten die zivilisierten Römer fähig waren. Auch die Eburonen existierten jetzt nur noch dem Namen nach.

Doch dann, als der hoffnungsvollste Vertreter der keltischen Freiheit, der stolze Haeduerfürst Dumnorech, von seinem Bruder Dyffekiach verraten, an die Römer ausgeliefert und ermordet wurde, war für Fearr das Maß voll.

Deutlich hatten sich die letzten Worte dieses großen Mannes in sein Gedächtnis eingegraben, die er ausrief, bevor er meuchlings von den in römischen Diensten stehenden haeduischen Reitern getötet wurde:

»Ich bin ein freier Mann und Angehöriger eines freien Volkes!«

Fearr glaubte ab diesem Zeitpunkt, daß die keltische Freiheit ein für allemal dahin sei, und so hatte er sich gänzlich zurückgezogen. Doch zuviel war seit jenen Tagen geschehen, und so verfehlten die Worte der drei ihre Wirkung nicht.

Er erinnerte sich an das Gespräch, das er kürzlich mit Cunlean geführt hatte. Auch der hatte ihn ob seiner offensichtlichen Passivität getadelt und ihn ermahnt, nicht zu vergessen, daß er dazu ausersehen worden sei, den Willen der Götter zu erfüllen. Es mehrten sich die Zeichen, so hatte er ihm weiter gesagt, daß nun der Zeitpunkt gekommen wäre, an dem das Schicksal der Stämme sich erfüllen müsse.

Schließlich hatte Cunlean ihm noch mitgeteilt, daß auf Betreiben Atechtorigs einige der freien Stämme sich im Land der Karnuten treffen würden, um einen neuerlichen Aufstand zu planen.

»Ich habe gehört, daß sich einige Freiheitsliebende in der Gegend von Kenabo versammeln werden, um sich gegen Rom zu verbünden«, verkündete Fearr unvermittelt seinen Entschluß. »Und ich gedenke, mit dir, Lochtaire, daran teilzunehmen.

Ihr habt völlig recht! Ich darf meine Augen nicht mehr vor all dem Elend verschließen, hier herumsitzen und auf die nächste Ernte warten, während alles um mich her in einem Meer von Blut und Tränen ertrinkt. – Lochtaire, nach dem Fest reiten wir nach Kenabo!«

32

Kenabo, die Hauptstadt der Karnuten, die im letzten Jahr noch gegen die Römer gekämpft hatten und unterlegen waren, bot nach außen hin ein friedliches Bild, doch Fearr erkannte sofort, daß sich Angehörige der verschiedensten Stämme in der Stadt befanden.

Den dort lebenden römischen Bürgern allerdings fielen die unterschiedlichen Trachten nicht auf, da für sie alle Barbaren gleich aussahen. Trotzdem wagten es die Abgesandten nicht, sich offen unter den Augen der Besatzer zu treffen, sondern versammelten sich heimlich zu nächtlicher Stunde in entlegenen heiligen Hainen, die in den dichten, unendlichen Wäldern des Karnutenlandes verborgen waren. Von jeher hatten sie als Versammlungsorte der Druiden gedient, die sich nun ganz offiziell an die Spitze des Aufstandes gestellt hatten.

Fearr und Lochtaire hielten sich bei diesen Beratungen, die von Atechtorig, dem geistigen Führer des Widerstandes, geleitet wurden, weitgehend zurück. Nur einmal hatte Fearr ums Wort gebeten.

»Ich bin Fearr Singetrech, der Sohn Celtealls von den Arvernern. Schon oft habe ich während der letzten Jahre an Kämpfen gegen die Römer teilgenommen, und jetzt wird hier wieder einmal von Aufstand und Rebellion gesprochen. Ich sage, daß dies die falschen Worte sind für das, was eigentlich sein sollte!

Wir sollten von Krieg sprechen!

Ihr beratet wieder einmal darüber, daß ein Stamm sich gegen Rom auflehnt und daß von anderen Stämmen Hilfe geleistet werden soll. Aber was wäre das dann tatsächlich? Nur eine Rebellion, die wahrscheinlich das gleiche blutige Ende finden würde, wie wir es in den letzten Jahren nur allzuoft erlebt haben.

Wir müssen endlich damit beginnen, Krieg zu führen!

Alle Stämme sollten sich unter einem Führer vereinen und dann erst, gut organisiert und vorbereitet, den Kampf mit Rom aufnehmen.

Wir sind ihnen zahlenmäßig hoch überlegen und scheitern doch immer wieder. Und warum? Weil wir stolz sind! Jeder Stamm will den Ruhm einheimsen, den endgültigen Sieg über die Legionen zu erringen, um somit die mächtigsten unter den Kelten zu werden. Doch ihr seht den Wald vor lauter Bäumen nicht!

Begreift ihr denn nicht, was die Römer machen? Sie bekämpfen uns mit ihrem Wahlspruch: Divide et impera. Das heißt: Teile und herrsche!

Euer Stolz läßt es nicht zu, einzusehen, daß sie uns nicht nur zahlenmäßig, sondern vor allem organisatorisch und taktisch überlegen sind, wenn immer nur zwei Stämme gegen sie antreten.

Ihr müßt endlich eure unnützen und in dieser Lage sogar

tödlichen Stammesfeindschaften und Rivalitäten wenn nicht vergessen, so doch hintanstellen. Zum Wohl aller Völker der Kelten! Ja, ihr müßt sogar vergessen, daß ihr Karnuten, Lemoviker, Parisier oder Arverner seid!

Gegen den Senat und das Volk von Rom kann nur eine vereinte keltische Nation bestehen und – siegen.

Seit sechs Jahren machen es die Römer uns vor! Laßt uns endlich von ihnen lernen! Wenn wir unsere Kräfte vereinen und ihre Kriegstechnik übernehmen, sind wir unbesiegbar!

Und wir kämpfen auf heimischem Boden!

Ich sage: Verbünden wir uns und schlagen wir endlich zurück!«

Für einen Moment herrschte Stille nach der kühnen Rede des jungen Arverners, doch dann begannen sie, erst vereinzelt, dann immer mehr, ihre Waffen aneinanderzuschlagen, um so ihre Zustimmung und Begeisterung zu bekunden.

Fearr hörte aber auch entrüstete Ablehnung. »Du stellst dir wohl vor, daß wir dann dir den Oberbefehl übertragen und für einen Arverner in die Schlacht ziehen! Wahrlich, du bist der Sohn deines Vaters! Hast wohl den Wunsch, Hochkönig aller Kelten zu werden? Gib es zu, Arverner, wir sollen für deine ehrgeizigen Pläne sterben!«

Da hob Atechtorig die Hand, und alle verstummten.

»Dieser junge Mann, Fearr Singetrech, hat mit dem Mund der Götter zu uns gesprochen. Unzählige Male haben ich und andere meines Ordens euch ähnliches gesagt, doch eure Ohren blieben verschlossen.

Er hat es klar erkannt! Aber es ist euer Stolz, eure Arroganz, was euch daran hindert, seine Botschaft anzunehmen.

Wohin dieser Stolz die Nervier, die Eburonen und all die anderen gebracht hat, ist bekannt. Acco ist tot, Dumnorech gemeuchelt, Indochmar hingerichtet. Die Zerrissenheit der Stämme ist größer denn je.

Seht die Treverer! Heute paktieren sie mit dem Feind, morgen stehen sie gegen ihn im Feld.

Haben die Karnuten vergessen, daß ihre Niederlage im letzten Jahr unter anderem darauf zurückzuführen ist, daß einer ihrer angesehensten Edlen, Fürst Tasget, Verrat geübt hat? Seit sechs Jahren stehen höchstens fünfzigtausend Römer im Land, und es soll Hunderttausenden von uns nicht gelingen, sie hinauszujagen?

Hört auf den Arverner und vereint euch! Denn dann, das weiß ich, wird der Sieg euer sein. Im übrigen ist der Zeitpunkt, jetzt den Krieg gegen die Römer zu beginnen, äußerst günstig. Ihr Feldherr, Caesar, befindet sich in Rom, und wie mir berichtet wurde, hat er Schwierigkeiten mit seinen politischen Gegnern. Es drohe sogar ein Bürgerkrieg, heißt es. Also, was gibt es für eine günstigere Gelegenheit, als seine Truppen jetzt anzugreifen, wo ihr Führer getrennt von ihnen ist?« Diese flammende Rede des Hochdruiden schien die letzten Zweifel hinweggefegt zu haben und wurde mit jubelnder Begeisterung aufgenommen.

Es waren dann die Karnuten, die sich spontan bereit erklärten – wohl um ihre kürzlich erlittene Niederlage vergessen zu machen –, den Erstangriff zu führen. Vorausgesetzt, alle anderen würden schwören, ihnen beizustehen und ihre Feldzeichen mit den ihren zu vereinen.

So legten die versammelten Stammesfürsten den heiligen Eid ab und stellten ihre ebergekrönten Feldzeichen vor Atechtorig auf. Den Befehl über die Karnuten erhielten die Fürsten Cotruad und Connetodon. Cotruad gehörte gleichzeitig dem Orden der Druiden an und war als unerschrockener, furchtloser Kämpfer bekannt.

Nachdem sie noch den Angriffstermin festgelegt hatten, lösten sie die Versammlung auf.

Auf dem Heimweg blieb Fearr seltsam verhalten und schweigsam.

»Ich verstehe dich nicht, Fearr! Statt dich zu freuen, daß es jetzt endlich losgeht, und das sogar in deinem Sinne, reitest du seit Stunden mürrisch und gedankenverloren neben mir her!«

»Weil ich maßlos enttäuscht bin, Lochtaire! Sie haben es immer noch nicht verstanden.«

»Warum? Sie haben doch geschworen, den Kampf gemeinsam aufzunehmen.«

»Du Narr! Das waren hehre Worte. Kannst du dich nicht

mehr daran erinnern, wie sie zu Beginn ängstlich darum gefeilscht haben, wer sich bereit erklären müsse, den ersten Schlag zu führen? Und wie erleichtert sie alle waren, als sich nach der Rede Atechtorigs spontan ein stolzer Dummer gefunden hat, die Karnuten!

Glaubst du ernsthaft, diese Hohlköpfe vergessen auf eine schöne Rede hin alle alten Stammesfehden und fangen mir nichts dir nichts an, sich gegenseitig zu trauen?«

»Na gut! Aber auch du hast den Eid geleistet. Du wirst mir doch nicht sagen wollen, daß gerade du eidbrüchig wirst!«

»Natürlich nicht! Aber ich werde ihn auf meine Art erfüllen – und du wirst mir dabei helfen. Ich habe allmählich die Nase voll von schönen Worten. Jetzt ist Handeln das Gebot der Stunde. Ja, Lochtaire! Jetzt zählt jeder Mann. Und, bei Lug, ich werde sie zur Einheit zwingen. Ich werde ein Feuer entfachen, das man im ganzen Lande sehen kann! Einen Flächenbrand, der das Schmiedefeuer für die keltische Nation sein wird!«

Lochtaire zügelte sein Pferd und sah seinem Freund bewundernd in die Augen.

»Fearr, ich erkenne dich kaum wieder! Bei Tarans Rad, der alte Druide hatte recht. Du bist wahrhaftig von den Göttern berührt.«

»Komm, Lochtaire! Reiten wir schneller, auf uns wartet harte Arbeit.«

33

In den folgenden Wochen waren die beiden Freunde unentwegt damit beschäftigt, den Adel der arvernischen Stämme zum Krieg zu bewegen.

Sie ritten von Hof zu Hof, von Weiler zu Weiler, doch ihr Erfolg war nur mäßig; und häufig wurden sie sogar abgewiesen.

Als Fearr eines abends wieder einmal müde und niedergeschlagen nach Hause kam, erwartete ihn dort ein Bote seines Onkels. Der Mann teilte ihm mit, daß er sich unverzüglich bei Govanned in Gergovia einfinden solle.

Fearr ahnte instinktiv, daß es nun endgültig zum Bruch mit seinem Onkel kommen würde.

Govanned machte schon seit längerer Zeit, vor allem durch Dyffekiach beeinflußt, keinen Hehl aus seiner prorömischen Einstellung und mißbilligte das radikale Vorgehen seines Neffen. Des öfteren hatte er ihn ermahnt, seine aufrührerische Mission zu beenden.

Mit einem flüchtigen Kuß verabschiedete er sich von Brigainn und Carantana, schwang sich sofort wieder aufs Pferd und folgte dem Boten in die Stadt.

Umgeben von einigen Mitgliedern des Ältestenrates und des Adels saß Govanned in der großen Halle und nahm gerade ein spätes Mahl ein, als man Fearr hereinführte.

»Bin ich etwa dein Gefangener, Onkel?« rief Fearr, aufgebracht durch die rüde Art, wie ihn die Wachen in die Halle führten.

Govanned legte gemächlich das Hühnerbein, an dem er gerade genagt hatte, auf seinen Teller und griff zum Becher. Dann fixierte er Fearr über den Rand des Pokals.

»Beruhige dich bitte, ich möchte nur mit dir reden. Ich habe dich in der letzten Zeit mehrfach gewarnt und dich gebeten, mit deiner Hetzkampagne aufzuhören. Hast du nicht gemerkt, daß deine Botschaft zumeist auf taube Ohren gestoßen ist? Wir alle sind froh, daß uns der Krieg bislang weitgehend verschont hat! Und warum? Weil wir uns aus den Angelegenheiten fremder Völker heraushielten.

Nur durch meine Politik war es möglich, die Arverner und ihre Verbündeten während der vergangenen Jahre vor Elend und Armut zu bewahren. Außerdem haben uns die Römer unsere Freiheit und den Status eines Bundesgenossen für den Fall zugesichert, daß wir uns auch in Zukunft neutral verhalten. Ich meine, daß dies ein annehmbares Angebot ist, das uns zudem auf lange Sicht Frieden und Wohlstand bescheren wird.«

Fearr fühlte während dieser Rede die blanke Wut in sich aufsteigen, doch da ergriff bereits Epasnacht, ein durch den

Handel mit Rom reich gewordener arvernischer Edeling, hitzig das Wort.

»Gib endlich Ruhe, Fearr Singetrech! Keiner von uns will deinen Krieg! Wir können von den Römern nur profitieren! Rom, das bedeutet Kultur, Lebensart ...«

»Wie an deinem kostbaren Becher zu sehen ist. Stieg dir der römische Wein schon so in den Kopf, daß er dir den Verstand geraubt hat?« fiel Fearr dem Baron höhnisch ins Wort.

Der riß noch einmal empört den Mund auf, zog es dann aber vor, nichts mehr zu sagen. Fearr schaute in die Runde und ballte die Fäuste.

»Du, ihr – alle seid ihr feige! Glaubt ihr denn wirklich, die Römer hielten sich an ihr gegebenes Wort? Meint ihr etwa, die verleiben sich eine Hälfte des Schweines ein und lassen die andere liegen? Nein, sie wollen alles!

Und was sie wollen, ist doch klar! Unser Gold, unser Getreide, unser Vieh, unsere Pferde, unsere Wälder und schließlich uns selbst.

Als Sklaven!

Ich war in Rom! Es war grauenhaft und entwürdigend! Dort habe ich gesehen, wie sie mit denen verfahren, die sie zuvor unterjocht haben. Willst du auch in einer Arena von wilden Tieren zur allgemeinen Belustigung des Pöbels zerfleischt werden, Epasnacht, der du die Römer so zu bewundern scheinst?

Ihr seid doch alle Träumer!

Kämpft, wenn ihr noch ein wenig Ehre besitzt!

Da lobe ich mir Bodugnat und seine Nervier! Es gibt sie zwar nicht mehr, aber es blieb ihnen erspart, ihr Leben in würdeloser Unterdrückung zu verbringen!« schrie er den Versammelten zu, die ihn fassungslos anschauten.

Govanned erhob sich und beugte sich, seinen Neffen aus schmal gewordenen Augen ansehend und sich auf seine Arme stützend, leicht nach vorne.

»Es reicht, Neffe! Du vergißt, daß du in meinem Haus bist und an meinem Tisch sitzt! Außerdem vergreifst du dich entschieden im Ton vor meinen Gästen.«

»Dein Haus, wie? Dein Tisch? Onkel – gehst du da nicht

ein wenig zu weit? Erstens könnte ich, der Sohn Celtealls, einiges zu diesen Eigentumsverhältnissen sagen, zweitens, wer sagt dir, daß dir deine römischen Freunde deinen ›Besitz‹ nicht einfach irgendwann wegnehmen?« unterbrach Fearr mit zornrotem Gesicht seinen Onkel.

»Verschwinde sofort aus diesem Haus! Wage es ja nicht mehr, nach Gergovia zu kommen oder gar mir unter die Augen zu treten. Tust du es doch, dann lasse ich dich töten!« schrie ihn Govanned mit sich überschlagender Stimme an.

Eine Weile standen sich die beiden haßerfüllt und mit zornig geballten Fäusten gegenüber, dann wurde Fearr auf einmal sehr ruhig.

»Govanned! Das habe ich in diesem Hause schon einmal gehört. Und der, der das sagte, ist jetzt tot. Von deiner Hand, glaube ich, nicht wahr? Und auf Weisung der Götter, hoffe ich. O doch, Govanned, wir werden uns ganz bestimmt wiedersehen – und zwar hier, in meinem Hause.«

Fearr sagte es leise und mit ausdrucksloser Stimme.

Dann drehte er sich abrupt um und verließ, gefolgt von Kritognat und Fercaswallon, den Raum. Aschfahl sank Govanned auf seinem Sitz zurück.

34

»Du hättest sie sehen sollen! Und vor allem, du hättest ihre Reden hören sollen!«

Die Worte Fearrs waren an Lochtaire gerichtet, der mit Kritognat, Kintogen, Fercaswallon und einigen anderen Getreuen an dem langen Tisch saß, der vor dem offenen Feuer in Fearrs kleiner Halle stand.

»Dick sind sie geworden in all den Jahren. Und feige! Kaufleute, aber keine Krieger mehr.«

Schon eine geraume Weile ging Fearr, die Hände auf dem Rücken verschränkt, mit großen Schritten zwischen dem Tisch und dem Kaminfeuer auf und ab.

Er war von den Ereignissen in Gergovia noch sichtlich erregt. Brigainn hatte neben dem Kamin Platz genommen und koste mit Carantana, die auf ihrem Schoß saß.

»Ist Papa böse auf uns?« fragte sie ihre Mutter leise.

»Nein, er ist nur traurig und verärgert, aber nicht wegen uns«, beruhigte sie die Kleine sanft.

»Warum dann?« Carantana sah ihre Mutter mit großen, fragenden Augen an.

»Dein Vater hatte Streit mit Onkel Govanned.«

Inzwischen hatte sich Fearr vor seiner Tochter auf den Boden gekniet.

»Es ist ja schon gut, meine Nachtigall«, sagte er und strich ihr eine Locke aus der Stirn.

»Wenn du traurig bist, warum weinst du dann nicht?« fragte sie ihn mit ihrem leicht zitternden feinen Stimmchen. »Ich muß immer weinen, wenn ich traurig bin«, setzte sie hinzu. Es klang so, als wollte sie ihren Vater trösten und ihm deutlich machen, daß Weinen manchmal helfen könne.

Fearr mußte lächeln.

»Mach dir keine Sorgen, Cara. Es wird schon alles gut werden. Jetzt aber solltest du schlafen gehen.«

Carantana hüpfte vom Schoß ihrer Mutter, küßte ihre Eltern und verließ den Raum, nachdem sie sich auch von den anderen artig verabschiedet hatte.

Fearr richtete sich wieder auf und sah ihr nachdenklich hinterher.

»Nach allem, was geschehen ist, ist mir tatsächlich nach Weinen zumute. Aber das bringt uns auch nicht weiter. Wir müssen etwas tun«, sagte er, sich an alle wendend.

»Und was können wir deiner Meinung nach jetzt noch tun, nachdem uns dein prächtiger Onkel und seine Krämer einen Tritt versetzt haben?« fragte Brigainn bissig.

»So, wie es ausschaut, werden wir in der jetzigen Situation nicht genügend Männer zusammenbekommen, um ein schlagkräftiges Heer aufzustellen«, gab Lochtaire zu bedenken.

»Bist du dir da so sicher?« versetzte Fearr mit einem grimmigen Unterton.

»Fearr, der gesamte Adel ist gegen dich! Das müßte dir

doch spätestens heute bewußt geworden sein«, entgegnete Fercaswallon. »Seit sechs Jahren konnten sie sich erfolgreich aus dem Krieg heraushalten, ihre Bäuche mästen und römischen Wein trinken. Warum sollten sie das alles aufgeben, gerade nach den traurigen Ereignissen der letzten Jahre?«

»Ich rede ja auch gar nicht vom Adel, lieber Vetter«, sagte Fearr gefährlich leise.

Die um den Tisch Sitzenden hoben die Köpfe.

»Raus damit, Fearr! Was hast du vor?« Lochtaire sah seinen Freund gespannt an. Dieser stützte sich mit beiden Armen auf den Tisch und blickte mit Verschwörermiene in die kleine Runde.

»Ich werde ein Heer aufstellen! Aber nicht mit diesen arroganten, adligen Nichtstuern und ihrem feigen Gesindel, das sich Krieger schimpft. Nein, ich werde ein Heer aufstellen mit Männern, die allen Grund haben, für die Freiheit zu kämpfen.

Ich werde eine Armee von Bauern und Unfreien zu den Waffen rufen! Ich werde jeden akzeptieren, der Schwert oder Lanze zu führen versteht, sogar Entrechtete und Verbrecher, wenn es sein muß!«

Eine Weile war nur das Knistern des Feuers im Kamin zu hören.

Die Gefährten starrten ihn verständnislos an.

»Bist du vollständig übergeschnappt? Das sind doch keine Krieger, das … das ist Abschaum, Gesindel. Das sind Tiere ohne Ehre und ohne Verstand! Die haben doch keine Ahnung davon, wie man mit einer Waffe umgeht. Wenn es Männern wie Bodugnat oder Dumnorech nicht gelungen ist, mit ihren Kriegern gegen die Römer zu bestehen, wie willst du es dann mit diesen … diesen Kreaturen schaffen?« schrie Fercaswallon entgeistert seinen Vetter an.

»Das, was du vorhast, widerspricht den Sitten unserer Vorfahren! Dieses Gesindel darf von alters her keine Waffen führen. Weiß du eigentlich, was du damit riskierst? Wenn du denen Schwerter in die Hand gibst, werden sie sich gegen uns auflehnen! Sie werden alles daransetzen, unsere Herrschaft über sie abzuschütteln! Die von den Göttern gebotene

Ordnung der Clans würde im Chaos enden!« setzte Kintogen den Gedankengang seines Vorredners sichtlich erregt fort.

Nur Lochtaire sagte nichts.

Er lehnte sich schmunzelnd, die Arme über der Brust verschränkt, auf seinem Stuhl zurück und zwinkerte Brigainn zu, die wieder neben ihm Platz genommen hatte.

Auch sie lächelte still vor sich hin.

»Hat sonst noch jemand etwas Schlaues zu sagen?« fragte Fearr spöttisch. Dann schlug er unvermittelt mit der Faust auf den Tisch.

»Ihr seid keinen Deut besser als die satten Herren in Gergovia!« brüllte er. »Habt ihr es denn noch immer nicht verstanden? Was habe ich euch eigentlich während der letzten Zeit immer wieder beizubringen versucht? Die glorreichen Zeiten der Helden und Krieger sind unwiederbringlich dahin! Glaubt ihr, die Römer haben nur Edelleute in ihren Legionen? Die haben eine Volksarmee! Das bedeutet, daß sie ihre Soldaten aus allen Schichten der Bevölkerung rekrutieren. Die meisten von denen leisten ihren zwanzigjährigen Dienst in der Legion ab, weil sie nirgendwo sonst eine Zukunft hätten, also dienen sie lieber auf diese Weise dem Staat. Römische Feldherren haben keine Skrupel, sogenanntes Gesindel in die Legion aufzunehmen. Und dieses Gesindel kämpft verdammt gut, wie wir die letzten sechs Jahre gesehen haben!

Allerdings – die Römer kämpfen für eine Idee! Sie kämpfen für einen wohlorganisierten Staat, der allen Bürgern die gleichen Rechte sichert, so sie sich bewähren!

Wie oft habe ich es euch schon gesagt! Wenn wir überleben wollen, dann nur als ein geeintes Volk. Es geht schon lange nicht mehr um die Freiheit der Arverner, der Haeduer oder sonst einem Stamm! Es geht um den Bestand der keltischen Nation! Natürlich müssen wir da in vielem mit der Vergangenheit brechen. Aber tun wir das nicht, werden wir sang- und klanglos untergehen. In den vergangenen sechs Jahren sind die Stämme ausgeblutet, und es gibt kaum noch kampferprobte Männer. Unsere althergebrachte Kampfesweise wurde von den Römern bislang immer wieder der Lächerlichkeit preisgegeben. Heldenhaft stürmten unsere Krieger gegen ihre tief gestaffelten, schildbewehrten Kader an und wurden dann, nachdem sie sich erfolglos abgemüht hatten, mit den Lanzen und kurzen Schwertern der Legionäre abgestochen.

Wenn wir es also wirklich wagen wollen, uns den Römern noch einmal zu stellen, dann brauchen wir jeden Mann! Und dieses Gesindel, wie du es zu nennen beliebtest, teurer Vetter, werden wir eine neue Art zu kämpfen lehren. Nämlich meine!«

Schwer atmend hielt er inne, stand mit geballten Fäusten vor dem Feuer. Seine Augen glühten in dem bleichen Gesicht.

»Und ihr werdet mir dabei helfen, diese Männer aus allen Gauen unseres großen Landes hier zu versammeln«, setzte er, merklich ruhiger geworden, hinzu.

Gebannt schauten sie ihn an, bis Lochtaire spontan aufstand, zu ihm ging und ihm die Hände auf die Schultern legte.

Dann drehte er sich ostentativ zu den anderen um und zog sein Schwert.

»Hier hast du meine Klinge! Ich folge unserem Fürsten Fearr Singetrech!«

Einer nach dem anderen trat darauf vor ihn hin und leistete seinen Schwerteid. Zuletzt kam Brigainn und küßte ihn zärtlich.

»Vergiß uns Frauen nicht! Wir werden dich in jeder Hinsicht unterstützen. Auch Frauen können kämpfen! Ich jedenfalls werde dir zur Seite stehen!«

Schon am nächsten Morgen brachen sie in alle Himmelsrichtungen auf, um die kühne Idee des Arverners zu verwirklichen.

35

Es hatte zu schneien begonnen, als Fearr und Brigainn das kleine Wäldchen erreichten.

Unermüdlich hatte das Paar während der vergangenen Tage in den Hütten der Ärmsten, in Weilern und Gehöften um Menschen geworben, die mit ihnen gegen die Römer ziehen sollten.

Natürlich schlug ihnen zunächst Mißtrauen entgegen, aber dank der Einfühlsamkeit, die gerade Brigainn diesen geknechteten und so oft gedemütigten Menschen entgegenbrachte, konnten sie neue Hoffnung in viele Herzen säen.

Bereitwillig waren sie damit einverstanden, sich zu einem festgesetzten Tag in Gergovia einzufinden, sich einer Streitmacht anzuschließen, die für die keltische Sache kämpfen wollte. Die Aktion schien Erfolg zu haben, brachte aber auch für Fearr und Brigainn einige ganz neue Erfahrungen mit sich.

Noch nie waren sie bislang mit dem Elend der untersten Bevölkerungsschicht konfrontiert worden. Gewiß, die Bauern, sofern sie Freie waren, mußten zwar hohe Abgaben an den jeweiligen Clansherrn entrichten, aber es reichte doch im allgemeinen für ein annehmbares, wenn auch bescheidenes Leben im eigenen Haus. Die Unfreien hingegen fristeten ihr Dasein unter den kärglichsten Bedingungen.

Gerade in dem hinter ihnen liegenden Dorf hatten sie dies hautnah erleben können.

Abgesondert von den Freihöfen standen die runden, zumeist baufälligen Hütten der Unfreien. Aus groben, unbehauenen Feldsteinen erbaut und nur notdürftig mit Brettern abgedeckt, erinnerten sie an Bienenkörbe.

Als Fearr und Brigainn eine der Katen betraten, wichen die Bewohner, eine fünfköpfige Familie, zunächst scheu zurück. Ein kleines Feuer, über dem ein irdener Topf hing, erhellte nur spärlich das fensterlose Innere.

Drei völlig verdreckte, trotz der winterlichen Kälte barfüßige Kinder im Alter zwischen einem und vier Jahren drängten sich an ihre Mutter.

Die noch sehr junge Frau – höchstens zwanzig Jahre mochte sie sein – kauerte vor dem Feuer und rührte in dem Kessel herum, der wohl eine dünne, wäßrige Rübensuppe enthielt.

Der Geruch der Rüben vermengte sich mit dem Gestank von Schweiß und Exkrementen.

Eines der Kinder fing an zu schreien, bis der Vater, ein kräftiger Mann mittleren Alters, das kleine Mädchen auf seinen Schoß nahm und es leicht in seinen Armen wiegte. Jetzt erst schienen sie zu begreifen, daß Fremde vor ihnen standen. Sie erkannten schon an der Kleidung, daß die Ankömmlinge dem Adel angehörten, doch da sie bereits knieten, brauchten sie diese ansonsten übliche Demutsgeste nicht mehr auszuführen.

Die Frau senkte den Kopf so weit, daß ihre fettigen, strähnigen Haare fast den Kessel berührten; der Mann jedoch schaute das Paar unverwandt aus seinen großen grünen Augen an.

»Habt keine Furcht! Wir wollen nur mit euch reden«, sprach Brigainn die Menschen freundlich an.

Das älteste der drei Kinder, ein kleines blondes Mädchen, löste sich von seiner Mutter und ging freimütig und lächelnd zu der fremden Frau.

Brigainn hockte sich hin und öffnete ihre Arme, bis sich das Kind in ihren pelzverbrämten Mantel kuscheln konnte.

»Was wollt ihr von uns? Wir kennen euch nicht, aber ihr gehört offensichtlich einem hohen Stand an. Hat uns unser Herr an euch verkauft?« fragte der Mann. Furcht schwang in seiner Stimme mit.

Trotz des Feuers war es unangenehm kalt in der Hütte.

Fearr, der in der niedrigen Behausung kaum aufrecht stehen konnte, kniete sich nun ebenfalls auf den festgestampften Lehmboden, hielt die Hände vors Feuer und wärmte sich.

Jetzt blickte auch die Frau auf und sah Fearr ängstlich an, der sie anschaute und feststellen mußte, daß sie trotz ihres verwahrlosten Äußeren und ihrer Abgehärmtheit eigentlich hübsch war.

Brigainn sang der Kleinen indes leise ein Lied vor, während sie ihr immer wieder über das verfilzte Haar strich.

»Nein, dein Herr hat euch nicht verkauft. Ich bin hierhergekommen, weil ich deiner Hilfe bedarf!« Für einen Moment schien der Mann verblüfft, doch dann fing er an zu lachen. »Wollt Ihr mich verspotten? Seit wann ersuchen die reichen Edelleute bei unsereins um Hilfe nach? Normalerweise nehmt ihr Leute wie mich doch gar nicht wahr, es sei denn, ihr holt euch ein Mädchen von uns für das flüchtige Vergnügen einer Nacht! Oder Ihr probiert eure Schwerter an uns aus. Welche Hilfe könntet ihr wohl von mir erwarten?«

»Wie heißt du?« fragte Fearr, der auf diese Feststellung nicht eingehen wollte, zudem ihn die Worte peinlich berührten.

»Brago ist mein Name.«

Fearr war beeindruckt von diesem Mann, der sich zwar höflich, aber nicht unterwürfig verhielt. Er verfügte offenbar über soviel Rückgrat, daß er sich seines Standes nicht schämte.

»Was würdest du tun, wenn du die Gelegenheit bekämest, für dich und deine Familie die Freiheit zu verlangen?« fragte Fearr weiter.

Brago lachte laut auf. »Alles! Aber davon kann ich nur träumen, müßt Ihr wissen!«

»Brago, ich meine es ernst! Ich biete euch die Freiheit, euch und allen anderen, die in diesen elenden Hütten hausen. Aber ihr müßt dafür etwas tun.«

»Natürlich! Umsonst ist der Tod! Ich wußte, daß Ihr mir das nicht aus reiner Menschenliebe anbieten würdet. Was also verlangt Ihr von uns für eine so noble Geste?«

Bragos Frau blickte gehetzt zwischen ihrem Mann und Fearr hin und her.

Für einen Moment schloß Fearr die Augen, dann öffnete er sie wieder und schaute sein Gegenüber lange und intensiv an.

»Du mußt dir deine Freiheit erkämpfen. Mit der Waffe in der Hand!« sagte er schlicht.

»Wir dürfen keine Waffen haben, das solltet Ihr doch wissen! Außerdem würde unser uns Herr totschlagen, wenn er von diesem Gespräch erführe. Wer seid Ihr, der Ihr uns die Freiheit versprecht?«

Brago war sichtlich berührt und aufgewühlt von dem Gedanken. Ich habe ihn also richtig eingeschätzt, dachte Fearr; sollte ich ihn von der Sache überzeugen können, wird er eine große Hilfe sein.

»Ich heiße Fearr und bin der Sohn …«

»Celtealls. Ich weiß. Wir haben von dir gehört. Man sagt auch, daß du Männer suchst, die dir helfen, gegen die Römer zu kämpfen. Suchst du sie etwa ausgerechnet bei uns?« unterbrach in Brago. »Seit Menschengedenken behandelt ihr uns wie Vieh, und dann, auf einmal soll alles anders sein, und ihr fragt uns um Hilfe gegen eure Feinde, mit denen eure tapferen Krieger seit Jahren vergeblich kämpfen. Das ist so aberwitzig, daß ich Euch sogar glaube!«

Fearr mußte sich eingestehen, daß Brago leider die Wahrheit gesprochen hatte. Und er stellte für sich fest, daß der Mann nicht dumm war.

Sorgfältiger die Worte wählend, legte Fearr seinen Plan dar und entzündete so in dem Herzen des Mannes nach und nach einen Funken, der bald schon zu einem lodernden Feuer wurde.

Am Ende kamen sie überein, daß Brago zunächst die anderen aus dem Dorfe überzeugen sollte, um dann mit ihnen auch in der ferneren Umgebung die Botschaft weiterzutragen. Zu einem verabredeten Zeitpunkt müßte Brago dann mit allen, die ihm folgen würden, auf dem Hof Fearrs eintreffen. Zum Schluß ermahnte Fearr seinen neuen Gefährten zu strengster Geheimhaltung und gab ihm noch einen Beutel mit Silbermünzen.

Nachdem Fearr und Brigainn von der Rübensuppe gekostet hatten, machten sie sich wieder auf den Weg.

Während sie nun durch das Wäldchen ritten, tauschten sie ihre Eindrücke aus.

»Wenn Lochtaire und die anderen genauso erfolgreich sind wie du, brauchst du dir keine Sorgen mehr um deine Armee zu machen«, meinte Brigainn. »Vor allem, wenn sie auf genauso vortreffliche Männer wie unseren Brago stoßen!«

»Du solltest dir aber Gedanken um dich und vor allem um deine liebreizende Frau machen!« ertönte da eine tiefe, rauhe Stimme aus dem Gebüsch. Sofort rissen Fearr und Brigainn die Klingen aus den Scheiden.

Das Dickicht teilte sich, und eine verwegen aussehende Schar Männer und Frauen umstellte rasch das Paar. Angeführt wurden diese Wegelagerer – daß es sich um solche handelte, bezweifelte Fearr keinen Moment – von einem untersetzten, aber äußerst muskulösen Mann mit dickem, langem, rabenschwarzem Haar und einem ebensolchen Vollbart. Wegen seiner roten, lächerlich kleinen Nase und seinen listigen, blitzenden Schweinsäuglein machte er auf die beiden auf den ersten Blick einen eher harmlosen Eindruck. In seinen schwieligen Händen hielt er eine Axt mit einem überdimensional großen Blatt.

»Na, wo will man denn so spät am Abend noch hin? Ihr müßtet doch eigentlich wissen, daß es Räuber im dunklen Wald gibt, edler Herr. Wie verantwortungslos Ihr doch Eurem lieben Frauchen gegenüber seid! Na ja, Eure Reise ist auf jeden Fall hier zu Ende.«

Brigainn fixierte den Banditen aus zusammengekniffenen Augen. »Ich an deiner Stelle wäre sehr vorsichtig, du Strolch! Wir verfügen über zwei scharfe Schwerter, mit denen wir sehr gut umzugehen wissen. Bevor wir sterben, werden wir ganz bestimmt einige von euch Halsabschneidern der Morrigan zum Fraß vorwerfen!«

»Oho, große Worte einer kleinen Frau! Mut habt Ihr, aber sieh uns an! Wir sind zu viele, und außerdem sind genügend Bögen auf euch gerichtet. Aber wer weiß? Ich bin heute mild gestimmt, und das bedeutet, daß Ihr sogar mit dem Leben davonkommen könntet, wenn Ihr Euch entschließen würdet, uns Eure Pferde, Euer Gold und was Ihr sonst noch am Leibe tragt zu schenken«, dröhnte der Baß des Anführers.

»Schade eigentlich, wofür ihr eure schönen Waffen benutzt!« warf Fearr betont lässig ein. »Ich wüßte schon, wo ihr sie besser und vor allem sinnvoller einsetzen könntet! Dann bräuchtet ihr auch nächtens nicht mehr durch die kalten Wälder zu streifen und hilflose Wanderer zu überfallen.«

Völlig verblüfft sahen die Banditen sich an.

Um Hilfe schreiende oder um Gnade winselnde Opfer waren sie gewohnt. Aber ein unerschrockenes und dazu noch bewaffnetes Pärchen überstieg ihr Fassungsvermögen.

Verlegen senkte der Schwarze den Blick und zeichnete mit dem Stiel seiner Axt einen Kreis in den Schnee.

»Was ... was wollt Ihr damit sagen?« wandte er sich dann an Fearr.

»Ich dachte an eine berufliche Veränderung für euch alle.«

Das war nun erst recht schwer zu begreifen, denn als Beruf hatten sie ihre Tätigkeit noch nie angesehen.

»Drückt Euch doch deutlicher aus, Herr! Kommt zur Sache, denn ich habe keine Lust, die ganze Nacht Rätselspiele zu machen.«

Der Axtträger begann ungeduldig zu werden, aber Fearr hatte ihn auch neugierig gemacht, und das galt es auszunutzen.

»Habt ihr Strauchdiebe es schon mit einer ehrlichen Arbeit versucht ...?«

»Haben wir!« unterbrach ihn der Anführer. »Deshalb sind wir jetzt auch alle hier.«

Dieser bissige Kommentar wurde von einem allgemeinen Gelächter begleitet, in welches auch Brigainn und Fearr einstimmten. Das Eis schien zumindest gebrochen.

»Was ich anzubieten habe, sichert euch immer warmes Essen und ein Dach über dem Kopf sowie reichlich Beute! Aber das Allerwichtigste ist, daß ihr euch für eine gute Sache einsetzt!«

»Verzeiht, Herr, aber ich verstehe immer noch nicht ...!«

»Also, um es kurz zu machen, ihr sollt für mich kämpfen! Dieser Tag scheint mein wie euer Glückstag zu sein. Wie wär's? Wenn ihr euch mir anschließen wollt, dann überlegt nicht zu lange.«

»Wer, bei Lug, seid Ihr, Herr?«

»Ich bin Fearr Singetrech. Und das ist Brigainn, meine Frau. Du tatest übrigens gut daran, sie nicht anzugreifen. Glaub mir, es ist leichter, sich gegen ein Rudel Wölfe zu wehren als gegen sie.«

Wieder lachten alle.

»Nun, ich bin Bratron, der Herr dieses Waldes! Alles Weitere solltet Ihr uns an unserem Lagerfeuer erzählen, zu dem wir Euch einladen. Ich glaube, daß darüber gerade ein fettes Schwein brutzelt!«

»Die Götter müssen dich wahrhaftig lieben, mein Schatz! Du hast sie gezähmt, und nun fressen sie dir aus der Hand«, sagte Brigainn später zu ihrem Mann, als sie dicht aneinandergekuschelt ein wenig abseits von den anderen neben einem kleinen Feuer lagen.

In der Tat hatte Fearr in relativ kurzer Zeit die Herzen dieser einfachen Menschen im Sturm erobert.

»Brigainn, diese Menschen sind doch nur wegen Leuten wie Govanned oder Epasnacht zu dem geworden, was sie jetzt sind. Entrechtete, Vogelfreie. Im Grunde sind es harmlose, friedfertige Naturen, die erst durch die Willkür des Adels zu gefährlichen Gesetzlosen wurden. Erinnere dich doch nur an die Worte Bragos! Auch ich kann mich nicht davon freisprechen, diesen Menschen in der Vergangenheit Unrecht angetan zu haben. Du hast ja gesehen, wie begeistert die Leute waren, als ich ihnen meine Pläne erklärte. Jetzt haben sie ein Ziel, eine Aufgabe – und eine Zukunft!«

Am nächsten Morgen, Fearr und Brigainn saßen schon auf ihren Pferden, trat Bratron neben sie.

»Wir möchten mit Euch kommen, Herr!« Seine kleinen Augen blickten treuherzig, fast ergeben zu dem Paar auf.

Fearr schaute seine Frau kurz an, dann nickte er zustimmend. »Ihr könnt fürs erste bei uns auf dem Hof wohnen, bis die anderen eingetroffen sind. Dann werden wir weitersehen. Los denn, brechen wir auf!«

Mit Freudengeheul machten sie sich auf den Weg.

Kaum hatten sie gegen Abend den heimischen Hof erreicht, setzten bei einer der Frauen aus Bratrons Schar die Wehen ein. Ohne zu zögern übernahm Brigainn die Rolle der Hebamme, und kurze Zeit später kam die Frau mit einem gesunden Knaben nieder.

»Unverkennbar, wer der Vater ist!« sagte Brigainn und zwinkerte Bratron zu.

Der kleine Junge hatte dichtes, rabenschwarzes Haar.

36

Oft traf Fearr sich in dieser Zeit auch mit den beiden Führern der Karnuten, um sich mit ihnen abzustimmen.

»Wir werden in zehn Tagen zuschlagen«, eröffnete ihm Cotruad, als dieser wieder einmal bei Fearr übernachtete. »Wie wir erfahren haben, wird sich zu diesem Zeitpunkt der Proviantmeister des römischen Heeres, ein gewisser Fufius Cita, in Kenabo aufhalten. So werden wir ihn und die anderen Schmeißfliegen vom Tiber mit einem Streich erledigen.«

»Sehr gut, Cotruad! Zur gleichen Zeit befreien wir Gergovia von seinen unfähigen und von den Römern gekauften Führern. Und dann werden wir gemeinsam die Legionen in ihren Winterlagern überwältigen!«

»Ich hoffe nur, daß Atechtorigs Informationen stimmen und daß Caesar nicht mehr rechtzeitig zu seinen Legionen stoßen kann«, sagte Cotruad.

»Das wäre aber sehr schade! Ich würde ihm gerne noch einmal begegnen. Auf dem Schlachtfeld!« lachte Fearr.

Dann war der Tag gekommen.

Während in den frühen Morgenstunden in Kenabo die dort ansässigen römischen Familien, unter ihnen Fufius Cita sowie alle karnutischen Verräter, aus ihren Wohnungen gezerrt und hingerichtet wurden – am Ende stellte man ihre Köpfe in Nischen im Heiligtum des Taran zur Schau –, stürmten die Scharen Fearrs gegen die Tore Gergovias. Ohne Gegenwehr öffneten die Wachen, die längst auf Fearrs Seite standen, die Tore, und bald darauf führte man Govanned, die anderen Mitglieder des Ältestenrates sowie etliche Barone gefesselt vor Fearr auf den großen Platz.

»Ihr habt durch euer Verhalten Verrat an Volk und Land verübt!« rief Fearr mit schneidender Stimme den Gefangenen zu. »Aber ich werde euch trotzdem eine Chance geben. Wer mir jetzt mit seinem Blut die Treue schwört, bleibt ein freier Mann und kann sich mir anschließen. Wer nicht …«

Fearr machte eine vielsagende Handbewegung.

Sofort traten einige der jüngeren Adligen entschlossen vor und streckten ihm die gefesselten Hände hin.

»Wir sind deine Gefolgsleute!« sagten sie einhellig.

Ihre Fesseln wurden gelöst, und Fearr hielt ihnen sein Schwert entgegen, die Schneide nach oben.

Ohne zu zögern ließen sie ihre entblößten Unterarme über die scharfe Klinge gleiten und leisteten ihren Schwur. »Schön! Als nächstes dürft ihr mir gleich eure Treue beweisen. Diesen da«, er wies auf die restlichen Gefangenen, »werdet ihr auf der Stelle ihre vom römischen Wein benebelten Köpfe abschlagen. Nur den hier, den spart mir auf.«

Fearr legte seine Hand auf Govanneds Schulter.

Die Männer machten sich an ihre blutige Arbeit, und bald war nur noch Govanned übrig.

Fearr stellte sich vor ihn.

»Mein Onkel, ich habe dir bei unserem letzten Treffen versprochen, daß wir uns, trotz deines Unwillens, wiedersehen würden. Und zwar in diesem Haus. Schau dich jetzt noch einmal um! Du magst auch nochmals über die Stadtmauer blicken. Das, verstehst du, ist jetzt mein Haus, in dem ich gerade mit dem Aufräumen begonnen habe.

Und dich, den stinkendsten Unrat, werde ich höchstpersönlich entfernen!«

Mit einem einzigen Hieb schlug er ihm den Kopf ab, begleitet von einem beifälligen Raunen der Menge.

Fearr hielt den Kopf, dessen Augenlider und Lippen noch zitterten, an den grauen Haaren hoch.

»Ach ja, ich vergaß! Auch meine Hand führte ein Gott! – Hängt die Köpfe über dem Südtor auf, und diesen hier steckt auf einen Pfahl, so daß jeder, der vorbeikommt, ihn anspukken kann.«

Das blutige Schwert in der Hand, blickte er auf die Menge.

»Geht nun und feiert noch einmal ausgiebig. Es wird für lange Zeit das letztemal sein. Morgen, nach dem ersten Hahnenschrei, stehen alle waffenfähigen Männer auf dem großen Feld vor dem Südtor. – Lochtaire, Fercaswallon, kommt mit mir!«

Die drei begaben sich, gefolgt von den von Lochtaire ernannten Unterführern, in das Haus Celtealls und planten dort mit Fearr bis spät in die Nacht hinein ihr weiteres Vorgehen.

»Gleich morgen schicke ich Gesandte an alle Stämme, die meinem Vater botmäßig waren, wie auch an alle anderen, um sie dazu zu bewegen, sich uns anzuschließen«, begann Fearr. »Ich nehme an, daß sich die Nachricht von dem gemeinsamen Aufstand der Karnuten und uns binnen vier Tagen im ganzen Keltenland verbreitet haben wird.

Du, Lochtaire, ziehst morgen mit deinen Kadurkern zu den Rutenern und Nitiobrogen und überzeugst sie, notfalls mit Gewalt, von unserer Sache.

Ich selber werde, wenn hier alles geregelt ist, zu den Biturigen aufbrechen und sie auf unsere Seite bringen. Ich stelle mir vor, daß es uns gelingen müßte, bis zum Frühlingsfest alle Stämme des Keltenlandes zu vereinen und kriegsbereit zu machen.

Und dann beginnt endlich die Jagd auf die Wölfin vom Tiber!«

Am nächsten Morgen standen alle waffenfähigen Männer, Adlige Schulter an Schulter mit den Ärmsten und Unfreien, erwartungsvoll vor dem Südtor.

Lochtaire war mit seinen Leuten bereits vor dem Morgengrauen nach Süden abgerückt.

Fearr stand auf den Zinnen des Tores, während er zu den Männern sprach:

»Arverner, ab heute werdet ihr von morgens bis abends mit euren Waffen trainieren! Dabei werde ich euch beibringen, wie die Römer zu kämpfen. Daß ihr alle tapfer seid, unterstelle ich. Aber euch mangelt es an Disziplin. Die Tage des ehrenhaften Einzelkampfes sind vorbei.

Die Römer treten in geordneten Verbänden an und folgen genauen Befehlen. Das werden wir ab heute auch tun. Wir werden unsere Kampftaktik verbessern und der ihren angleichen. Das alles, gepaart mit eurer Tapferkeit, sollte genügen, die Legionen zu schlagen.

Aber bis dahin werdet ihr Disziplin üben, bis ihr Blut

schwitzt. Kritognat hier wird es übernehmen, euch in Hochform zu bringen. Gehorcht ihm so, als ob ich selber vor euch stünde. Und noch etwas!

Sollte einer von euch auf die Idee kommen, daß das alles zuviel für ihn wäre, dann sei er gewarnt! Ich werde jede Befehlsverweigerung, jeden Ungehorsam auf das Härteste bestrafen. Auf Fahnenflucht steht der Tod. In kürzester Zeit sollt ihr zu kampfstarken Verbänden zusammengeschmiedet werden, die es mit jedem aufnehmen können.

Da wir gerade von Schmieden sprechen … Ich möchte, daß sich um die Mittagszeit alle verfügbaren Schmiede bei mir einfinden. Es gibt einiges für sie zu lernen!

So, das wär's! Und nun laßt uns beginnen! – Kritognat, sie gehören dir!«

Kritognat, ein Mann von hünenhafter Gestalt, trat an die Stelle Fearrs. Er war ein hervorragender Einzelkämpfer mit dem Schwert und mit der Axt, und sein Kampfesmut war ebenso unbändig wie sein dichtes rotes Haar. Auf dem nackten Oberkörper prangten unzählige blaue Tätowierungen. Nun stand er mit einem breiten Grinsen vor den ihm Anvertrauten.

»Ich liebe euch alle, ihr Tapferen! Ihr alle wollt Schmuckstücke unseres Volkes werden? So sei es! Aber leider befindet ihr euch noch in dem beklagenswerten Zustand von Rohlingen. Damit ihr dereinst funkeln könnt, müssen wir viel schleifen. Und damit fangen wir sofort an. – Stellt euch in Achterreihen auf und schultert eure Schilde!« Jetzt brüllte er bereits. »So! Und nun geht's im Laufschritt ein paar Runden um die Stadt! Wehe euch, wenn auch nur einer dabei schlappmacht!«

Pünktlich um die Mittagszeit hatten sich die Schmiede bei Fearr eingefunden, der jeden einzelnen mit einem festen Handschlag begrüßte.

»Ihr werdet in Zukunft eine Menge Arbeit bekommen. Doch zunächst werde ich euch etwas zeigen!«

Hinter Fearr stand eine Strohpuppe, der man eine römische Rüstung übergezogen hatte.

»Zieh dein Schwert und versuche, dieses Kettenhemd zu durchschlagen!« forderte er einen der Männer auf.

Dieser trat vor und schlug mit der gesamten Kraft seines muskulösen Armes zu. Noch einmal versuchte er es, aber das Kettenhemd zeigte keinerlei Beschädigung.

Auch als er zustach, glitt die Klinge an den dicht verbundenen Kettengliedern ab.

»Der Legionär würde allenfalls blaue Flecken davontragen, aber töten könntet ihr ihn so nicht. Nun, bekanntlich gibt es ja für alles eine Lösung – in unserem Fall diese hier!«

Die Waffe, die er dann emporhielt, hatte nur noch wenig Ähnlichkeit einem Schwert und löste bei den rußigen Gesellen zunächst einige Überraschung aus.

Da war zunächst der wulstige Griff und der Steg eines normalen Schwertes, aber anstelle der breiten Klinge hatte die merkwürdige Waffe eine lange, dünne, dreieckige Klinge, welche aus mehrfach gehärtetem Eisen geschmiedet worden war.

»Nun versuch es damit! Stich einfach zu!«

Der Mann ergriff die Waffe, stieß erneut zu, die Klinge fuhr tief in den Puppenkörper, was von den Schmieden mit bewundernden Ausrufen begleitet wurde.

»Ich will, daß ihr mir in den kommenden Wochen so viele dieser Klingen herstellt wie nur möglich. Arbeitet Tag und Nacht daran, ich werde mich darum kümmern, daß ihr alles erhaltet, was ihr dafür braucht.« Fearr triumphierte.

»Jawohl, Herr!« kam es einmütig und freudig entschlossen aus den rauhen Kehlen, dann machten sie sich wieder zu ihren Ambossen auf.

Fearr wandte sich wieder den noch verbliebenen Gesandten zu und instruierte sie, worauf sie eiligst davonpreschten.

Fercaswallon wurde beauftragt, sich um die Vorräte und um deren schnelle und ungehinderte Beschaffung zu kümmern.

Anschließend inspizierte Fearr die Wehranlagen der Stadt und veranlaßte, daß man große Teile der Stadtmauer erneuern solle.

So vergingen die Tage in hektischer, aber streng geordneter Betriebsamkeit. Immer wieder sah man Fearr bei seinen Truppen. Er feuerte sie an und lobte ihren Eifer, aber er bestrafte, wenn nötig, auch sehr hart.

Als ihm einmal einer der Männer mit der Forderung, ihn wieder zu seinen Feldern zu entlassen, entgegentrat, ließ er ihm ohne zu zögern die Augen ausstechen und die rechte Hand abhacken.

»Damit du, solltest du je in die Hände der Römer fallen, weder für sie kämpfen noch für sie kundschaften kannst«, begründete er sein grausames Urteil.

Während der nächsten Wochen trafen dann nach und nach die Stämme vor Gergovia ein, zunächst die, die schon immer auf Seiten der Arverner gewesen waren, wie die Lemoviker, Anden und Piktonen, aber es erschienen auch die großen Clans aus dem Norden; sie hatten die Botschaft des Arverners mit heller Begeisterung aufgenommen und stellten sich sofort bereitwillig unter seinen Befehl, sahen sie doch darin die letzte Möglichkeit, sich von dem erdrückenden Joch der Römer zu befreien.

Von Lochtaire kamen ebenfalls erfreuliche Neuigkeiten. Demnach hatten sich die Gabaler, Nitiobroger und Rutener mit ihm verbündet, und er erwog jetzt, da seine Truppenstärke doch sehr angewachsen war, einen Vorstoß in die römische Provinz, mit dem Ziel, die Stadt Narbo einzunehmen, um sie als Bastion gegen die Römer zu nutzen. Fearr schickte den kadurkischen Boten zu Lochtaire zurück und ließ diesem mitteilen, daß er ihm alles Glück für sein Vorhaben wünsche.

37

»Der Rotmantel ist mit neuen Truppen im Arvernerland eingefallen! Sie verheeren bereits den gesamten Süden und plündern die Gehöfte!«

Fearr schaute den Boten, der müde und noch zitternd nach dem anstrengenden Gewaltritt vor ihm stand, fassungslos an. Seit zehn Tagen befanden sich die arvernischen

Kerntruppen und ihre Verbündeten auf biturigischem Terrain am diesseitigen Ufer der Liger.

Fearrs Strategie war es bis dahin gewesen, die Abwesenheit Caesars auszunutzen und die in den Stammesgebieten der Haeduer, Remer, Sequaner und Ambivareter überwinternden Legionen trotz des strengen Winters eine nach der anderen anzugreifen und zu vernichten.

Dabei hatte ihn die Überlegung geleitet, daß die Römer zu dieser Jahreszeit keinen Angriff erwarten würden, daß sie nicht nur führerlos wären, sondern sich auch nicht untereinander verständigen könnten.

Fearr hatte geglaubt, daß Caesar sich in Italien aufhielte, wo er eigentlich mit seinen innenpolitischen Problemen beschäftigt sein sollte. Zudem war Fearr der Meinung, daß Lochtaire bei seiner Expedition in die Provinz leicht mit den dort stationierten Kohorten fertig werden könne.

Weiterhin hatte er gehofft, daß sich ihm während dieses Feldzugs nun auch noch die restlichen Stämme anschließen würden, die sich wegen der engen Nachbarschaft zu den Legionen bisher nicht getraut hatten, offen Widerstand zu leisten.

Alles in allem hatte Fearr auf Überraschung und Zeit gesetzt, nun war aber offensichtlich er derjenige, der überrascht wurde.

Wenn es stimmte, was der Mann berichtete, bestand größte Gefahr.

»Sag alles, was du weißt!«

»Sie sind über die Cevennen gekommen«, japste der Mann.

»Wie viele sind es?«

»Zwei Legionen und noch einige Kohorten.«

»Wo sind die Kadurker?«

»Auf dem Rückmarsch nach Gergovia.«

Fearr dachte fieberhaft nach. Wer hätte ahnen können, daß die Römer die zu dieser Jahreszeit tief verschneiten Pässe der Cevennen überqueren würden? Unwillkürlich empfand er Hochachtung vor dem römischen Feldherrn.

»Gut! Ruh dich ein wenig aus und melde dich dann wieder bei mir.«

Er hatte seinen Entschluß gefaßt.

Seine ursprüngliche Absicht, über die Liger zu setzen und ins Haeduergebiet vorzudringen, ließ er fallen.

Dabei hatte alles so gut ausgesehen.

Die Biturigen hatten sich ihm sofort angeschlossen, und Fearr hatte daraufhin eine Kriegslist ersonnen, um die bei den Haeduern stationierten Legionen aus ihren befestigten Lagern in einen Hinterhalt am diesseitigen, stark hügcligen und bewaldeten Uferbereich der Liger zu locken.

Eine aus Biturigen bestehende Gesandtschaft wurde zu dem römischen Legaten geschickt, um Hilfe gegen die Arverner zu erbitten. Tatsächlich waren dann auch vor drei Tagen starke, von römischen Einheiten begleitete haeduische Reiterverbände am jenseitigen Ufer der Liger aufgetaucht, die aber dann, die Falle offenbar witternd, schleunigst kehrtmachten.

Das war der Anlaß gewesen, die Liger zu überqueren und dem Feind eiligst nachzusetzen.

Die Meldung über das Erscheinen Caesars in Fearrs Rükken aber hatte die Lage drastisch verändert, denn die um Gergovia verbliebenen Truppenteile waren nicht stark genug, dem Feind standzuhalten.

Fearr befahl alle Unterführer zu sich.

»Laßt alles zum Rückmarsch nach Gergovia bereitmachen. Der Feind hat die Cevennen überschritten und besetzt unsere Heimat. In einer Stunde rücken wir ab!«

Fearr kam es jetzt darauf an, seine Truppen so schnell wie möglich mit denen Lochtaires zu vereinen, so führte er sein Heer in nur drei Tagen nach Gergovia.

Wenig später trafen auch die völlig erschöpften Krieger Lochtaires und der anderen südlichen Verbündeten ein. Fearr ließ sofort den Kriegsrat einberufen. Nachdem er die Lageberichte von Fercaswallon – der sich während der Abwesenheit Fearrs um die Belange in der Heimat gekümmert hatte – und von Lochtaire sowie die letzten Meldungen über die Aktivitäten des Feindes entgegengenommen hatte, erläuterte er seine Pläne.

»Was Caesar vorhat, ist nur allzu deutlich. Er will zu seinen Legionen im Norden, sie zusammenziehen und gegen uns führen. Die Einheiten, die bei uns marodieren, sind zu schwach, als daß sie uns eine ernsthafte Schlacht liefern könnten. Ich glaube vielmehr, daß sie uns von etwas ablenken sollten, was ihnen ja auch wunderbar gelungen ist. Was das ist, liegt auf der Hand! Caesar kann nur zu seinen Truppen stoßen, wenn er vom Gau der Helver nach Norden hin das Gebiet der Haeduer durchquert, um sich dann mit ihnen zu vereinen.

Das einzige, was ihn bislang daran hinderte, war meine Präsenz an der haeduischen Grenze.

Tatsächlich haben wir durch meinen übereilten Rückzug kostbare Zeit verloren! Denn sobald er seine Legionen zusammengezogen hat, wird er auf seinem Marsch nach Süden Vorräte an Getreide und Futter brauchen, und die findet er in den wohlgefüllten Speichern der Städte der Haeduer. Wir brechen deshalb noch heute abend ins Haeduische auf und werden versuchen, ihm zuvorzukommen. Unser erstes Ziel wird Gorgovena sein, die Stadt der Boier, denn jede Stadt in unserer Hand bedeutet für die Römer eine massive Einbuße an Nachschub. Weiter werden wir ... Was ist denn?«

Eine der Wachen war eingetreten.

»Ein Kadurker ist gerade aus Dun Uchell angekommen. Er will unbedingt mit Lochtaire sprechen.«

»Herein mit ihm!«

Der Mann, der von zwei Wachen gestützt in den Raum geführt wurde, machte einen schwer mitgenommenen Eindruck. Er blutete aus mehreren kaum verbundenen Wunden.

»Agedell!« rief Lochtaire.

Fearr erinnerte sich. Agedell war ein Bediensteter auf dem Hof Lochtaires.

»Mein Herr, endlich ...«, flüsterte er.

»Was ist passiert, Mann?«

»Sie ... sie sind alle tot.«

»Wer ist tot, Agedell? Wer?« schrie ihn Lochtaire an, Furchtbares ahnend.

»Reiter kamen. Römer ...«

»Weiter – und?«

»Sie überfielen uns am Morgen. Sie haben alle erschlagen, alle, alle …!«

»Was heißt alle?« keuchte Lochtaire, sich mühsam beherrschend.

»Unsere Herrin versuchte noch die Kinder in Sicherheit zu bringen, doch … Herr, es war schrecklich.« Dann setzte er seinen Bericht wie in Trance fort.

»Sie packten unsere Herrin und hielten sie fest. Dann nahmen sie den kleinen Atean und schlugen seinen Kopf gegen die Mauer, wieder und immer wieder. Danach ergriffen sie Neta und hieben sie in Stücke … Und dann haben sie unsere Herrin … mehrmals … jeder von ihnen hat sie …«

Agedells Stimme versagte.

»Was ist mit Elouissa, Agedell, wo ist sie?« fragte Lochtaire leise. Er war kalkweiß im Gesicht geworden.

»Oh, Herr, sie haben sie danach … sie haben ihr ein Schwert in den Leib … und …«

Was er noch sagen wollte, ging in einem grausigen Stöhnen unter.

Alle im Raum Anwesenden verharrten in starrem Entsetzen. Fearr schaute seinen Freund erschüttert an.

Unfähig, irgend etwas zu sagen, wiegte Lochtaire seinen Oberkörper wie in Trance hin und her. Seine Augen waren geschlossen, seine Lippen bebten. Die zu Fäusten geballten Hände hielt er überkreuzt vor der Brust.

Einer nach dem anderen verließ stumm den Raum, nur Fearr blieb zurück.

Dann, plötzlich, öffnete Lochtaire die Augen und sah Fearr seltsam abwesend an. Er zog seinen Dolch und riß den Stoff seines Hemdes auseinander. Langsam und ohne ein Anzeichen von Schmerz führte er die Klinge quer über die Brust.

Er benetzte seine Rechte mit dem hervorquellenden Blut und beschmierte sein Gesicht damit, Fearr dabei immer noch blicklos fixierend, der in diesem furchtbaren Moment seine Erinnerungen an Elouissa und die Kinder an sich vorbeiziehen sah: Elouissa, von zarter Gestalt und doch so starkem Wesen; ihre funkelnden grünbraunen Augen und ihr sinnlicher, stets lächelnder Mund. Elouissa, die immer wieder humorvoll begütigend auf das oft aufbrausende Temperament ihres Mannes eingewirkt hatte.

Der kleine Atean, das Ebenbild seiner Mutter. Er durfte seinen zweiten Geburtstag nicht mehr erleben.

Neta mit ihren schwarzen Locken und den unergründlichen grünen Augen. Oft hatte sie auf Fearrs Schoß gesessen und ihm kleine Liedchen vorgesungen.

Nun war alles ausgelöscht.

Unvermittelt wurde Fearr aus seinen Gedanken gerissen. Es war Lochtaire, der mit verzerrtem Lächeln vor ihm stand. »Laß uns weitermachen, mein Freund«, sagte er in merkwürdig sachlichem Ton.

»Lochtaire, willst du nicht ...?«

»Laß es gut sein, Fearr! Es gilt jetzt, die Römer zu besiegen. Zu Hause gibt es nichts mehr zu tun.«

»Möchtest du nicht erst einmal ...?«

»Ich möchte nur noch eines – römische Köpfe sammeln! Also, setzen wir unsere Beratung fort.«

Kurz darauf trat der Kriegsrat wieder zusammen.

38

Zwei Tage später stand das Heer vor Gorgovena, dieser erst vor kurzem erbauten Stadt. Die Boier waren seinerzeit von Caesar nach dem Helveterkrieg hier angesiedelt worden und fühlten sich den Römern sehr zugetan. Seit den Morgenstunden wurde die Stadt nun von den Arvernern und ihren Verbündeten belagert.

Da traf eine besorgniserregende Meldung ein. Wieder einmal hatte Caesar für eine Überraschung gesorgt.

Es war ihm offenbar doch gelungen, unbemerkt von Fearrs Spähern zu seinen Legionen im Norden zu stoßen. Nun zog er mit allen zehn Legionen in Eilmärschen in das Gebiet der Karnuten, nachdem er zuvor im Handstreich Dun Vellau, die Hauptstadt der Senonen, erobert hatte.

Einen Tag später schon traf die Botschaft ein, daß die Römer bereits mit der Belagerung Kenabos begonnen hatten.

In dieser für das keltische Heer äußerst bedrohlichen Situation beschloß Fearr, die Eroberung Gorgovenas aufzugeben und sich dem immer näher rückenden Feind entgegenzuwerfen. Doch dieser war schneller gewesen, als sie es geglaubt hatten.

Kenabo sei gefallen, hieß es, und die Römer stünden schon vor Dun Novio. Nach dieser Meldung befahl Fearr eilig alle Stammesführer zum Kriegsrat.

»Es ist so, wie ich vermutet habe«, begann er seine Rede. »Caesar versorgt seine Truppen mit dem, was das Land bietet. Seine Vorräte sind knapp, und die Versorgung durch die Haeduer ist schleppend. Ich habe mich deshalb für eine Maßnahme entschieden, die den meisten von euch sehr hart vorkommen wird.

Es sind vor allem die Biturigen, die davon betroffen sind. Ich will, daß alle Dörfer und Gehöfte im ganzen Land niedergebrannt werden und daß man das Getreide und Grünfutter hierher bringt.

Außerdem werden unter der Führung Lochtaires kleine berittene Einheiten die Nachschubtrupps der Römer angreifen und ihnen alles abnehmen, was sie mit sich führen. Des weiteren haben diese Störtrupps die Aufgabe, kleinere, römische Verbände, bis hin zur Stärke einer Zenturie, aufzureiben und zu vernichten. Jetzt das weitaus Schlimmere für euch.«

Er wandte sich langsam Lugerich, dem Fürsten der Biturigen zu.

»Lugerich, ihr müßt Avarico zerstören«, sagte er leise, aber bestimmt.

»Warum sollte ich meine schöne Hauptstadt niederbrennen?« rief der Fürst gleichermaßen aufgebracht und entsetzt über diese grausame Entscheidung. »Sie ist nicht nur durch hohe Mauern geschützt, sondern wird zudem noch von einem Sumpfgebiet umgeben, das es jedem Angreifer schwermacht, an die Stadt heranzukommen. Ich meine, wir sollten sie eher mit allen Mitteln, die uns zu Gebote stehen, verteidigen.«

Auch die anderen Biturigen schlossen sich lautstark der

Meinung ihres Fürsten an. Nach langem Hin und Her – einige der in der Stadt Beheimateten knieten schon weinend und flehend vor ihm – gab Fearr widerstrebend nach.

»Gut! Schließt euch ein und verteidigt eure Stadt.

Fünftausend Mann lasse ich euch noch zur Unterstützung da. Ich selbst werde Stellung einige Meilen ostwärts beziehen. Dort befindet sich ein dichtes, von Sümpfen durchzogenes Waldgelände, das sie auf ihrem weiteren Vormarsch nach Süden durchqueren müssen. Wir können sie dort in aller Ruhe erwarten. Uns ist es möglich, in dieser Gegend zu kämpfen, die Legionen aber können sich dort nicht entfalten und eine Schlachtordnung bilden.

So, das wäre alles! Und, Lugerich, denke daran, Avarico um jeden Preis zu halten! Du bürgst mir dafür mit deinem Leben.«

Zeitgleich mit dem Aufbruch von Fearrs Heer wurde das Erscheinen der römischen Vorhut vor der Stadt gemeldet, worauf Fearr seine Krieger in allen taktisch wichtigen Geländeabschnitten Stellung beziehen ließ.

Schon am nächsten Tag tauchten zwei Legionen vor den keltischen Linien auf. Fearrs Rechnung schien aufzugehen, denn schon nach kurzer Zeit zogen sie wieder, begleitet von dem höhnischen Geheul aus Tausenden von Kehlen, in Richtung Avarico weiter.

Drei Tage später aber war das Unglaubliche geschehen. Avarico war gefallen!

In unerhört kurzer Zeit hatten die römischen Pioniere Belagerungsgeräte wie Rammen und Türme hergestellt, mit deren Hilfe die Stadt trotz des erbitterten Widerstandes der Bewohner eingenommen wurde.

Die durch die Ermordung ihrer Landsleute in Kenabo zu rasender Wut aufgestachelten Legionäre drangen in die an allen Ecken brennende Stadt ein und mordeten, vergewaltigten und plünderten wahllos und erbarmungslos.

Das einst so stolze Avarico, die Zierde des biturigischen Volkes, wurde eingeäschert und seine Bevölkerung gänzlich ausgelöscht.

Noch benommen von den Greueltaten in Avarico fanden sich die Stammesfürsten im Lager bei Fearr zu einer Lagebesprechung ein.

»Jetzt heißt es schnell handeln!« begann Fearr äußerlich gelassen und ließ so eine schuldzuweisende Diskussion um das Debakel von Avarico gar nicht erst aufkommen. »Ihr nächstes Ziel wird zweifellos Gergovia sein, wir können ihnen aber in dieser Situation noch keine offene Feldschlacht anbieten, da wir alle Kräfte für die Verteidigung dieser Stadt benötigen werden. Gergovia ist der Schlüssel zum Arvernerland und das Zentrum unseres Widerstandes, wir werden deshalb unverzüglich dorthin aufbrechen. Ein weiterer Grund, uns nach Gergovia zurückzuziehen, ist der, daß wir – wie übrigens auch die Römer – über keine Vorräte mehr verfügen. Dort jedoch ist alles, was wir brauchen, reichlich vorhanden, und diese Vorräte dürfen unter keinen Umständen in römische Hände fallen.

Im übrigen brauchen wir Zeit, um die Stadt für die Verteidigung vorzubereiten, deshalb werden wir den Weg nach Gergovia ohne Rast in Eilmärschen zurücklegen. Du, Lochtaire, wirst die Nachhut führen. Halte den Vormarsch der Legionen, so gut es eben geht, mit Verzögerungsgefechten auf. Laß dich aber nicht auf größere Kampfhandlungen ein, zermürbe sie statt dessen und fang ihren Nachschub ab. Was wir jetzt am dringendsten brauchen, ist Zeit; Zeit, um eine sinnvolle Verteidigung der Stadt zu organisieren. Und dann werden wir sie in Gergovia gebührend empfangen und, so die Götter wollen, endlich schlagen.

Außerdem müssen wir jetzt unter allen Umständen versuchen, die Haeduer endgültig auf unsere Seite zu ziehen. Ist diese Versorgungsquelle für die Römer erst einmal ausgetrocknet, sind wir dem Sieg ein großes Stück nähergekommen.«

»Nach all diesen Schlappen? Ich frage mich allen Ernstes, wie du das gerade nach der schrecklichen Niederlage von Avarico noch bewerkstelligen willst, wo doch selbst unter uns einige bereits wieder begonnen haben, an dir und deinen Plänen zu zweifeln!«

Es war Teutomat, der Fürst der Nitiobroger, der sich mit diesen Worten offen zum Sprecher einer nicht geringen Anzahl von unzufriedenen Stammesführern machte.

Fearr hielt dem herausfordernden Blick des Mannes stand. Dann schaute er in die Runde.

Schon seit längerem hatte er bemerkt, daß sein Vorgehen während der letzten Zeit gerade bei den älteren Stammesführern immer häufiger auf Unverständnis und Ablehnung gestoßen war. Nun war es also heraus, und Fearr wußte, daß er jetzt die richtigen Worte finden mußte, sonst würde es zu einer Meuterei gegen ihn kommen. All seine Hoffnungen, die keltischen Stämme in dieser großen Gefahr zu einen, wären dann unwiederbringlich dahin, und das gerade erst mühsam errungene Bündnis bräche auseinander.

»Was wollt ihr eigentlich?« begann er seine Rede. »Gut, wir haben einige Niederlagen hinnehmen müssen, aber es kam bisher noch zu keiner größeren Schlacht, und unsere Verluste halten sich in Grenzen. Vergeßt nicht, daß uns viel zu wenig Zeit blieb, uns auch nur annähernd so gut wie der Feind zu organisieren. Wir haben jetzt erst angefangen, befestigte Lager anzulegen; etwas, das der Feind auf allen seinen Märschen tut. Ganz zu schweigen davon, daß es uns kaum möglich war, uns in diesen zwei Monaten seiner Kriegstechnik anzugleichen.

Ihr wißt doch, wie lange wir erfolglos gegen das zu Avarico vergleichsweise kaum befestigte Gorgovena angerannt sind. Und die Römer haben Avarico trotz seiner hohen Mauern und seiner mutigen zahlreichen Verteidiger gleichsam im Vorbeigehen eingenommen.

Ich habe euch von Anfang an gesagt, daß wir umdenken und lernen müssen, auf ihre Art zu kämpfen. Und ich habe auch gesagt, daß dies nicht von heute auf morgen geschehen kann.

Also, macht mich nicht dafür verantwortlich, daß es euch an Geduld, Durchhaltevermögen und vor allem an Disziplin mangelt. Wir wußten, daß wir Opfer bringen müssen! Nun, vielleicht war der Verlust der drei Städte und ihrer Bevölkerung jenes Opfer.

Verdammt! Statt zu nörgeln und zu jammern, solltet ihr euch gerade jetzt noch enger zusammenschließen und aus dem Geschehenen lernen. Es hat keinen Sinn, die Schuld allein auf mich zu schieben! Sucht sie auch in euch! Reißt euch zusammen! In Gergovia werdet ihr mit neuen Waffen und genügend Verpflegung versorgt.

Machen wir also unsere Schlappen wieder wett und jagen diese räudigen Wölfe aus dem Land! Laßt uns jeden gefallenen Landsmann, laßt uns unsere toten Frauen und Kinder tausendfach rächen. Gergovia wird zum Grab der Römer, das schwöre ich euch! Ihr habt mich damals zu eurem Anführer gewählt – also gehorcht mir auch!«

Diese Worte verfehlten ihre Wirkung nicht. Schon während der Rede hatte der eine oder andere schuldbewußt den Blick gesenkt.

Der alte Teutomat trat an Fearr heran. Die eisblauen Augen in seinem wettergegerbten, von zahlreichen Fältchen zerfurchten Gesicht schimmerten feucht. Eine Strähne seines schlohweißen Haares fiel ihm ins Gesicht. Vorsichtig ergriff der breitschultrige Hüne Fearrs Rechte mit seinen riesigen, schwieligen Händen.

Eine Weile brachte er nichts heraus.

»Du hattest recht, uns zu tadeln, Fearr Singetrech!« begann er dann. »Wir waren Narren, an dir zu zweifeln! Ja, führe uns nach Gergovia! Tod den Römern! Es lebe der Sohn des Celteall!« rief er mit seiner tiefen Baßstimme, und alle anderen fielen ein und schlugen begeistert die Waffen gegeneinander.

Das Eis war gebrochen. Fearr hatte es geschafft. Kurze Zeit später befand sich das Heer auf dem Rückmarsch.

Vorher hatte Fearr noch eine Gesandtschaft unter Führung des unlängst zu ihm übergelaufenen Haeduers Coto nach Bebracht geschickt.

Coto hatte sich zu Anfang des Jahres um das höchste Amt bei seinem Volk beworben, auf Betreiben Caesars war aber ein anderer zum Vergobreten gewählt worden. Es war Convechtollydd, ein ebenfalls hochangesehener Mann aus alter Familie.

Wie Coto damals zu berichten wußte, war dieser Mann jedoch nicht gegen Bestechung gefeit, und Fearr, dem es darum ging, die Haeduer um jeden Preis an seiner Seite zu wissen, versah Coto mit einer ansehnlichen Summe Goldes, um Convechtollydd dazu zu ›überreden‹, seinen Stamm nunmehr endgültig von der Notwendigkeit zu überzeugen, sich dem Aufstand des Arverners anzuschließen.

Bevor Coto sich auf den Weg machte, hatte Fearr ihm noch aufgetragen, daß er im Falle des Erfolges ein haeduisches Hilfskontingent mit nach Gergovia bringen sollte. Mit dieser geheimen Mission war Coto und seine Eskorte dann eilig ins Haeduergebiet aufgebrochen.

39

Tag und Nacht und fast ohne Pause eilte das Heer der Kelten, teilweise im Laufschritt, gen Gergovia.

Lochtaire, der mit seinen Kadurkern als Nachhut folgte, versetzte den stetig nachsetzenden Römern, wo er nur konnte schmerzhafte Nadelstiche.

Manchmal griff er den Troß an, dann brachte er Fouragetrupps auf. Patrouillen verschwanden, um nie mehr lebend gesehen zu werden, denn Lochtaire machte nach den Ereignissen in Dun Uchell keine Gefangenen mehr.

Es war der dritte Tag nach ihrem Abzug, als die verwegenen Kadurker eine römische Reiterabteilung sichteten, an deren Feldzeichen sie erkennen konnten, daß es sich um eine Turma der siebenten Legion handelte.

Lochtaire und einige andere ritten auf einen nahe gelegenen Hügel und machten auf sich aufmerksam. Als sie merkten, daß die Abteilung sie erspäht hatte und sich anschickte, die Verfolgung aufzunehmen, ritten sie wieder hinter den Hügel zu dem dort wartenden Rest der Kadurker. Im gestreckten Galopp strebten dann alle einem nahe gelegenen größeren Waldstück zu, in dem sie verschwanden und rasch einen Hinterhalt vorbereiteten.

Die Turma, geführt von einem jungen Tribun, verhielt kurz am Rande des Waldes. Die Römer schienen zu überlegen. Lochtaire ballte die Faust. »Sie müssen hier durch!« Tatsächlich führte nur dieser Weg durch den ansonsten sumpfigen, dichten Wald. An der Stelle, die Lochtaire für den Hinterhalt augesucht hatte, wurde der Pfad von zwei leicht ansteigenden, länglichen Hügeln gesäumt.

Die Kadurker hatten ihre Pferde weiter im Inneren des Waldes angebunden und sich dann zum Teil unter dem Laub oder hinter dem wild wuchernden Buschwerk versteckt. Für den Feind bestand kein Anlaß, argwöhnisch zu werden. Lochtaire schaute kurz zu dem gegenüberliegenden Hügel, auf dem die Schar Bratrons Stellung bezogen hatte.

Bratron selbst, hinter einem Busch kauernd, hielt stetigen Blickkontakt zu Lochtaire.

Endlich setzte sich die Turma in Bewegung und ritt im leichten Trab in den Hohlweg hinein. »Ruhig bleiben! Erst alle durchlassen«, zischte Lochtaire, während er langsam sein Schwert zog.

Die Krieger legten lautlos die Pfeile auf ihre Bögen und spannten die Sehnen.

Bratron spähte nervös zu Lochtaire hinüber. Er konnte dessen Zeichen zum Angriff kaum erwarten. Endlich waren auch die letzten Reiter in den Weg eingebogen. Lochtaire hob sein Schwert, um es dann blitzartig zur Seite zu schwenken.

Das Signal.

Im ersten Moment war nur das Zischen der Pfeile zu hören. Während die Geschosse ihre Ziele fanden, sprangen die Männer aus ihren Verstecken und stürzten sich heulend, ihre Äxte, Schwerter und Lanzen schwingend, auf die völlig überraschten Römer. Schon lagen etliche Soldaten, von Pfeilen getroffen, tot oder verwundet am Boden. Pferde gingen durch und versuchten, ihre Reiter abzuwerfen.

Die Überraschung war vollkommen.

Jetzt waren die Kadurker am Feind.

Lochtaire zog einem Legionär, der sich ihm entgegenstellen wollte, mit einer schnellen Bewegung sein Schwert durch den Hals. Das warme Blut spritzte ihm ins Gesicht.

Gerade noch konnte er einem Pilenstoß ausweichen, dann sah er schon, wie der angreifende Römer röchelnd zu Boden ging, gefällt von Bratron, der ihm seine Axt in die Hüfte geschlagen hatte.

»Sei nächstens auf der Hut, Lochtaire!« brüllte ihm Bratron lachend zu, dann stürzte er sich wieder, seine Axt hoch erhoben, ins Getümmel.

Die Legionäre hatten unterdessen, da sie von allen Seiten bedrängt wurden, eine Igelstellung eingenommen.

Über die Hälfte der Turma war bereits gefallen.

Auf einmal erhob sich vor Lochtaire taumelnd der junge Tribun. Mit einer flehentlichen Geste breitete er die Arme aus und hob sein Schwert schützend über den Kopf, während er, offensichtlich durch eine Verwundung stark geschwächt, auf ein Knie fiel. Lochtaire schaute in die vor Angst geweiteten Augen des Römers. Einen Moment hielt er inne.

Dann tauchte das Bild Elouissas und seiner Kinder vor ihm auf, und er stieß sein Schwert oberhalb des Kettenpanzers am Halsansatz in die Brust des Feindes. Mit einem gurgelnden Ächzen fiel der Mann zur Seite. Während er die Waffe herauszog, bemerkte er aus den Augenwinkeln gerade noch rechtzeitig zwei Römer, die mit erhobenen Schwertern von zwei Seiten auf ihn zustürmten. Augenblicklich ließ er sich auf die Knie fallen, und noch bevor seine verdutzten Gegner reagieren konnten, hatte er ihnen mit einer schnellen Hiebfolge die Oberschenkel durchtrennt, so daß sie unmittelbar hinter ihm zusammenbrachen.

Er ließ ihnen nicht die Zeit zu begreifen, was mit ihnen geschehen war. Schon stand er über ihnen und hatte ihnen die Köpfe abgeschlagen.

Als er sich aufrichtete, bemerkte er, daß der Kampflärm fast völlig verebbt war.

Von oben bis unten mit Blut besudelt schaute er sich um.

Seine Krieger hatten um die wenigen überlebenden Römer eine schweigende, drohende Mauer gezogen. Er hörte ihr keuchendes Atmen und sah in ihre haßerfüllten, fanatischen Gesichter.

Sonst kein Laut.

Mit wirrem, verschwitztem Haar und am Arm verwundet, stand Bratron auf seine Axt gestützt vor seinen Leuten und schaute Lochtaire fragend an.

Dieser ließ einen kurzen Blick über die in dumpfer Ergebenheit verharrenden Römer gleiten.

Sie hatten ihre Waffen weggeworfen, und in ihren Gesichtern spiegelte sich die schiere, nackte Angst.

Sie sind eigentlich schon tot, überlegte er einen Moment, dann nickte er kurz mit dem Kopf zu Bratron hinüber.

Mit einem bösen Grinsen hob dieser seine Axt, und die Krieger fielen wie ein Mann über die Wehrlosen her.

Es war ein kurzes Gemetzel.

Wenig später hatte die stolze dritte Turma der siebenten Legion aufgehört zu existieren.

40

Der von Fearr an Fercaswallon entsandte berittene Eilbote war schon am nächsten Morgen, drei Tage vor Eintreffen der Hauptmacht, in Gergovia angekommen und hatte die Befehle Fearrs an seinen Vetter überbracht.

Unter der sachkundigen Leitung Kritognats wurden nun unter Aufbietung aller Kräfte umfangreiche Verteidigungsanlagen vor der Stadtmauer errichtet.

Alle Einwohner halfen mit, Tag und Nacht.

Am Abend des vierten Tages nach ihrem Abmarsch lagerte das Heer der Verbündeten endlich vor den Mauern Gergovias. Fearr gönnte den Männern ausgiebig Ruhe und ließ sie reichlich verpflegen. Von seinen Kundschaftern, von denen er fast stündlich über den Aufenthalt des Feindes informiert wurde, erfuhr er, daß dieser noch etliche Tage brauchen würde, um hierher zu gelangen.

»Nutzen wir die Zeit und feiern wir heute nacht ein wenig«, hatte er deshalb seinen Verbündeten vorgeschlagen, was von diesen natürlich mit Begeisterung aufgenommen wurde.

Bei dieser Gelegenheit teilte Fercaswallon Fearr mit, daß er Nachricht von Coto erhalten habe.

»Convechtollydd hat sich wohl, wie du es vorausgesagt hast, von unserer Sache überzeugen lassen. Wir können jetzt also auch mit den Haeduern rechnen«, schloß er euphorisch seinen Bericht.

»Wenn ich etwas von den Haeduern mit Sicherheit sagen kann, dann daß man ihnen niemals trauen darf. Ihr Wankelmut ist sprichwörtlich. Nein, lieber Vetter, das glaube ich erst, wenn ich sie in unseren Reihen gegen die Römer kämpfen sehe. Und selbst da können sie ihre Waffen noch gegen uns wenden«, lachte Fearr und dämpfte damit ein wenig die Freude seines Vetters.

Früh am nächsten Morgen begaben sich die beiden auf die Stadtmauer, wo sie von den übrigen Stammesführern bereits erwartet wurden.

Fearr war bester Laune und trug eines der neu geschmiedeten Schwerter bei sich.

»Na, habe ich euch nicht gesagt, daß dies der geeignetste Platz ist, um die Falle zuschnappen zu lassen?«

Mit der Waffe vollführte er eine halbkreisförmige Geste über das sich vor ihnen ausbreitende Gelände.

»Wie ihr sehen könnt, sind meine Landsleute nicht faul gewesen und haben für jeden Stamm ein befestigtes Lager sowie Schanzen um die ganze Stadt herum errichtet.«

Gergovia war auf einer mächtigen, felsigen Höhe, die von teils bewaldeten Höhenzügen und steilen Hügeln umgeben war, erbaut worden. Nur im Südosten erstreckte sich eine flachwellige Ebene, die im Nordosten von einem See und im Süden von einer Bergkette begrenzt wurde.

»Die Römer«, fuhr Fearr fort, »werden aller Wahrscheinlichkeit nach auf dieser Ebene ihre Lager und Verteidigungsanlagen errichten – wenn sie dazu überhaupt noch Zeit finden werden«, setzte er grinsend hinzu. »Ich will, daß jede Höhe, jeder Hügel rund um die Stadt von unseren Leuten besetzt wird! Besonders jener dort!«

Er wies auf eine markante Bodenerhebung, die genau gegenüber der Stadt im Süden am Anfang der Ebene gelegen war.

»Die Besatzung dieses Hügels hat zwei wichtige Aufgaben zu erfüllen. Erstens hält sie unsere Nachschubwege offen, die durch das vor uns liegende schmale Tal führen. Zweitens kann sie aufgrund der exponierten Lage dieser Höhe jede auf unsere Stellungen hin gerichtete Bewegung des Feindes als erste ausmachen. Ich selbst und meine Arverner werden auf dem Abhang unweit der westlichen Stadtmauer lagern.«

»Warum verteidigen wir die Stadt eigentlich nicht hinter den Mauern?« fragte Commios, der Atrebatenfürst.

Fearr schaute ihn streng aus zusammengekniffenen Lidern an.

»Die Stadt ist vollgestopft mit Flüchtlingen und unserer Landbevölkerung. Ich hoffe nicht, daß wir uns dorthin zurückziehen müssen. Außerdem brauchen wir für unseren Kampf Bewegungsfreiheit, die wir innerhalb der Mauern kaum hätten.«

»Weshalb dann aber unsere Schanzen rund um die Mauern? Warum stellen wir uns nicht auf der Ebene und fordern sie zur offenen Schlacht?« wollte nun Cavarill, ein noch junger adliger Haeduer wissen, der seinerzeit zusammen mit Coto ins Lager der Arverner gewechselt war.

»Bei Lug! Das ist doch ganz klar!« mischte sich ungeduldig der karnutische Kriegsdruide Cotruad ein.

»Siehst du nicht, wo und wie wir hier stehen? Die Römer können unsere Stellungen nicht angreifen, ohne daß wir es nicht schon im Vorfeld bemerken. Außerdem müßten sie bergan stürmen. Bei den Göttern, wir brauchen sie nur diesen Berg hinunterzuwerfen, ohne uns groß anzustrengen. Ich sehe sie schon mit hängender Zunge japsend hier heraufrennen! Und sie werden keine Kraft mehr haben, wenn sie oben angekommen sind.«

Alle fielen sie in Cotruads schallendes Gelächter ein. Fearr erklärte ihnen zum Schluß die Wirkungsweise des neuentwickelten Stoßschwertes und empfahl ihnen, beide Waffen zugleich zu führen, dann entließ er sie zu ihren Kriegern.

Am anderen Tage kamen endlich auch Lochtaire und seine Männer in Gergovia an und meldeten, daß die Römer dicht hinter ihnen wären und wahrscheinlich schon in den frühen Abendstunden auf der Ebene erscheinen würden.

Als Fearr die Kadurker begrüßte, merkte er ihnen die Strapazen der letzten Tage kaum an. Die Männer lachten und prahlten mit ihren Heldentaten und wie sie es den Römern immer wieder gezeigt hätten.

Am meisten rühmten sie die außerordentliche und tollkühne Tapferkeit Lochtaires, der jede Gelegenheit wahrgenommen hätte, sich hautnah mit dem Feind zu messen. Dann öffneten sie die blutigen Säcke, aus denen die übelriechenden Köpfe ihrer erschlagenen Gegner fielen.

Fearr sah den Freund nachdenklich an.

Gegen Abend tauchte der Feind dann tatsächlich auf.

Die Stammesführer standen mit Fearr auf jenem einzelstehenden, die Ebene überragenden Hügel und sahen sich das Schauspiel vor ihren Augen an.

Wieder einmal war Fearr fasziniert, mit welcher Präzision und Schnelligkeit die Legionäre selbst nach einem kräftezehrenden Marsch ihr befestigtes Lager aufschlugen.

»Willst du sie jetzt angreifen?« fragte Lochtaire.

»Nein. Erst muß ich genau wissen, um wie viele es sich handelt. Ich habe den Eindruck, daß es weniger als noch vor Avarico sind.«

»Wie willst du jetzt weiter vorgehen?« Kritognat leckte sich über die Lippen.

»Nun, ich denke, hier bietet sich die Gelegenheit, die Kampfkraft gerade auch der jüngeren Krieger, die von dir ausgebildet wurden, zu erproben. Wir werden sie jeden Tag und jede Stunde angreifen. Reiter und Fußtruppen im Verbund. Nichts trainiert mehr als der Ernstfall. Ich möchte jeden Morgen einen detaillierten Lagebericht über eure Aktivitäten, was somit heißt, daß ihr in einem gewissen Rahmen selber und nach Gutdünken über den Einsatz eurer Leute entscheiden könnt.

Auch hier gilt – reizt sie, aber laßt es nicht zu einem größeren Schlagabtausch kommen. Sie werden bald Nachschubsorgen haben und eine Entscheidung suchen, spart also eure Kräfte für den Moment auf, in dem sie diesen Berg besteigen wollen.«

Später trafen Kundschafter bei Fearr ein, die ihn davon unterrichteten, daß Caesar mit nur sechs Legionen nach Gergovia marschiert war. Die vier anderen seien unter dem Befehl des Legaten Labienus auf dem Weg zu den Senonen und Parisiern, um diese Stämme wieder zu unterwerfen.

»Das könnte der entscheidende Fehler des Rotmantels gewesen sein«, triumphierte Fearr, der gerade mit seinem Stab bei einem guten Abendessen zusammensaß. »Wenn wir diese hier schlagen, sind die anderen auch verloren, denn getrennt voneinander und ohne Caesar werden sie eine leichte Beute für uns sein! Und ich dachte schon, wir hätten damals, als der Feldherr so überraschend über die Cevennen gekommen war, die Chance ein für allemal verpaßt, die Truppen des Labienus in ihren Winterlagern zu überwältigen.«

41

Die Römer hatten während der nächsten Tage wahrhaftig nichts zu lachen. Unablässig wurden sie von den begeisterten keltischen Kämpfern in einer fast schon spielerisch anmutenden Art und Weise angegriffen.

Aber eines Morgens mußten sie feststellen, daß auch die Römer fähig waren, die Initiative zu ergreifen. Als Fearr und die anderen nämlich von der Stadtmauer hinuntersahen, bemerkten sie zu ihrem Schrecken, daß der im Süden gelegene große Hügel während der vergangenen Nacht vollständig von den römischen Soldaten besetzt worden war.

Fearr schätzte, daß dort mindestens zwei Legionen Stellung bezogen hatten.

»Nicht dumm!« Fercaswallon ließ nicht ohne Anerkennung ein leises Pfeifen hören.

»Wie konnte das passieren? Haben die Männer dort oben gestern nacht geschlafen? Auch wir hätten es von hier aus bemerken müssen! Jetzt haben sie uns ein Schnippchen geschlagen, das uns zu tun geben wird! Weil sie nämlich von nun an unter anderem unseren Nachschub kontrollieren können. Hat einer von diesen unfähigen Trotteln überlebt?« schrie Fearr unbeherrscht.

»Ich glaube nicht«, erwiderte Kritognat vorsichtig.

»Also, hört mir genau zu, ihr Helden«, sagte Fearr, schon wieder ruhiger. »Wenn ihr nicht wollt, daß das hier auch mit uns und unserer Stadt geschieht, dann rate ich euch dringend, auch nachts Augen und Ohren offenzuhalten! Ich für meinen Teil habe keine Lust, eines Morgens mein Frühstück von einem Legionär serviert zu bekommen. Kritognat, ich will, daß die Wachen auf der Stadtmauer verdoppelt werden! Das gilt auch für die Außenlager! Wenn einer beim Schlafen ertappt wird, dann schneidet ihm die Kehle durch. So eine Sauerei darf nie wieder passieren! Ich glaube, ihr unterschätzt euren Gegner immer noch! Der Feldherr da drüben, Caesar, ist kein römischer Weinhändler. Der versteht sein Geschäft, und er hat nichts zu verlieren. Und genau das macht ihn so gefährlich, merkt euch das!«

Wenige Tage später stellten sie fest, daß es den Römern gelungen war, das große Lager auf der Ebene mit dem kleinen auf dem Hügel durch ein Grabensystem zu verbinden, so daß sie auf diese Weise geschützt und ungehindert hin- und hergehen konnten. Zur selben Zeit wurde Fearr gemeldet, daß zwei Legionen offenbar nach Nordosten hin abgerückt seien.

Lochtaire und Kritognat bestürmten ihn daraufhin, nun, da die Gelegenheit doch günstig sei, endlich einen Großangriff zu führen, doch er lehnte dies mit der Begründung ab, daß er, solange er nicht genau wisse, was der Feind im Schilde führe, sich auf kein Abenteuer einlassen würde.

Aber nach einiger Zeit, als auch die übrigen Stammesführer auf ihn einredeten, nun endlich loszuschlagen, lenkte er ein und ließ noch am gleichen Tag das römische Hauptlager mit all seinen Truppen in mehreren Wellen angreifen. Aber die Legionäre erwiesen sich als hartnäckige und beherzte Gegner, die die Wälle ihrer Verschanzungen mutig verteidigten.

Allerdings verfügten sie auch über Pfeilgeschütze und Katapulte, was ihnen die Verteidigung aus dem Lager heraus ungemein erleichterte.

Trotzdem erlitten sie hohe Verluste.

Fearr stellte den Angriff am Nachmittag ein, da er sich wegen der Geschütze eine neue Taktik ausdenken wollte.

Den neuen Angriffstermin setzte er auf die frühen Morgenstunden des nächsten Tages fest.

Immerhin war es ihm mit diesem Sturmangriff gelungen, seinen Leuten zu zeigen, daß die Römer auch nur aus Fleisch und Blut bestanden; und vor allem, daß die neuen Stichwaffen überaus effektiv waren.

Spät am Abend nach dem Angriff auf das Legionslager wurde ein junger Haeduer zu Fearr gebracht, der gerade mit Teutomat und einigen anderen bei einem Krug Korma saß.

Kavarill sprang überrascht auf, als er den Ankömmling erkannte. »Llyddowech! Was machst du denn bei uns?« rief er entgeistert. Der junge Mann war von mittelgroßer Statur und gepflegtem Äußeren. Das sommersprossige Gesicht wurde durch zwei helle Augen, eine kurze Nase und einen breiten Mund geprägt. Dichtes, welliges und nach hinten gekämmtes blondes Haar sowie ein Knebelbart vervollständigten das äußere Erscheinungsbild. Seine Kleidung war, dem Klima angepaßt, teilweise sogar pelzverbrämt.

»Ich möchte mit Fürst Fearr Singetrech sprechen!« verlangte er selbstsicher.

»Du stehst vor ihm. Laß hören, was du uns zu sagen hast«, forderte Fearr ihn auf.

Was sie während der nächsten Stunde erfuhren, beleuchtete nicht nur die inneren Zwistigkeiten der Haeduer, sondern ließ auch einen Rückschluß auf die Gesamtsituation unter den Stämmen zu. Noch immer herrschten in Bebracht die prorömischen Tendenzen vor, aber gerade unter den jüngeren Bewohnern der Stadt schwelte die Unzufriedenheit.

Der derzeitige Vergobret, Convechtollydd allerdings, hätte sich offen gegen Rom erklärt und rufe zum Aufstand. Noch aber hätten Fürst Dyffekiach und einige andere großen

Einfluß im Rat der Haeduer und unterdrückten jedes Bestreben nach Loslösung von Rom. So wurde sogar beschlossen, Caesar etwa sechstausend Reiter nach Gergovia zu schicken, um ihn so zu unterstützen. Er, Llyddowech, ihr Befehlshaber, hatte dann aber auf halbem Wege seine Kameraden davon überzeugen können, sich der Freiheit willen lieber den Arvernern anzuschließen.

Kurzerhand hätten sie die mitreisenden Römer erschlagen und ihren Weg nach Gergovia fortgesetzt.

Fürst Eporedorech, der als sein Stellvertreter fungiert hatte, wäre es jedoch gelungen, sich heimlich abzusetzen und zu Caesar zu fliehen, dem er das Überlaufen der Reiterei gemeldet hätte ...

Heute morgen seien sie dann von zwei Legionen aufgehalten und bedroht worden, und von Eporedorech und Virdomar beschwatzt, hätten die haeduischen Reiter am Ende klein beigegeben.

Er selbst hätte sich nur mit knapper Not bis hierher durchschlagen können.

»Dein Bericht erklärt so manches, Llyddowech, ich danke dir. Nachdem wir nunmehr gehört haben, daß unsere Freunde die Haeduer nur etwa zwanzig Meilen von hier festgehalten haben, ist davon auszugehen, daß sie spätestens morgen früh wieder hier sein werden.

Der Angriff, der für morgen früh festgelegt wurde, entfällt somit. Ich möchte nicht riskieren, daß mir die Bande in den Rücken fällt.«

Wie gewohnt standen sie am nächsten Morgen wieder auf der Mauer. Sie sahen gerade noch die letzten Kohorten der zwei bei Sonnenaufgang zurückgekehrten Legionen im Lager verschwinden.

»Was das da betrifft«, sagte Fearr und zeigte auf den von den Römern mittlerweile mit starken, von Wall und Graben geschützten Wehranlagen befestigten Hügel, »so ist mir heute nacht etwas eingefallen. Eigentlich diente dieser Hügel dazu, unter anderem den Zugang zu unserem Lager und damit dem Westtor der Stadt zu sperren. Jetzt wird er aber von den Römern gehalten, was bedeutet, daß sie jederzeit unsere rechte Flanke bedrohen können. Deshalb werde ich die Wallanlage unseres Lagers verstärken lassen, und damit das schnell vonstatten geht, möchte ich, daß kurzfristig alle, die zur Zeit auf den Höhen vor dem Südtor lagern, zu Schanzarbeiten herangezogen werden.«

»Aber damit schwächst du die an dieser Stelle so wichtige Verteidigungslinie«, stellte Fercaswallon ein wenig besorgt fest.

»Ja, aber sollten sie dort tatsächlich einen Angriff wagen, haben sie einen gewaltigen Höhenunterschied zu überwinden, im Gegensatz zu dem Weg zur Westseite der Stadt. Außerdem können wir in solch einem Fall fast ohne Zeitverlust die Männer wieder in ihre Stellungen schicken«, beruhigte ihn Fearr.

42

In den darauffolgenden Tagen sah sich Fearr in seiner Maßnahme, die rechte Flanke durch einen hohen Wall zu verstärken, bestätigt, wurden doch immer häufiger Truppenbewegungen der Römer unterhalb von Fearrs Lager gemeldet.

Schließlich stand sogar eine ganze Legion auf den Höhen dem Lager gegenüber. Fieberhaft arbeitete man an den Schanzwerken, die von Fearr gerade inspiziert wurden, als auf der anderen Seit der Stadt lautes Geschrei und Waffengeklirr aufbrandete. Fast gleichzeitig trafen Lochtaire und Teutomat bei ihm ein, letzterer auf einem stark blutenden Pferd.

»Sie sind mit starken Kräften in die nur schwach besetzten Lager eingedrungen!« brüllte Teutomat. »Wir haben nichts davon bemerkt – auf einmal stürmten sie über die Wälle und haben die wenigen von uns einfach überrannt!« Teutomat zog es vor, Fearr nicht zu erzählen, daß die Römer ihn beim Mittagsschlaf überrascht hatten. Kaum daß es ihm gelungen war, in seine Hosen zu schlüpfen und zu fliehen.

»Fearr, die Lage ist ernst! Sie haben schon begonnen, die

kaum besetzte Stadtmauer an dieser Stelle zu überwinden und in die Stadt einzudringen!«

Während Lochtaires kurzem Bericht gellten plötzlich scharfe römische Hornsignale zu ihnen herüber, und das Geschrei jenseits der Mauern wuchs bedrohlich an.

»Alles die Waffen aufnehmen und folgen!« schrie Fearr, zog sein Schwert und griff sich einen der länglich ovalen Schilde. Ohne sich noch einmal umzudrehen, lief er los.

Wie ein Mann nahmen die Krieger ihre Waffen und stürmten mit infernalischem Heulen hinter Fearr durch das offene Westtor in die Stadt.

Fearr bemühte sich erst gar nicht, so etwas wie eine Schlachtordnung herzustellen, das wäre in dieser Situation, in der die Männer zu äußerster Wut angestachelt waren, auch nicht mehr möglich gewesen. Wie die anderen ließ auch Fearr seinem grenzenlosen Haß freien Lauf und rannte, seine Krieger mit sich reißend, nach vorne. Schon trafen sie auf die ersten Flüchtenden – Frauen, die ihre Kinder festhielten, und waffenlose Männer, die ihnen, nackten Schrecken in den Augen, in Panik entgegenströmten. Dicht hinter ihnen römische Legionäre, die brutal auf die Fliehenden einschlugen.

Fearr befand sich bereits wieder in jenem tranceähnlichen Zustand, in dem er kaum noch etwas hörte, in dem alle Bewegungen um ihn herum unendlich langsam erschienen.

Das letzte, was er noch wahrnahm, war die Stimme Fercaswallons, der die Flüchtenden aufhalten wollte.

»Reiht euch ein! Zurück! Verdammt, haltet stand! Nehmt euch ein Schwert oder etwas, aber dreht euch wieder um und kämpft endlich! Treibt sie zurück!«

Tatsächlich reagierten auch die meisten von ihnen, Frauen wie Männer, und stürmten mit den anderen gegen den immer stärker nachdrängenden Feind, der angesichts der auf ihn zurasenden Massen innehielt.

Einen Lidschlag später prallte die erste Welle auf die hinter ihren fast mannshohen, viereckigen und halbrund gebogenen Schilden Deckung suchenden Legionäre.

Die Gewalt des Ansturms war aber zu groß, als daß sie ihn damit erfolgreich hätten aufhalten können, im Gegenteil, sie wurden von den über sie hinwegbrandenden Körpern schlichtweg zermalmt.

Fearr hatte seinen Schild weggeworfen und warf sich nun, seines Vaters Schwert in der Rechten, das Stoßschwert in der Linken, auf die Feinde. Ein älterer Centurio mit einem feisten, geröteten Gesicht stellte sich ihm entgegen.

Während Fearr den Hieb seines Gegners geschickt mit seinem Breitschwert zur Seite ablenkte, stieß seine Linke blitzschnell die Dreikantklinge in den Unterleib des Römers. Verwundert glotzte er Fearr an, dann stürzte er zu Boden.

Fearr stieß ein heiseres, triumphierendes Lachen aus. Jetzt standen die Römer mit dem Rücken zur inneren Stadtmauer und wurden mit einem Hagel von Speeren förmlich daran festgenagelt. Auch die bereits auf der Mauer stehenden Feinde wurden schwungvoll abgewehrt. Schreiend stürzten die Legionäre in die Tiefe, wo sie zerschmettert liegenblieben.

Aus den Toren quollen jetzt stadtauswärts Scharen von kampfbegierigen keltischen Kriegern, die es überhaupt nicht beeindruckte, daß in ihrer linken Flanke plötzlich das haeduische Hilfskontingent auftauchte, das von Caesar zum Entsatz geschickt worden war.

Wie Blätter im Herbst wurden die Legionäre vor den entfesselten Kelten hergetrieben und von den Höhen gefegt.

Am Fuß des Hügels in der Ebene jedoch machten die Römer noch einmal kehrt und stellten sich in geordneter Schlachtreihe auf. Drohend formierte sich vor ihnen die dichtgedrängte mordlustige Front der Kelten.

Die Römer bereiteten sich auf den Ansturm vor, als in diese spannungsgeladene Stille die langgezogenen, rauhen Klänge der keltischen Hörner zum Rückzug bliesen. Vorsichtig und den Gegner nicht aus den Augen lassend, begannen die Kelten sich vom Feind zu lösen und strebten wieder ihren Stellungen um Gergovia zu.

Der Feind hingegen konnte sich mit starken Verlusten, doch einigermaßen geordnet in seine Lager zurückziehen.

Am nächsten Morgen ließ Caesar seine verbliebenen Legionen auf der Ebene Aufstellung nehmen, um so Fearr noch einmal eine Feldschlacht anzubieten, was einer Bitte um Revanche gleichkam. Doch Fearr hielt seine Truppen in ihren Stellungen und ignorierte die Provokation Caesars, die wohl mehr der Wiederherstellung der eigenen Truppenmoral gelten sollte.

Hohnlachend beobachteten die hinter ihren Brustwehren stehenden Krieger den Aufmarsch und begannen daraufhin sogar, die von ihnen abgeschnittenen und gesammelten Köpfe ihrer Feinde in die angetretenen Reihen der Legionäre zu werfen. Diejenigen von ihnen, die sich besonders auszeichnen wollten, schwangen sich auf ihre Pferde, ritten in voller Karriere den Hang hinunter und entledigten sich so nah wie möglich an den Legionen ihrer makabren Last.

Fearr ließ ihnen diesen Spaß, war er doch mit dem Resultat der gestrigen Schlacht durchaus zufrieden.

Sechs Legionen waren schwer angeschlagen und eine davon fast gänzlich vernichtet worden.

Aber das Wichtigste für Fearr war, daß man die Römer zum erstenmal während dieses schon sechs Jahre andauernden Krieges verlustreich geschlagen hatte.

Der Nimbus ihrer Unbesiegbarkeit war nun endgültig dahin.

Das Bündnis hatte sich bewährt.

An diesem Tag, der den Sieg der vereinten gallischen Stämme über die Römer gesehen hatte, wurde der Grundstein für Fearrs Traum gelegt.

43

Alle Einwohner Gergovias und auch deren Verbündete verfielen während der nächsten Tage nach der Schlacht einem wahren Siegesrausch. Der Krieg schien zunächst einmal vergessen, und die Stadt glich einem großen Festplatz, auf dem jeder seinem Vergnügen nachging. Alle, ob arm oder reich, feierten ausgelassen den nach sechs leidvollen Jahren wahrlich verdienten Sieg. Es gab keine Unterschiede mehr zwischen den Ständen und Stämmen. Vereint, wie sie gekämpft hatten, aßen, tranken und tanzten sie zusammen, Tag und Nacht. Die Gassen und Schänken, die Lager und Schanzen vor der Stadt waren erfüllt von prallem, brodelndem Leben. Schweine und Rinder drehten sich am Spieß über offenen Feuern, und Wagenladungen von Korma und Wein verschwanden in Tausenden von durstigen Kehlen.

Nur Fearr wirkte angespannt und nervös und hielt sich von dem Trubel, der um ihn herrschte, weitgehend fern. Er wollte und konnte diesen Menschen, die in den letzten Monaten unter den härtesten Bedingungen gelebt und unter Aufbietung schier übermenschlicher Kräfte diesen Erfolg möglich gemacht hatten, nicht verbieten, ein paar Tage die immer noch bestehende Bedrohung durch die Römer zu vergessen und ihren Sieg mit kindlichem Übermut zu feiern. Er selbst indes, obwohl er sich ebenfalls über das Erreichte freute, dachte weiter. Nur zu gut wußte er, daß jetzt jeder Tag, den er tatenlos verstreichen ließ, seinem Gegner Zeit und Raum gab, sich neu zu formieren und den Gegenschlag vorzubereiten.

So zeigte er sich auch während des großen Festmahls, zu dem er die Stammesführer in das Haus seines Vaters, das jetzt ihm gehörte, eingeladen hatte, eher wortkarg und ernst. Als er von den Anwesenden zu einer Rede aufgefordert wurde, schüttelte er mit einem gezwungenen Lachen den Kopf und winkte dann, als sie dennoch lautstark weiter nach ihm riefen, barsch und unwillig ab. Auch aß und trank er kaum, sondern saß nur grübelnd da und schaute wie abwesend in seinen Becher. Lochtaire, der ihn dabei eine Weile beobachtet hatte, faßte sich endlich ein Herz und setzte sich zu ihm.

»Was ist eigentlich los mit dir?« fragte er und schob ihm einen gefüllten Becher hin. »Mit deiner Sauertöpfigkeit vermiest du allen hier die gute Laune! Sieh doch, wie glücklich sie sind! Auch du hättest allen Grund, ihre Freude zu teilen! Aber du sitzt nur stumm und nachdenklich da, als hätten wir statt dieses großartigen Sieges eine Niederlage einstecken müssen. He, wir haben die Römer besiegt und können uns alle freuen, daß dieser Spuk nun ein Ende hat!«

Fearr entgegnete darauf nichts, sondern begann mit seinem Zeigefinger in dem verschütteten Wein auf der Tischplatte nasse, verschlungene Figuren zu zeichnen. Dann hob er endlich den Kopf und sah seinen Freund durchdringend an.

»Das glaubst du wirklich, nicht wahr?« sagte er müde. »Du denkst, wie alle anderen hier im Saal, daß nun der Krieg vorbei wäre? Ein gefährlicher Traum, mein Freund, aus dem es ein böses Erwachen geben könnte! Wir haben zwar eine Schlacht gewonnen, vielleicht sogar eine entscheidende, aber deshalb haben wir die Römer noch lange nicht endgültig besiegt! Nein, Lochtaire, dieser Krieg wird weitergehen – und es bleibt dabei immer noch offen, wer ihn letztlich gewinnt!«

Mittlerweile waren auch Kintogen, Donnotal und Teutomat zu ihnen gekommen und hatten seine Worte mitbekommen, die eine ernüchternde Wirkung auf die Zuhörenden ausübten. Eine Zeitlang saßen sie einigermaßen betroffen vor ihren Trinkgefäßen, ohne irgend etwas zu sagen. Dann räusperte sich Teutomat vernehmlich.

»Ich verstehe deine Bedenken, ehrlich gesagt, nicht so ganz! Welche Gefahr geht denn nach diesem glänzenden Sieg noch von den Römern aus? Ich meine, es wird wohl eher so sein, daß sie sich nun, da das ganze Land gegen sie aufsteht und sie keinerlei Unterstützung mehr zu erwarten haben, schleunigst wieder hinter ihre Grenzen zurückziehen werden.« Aufmunternd lachte er Fearr an.

»Es kommt mir so vor, als hättet ihr all die Jahre, in denen sie unser Land verheert haben, nichts dazugelernt!« rief Fearr aufgebracht. »Glaubt ihr denn allen Ernstes, daß sie ihre Beute nach sechs langen Jahren so mir nichts dir nichts nach ihrer ersten, wenn auch für sie relativ schweren Niederlage wieder aus ihren Fängen lassen und sich in ihre Provinz zurückziehen, um ihre Weinberge zu pflegen? Nein, sie werden ganz im Gegenteil die Zeit, die wir hier in unserer Siegesfreude vertrödeln, dazu nutzen, ihre Wunden zu lecken und uns binnen kürzester Zeit eine erneute Schlacht zu liefern. Und diesmal werden sie alle zehn Legionen gegen uns aufbieten, denn Caesar wird – da bin ich mir ganz sicher – schon zu diesem Zeitpunkt die Marschbefehle ausgegeben haben und sich bereits auf dem Weg befinden, um sich mit den vier Legionen des Labienus, die sich gerade im Stammesgebiet der Senonen aufhalten, zu vereinen. Und genau das gilt es zu vereiteln. Deshalb hätten wir den Römern sofort nachsetzen müssen, statt hier unseren Triumph zu feiern und so kostbare Zeit zu vergeuden. Versteht ihr? – Uns läuft die Zeit davon! Noch haben wir die Gelegenheit, die Römer getrennt voneinander zu schlagen, aber mit jedem Tag, den wir ungenutzt verstreichen lassen, verringert sich diese einmalige Chance! Das ist es, was mir Kopfschmerzen bereitet!«

»Und was willst du nun als nächstes tun?« fragte Donnotal besorgt.

»Wenn ich das nur wüßte! Wäre es nach mir gegangen, dann hätten wir die angeschlagenen Legionen unverzüglich verfolgt und erneut angegriffen, um sie dann endgültig zu schlagen, denn ein Heer auf dem Rückzug ist äußerst verletzbar, zumal sie sich auf verbrannter Erde bewegen und daher über keine Vorräte mehr verfügen. Danach hätten wir uns dann in aller Ruhe mit Labienus befassen können, der uns, ganz allein auf sich gestellt und ohne die Hilfe seines Herrn und Meisters, sicherlich keine größeren Schwierigkeiten bereitet hätte. Nun aber sitzen wir hier und feiern viel zu voreilig unseren Sieg über einen noch durchaus gefährlichen Feind. Jeder Tag, der so vergeht, vergrößert die Distanz zwischen uns und den Legionen, aber auch die Gefahr, daß sie sich auf halbem Wege vereinen. Deshalb überlege ich bereits, ob es nicht unter diesen Umständen klug wäre, die Vereinigung der beiden Truppenteile zuzulassen und sie hier in Gergovia zur Entscheidungsschlacht zu erwarten. Das hätte den unschätzbaren Vorteil, daß uns ausreichend Zeit bliebe, uns auf dieses Treffen bestens vorzubereiten und den Feind ausgeruht und in bis dahin überlegt ausgesuchten Stellungen zu erwarten.

Es ist wie verhext! Ich komme einfach zu keinem vernünftigen Entschluß! Und von euch«, dabei blickte er wie um einen Rat heischend in die Runde, »von euch ist auch nicht viel Hilfe zu erwarten.«

Eine Weile sah er in ihre betreten dreinblickenden Gesichter, dann zuckte er resigniert mit den Schultern und stand auf.

»Na, schön!« sagte er mehr zu sich selbst. »Ich für meinen Teil werde schon eine Entscheidung treffen. Nur brauche ich dafür Ruhe! Einfach nur Ruhe! Ich muß eine Weile allein sein. Es ist mir hier zu laut, und es stinkt zu sehr nach Wein. Das umnebelt mein Gehirn und läßt mich keinen klaren Gedanken fassen. Ich muß raus hier! Vielleicht fällt mir draußen in der frischen Luft etwas ein!« Er nahm ein gefülltes Trinkhorn aus den Händen einer vorbeigehenden Dienerin und schlug dann mit seinem Schwert mehrmals auf den Tisch, um sich Gehör zu verschaffen.

»Hört her!« rief er, als sich der Lärm in der Halle einigermaßen gelegt hatte und er aller Augen erwartungsvoll auf sich gerichtet sah. »Hört her! Ich möchte auf alle, die in dieser Stunde hier versammelt sind, dieses Horn leeren und damit meinen Dank und meine Hochachtung vor dem, was ihr in den letzten Tagen Großartiges geleistet habt, zum Ausdruck bringen! Nach sechs langen und schmachvollen Jahren ist es uns mit eurer Hilfe zum erstenmal gelungen, dem Feind eine empfindliche Niederlage beizubringen!« Er mußte einen Moment innehalten, da ihm auf seine Worte hin frenetischer Beifall entgegentoste.

»Dem Feind«, fuhr er dann weiter fort, »ist zum erstenmal ein entscheidender Fehler unterlaufen, was seinen Nimbus der Unverwundbarkeit zunichte gemacht hat! Mit Hilfe der Götter – und natürlich mit der euren – ist unser Ziel, die Römer bis zur Erntezeit aus unserem Land gejagt zu haben, in erreichbare Nähe gerückt! Also, feiert nun unbeschwert und genießt diesen Erfolg, auf daß ihr euch gestärkt und in eurem Siegeswillen bestätigt dem Feind zur letzten, alles entscheidenden Schlacht entgegenstellen könnt!« Er hob das Horn an seine Lippen und trank es unter dem begeisterten Beifall der versammelten Clansherren in einem Zuge aus. Dann ging er geradewegs, ohne sich noch einmal umzusehen und begleitet von dem rhythmischen Schlagen ihrer Schwerter, aus der Halle.

»Wo geht er jetzt wohl hin?« fragte Kintogen, von dem unerwartet frühen Aufbruch Fearrs sichtlich verwirrt, den neben ihm sitzenden Lochtaire, der seinem Freund nachdenklich hinterherschaute. Doch der Kadurker hob nur leicht die Schultern.

»Laß ihn«, sagte er, »er trägt schwer an der Last der Verantwortung und will einfach nur alleine sein!«

»Fearr hat sich verändert im Lauf der letzten Wochen. Er zeigt jetzt eine Größe, die ich bislang noch bei keinem aus unserem Volk wahrgenommen habe. Mögen die Götter ihn auf seinem einsamen Weg begleiten«, pflichtete Donnotal seinem Sohn bei. Die vier stießen auf das Wohl Fearrs an und widmeten sich dann wieder den übrigen Gästen in der Halle.

Fearr indes bahnte sich seinen Weg durch die immer noch dicht bevölkerten Gassen der Stadt, dankbar, daß ihn niemand unter seiner Kapuze, die er sich tief ins Gesicht gezogen hatte, erkannte. Er wollte jetzt nur nach Hause zu Brigainn und seiner Tochter, um dort, in der Abgeschiedenheit seines Hofes und weitab von dem Trubel der Stadt, die Ruhe zu finden, die er brauchte, um sein weiteres Vorgehen zu planen. Schnell ging er zum Südtor, wo er sich eines der dort für die Schnellboten bereitstehenden Pferde geben lassen wollte. Am Tor angelangt, bemerkte er zu seiner Zufriedenheit, daß die dort aufgestellte Wache ihren Dienst trotz der trunkenen Festtagsstimmung, die in den Gassen herrschte, vorbildlich versah, denn als er sich gerade der Wachstube, die links neben dem Tor in der Stadtmauer eingelassen war, näherte, spürte er, daß sich etwas Spitzes zwischen seine Schulterblätter bohrte. Gleichzeitig wurde er von einer Wache in rüdem Tonfall angesprochen.

»Halt! Wohin so spät? Kleiner nächtlicher Ausflug aus der Stadt? Bleib bloß, wo du stehst, sonst wirst du mit Pfeilen gespickt!« Tatsächlich stellte Fearr fest, daß etliche gespannte Bögen auf ihn gerichtet waren, als er zu dem zinnenbewehrten Torturm emporschaute.

»Und nun dreh dich ganz langsam um, und laß vor allem deine Hände von deinem Schwert!« wurde ihm befohlen. Folgsam drehte Fearr sich um und sah sich einem verwegen aussehenden, barfüßigen Krieger gegenüber, der ihn mit grimmigem Gesichtsausdruck musterte, während er mit seinem Speer auf Fearrs Brustbein zielte. Ein zweiter Mann mit einer Fackel war unbemerkt von der Seite herangetreten und leuchtete damit in Fearrs Gesicht. Im gleichen Moment, in dem die beiden Wachen erkannten, wer da vor ihnen stand, ließen sie völlig überrascht Speer und Fackel fallen und brachten zunächst in ihrer Verblüffung keinen Ton heraus. Erst als Fearr lauthals zu lachen anfing, faßten sie sich wieder und begannen ihn verlegen anzugrinsen.

»Ihr müßt verzeihen, Herr! Wir konnten ja ... ähem ... nicht ahnen, na ja, wenn wir gewußt hätten ...!« stammelte der Speerträger verlegen.

»Laßt es gut sein!« beruhigte Fearr die beiden Wachen freundlich. »Ihr habt euch mustergültig verhalten – und dafür danke ich euch. Nun aber bringt mich zu eurem Wachführer, denn ich brauche ein Pferd.« Sofort geleiteten sie ihn in die kleine Wachstube, wo der Wachhabende und zwei seiner Unterführer bei einem Stück kalten Braten, Brot und einem Krug Ziegenmilch um einen Tisch saßen. Zuerst erkannten sie ihn wegen des spärlichen Lichtes nicht, dann aber sprangen sie von ihren Plätzen auf, und der Wachhabende schickte sich an, Meldung zu machen.

»Brago! Du bist doch Brago, nicht wahr?« unterbrach Fearr freudig überrascht seinen Redeschwall. Dieser verstummte und blickte Fearr gerade in die Augen.

»Es tut mir gut, Herr, daß du dich an mich erinnerst«, sagte er bewegt und neigte den Kopf.

»Wie könnte ich nicht? Deine Rübensuppe habe ich noch in bester Erinnerung! Nun sag schon, was machen deine Frau und deine Kinder?« fragte Fearr und setzte sich an den Tisch. Er brach sich einen Kanten des knusprigen Brotes ab und legte eine Scheibe Braten darauf.

»Was ist? Setzt euch hin! Ich bin doch kein Geist«, forderte er sie auf, als er sah, daß die anderen immer noch unschlüssig vor ihren Stühlen standen und nicht wußten, wie sie sich in Anwesenheit ihres obersten Kriegsherrn verhalten sollten.

Fearr war während der letzten Monate für seine Krieger, von denen die meisten aus den untersten Schichten der Bevölkerung stammten, zu einer Art Halbgott geworden, dem sie mit tiefster Ergebenheit folgten, hatte er sie doch aus ihrem Elend befreit und ihnen die Hoffnung auf ein Leben in Freiheit in die Herzen gepflanzt. Zum erstenmal in ihrem bis dahin trostlosen Dasein hatten sie das Gefühl, etwas wert zu sein und von denen, die sie in der Vergangenheit nur getreten hatten, anerkannt und gebraucht zu werden. Und nun saß dieser Mann hier bei ihnen in der kleinen, verräucherten Wachstube und lobte sie sogar ob ihrer Pflichterfüllung. Immer noch befangen setzten sie sich wieder, und einer der Männer schob Fearr hastig einen hölzernen Becher mit Ziegenmilch zu.

»Los, Brago, erzähl mir jetzt endlich, wie es deiner Familie geht!« sagte Fearr und lehnte sich kauend zurück.

»Ja, Herr! Es geht ihnen gut. Wir sind bei einem Freibauern untergekommen, der seinen Hof innerhalb der Stadt hat, und das … das haben wir allein Euch zu verdanken«, berichtete er eifrig und schaute ihn dabei dankbar an.

»Und außerdem hast du es, wie ich sehe, auch noch zu etwas gebracht! Immerhin hat man dich zum Wachhabenden des Südtores ernannt. Berichte mir, wie du das geschafft hast.«

»Nun, ich muß mich wohl während der Ausbildung an den Waffen gut angestellt haben, denn schon nach kurzer Zeit wurde ich zu Fürst Kritognat gerufen, der mich in die engere Schar seiner Clankrieger berufen wollte, da ich, wie er sagte, ein besonderes Talent hätte, beidhändig mit Hieb- und Stoßschwert zugleich zu kämpfen. Dann, nach der Schlacht um die Stadt, hat er mir zwanzig Mann unterstellt und mich zum Führer der Wache am Südtor ernannt …«

»He, he! Da mußt du aber etwas ganz Außerordentliches vollbracht haben, denn ich kenne Kritognat gut genug, um zu wissen, daß er mit solchen Auszeichnungen äußerst sparsam umzugehen pflegt«, warf Fearr anerkennend ein.

»Nun, das verhielt sich so … Ich war einer der ersten auf der Mauer, als die Römer ihren Sturmangriff begannen, und dabei habe ich, glaube ich, etwa sechzehn Mann getötet«, erklärte Brago verlegen.

»Also, das … das nötigt mir alle Hochachtung ab! Es ist gut für mich zu wissen, daß es Männer wie dich gibt und daß meine Entscheidung gut war, dich und alle anderen, die in Unfreiheit oder als Ausgestoßene ihr Leben gefristet haben, zu den Waffen zu rufen«, lobte Fearr mit ehrlicher Bewunderung. Dann wandte er sich an die anderen beiden. »Nun zu euch! Wie heißt ihr, und wo kommt ihr her?« fragte er, worauf sie sich zunächst verlegen anschauten.

»Vebromar heiße ich«, stellte sich dann einer der Unterführer vor. »Ich lebte als Knecht auf einem der Höfe des Fürsten Epasnacht, bis ich durch Euren Befehl befreit wurde.«

»Biturech ist mein Name«, erklärte der andere. »Ich war Leibeigener auf einem Hof in der Nähe von Avarico. Eines Tages tauchten Männer bei uns auf, Unfreie, wie wir auch, und erzählten uns, daß Ihr unsereins die Freiheit schenken wolltet, wenn wir für Euch kämpfen würden. Und da bin ich, und auch die meisten anderen sind Eurem Ruf gefolgt.«

Fearr musterte die beiden aufmerksam. Es waren gesunde, kräftige Männer, zwar ärmlich, aber sauber gekleidet. Ihr für ihren Stand typisches kurzgeschorenes Haar war während der vergangenen Monate kräftig nachgewachsen, womit sie ihre neugewonnene Freiheit äußerlich unterstrichen. Auch hatten sie sich, wie auch Brago, einen einfachen eisernen Torques um den Hals gelegt, was sie ebenfalls als vollwertige Krieger und Clanangehörige auszeichnete. Ihre Hosen wie auch ihre Mäntel, die sie über dem nackten Oberkörper trugen, wiesen die Farben der Arverner auf. Beide waren offenbar während der Kämpfe verwundet worden, wie Fearr an den Verbänden, die sie trugen, der eine um den Kopf, der andere am Oberarm, unschwer feststellen konnte.

»Wo habt ihr euch das geholt?« wollte Fearr wissen.

»Wir waren die letzten, die auf der Mauer standen«, erwiderte Vebromar über das ganze Gesicht grinsend, woraufhin Fearr und die anderen in schallendes Gelächter ausbrachen.

»Also, ich muß schon sagen, mit euch an meiner Seite werde ich wohl keinen Römer mehr zu fürchten brauchen!

Glaubt mir, wenn dieser Krieg erst einmal vorbei ist, dann wird nichts mehr so sein, wie es einmal war! Es wird keine Unfreien, keine Sklaven mehr geben! Dieses Land ist groß genug, daß alle, die dafür gekämpft haben, dereinst auf ihrem eigenen Boden werden leben können. Ihr alle, die ihr trotz aller Demütigung durch uns Clansherren zu den Waffen geeilt seid, wißt nur zu gut, was es heißt, für die Freiheit zu kämpfen! Es werden Männer und Frauen wie ihr sein, die dann die Zukunft unseres Volkes bestimmen, des könnt ihr gewiß sein!« rief Fearr voll Enthusiasmus.

»Und es werden Männer und Frauen wie wir sein, die darauf achten werden, daß Ihr Euer Versprechen haltet!« antwortete Brago ernst und sah Fearr dabei furchtlos an.

»So soll es sein!« lachte Fearr und reichte einem jeden die Hand. »Aber nun schafft mir ein Pferd herbei, denn ich habe noch ein gutes Stück Weg vor mir!« Er stand auf und legte ein paar Silbermünzen auf den Tisch.

»Hier, Brago, das ist für dich und deine Männer! Kauft euch damit ein gutes Faß Korma, wenn ihr dienstfrei habt – und trinkt auf mein Wohl!«

»Danke, Herr!« riefen sie wie aus einem Mund, und Biturech eilte nach draußen, um das Pferd zu holen.

Kurz darauf stand es bereit, und Fearr ritt, nicht ohne ihnen noch einmal fröhlich zuzuwinken, aus dem Tor in die klare Nacht hinaus.

44

Der Vollmond sandte sein ruhiges, helles Licht von einem wolkenlosen, sternenübersäten Firmament, so daß Fearr sich gut in dem fahl beleuchteten Gelände orientieren konnte und schnell vorankam. Das Gespräch mit Brago und seinen Männern sowie die Aussicht, bald wieder bei seiner Frau und seiner Tochter zu sein, hatte seine Laune gehoben, und so trabte er wohlgemut dahin. Bald hatte er den Wald erreicht, hinter dem sein Gehöft lag. Er war schon eine Weile auf dem breiten

Pfad, der sich durch den Wald schlängelte, entlanggeritten, als er eine in schimmerndes Weiß gehüllte Gestalt bemerkte, die sich ihm mit erhobenen Armen in den Weg stellte. Erschrocken ließ er sein Pferd in Schritt fallen und brachte es in einiger Entfernung von der geisterhaften Erscheinung zum Stehen. Sich zur Ruhe zwingend und die Hand am Schwertknauf, wartete er auf das, was passieren würde. Die Gestalt senkte ihre Arme und kam mit ausgreifenden Schritten auf ihn zu. Als sie nahe genug heran war, erkannte Fearr zu seiner Überraschung, daß es sich um Atechtorig handelte, der nun vor ihm stand und ihn, auf seinen Stab gestützt, mit seltsam funkelnden Augen unverwandt ansah.

»Fearr Singetrech«, sagte er dann, »ich habe dich erwartet. Binde dein Pferd an und folge mir!« Wortlos und wie unter einem Zwang kam Fearr der Aufforderung des Hochdruiden nach und folgte dem alten Mann ins Waldesdunkel. Merkwürdigerweise empfand er überhaupt keine Furcht, sondern spürte vielmehr, daß ein ähnliches Gefühl wie damals, als er mit Cunlean dem Eber begegnet war, zunehmend von ihm Besitz ergriff. Eine geraume Weile waren sie schon in der dumpfen, schweigenden Dunkelheit des Waldes unterwegs, als Fearr bemerkte, daß es auf einmal steil bergan ging und der Baumbestand lichter wurde. Schließlich standen sie am Rande einer kleinen, nur mit verwelktem Heidekraut bewachsenen Fläche, die den Gipfel der Höhe bildete, die sie gerade erklommen hatten. Inmitten der Fläche erhoben sich in einem nahezu perfekten Kreis mehrere gewaltige Felsblökke, deren Silhouetten sich schwarz vor dem klaren Sternenhimmel abzeichneten und den Eindruck erweckten, als habe man auf der Höhe eine mächtige steinerne Krone errichtet. Zwischen die Felsblöcke hinein führte Atechtorig seinen Begleiter. Wieder wurde Fearr an seine Vision mit dem Eber erinnert, nur spürte er instinktiv, daß diesmal etwas Bedrohliches von diesem unheimlichen Ort ausging; ein frostiger Schauer überlief ihn. Wie aus weiter Ferne drang die Stimme des Druiden an sein Ohr.

»Diese Steine wurden einst, vor undenklich langer Zeit, von Menschen hierher gebracht und aufgestellt. Menschen, die hier lebten, lange bevor die Kinder des Taran in dieses Land kamen. Sie sind der Vergessenheit anheimgefallen, aber ihre Steinkreise und ihre zerfallenen Gräber sind geblieben. Die Steinkreise wurden an Plätzen errichtet, die dem Weisen den Zugang zur Anderswelt ermöglichen. Ich habe dich hierher geführt, da der Zeitpunkt gekommen ist, der dich mit deinem Schicksal konfrontieren wird. Aber erwarte keine Antworten, keine Lösungen! Du wirst nur schauen – was du daraus machst, liegt in deinen Händen!«

Atechtorig verstummte und hob seinen Stab, von dessen Spitze plötzlich ein blaues Leuchten ausging. Mit einemmal quollen dichte Nebelschwaden aus dem Boden, stiegen empor und füllten bald das Innere des Kreises aus. Gleichzeitig hörte Fearr ein tiefes, vibrierendes Summen, das in seiner Lautstärke stetig anschwoll, bis es irgendwann anhaltend gleichblieb. Dem gesellte sich ein zweites Summen hinzu, das aber eine Tonstufe höher lag. Fearr meinte, daß unter dem Dröhnen der gewaltigen Klangharmonie, die ihn umgab, ihm der Kopf zerreißen würde. Dann verlor er die Besinnung und stürzte zu Boden. Als er wieder zu sich kam, war der Nebel verschwunden, und der Kreis erstrahlte in einem intensiven, pulsierenden Dunkelblau. Fearr versuchte darin die Umrisse der Steine oder die Gestalt des Druiden auszumachen, doch es war vergeblich. Es schien, als ob er in eine andere Existenzebene versetzt worden wäre, in der eine beängstigende Lautlosigkeit herrschte. Plötzlich entstand vor ihm ein weißglühender, rasend schnell rotierender Wirbel, an dessen Peripherie sich gleißende Blitze bildeten, die fauchend neben Fearr in den Boden schlugen. In dem Maße, in dem der Wirbel an Größe zunahm, verlangsamte sich auch seine Rotation, bis er gänzlich zum Stillstand kam und zu einem dreimannshohen, wabernden, immer noch Blitze aussendenden amorphen Nebelgebilde mutierte, aus dem sich nun nach und nach eine alptraumhafte Gestalt löste, die Fearr aus schräggestellten, grünglühenden Augen anstarrte. Das dämonische Wesen hatte nichts Menschenähnliches an sich. Sein blendendweiß glänzender Körper erinnerte an den einer überdimensional großen Katze, der Kopf hingegen ähnelte dem einer Echse. Das mit spitzen Reißzähnen bewehrte Maul war weit geöffnet, und die grüne Zunge hing hechelnd heraus. Unruhig witternd bewegte der Dämon den Kopf hin und her. Er hockte aufgerichtet auf seinen Hinterbeinen, während er sich mit seinen mächtigen, mit langen Krallen ausgestatteten Vorderpranken auf zwei Menschenköpfe stützte. Trotz des Grauens, das Fearr bei dem Anblick des Wesens aus der Anderswelt verspürte, konnte er dennoch seinen Blick nicht abwenden. Sein ganzer Körper schien wie gelähmt von der tödlichen Kälte, die von der Manifestation des Chaoswesens ausstrahlte.

Einem Zwang folgend schaute Fearr in die Gesichter der zwei Köpfe, deren Züge ihm von Anfang an so seltsam vertraut vorgekommen waren. Und dann durchzuckte ihn jäh der Schrecken des Erkennens: Er sah sein todesbleiches Ebenbild in einer der makabren Trophäen, während die andere das Antlitz Caesars widerspiegelte. In diesem Moment öffneten die beiden Gesichter ihre bis dahin geschlossenen Lider und fixierten den erschütterten Betrachter, dessen Nakkenhaare sich aufstellten, mit ihren erloschenen, blicklosen Totenaugen. Ihre bleichen Lippen formten tonlose Worte, die Fearr nicht verstehen konnte. In seiner Hilflosigkeit begann er zu schreien … Es war, als schrie er unter Wasser, so dicht war die Konsistenz der Stille, die dieses eisblaue Zeitkontinuum beherrschte. Doch dann kam ein tiefes, hallendes Grollen aus dem Rachen des Dämons, und Fearr mußte mit ansehen, wie das Wesen die beiden Köpfe in seine furchtbaren Tatzen nahm und sie wie zwei Gewichte auf einer Waage vor sich hielt – bevor es vor den schreckgeweiteten Augen Fearrs zunächst das Haupt zerquetschte, das sein Abbild war, und danach fuhren seine spitzen Krallen wie Dolche in den Kopf Caesars und zerrissen ihn. Das Ungeheuer brüllte noch einmal triumphierend auf und begann sich wirbelnd zu entmaterialisieren, während Fearr erneut in den bodenlosen Abgrund einer tiefen Ohnmacht stürzte.

Irgendwann erwachte er, starr auf dem Rücken liegend. Das erste, was er sah, war das beruhigende Funkeln der Sterne über ihm. Er versuchte seine taub gewordenen Glieder zu bewegen und bemerkte zu seiner Erleichterung, wie das Leben allmählich in ihn zurückströmte. Vorsichtig richtete er sich auf, schaute sich um und stellte fest, daß er sich noch immer innerhalb des Steinkreises befand. Seine Augen suchten den Druiden, den er dann auch einige Schritte neben sich auf einem Stein sitzend wahrnahm. Atechtorig wirkte müde und erschöpft, wie er so mit gesenktem Haupt, den Stab in Händen haltend, dasaß.

Fearr ging zu ihm und kniete sich vor ihn hin.

»Hast ... hast du es auch gesehen?« fragte Fearr ihn mit heiserer Stimme. Doch Atechtorig schüttelte verneinend und kraftlos den Kopf.

»Nein, Fearr«, sagte er dann leise. »Wohin du gegangen bist, dorthin konnte ich dir nicht folgen. Ich habe dir nur das Tor geöffnet – und es für dich offengehalten. Dafür brauchte ich alle meine Kräfte, denn sonst, glaube mir, wärest du nicht zurückgekommen. Komm, hilf mir auf und laß uns von hier fortgehen. Ich muß mich, denke ich, dabei ein wenig auf dich stützen, denn ich fühle mich zu schwach, um alleine zu gehen.«

Schweigend traten sie den Rückweg an, und da beide noch sehr unsicher auf den Beinen waren und deswegen öfters haltmachen mußten, um wieder zu Kräften zu kommen, dauerte es eine ganze Weile, bis sie wieder an die Stelle gelangten, von der aus sie aufgebrochen waren. Das Pferd stand immer noch geduldig da, wo er es angebunden hatte, und fraß von den Gräsern und Blättern, die es am Wegesrand fand. Fearr kam es so vor, als seien sie eben erst fortgegangen. Er schaute zum Himmel und stellte zu seiner Verblüffung fest, daß der Mond seine Position tatsächlich nur unwesentlich verändert hatte und es immer noch tiefe Nacht war. Eigentlich war er überzeugt gewesen, daß seine Vision ihn für etliche Stunden aus dieser Welt entführt hatte.

Atechtorig schien seine Gedanken erraten zu haben, denn er lächelte ihn wissend an.

»Die Zeit spielt keine Rolle in der Anderswelt. Die Ewigkeit dort ist ein Augenblick in unserer Welt – und manchmal auch umgekehrt!« Er schaute Fearr tief und prüfend in die Augen.

»Schaden hast du offenbar nicht davongetragen, will mir scheinen. Das ist gut, denn viele, die diesen Weg vor dir gegangen sind, konnten nie mehr auf unsere Ebene zurückfinden. Obwohl ihr Körper hier noch eine Zeitlang weiterlebte, hatte sich ihr Geist für immer im Nichts zwischen den Welten verloren.« Fearr schauderte es bei diesen Worten; er wollte lieber nicht darüber nachdenken.

»Willst du nicht wissen, was ich gesehen habe?« fragte er statt dessen den Druiden. Doch der hob abwehrend die Hände und schüttelte den Kopf.

»Nein! Ich habe dir schon gesagt, daß nur du eine Antwort auf deine Vision finden kannst. Von mir darfst du keine Lösung erwarten. Reite nun heim und versuche, Ruhe zu finden! Aber einen Rat will ich dir dennoch geben! Dein Schicksal liegt allein in deiner Hand. Zwar kann die Vision dir helfen, deine Zukunft zu erkennen, aber es liegt an dir, wie du das Geschaute deutest. Was immer du für dich daraus schließen wirst – dein Schicksal wird sich so oder so erfüllen. Du wirst mich bald in Bebracht wiedersehen!«

Atechtorig grüßte noch einmal, dann wandte er sich um und war bald darauf um die nächste Biegung des Weges verschwunden. Fearr bestieg sein Pferd und trabte, immer noch verwirrt und nachdenklich, in die entgegengesetzte Richtung davon.

Als er einige Zeit später den Hof erreicht hatte, fand er Brigainn zu seinem großen Erstaunen noch wach vor dem Herd sitzend. Sie schien durchaus nicht überrascht über sein unverhofftes Kommen.

»Woher wußtest du …?« begann er, als sie ihm ihren Finger auf den Mund legte und ihm Schweigen gebot.

»Setz dich zu mir, trink deinen Wein und ruhe dich aus«, bat sie ihn und führte ihn zu seinem Stuhl, den sie vor das Feuer gezogen hatte.

»Ich kann dir nur sagen, daß ich wußte, daß du heute kommen würdest, wie ich auch weiß, was dir in dieser Nacht begegnet ist«, erklärte sie einfach. Eine Weile schauten beide schweigend in die Flammen, bis Brigainn unvermittelt wieder das Wort ergriff.

»Kannst du dich an das erinnern, was ich dir in unserer Hochzeitsnacht, in dem Moment, als ich Carantana von dir empfangen hatte, gesagt habe? Ich sagte, daß sich das Schicksal nun erfüllen würde und daß ich wüßte, daß wir eine Tochter bekämen ...«

»Ja, und ich weiß immer noch nicht, was du damit andeuten wolltest«, unterbrach er sie ungeduldig.

»Bitte schweig still und laß mich reden!« wies sie ihn bestimmt und ein wenig ärgerlich zurecht. »Das, was ich dir zu sagen habe, wird unsere nahe Zukunft nachhaltig bestimmen, denn so, wie du heute nacht mit den mehrdeutigen Möglichkeiten deines Schicksals konfrontiert worden bist, so hatte ich ein ähnliches Erlebnis in jener Nacht. Ich wußte schon lange, bevor du in mein Leben getreten bist, daß ich dir begegnen würde. Ich habe sogar dein Gesicht oft in meinen Träumen gesehen. Dann, in der Nacht nach der Schlacht von Magetobriga erhielt ich die letzte Gewißheit, denn Troucissa suchte mich zu später Stunde auf, um mir dein Kommen am nächsten Morgen anzukündigen. Sie war es auch, die mir damals eröffnete, daß ich vom Rat der Großen Mutter auserwählt worden wäre, dich zu heiraten und einem Mädchen das Leben zu schenken, welches in die Geheimnisse unseres Ordens eingeführt werden sollte, um dereinst die Nachfolge Troucissas anzutreten. Sie prophezeite mir in dem Zusammenhang auch, daß du einst die Hoffnung Galliens sein würdest und daß sich mit dir und deinem Kampf das Schicksal unseres Volkes entscheiden würde. Einige Tage vor deinem Sieg kam sie zu mir und ...« Sie hielt plötzlich inne und schien in sich hineinzuhorchen. Fearr, der bis dahin fasziniert und von ihren Worten völlig gefangen vornübergebeugt auf seinem Stuhl gesessen hatte, wagte nichts zu sagen, sondern wartete in atemloser Anspannung auf den Fortgang ihrer Erzählung.

Vieles, was ihm bis zu diesem Zeitpunkt rätselhaft und eher zufällig erschienen war, ergab jetzt einen tieferen Sinn. Zufall, so hatte ihm Cunlean einmal gesagt, bedeutet nichts anderes, als daß einem etwas vom Schicksal Bestimmtes zufällt. Nein, es gab keinen Zufall! Brigainn, er selbst, Carantana, vielleicht auch sein Vater und Govanned – ja, sicherlich auch Caesar – waren Teil eines feingesponnenen Netzes, das vielleicht schon vor Generationen gewebt worden war. Und von wem? Von den Göttern? Fearr wußte keine Antwort darauf, doch erschauerte er unter der Last dessen, was das nun ganz offen zutage getretene Schicksal für ihn bereithielt. In diesem Augenblick begann Brigainn wieder zu sprechen.

»Dunkel waren ihre Worte, und ich habe wenig davon verstanden. Sie sagte, daß du bald nach Norden ziehen würdest, wo du dich deinem Schicksal stellen müßtest und die Erfüllung deines Lebens erfahren würdest.« Fearrs Hände verkrampften sich um die Armlehnen. ›Wie sieht mein Schicksal aus?‹ hämmerte es in seinem Schädel. ›Sag es mir – was ist mein Schicksal?‹ Doch Brigainn fuhr sich nur mit der Hand über die Augen, als wollte sie etwas verscheuchen.

»Frag mich aber bitte nicht, was sie damit gemeint hat! Ich kann es dir nicht sagen, selbst wenn ich es wüßte, denn auch das, was sie mir über meinen eigenen Weg kündete, verlor sich am Ende im Nebel. Nur eines kann ich dir mit Bestimmtheit verkünden: Carantana wird leben. Sie wird, auch wenn die Römer unser Land unterwerfen und unsere Kultur vernichten sollten, außer Landes, nämlich nach Britannien gebracht, wo sie später einmal einen mächtigen Stammesfürsten im Norden heiraten und außerdem dem Orden der Großen Mutter vorstehen wird. Aus dieser Verbindung geht ein paar Generationen später eine Frau hervor, eine große Königin, die, genau wie du jetzt, das Volk der Kelten zum Freiheitskampf gegen Rom aufruft. In einer alles entscheidenden Schlacht gegen die Römer wird sich dann endgültig erweisen, ob das keltische Volk überlebt – oder für immer untergeht!«

Lange Zeit blieb Fearr regungslos und wie betäubt sitzen, während er von der Flut seiner Gefühle und Gedanken hinweggerissen wurde. Verzweifelt suchte er einen Weg oder wenigstens einen Hinweis für das, was er in der nächsten Zukunft zu tun hatte, in Brigainns Ausführungen zu entdecken.

Aber das einzige, was für ihn greifbar schien, war der unmißverständliche Wink, nach Norden zu ziehen und damit die Entscheidung mit den Römern nicht vor Gergovia zu suchen, wie er es eigentlich erwogen hatte.

Er schlug die Hände vors Gesicht und begann haltlos zu weinen. Brigainn überließ ihn seinen Tränen, wohl wissend, daß dies das beste Mittel für ihn war, sich von seiner nervlichen Anspannung zu befreien und wieder zu sich selbst zu finden. Sie setzte sich auf eine der Armlehnen, drückte seinen Kopf an ihre Brust und begann ihn wie ein Kind sanft in ihren Armen zu wiegen.

Erst als der Morgen schon graute und das Feuer nur noch glühende Asche war, gingen sie zu Bett, wo sie sofort in einen bleiernen, traumlosen Schlaf fielen.

Fearr blieb noch zwei Tage zu Hause, in denen er sich ausschließlich seiner Familie widmete. Wie zu Friedenszeiten spielten er und Brigainn ausgelassen mit Carantana oder unternahmen lange Spaziergänge mit ihr. Aber während der ganzen Zeit vermieden sie es, noch einmal über das, was in jener Nacht geschehen war, zu sprechen.

Nur am letzten Abend vor Fearrs Abreise berührte Brigainn das Thema, als sie in aller Offenheit darüber sprachen, was im Falle von Fearrs Tod zu tun wäre. Dabei erwähnte sie, fast nebenbei, daß sie ihn um keine Stunde überleben würde, weil sie immer mit ihm vereint bleiben wolle, so wie sie es ihm in ihrer ersten Liebesnacht geschworen hatte. Fearr nahm sie daraufhin zärtlich in seine Arme, küßte sie lange und gestand ihr, daß er sich das gleiche vorgenommen habe. Sie überlegten, was mit dem Besitz geschehen sollte, wenn das Äußerste eintreten würde, und nachdem sie alles dazu Notwendige besprochen hatten, zogen sie sich, bestärkt in ihrer innigen Liebe, in ihr Schlafzimmer zurück.

Bis in die frühen Morgenstunden konnten sie keinen Schlaf finden.

45

Als Fearr gegen Mittag wieder in Gergovia angekommen war, erwarteten ihn dort sehr erfreuliche Neuigkeiten. Da sich die Nachricht von der Niederlage der Römer wie ein Lauffeuer im ganzen Land verbreitet hatte, schöpften nun auch die Stämme, die in den letzten Jahren von den Römern unterworfen worden waren und es deshalb nicht gewagt hatten, sich gegen ihre Unterdrücker aufzulehnen, neue Hoffnung und entsandten bereitwillig ihre Krieger in die Hauptstadt der Arverner. Mit großer Genugtuung registrierte Fearr, daß sich die Feldstärke seines Heeres daraufhin während der nächsten Tage erheblich vergrößerte.

Doch zunächst wollte er sich einen Überblick über die allgemeine Lage verschaffen und berief den Kriegsrat ein, welcher am späten Nachmittag zusammentrat. Als erstes berichtete Fercaswallon seinem Vetter, daß die notwendige Versorgung der Truppen und der Bevölkerung sichergestellt sei und daß auch für die nächsten Monate kein Mangel an Nachschub herrschen würde. Danach informierte ihn Kritognat eingehend über die aktuelle Stärke der in und um Gergovia lagernden Truppenteile, deren Bewaffnung und die Anzahl und den Zustand des zur Verfügung stehenden Pferdematerials. Auch dieser Bericht befriedigte Fearr sehr, und er sparte den beiden treuen Gefährten gegenüber nicht an Lob und Anerkennung ob ihres Eifers.

»Wo stehen die Römer zur Zeit?« wollte er als nächstes von Lochtaire wissen, der als Befehlshaber der Reiterei den Auftrag hatte, stete Fühlung mit dem Feind zu halten.

»Die Römer sind zur Zeit dabei, eine Brücke über die Elaver zu schlagen. Meines Dafürhaltens werden sie versuchen, so schnell wie möglich nach Dun Novio vorzurücken, wo sie all ihre Vorräte und Waffen gelagert haben. Auch verwahren sie dort sämtliche Geiseln, die sie von uns gefordert haben.«

»Wie lange, glaubst du, werden sie brauchen, um dorthin zu gelangen?«

»Bei diesen Wetterverhältnissen und unter Berücksichtigung, daß sie noch die Liger überqueren müssen, sollten sie in ihrem angeschlagenen Zustand noch mindestens zehn Tage unterwegs sein.«

Fearr dachte nach, wobei ihm schnell klarwurde, daß die Distanz zwischen den Legionen und seinen Truppen schon so groß geworden war, daß er die Römer, selbst wenn er seine Truppen sofort auf den Marsch geschickt hätte, nicht mehr rechtzeitig würde einholen können. Aber auf der anderen Seite mußte er einen Weg finden, Dun Novio noch vor dem Eintreffen der Römer einzunehmen und, wenn notwendig, zu zerstören. Hinzu kam die Tatsache, daß die römischen Legionen immer noch getrennt voneinander operierten, somit bestand nach wie vor die Möglichkeit, sie einzeln anzugreifen und nacheinander zu schlagen.

»Hast du irgendwelche Nachrichten über den Standort und die Aktivitäten des Labienus?« hakte Fearr deswegen auch sofort bei Lochtaire nach.

»Nach meinen letzten Informationen hat der Legat seinen Troß unter der Bewachung von ein oder zwei Kohorten, die zum größten Teil aus Rekruten bestehen, in Agedinco zurückgelassen und befindet sich auf dem Marsch nach Lutecha, um die Parisier, die sich ebenfalls zum Aufstand entschlossen haben, niederzukämpfen. Die Parisier stehen aber nicht alleine da. Gestern traf ein Bote ein, der uns mitteilte, daß die Aulerker und die Bellovaker sich mit den Parisiern verbündet hätten und nun unter der Führung des alten Camulogen den vier Legionen des Labienus Widerstand leisten wollten. Auf jeden Fall wird Labienus dadurch einige Zeit Beschäftigung finden, denn gerade mit den Bellovakern ist, wie jedem bekannt sein dürfte, nicht zu spaßen.«

Fearr rieb sich die Hände. Das war mehr, als er erwartet hatte. Die Truppen des Labienus waren im Norden gebunden, und die sechs Legionen Caesars befanden sich auf einem beschwerlichen Marsch im Stammesgebiet der Haeduer. Das war es! Jetzt schien der Zeitpunkt gekommen, die bis dahin immer noch wankelmütigen Haeduer von seiner Sache zu überzeugen und sie endgültig zum Abfall von Rom zu bewegen. Für das haeduische Heer wäre es dann kein Problem, von Bebracht aus Dun Novio zu nehmen und sich den

Legionen des Rotmantels in den Weg zu stellen. Fearr wandte sich an Llyddowech.

»Llyddowech, wie ist zur Zeit die Stimmung in deinem Volk? Besteht die Möglichkeit, daß ihr euch gegen Caesar erheben könntet?«

Der junge Haeduer sah Fearr in die Augen.

»Davon bin ich, nach allem was passiert ist, felsenfest überzeugt!« erwiderte er bestimmt. »Convechtollydd hat sich auf deine Seite geschlagen, wie auch der Großteil des haeduischen Adels. Die einzigen, die mir noch Sorgen machen, sind Eporedorech und Virdomar. Sie haben noch engen Kontakt zu Caesar und treten für das Bündnis mit Rom ein.«

»Also gut!« entschied Fearr. »Du wirst noch heute mit deinen Reitern nach Bebracht aufbrechen. Dann mußt du zusammen mit Convechtollydd die Bevölkerung davon überzeugen, daß es für ihre Zukunft besser sei, den Römern die Freundschaft zu kündigen und sich uns anzuschließen. Sage ihnen, daß die Römer mit dem Rücken zur Wand stehen und daß der Zeitpunkt nie günstiger war, sie aus dem Land zu jagen! Berichte dem Rat der Haeduer alles, was du hier gesehen und gehört hast. Und wenn ihr sie überzeugt habt, dann marschiert sofort nach Dun Novio und zerstört es!«

»Das werde ich tun, Fearr Singetrech! Du wirst zufrieden mit mir sein!« rief Llyddowech voller Enthusiasmus und verließ mit leuchtenden Augen den Raum.

Seine Mission schien Erfolg zu haben, den schon wenige Tage später traf eine Gesandtschaft aus Bebracht in Gergovia ein, die unverzüglich zu Fearr vorgelassen zu werden wünschte. Fearr saß gerade mit Kritognat und Lochtaire bei einem kleinen Mittagessen, als man den Führer der Gesandtschaft zu ihm brachte.

Bester Laune forderte Fearr den Haeduer auf, bei ihnen Platz zu nehmen und sich erst einmal zu stärken.

»Also, was bringt ihr mir Neues aus Bebracht?« fragte er dann, nachdem sie ihr Mahl beendet hatten.

»Wir sollen dir die Grüße unseres Ältestenrates überbringen, der dir durch mich einen Freundschafts- und Beistandspakt vorschlagen läßt«, antwortete der Führer der Delegation. Außerdem laden wir dich und alle Stammesführer, die sich gegen Rom vereint haben, zu einem Landtag nach Bebracht ein, auf dem wir gemeinsam unser weiteres Vorgehen planen wollen. Zum Zeichen unseres guten Willens habe ich den Auftrag, dir mitzuteilen, daß zu dieser Stunde ein haeduisches Heer vor Dun Novio steht und es belagert. Gleichzeitig werden wir versuchen, die Römer auf ihrem weiteren Vormarsch zu behindern, indem wir das Ufer der Liger sichern und ihnen die Nachschubwege sperren.«

»Das hört sich ja alles sehr vielversprechend an«, kommentierte Fearr freudig überrascht diese Neuigkeiten, hatte er sich doch die ›Bekehrung der Haeduer‹ weitaus schwieriger vorgestellt. So aber waren die Chancen, Caesars Legionen einzukesseln oder sie zumindest zum Rückmarsch in die Provinz zu zwingen, erheblich gestiegen. Nur die Einladung zu dem von den Haeduern anberaumten Landtag paßte ihm zu dem jetzigen Zeitpunkt überhaupt nicht in sein Konzept, da für ihn jeder Tag in dieser für die Römer äußerst prekären Lage zählte. Doch als er seine Bedenken später gegenüber dem Kriegsrat dahin gehend äußerte, bestürmten ihn die Stammesführer einhellig, auf jeden Fall an dem Landtag teilzunehmen, da dies die beste Gelegenheit wäre, die Frage des Oberbefehls über alle gallischen Stämme ein für allemal zu klären. Als dann auch noch, zwei Tage darauf, bekannt wurde, daß Dun Novio gefallen war, daß man die römische Besatzung massakriert und die Vorräte vernichtet hatte, willigte Fearr ein und zog mit seinem Heer nach Bebracht, da er nun überzeugt davon war, daß Caesar unter diesen Umständen nichts übrigbliebe, als sich so schnell wie möglich wieder in die Provinz zu begeben.

Aber der römische Feldherr schaffte wieder einmal das Unerwartete. Noch auf dem Marsch erreichte Fearr die Nachricht, daß Caesar entgegen aller Vermutungen in Gewaltmärschen die nördlichen Ausläufer der Cevennen überquert und trotz des Hochwassers, das die Liger zu dieser Jahreszeit führte, den Fluß in einer Nacht- und Nebelaktion überquert hatte. Das alles ging so schnell, daß die dort patrouillierenden haeduischen Verbände völlig überrumpelt wurden und zu keiner nennenswerten Abwehrmaßnahme in der Lage gewesen waren. Was aber in dieser an sich schon beängstigenden Situation noch erschwerend hinzukam, war die Tatsache, daß die Legionen sich nun in dem Gebiet der Senonen befanden, wo sie sich ausreichend mit Vieh und Getreide versorgen konnten.

Auch aus Norden, von den Parisiern, trafen neue, besorgniserregende Meldungen ein, den Legaten Labienus betreffend. Dieser hatte seinen Feldzug gegen die Parisier erfolgversprechend begonnen. Nachdem er die senonische Stadt Meclosedo erobert hatte, war er gegen Lutecha vorgerückt, welches aber von seinen Einwohnern, die von senonischen Flüchtlingen rechtzeitig gewarnt worden waren, niedergebrannt wurde. Die auf diese Weise unterkunftslos gewordenen Parisier richteten sich danach an dem Ufer der Sequana zur Verteidigung ein, das dem Lager des Labienus gegenüberlag. Durch die Nachrichten von dem Sieg bei Gergovia und dem daraufhin geschlossenen Bündnis der Haeduer mit dem Arvernerfürsten ermutigt, kamen den Parisiern nun die vereinten Truppen der Aulerker und Bellovaker zu Hilfe. Als Labienus dann auch noch durch einige übergelaufene Gallier erfahren mußte, daß sich Caesar mit seinen Legionen im Hinblick auf die nun bestehende Übermacht der keltischen Stämme und des akuten Mangels an Nachschub auf dem Rückmarsch in die Provinz befände, faßte er den unter diesen Umständen einzig vernünftigen Entschluß, seine Truppen möglichst unbeschadet nach Agedinco zurückzuführen. Dabei ging er taktisch so klug vor, daß es ihm gelang, die gegnerischen Truppen zunächst aufzusplittern und sie dann, nachdem den Römern unbemerkt der Übergang über die Sequana geglückt war, in einer mit dem Mut der Verzweiflung geführten Schlacht fast vollständig zu vernichten. Dabei fand auch der greise Aulerkerfürst Camulogen den Tod.

Danach konnte Labienus seine vier Legionen unbehelligt nach Agedinco führen, wo er die für ihn erlösende Nachricht erhielt, daß Caesar nur noch einen Tagesmarsch von Agedinco entfernt war. Nichts konnte jetzt mehr die Vereinigung der beiden Heeresverbände aufhalten.

Trotz dieser ungünstigen Vorzeichen, die aus dem Norden gemeldet wurden, eröffnete man den Landtag in Bebracht wie geplant.

Vom ersten Tag an herrschte unter den Anwesenden eine siegesgewisse Euphorie, die vor allem darin begründet war, daß sich zum erstenmal seit Menschengedenken in diesem von inneren Zwistigkeiten gebeutelten Land alle Stämme friedlich zusammengefunden hatten, um einen gemeinsamen Feind, der sie seit sechs Jahren in ihrer Existenz bedrohte, zu bekämpfen.

Auch die Präsenz des gewaltigen Aufgebots an Truppen, die jetzt in schier unübersehbaren Scharen – es mußten mehr als hunderttausend Krieger sein – vor der Stadt lagerten, ließen ihr Selbstbewußtsein und ihren Kampfeswillen ins Unermeßliche steigen.

Gleich zu Beginn der Verhandlungen entstanden allerdings zunächst einmal, wie Fearr erwartet hatte, beträchtliche Schwierigkeiten, sich über den gemeinsamen Oberbefehl zu einigen. Von Anfang an erhoben die Haeduer Anspruch auf dieses Privileg und drohten mit ihrem Austritt aus dem eben beschlossenen Bündnis, wenn man ihren Wünschen nicht nachkommen würde. Bei der anschließenden Abstimmung jedoch, bei der Fearr einhellig als Oberbefehlshaber bestätigt wurde, mußten sie zähneknirschend klein beigeben und sich in das Unabänderliche fügen.

Nachdem so die Frage des Oberbefehls zu Fearrs Zufriedenheit geklärt worden war, erläuterte er im weiteren Verlauf der Beratungen in groben Zügen seine zukünftige Vorgehensweise, wobei er die veränderte Situation im Norden berücksichtigte. Fearrs Plan war es demnach, direkt nach Beendigung dieses Landtages das Heer so schnell wie möglich nach Alesia, der Hauptstadt der Mandubier, zu verlegen, um so den bei Agedinco stehenden Römern den Weg nach Süden zu versperren und sie zu einer Entscheidungsschlacht zu zwingen.

Schon einige Zeit vorher, als er noch überlegt hatte, ob er

die Römer in Gergovia erwarten oder ihnen nach Norden folgen sollte, war er so vorsichtig gewesen, diese Stadt, die eine für seine Zwecke ideale taktische Lage innehatte, als Stützpunkt auszuwählen und sie ausreichend mit Versorgungsgütern auszustatten.

Für die bevorstehende Expedition benötigte er nur einen Teil des Gesamtheeres, also etwa fünfzigtausend Mann. Der Rest sollte als Reserve in den jeweiligen Stammesgebieten auf Abruf verbleiben. Er begründete dies zum einen mit der bevorstehenden Erntezeit – es waren ja zumeist Bauern, die den Großteil des Fußvolks stellten –, zum anderen damit, daß der Ausbildungsstand der neu hinzugekommenen Krieger nicht so gut wie der seiner bewährten Kerntruppen war.

Die Stammesführer waren vor allem wegen des ersten Punktes erleichtert, hatten sie insgeheim doch schon befürchtet, daß die Felder wegen des Krieges nicht rechtzeitig bestellt werden könnten.

Allerdings machte Fearr ihnen unmißverständlich klar, daß einem etwaigen Hilfeersuchen seinerseits sofort nachzukommen wäre. Was man ihm dann auch überschwenglich zusicherte.

Zum Schluß befahl er den Haeduern und den Segusaviern, unter der Führung des Eporedorech die Grenzen zur römischen Provinz zu überschreiten und die Allobroger zu einem nochmaligen Aufstand gegen die Römer zu motivieren. Seinen Schwager Kintogen betraute er mit der Aufgabe, mit den Gabalern und Teilen der arvernischen Kerntruppen in das Gebiet der Helvier vorzustoßen und sie zu unterwerfen. Schließlich entsandte er Donnotal mit seinen Kadurkern und den Rutenern nach Süden, um das Gebiet der ebenfalls römertreuen Völker zu erobern.

Fearr begründete diese Maßnahmen mit der taktischen Erwägung, daß die Provinz zur Zeit nur von knapp zwei Legionen gehalten wurde, die leicht niederzukämpfen seien, da sie zu einem großen Teil aus neuen, unerfahrenen Soldaten bestünden. Außerdem – sollte dieser Handstreich gelingen – würde dann ein schlagkräftiges keltisches Heer in der Provinz zur Verfügung stehen, das in der Lage wäre, sich den zurückflutenden Legionen Caesars in den Weg zu stellen und sie so, gemeinsam mit Fearrs nachrückenden Truppen, in die Zange zu nehmen. Diese Überlegungen Fearrs lösten einen wahren Begeisterungssturm bei den Stammesfürsten aus. Sie trugen Fearr auf einem Schild aus dem Saal, wo er mit einem ohrenbetäubenden Waffenklirren von Tausenden von Kriegern begrüßt wurde, die ihrem Jubel und ihrem Stolz Luft machten.

Der Landtag wurde nach altem Brauch mit einem feierlichen Opferfest im heiligen Hain des Teutates beendet. Bei Anbruch der Dämmerung versammelte sich dort eine ungeheure Menschenmenge, die dicht gedrängt noch in einem Umkreis von fast zweitausend Metern das Heiligtum umstand, um den Segen des Hochdruiden für diesen über die Zukunft ihrer Stämme entscheidenden Feldzug zu erhalten.

Den in frommer Scheu schweigend verharrenden Männern und Frauen, selbst denjenigen, die sehr weit weg standen, bot sich in der Mitte des Platzes ein unheimlicher Anblick.

Mit dicken Stämmen abgestützt war dort ein aus Weidenruten geflochtenes, riesengroßes Phantom in Menschengestalt aufgestellt worden, das hoch in den Himmel ragte.

In den hohlen Innenraum hatte man gefesselte Menschen gesperrt – es handelte sich durchweg um römische Kriegsgefangene –, die nun, ihr Schicksal erahnend, erbärmlich schrien.

Unter dem Phantom war ein mächtiger Scheiterhaufen errichtet worden. Mit einem Mal erklang der langanhaltende, dumpfe Schall der gallischen Signalhörner. Gemessenen Schrittes und begleitet von anderen Druiden trat Atechtorig vor das Phantom. Nachdem er das Volk, seine Hände in alle Himmelsrichtungen ausstreckend, gesegnet hatte, begann er seine Rede:

»Ihr werdet morgen ausziehen, um unser Land von einer nunmehr sechs Jahre währenden Krankheit zu heilen. Lange glaubte ich, es gäbe keine Hoffnung mehr für die Freiheit unseres Volkes.

Aber dann kam ein Mann, von den Göttern berührt, und gab uns durch seinen Sieg über den Feind unsere Würde zurück! Fearr Singetrech! Ich berufe dich im Namen der Götter zum Hochkönig aller keltischen Stämme! Tue alles für das Wohl deines Volkes, aber sei auch dessen eingedenk, daß du, solltest du versagen, dich selber als Opfer anbieten mußt!

Bisher zeigtest du Mut und Umsichtigkeit. Fahre so fort und mißbrauche deine dir nun verliehene Gewalt niemals.

Du dienst mit allem, was du tust, nur deinem Volk und dem Gesetz der Stämme; du selbst aber mußt mit deinen persönlichen Wünschen zurückstehen. Ab heute symbolisierst du das Volk und wirst die Kraft des Teutates in dir haben, der durch dich wirken kann.

Wir werden jetzt diese römischen Kriegsgefangenen zu Ehren des Teutates verbrennen, als die ersten von vielen, die ihnen in der nächsten Zeit noch folgen werden!«

Auf Atechtorigs Zeichen hin zündeten die Druiden den Scheiterhaufen mit ihren Fackeln an, ungeachtet der Schreie der Gefangenen.

Und wie damals, als das Hohe Opfer dargebracht worden war, erschien wie aus dem Nichts Troucissa neben dem Hochdruiden, allerdings alleine, ohne die Schar der Priesterinnen. Sie winkte den immer noch wie betäubt dastehenden Fearr zu sich, dann wurde ein Eber in die Mitte des Rundes geführt.

»Knie nieder, Hoher König«, forderte sie ihn auf.

Fearr tat es und senkte demütig sein Haupt, das sie mit einem Kranz aus Eichenlaub krönte.

Und während Atechtorig seine Hand segnend auf das mächtige Haupt des Ebers legte, stach Troucissa in den Hals des Tieres, das zuckend zusammenbrach.

Troucissa fing das Blut in einer silbernen Schale auf und goß dann deren Inhalt über Fearr aus.

»Nun hast du auch den Segen der Großen Mutter! Beschütze unsere Frauen und Kinder vor allem Elend.

Der Eber ist das Symbol unseres Landes.

Ab jetzt bist du das Land!«

Das waren die letzten Worte, die er bewußt wahrnahm, bevor er ohnmächtig zu Boden stürzte.

Das nächste, was er spürte, war ein seltsam pulsierendes Brausen; es war, als ob er schwerelos im Raum schweben würde. Er fühlte sich geborgen, und eine liebevolle Wärme umfing seinen Körper.

Alle Töne, die an sein Ohr drangen, klangen gedämpft.

Ein tiefrotes Wabern war um ihn, so wie er es einst im Leib seiner Mutter empfunden haben mußte.

Dann hörte er eine unendlich zärtliche Stimme …

»Du bist mein Sohn!«

Alles um ihn her versank.

Als er wieder erwachte, war nur noch Troucissa an seiner Seite. Das Feuer war fast niedergebrannt, und zwischen den dichten Rauchschwaden erkannte er, daß der Morgen begonnen hatte zu grauen. Troucissa strich ihm leicht über die Stirn und küßte ihn.

»Du mußt nun gehen, mein Geliebter!«

46

Die Fünfzigtausend befanden sich schon seit drei Tagen auf dem Marsch, als sie zwischen Alesia und Vesontio überraschend auf die nun vereinten römischen Legionen trafen.

Fearr ließ seine Truppen sofort drei befestigte Lager in Sichtweite der Römer errichten und berief den Kriegsrat ein.

»Ich bin der Meinung, daß wir sie hier und jetzt angreifen sollten. Das Gelände ist günstig, und vielleicht können wir ja schon hier die Entscheidung erzwingen und brauchen gar nicht mehr nach Alesia zu marschieren«, schlug er gleich zu Beginn vor. »Anscheinend haben es die Römer sehr eilig, nach Süden zu ziehen; eigentlich hatte ich gar nicht erwartet, daß sie soviel Angst haben«, fuhr er dann unter dem beifälligen Gelächter seiner Heerführer fort.

»Wenn wir sie jetzt unbehelligt weitermarschieren ließen, kämen sie übers Jahr mit neuen Truppen wieder, und alles begänne von vorne! Sie sind angeschlagen und außerdem auf dem Marsch, was sie äußerst verwundbar macht, da sie weit und breit keine Lager haben, in die sie sich im Notfall zurückziehen könnten.«

»Ich bin genau der gleichen Ansicht!« stimmte Lochtaire ihm zu.

»Bringen wir es hier und heute hinter uns! Unsere Truppen sind ausgeruht, und der Feind kämpft auf verbrannter Erde.«

»Schicken wir ihnen also zunächst unsere Reiterei! Die sollte es bei ihrer derzeitigen Stärke wohl schaffen, die schwerfälligen und beladenen Kohorten niederzureiten«, entschied Fearr und zwinkerte Lochtaire dabei zu, der sich als Führer der Reiter natürlich hervortun wollte.

Alle Anwesenden nahmen diesen Vorschlag mit großem Beifall auf.

Als Lochtaire seinen Reitern den Angriffsplan erklärt hatte, brachen die Männer in lauten Jubel aus.

»Wenn nicht jeder von uns mindestens zweimal durch sie hindurchreitet, dann werden wir uns für den Rest unseres Lebens von Frauen und Kurma fernhalten!« schworen sie sich übermütig lachend zu.

Unter anfeuerndem Gejohle preschten sie bald darauf in drei Abteilungen in voller Karriere auf die immer noch in Marschordnung formierten Römer zu, während Lochtaire gleichzeitig die Flanken des Hauptheeres angriff und Coto die Vorhut überfiel.

Aber trotz der kraftvoll geführten Attacke gelang es den Römern dank ihrer unerschütterlichen Disziplin nicht nur, sich blitzschnell zu geordneten Kampfverbänden zu formieren, sondern ihrerseits einen Reiterangriff gegen die heftig anstürmenden keltischen Berittenen zu führen. Wie immer funktionierte ihr Befehlssystem reibungslos. Hinzu kam, daß Caesar, der keine Zeit gehabt hatte, neue Truppen in der römischen Provinz auszuheben, einen Großteil seiner Reiter aus den mittlerweile befriedeten germanischen Stämmen rekrutiert hatte; natürlich auch aus der Überlegung heraus, daß die Germanen von jeher die Todfeinde der Kelten gewesen waren. Und diese wilden Krieger wagten nun einen tollkühnen Gegenangriff. Rücksichtslos stießen sie gegen die verblüfften keltischen Scharen vor, die von dem unerwarteten Auftauchen ihrer Todfeinde völlig überrascht wurden. Die Verwirrung nutzend, trugen sie ihren Angriff sogar bis an die Lager heran, wobei sie ein fürchterliches Blutbad anrichteten.

Dabei fielen ihnen zu allem Unglück auch noch Coto und Eporedorech – letzterer ein tapferer Haeduerfürst, der sich schon während der Auseinandersetzungen mit den Sequanern ausgezeichnet hatte, aber nicht zu verwechseln war mit seinem Landsmann gleichen Namens, der jetzt den Angriff gegen die Allobroger führte – sowie Cavarill mit seinem Fußvolk in die Hände.

Nachdem die germanischen Reiter wieder kehrtgemacht hatten, befahl Fearr, wütend und enttäuscht über den erfolglosen Angriff, den sofortigen Abmarsch nach Alesia, wo er noch am selben Abend eintraf und alles zur Verteidigung vorbereiten ließ. Er hatte den römischen Feldherrn wieder einmal unterschätzt! Die Schlagkraft seiner Legionen war keineswegs geschwächt, wie nach diesem kurzen Gefecht schmerzlich zu erkennen war. So wie die Dinge standen, hatte Caesar mit seinem schnellen Vorstoß nach Süden auch nicht vorgehabt, sich in die Provinz abzusetzen, sondern hatte es ganz im Gegenteil gezielt darauf angelegt, dem keltischen Heer entgegenzuziehen und es möglichst an einem Ort seiner Wahl zur Entscheidungsschlacht zu stellen.

Fearr war sich jetzt auch im klaren darüber, daß es kein Zufall sein konnte, daß Caesar diese Marschroute gewählt hatte und nicht direkt auf Gergovia vorgestoßen war. Der römische Feldherr war offensichtlich darüber informiert worden, daß er, Fearr, höchstpersönlich die nach Norden ziehende Armee anführte. Das Ziel Caesars war es also eindeutig, ihn persönlich zu besiegen und somit dem Widerstand den Kopf zu nehmen. Und er hatte Ort und Zeit gut gewählt. Die Niederlage, die Fearr heute hatte einstecken müssen, war für ihn ein deutlicher Hinweis gewesen, daß er die Römer keinesfalls in einer offenen Feldschlacht würde schlagen können. Aufgrund der schwierigen Versorgungslage seiner

Truppen konnte er sich aber auch nicht mehr nach Bebracht oder gar Gergovia zurückziehen, so daß ihm nur die Möglichkeit blieb, sich in Alesia zu verschanzen und auf den zugesicherten Entsatz zu warten. Doch wann würde dieser eintreffen? Alesia konnte für ihn und sein Heer zu einer Todesfalle werden.

47

Auf einer kahlen Kuppe, die zu einem der Höhenzüge gehörte, die Alesia fast ringförmig umgaben, stand einsam ein schlichtes, auf drei viereckigen Pfeilern ruhendes, steinernes Tor.

In die Pfeiler waren jeweils drei Nischen eingelassen, aus denen ausgebleichte Totenschädel grinsten.

Es war zu jener grauen Zeit zwischen Nacht und Tag.

Spät am gestrigen Abend waren die Fünfzigtausend in die Stadt eingerückt und hatten in fieberhafter Eile die notwendigsten Maßnahmen zur Verteidigung getroffen.

Eine bedrohlich lastende Stille beherrschte den unheimlichen Ort. Ruhig dahinziehende Nebelschleier umwoben das grausige Monument, bis sich auf einmal ein pfeifendes Tosen näherte, so als ob ein riesiger Vogel mit seinen Schwingen schlagen würde.

Jäh wurde der Nebel auseinandergerissen, und die dämonische Gestalt der Morrigan schälte sich aus den Schwaden.

Mit einem markerschütternden Schrei ließ sie sich auf der steinernen Balustrade des Tores nieder, faltete ihre Flügel zusammen und starrte mit roten Augen hinunter zur Stadt. Dann öffnete sie den Rachen und ließ ihre violette Zunge über die spitzen Fänge gleiten.

Bewegungslos verharrte sie so, bis sie der Nebel verschluckte.

Unten in der Stadt stöhnte Fearr in seinem unruhigen Schlaf laut auf.

Der Morgen war angebrochen, und mit ihm waren erwartungsgemäß die römischen Legionen vor der Stadt erschienen, die sofort begannen, Alesia mit einem festen Belagerungsring zu umschließen.

Dabei kam ihnen die besondere Lage der Stadt entgegen. Alesia lag auf einem steilen Tafelberg, welcher bis auf die weite Ebene, auf der die Römer gerade ihr Lager errichteten, von relativ flachen Hügelketten umgeben war.

Fearr, der mit Lochtaire, Kritognat und Bratron am frühen Morgen auf der Stadtmauer stand, beobachtete die Schanzarbeiten der Legionäre mit wachsendem Unbehagen.

»Wir sollten sie jetzt angreifen! Solange sie noch bei den Schanzarbeiten sind, hätten wir vielleicht eine gute Chance, sie empfindlich zu treffen oder sie wenigstens zu stören«, schlug Lochtaire vor.

»Nein! Warten wir den morgigen Tag noch ab. Ich möchte mir ein genaueres Bild von dem machen, was sie eigentlich planen«, entschied Fearr. »Wir brauchen jetzt jeden Mann, und ich möchte unnötiges Blutvergießen zu diesem Zeitpunkt vermeiden.«

Die römischen Soldaten arbeiteten den ganzen Tag und die ganze Nacht hindurch, und als Fearr und die anderen Keltenführer am nächsten Tag über die Mauer schauten, bot sich ihnen ein völlig verändertes Panorama. Um den Stadtberg herum hatten sie acht kleine Lager, durch Laufgräben miteinander verbunden, aufgestellt und befestigt. Zwischen den Lagern waren Wallanlagen aufgeschüttet worden, die durch mehrere Viereckschanzen in regelmäßigen Abständen unterbrochen wurden. Davor hatte man tiefe Gräben ausgehoben.

»Das haben sie verdammt schnell hinbekommen!« rief Kritognat, anerkennend pfeifend.

»Lochtaire! Sammle deine Reiter, greife auf breiter Front an und treibe sie auf die Ebene zurück. Versuche dabei, so viele Schanzen als möglich zu zerstören!« befahl Fearr erregt.

Kurze Zeit später jagten die Reiter Lochtaires unter lautem Geschrei auf die Schanzenden zu, aber wieder reagierte der römische Feldherr schnell und präzise. Er warf ihnen seine gefürchtete germanische Reiterei entgegen und ließ seine Legionen vor den Schanzen Aufstellung nehmen. Lochtaires schwungvoller Angriff zerschellte hoffnungslos an dieser eisernen Mauer.

Die nach dem Anprall zurückflutenden keltischen Krieger behinderten die Nachkommenden derart, daß ein wüstes Gedränge in den eigenen Reihen entstand. Diesen Moment der Unsicherheit und Verwirrung nutzend, drängten sich die Germanen in einem schnellen Vorstoß dazwischen, schlugen die keltische Reiterei in die Flucht und verfolgten sie bis zum Fuß des Berges. Als sich die dort stehenden Wachtruppen den Germanen entgegenstellen wollten, wurden auch sie gnadenlos niedergemacht.

Nur wenige von ihnen erreichten die rettenden Tore der Stadt.

Auch die Reiter hatten große Verluste erlitten.

»So geht es nicht weiter!« polterte Lochtaire, nachdem er, selbst leicht verwundet, wieder vor Fearr stand. »Bei diesem engen Terrain kann ich meine Männer nicht wirkungsvoll einsetzen.«

»Du hast ja recht, mein Freund! Und, ehrlich gesagt, ich sehe auch keine weitere Verwendungsmöglichkeit mehr für die Reiterei, bis auf eine! Wir haben uns inzwischen eingehend beraten und sind zu dem Entschluß gekommen, daß wir dich und deine Reiter jetzt, wo es noch möglich ist, im Schutze der Nacht durch die römischen Linien ins Hinterland schicken wollen, damit du die Stämme alarmieren und die Entsatztruppen heranführen kannst«, versuchte Fearr den wütenden und aufgebrachten Lochtaire zu beruhigen.

»Wieso ich? Ich möchte hier mit dir kämpfen und nicht die Flucht ergreifen!« ereiferte sich sein Freund empört.

»Lochtaire! Was ich über Disziplin gesagt habe, gilt auch für dich! Und da du nun einmal zum Führer der Reiterei bestimmt wurdest, mußt du meinem Befehl gehorchen! Außerdem ist das Ganze alles andere als ungefährlich, und es bedarf schon eines Mannes, der Besonnenheit, aber auch eine gewisse Tollkühnheit in sich vereint. Und das bist eben du!« wies Fearr ihn freundlich zurecht.

So war das Unternehmen also beschlossene Sache, und um Mitternacht ritt Lochtaire mit seiner Truppe schnell und jede Deckungsmöglichkeit nutzend aus der Stadt und verschwand alsbald in der Dunkelheit.

Noch eine Weile lauschten die Zurückgebliebenen auf den Mauern, ob nicht Gefechtslärm zu hören wäre, aber als dieser ausblieb, schlossen sie die Tore und warteten auf das Morgengrauen.

Als sie in der Dämmerung ihren Beobachtungsposten wieder bezogen, wollten sie ihren Augen nicht trauen.

Auf der Ebene sowie rund um die Stadt wimmelte es von Legionären, die die unterschiedlichsten Arbeiten verrichteten. Doppelgräben waren ausgehoben worden, und mit dem Aushub hatte man Dämme aufgetürmt. Viele schaufelten in tiefen Gruben und spickten sie mit armdicken, zugespitzten Pfählen.

Wieder andere errichteten im Verbund mit Zimmerleuten auf den umlaufenden Dämmen und Wällen Palisaden und Brustwehren; dazwischen, in regelmäßigen Abständen, errichteten sie hölzerne Wehrtürme. Es gab kaum noch einen Fußbreit Boden, der nicht umgegraben, gerodet und befestigt worden war.

Das ganze Gelände um Alesia sollte allem Anschein nach hermetisch von der Außenwelt abgeriegelt werden.

»Habt ihr bemerkt, daß sie sich auch nach außen hin sichern?« Kritognat zeigte auf die neuen Schanzen auf der anderen Seite der Wallanlagen.

»Vielleicht haben sie einen von Lochtaires Männern geschnappt und ihn zum Reden gebracht, so daß sie nun wissen, daß wir auf Entsatz warten«, meinte einer der Unterführer.

»Das glaube ich nicht! Ich denke eher, daß einer von denen, die während der letzten Tage desertiert sind, den Mund aufgemacht hat«, entgegnete Fearr. »Wie dem auch sei!« fuhr er dann fort. »Wir können jetzt nur warten und darauf hoffen, daß Lochtaire durchgekommen ist und daß man uns baldmöglichst Entsatz schickt. Bis dahin werden wir uns hier einigeln, ein paar Ausfälle machen, um ihnen zu zeigen, daß wir noch da sind, und ansonsten zusehen, daß wir überleben. Die Vorräte werden leider immer knapper.«

Während sich die Lage in Alesia zuspitzte, war Lochtaire in Bebracht unversehrt angekommen. Bei einer eilig einberufenen Versammlung der Stammesfürsten schilderte er drastisch die hoffnungslose Lage der in Alesia Eingeschlossenen. Einige der stolzen Barone zeigten jedoch wenig Verständnis für ihren Hochkönig.

»Wir haben schon immer vor dem Arverner gewarnt! Er ist zu jung. Außerdem ist er ein Emporkömmling. Jetzt sitzt der Fuchs in der Falle, soll er doch mal sehen, wie er da wieder herauskommt. Wir, für unseren Teil, werden ihm nicht dabei helfen!«

So und ähnlich äußerten sie sich, und das blieb nicht ohne Wirkung, wie sich später zeigen sollte.

Endlich griff dann aber der Atrebatenfürst Commios, der von Fearr vor seinem Abmarsch zu seinem Stellvertreter erklärt worden war, beschwichtigend in die Debatte ein.

»Atechtorig hat Fearr mit unserem Einverständnis zum Hochkönig gemacht, und wir haben uns seinem Oberbefehl unterstellt. Bedenkt, daß es um unsere Freiheit geht! Ich selbst, der ich einmal selbst für Caesar war, kann euch nur davor warnen, unser Bündnis jetzt aufzugeben. Das ist es doch, was der Römer will! Nein, wir sollten alles, was wir aufbieten können, nach Alesia werfen. Wenn wir den Feind von außen angreifen und er gleichzeitig von den Truppen aus der Stadt angegriffen wird, sollte es ihm ergehen wie dem Stück Eisen zwischen Hammer und Amboß. Mit unserer zahlenmäßigen Überlegenheit werden wir sie zerschlagen!«

»Und wer bestellt dann unsere Felder?« Das Argument kam natürlich wieder aus den Reihen der Gegner des Arverners.

Noch lange wogte die Diskussion hin und her, doch dann konnten sie sich zu einem Kompromiß durchringen.

Jeder Stamm sollte, je nach Größe drei Viertel seiner Wehrfähigen für den Einsatz vor Alesia bereitstellen. Und als dann die Zahlen auf dem Tisch lagen, war das immer noch ein beachtliches Aufgebot.

Fast einhunderttausend Krieger würde das Entsatzheer zählen, und bereits einige Tage später konnte es in Marsch gesetzt werden.

Selbst die Ältesten hatten noch nie ein so großes Heer zu Gesicht bekommen wie das, das jetzt mit Hörnern und Sackpfeifen gen Alesia zog. Ein unübersehbarer, nicht enden wollender Zug von Menschen in Waffen wälzte sich, Schlachtlieder singend und in der stolzen Gewißheit des endgültigen Sieges über die römischen Legionen, entlang der staubigen Straßen.

Eine solch gewaltige keltische Heeresmacht war seit den längst vergangenen Tagen des großen Führers Brennos nicht mehr aufgestellt worden.

Und Brennos hatte Rom erobert.

Die Verteidiger Alesias indes ahnten von alldem nichts. Sie wußten nur, daß die Vorräte schnell zur Neige gingen.

Fearr und die übrigen Heerführer berieten nächtelang, wie der ausweglos erscheinenden Situation beizukommen wäre. Die Lösungsvorschläge reichten von der sofortigen Kapitulation und Unterwerfung bis zu einem todesmutigen Ausfall, um doch noch einen Durchbruch zu schaffen.

Da meldete sich Kritognat zu Wort, der die Vorräte verwaltete. »Harte Zeiten fordern harte Maßnahmen! Wie sagte doch Atechtorig anläßlich des Großen Opfers?

Es sei besser, daß wenige sterben, auf daß viele leben können.

Ich finde, da hatte der Hochdruide vollkommen recht, und deshalb schlage ich vor, daß alle Alten und Gebrechlichen oder sonst zum Kriegsdienst Untauglichen die Stadt zu verlassen haben. Dann, und nur dann können wir unsere Vorräte noch für einige Zeit strecken.«

Es dauerte eine Weile, bis auch dem letzten der Anwesenden klarwurde, was Kritognat wollte. Dann aber fielen sie lautstark über ihn her und lehnten dieses Ansinnen entrüstet ab.

Fearr jedoch, der sich bis dahin alle Vorschläge schweigend angehört hatte, stand ihm unverhofft zur Seite.

»Ich finde, daß Kritognats Vorschlag sehr vernünftig ist. Wenn wir die Alten und Schwachen aus der Stadt weisen, müssen die Römer sich um sie kümmern.«

»Was aber geschieht, wenn sie das nicht tun?«

Fearr hob nur die Schultern. »Uns bleibt keine andere Wahl«, sagte er leise.

Und so bewegte sich dann am nächsten Morgen eine erbarmungswürdige Schar ausgemergelter Gestalten humpelnd und schleppend aus der Stadt den Berg hinunter und strebte wimmernd und wehklagend den feindlichen Linien entgegen.

Dort angekommen, wurden sie jedoch unmißverständlich und teilweise mit Waffengewalt zurückgewiesen.

Hilflos irrten sie umher, nicht wissend, wohin sie sich wenden sollten.

Fearr, der wie viele andere aus der Stadt von der Mauer aus dieses jammervolle Schauspiel beobachtete, schlug sich die Hände vors Gesicht, und auch die übrigen, die dies mit ansehen mußten, konnten sich ihrer Tränen kaum erwehren.

Nur Kritognat blieb scheinbar ungerührt.

Mit trotzigem Blick stand er aufrecht an der Mauerbrüstung und schaute zum Horizont.

Aber um seine Mundwinkel zuckte es verdächtig, und seine Hände verkrampften sich am Rand der Brustwehr, daß die Knöchel weiß hervortraten. »Wann kommt ihr endlich? Irgendwann müßt ihr doch kommen!« preßte er gequält immer wieder hervor.

»Sie sind da!«

Der befreiende Signalruf der Mauerwache setzte sich in Windeseile durch die ganze Stadt fort, und die Belagerten stürmten jubelnd auf die Mauern.

Tatsächlich! Dort, auf der langgestreckten, kahlen Höhe, am jenseitigen Rand der Ebene, standen sie in dichtgedrängten Kadern im Rücken des Feindes.

Alle waren sie gekommen.

Fearr erkannte die Feldzeichen der Haeduer, Atrebaten, Biturigen, Sequaner und all der anderen Stämme, die ihm Treue geschworen hatten. Glücklich fielen er und seine Heerführer sich in die Arme.

Das aufbrandende Freudengeschrei mußte wohl bis zu den Ankömmlingen hinübergeschallt haben, denn auch sie begrüßten die Eingeschlossenen, einem Echo gleich, mit einem donnernden Kriegsruf.

Aber auch die Römer hatten die Ankunft des Entsatzheeres bemerkt. Gellend schmetternde Hornsignale ertönten aus den römischen Schanzen, und in kürzester Zeit standen die Legionen in ordentlichen Schlachtreihen diesseits und jenseits der Befestigungsanlagen. Doch an diesem Tag kam es noch nicht zu Kampfhandlungen.

Dafür aber am nächsten.

Das gesamte Hilfskontingent, allen voran die Reiterei, griff in den frühen Morgenstunden auf breiter Front an. Fast füllte die Streitmacht die gesamte Ebene aus.

Gleichzeitig befahl Fearr den Sturmangriff aus der Stadt heraus.

Berauscht von der ungeheuren Zahl der endlich verbündeten Krieger, die sich mit ohrenbetäubendem Gebrüll auf den Feind stürzten, führte er allen voran seine Männer gegen die römischen Wälle.

Sich gegenseitig über die feindlichen Schanzen hinweg anfeuernd, drängten die keltischen Krieger die Linien der Römer immer mehr zurück.

Es war vor allem die Reiterei Lochtaires, die zunächst erfolgreich den Feind bedrängte, aber auch die zahllosen Bogenschützen erzielten große Wirkung. Doch dann, gegen Abend, erschienen in der rechten Flanke der Kelten kampfstarke germanische Truppen, denen es gelang, die keltischen Reiter in die Flucht zu schlagen und bis zu den rückwärtigen Stellungen zu verfolgen.

Davon angespornt, traten jetzt auch die regulären römischen Einheiten zu einem vehementen Gegenangriff an und trieben die Kelten in die Defensive und schließlich sogar zur allgemeinen Flucht.

Niedergeschlagen kehrten Fearr und seine Truppen in die Stadt zurück. Der Sieg, schon greifbar nahe, war nun wieder in weite Ferne gerückt.

Die Führer des Entsatzheeres, Commios, Lochtaire, Virdomar und Fercaswallon, hielten noch in derselben Nacht einen Kriegsrat ab.

»Wie konnte das nur geschehen?« fragte Commios, immer noch geschockt von der unerwarteten Niederlage.

»Vielleicht haben wir zu dicht gedrängt angegriffen und uns dabei behindert«, erwog Virdomar.

»Nein«, Fercaswallon schüttelte den Kopf. »Nein, das war es nicht. Wir kamen zu langsam voran, und das wiederum lag an diesen verdammten Gräben und Baumfallen.«

»Genau! Wir waren mehr damit beschäftigt, diesen Hindernissen auszuweichen oder sie zu beseitigen, als zu kämpfen«, bestätigte Lochtaire.

»Gut, aber was können wir dagegen unternehmen?«

»Nun, wir könnten während der Nacht versuchen, die meisten Hindernisse zu entfernen«, schlug Fercaswallon vor.

»Ein guter Vorschlag«, sagte Commios, »doch wie benachrichtigen wir Fearr, damit er auf seiner Seite das gleiche tut?«

»Sobald wir auf der Ebene sind, kündigen wir uns durch unseren Kriegsruf an.«

»Dann werden uns die Römer einen schönen Nachtkampf liefern«, knurrte Virdomar.

»Na und? Vielleicht haben wir damit mehr Glück als am Tage«, erwiderte Fercaswallon.

So wurde dann beschlossen, daß es um Mitternacht des übernächsten Tages losgehen sollte.

Zu der festgesetzten Zeit rückten die Krieger vorsichtig aus und erhoben erst auf der Ebene ein langanhaltendes Geschrei, um den Verteidigern von Alesia ihre Ankunft zu signalisieren.

Fearr reagierte sofort und rückte ebenfalls an der Spitze seiner Leute auf das Schlachtfeld vor. Bald wurde ihm klar, was seine Freunde vorhatten, und so machten sie sich auf beiden Seiten an die Arbeit.

Plötzlich war die Luft von einem sonderbaren Pfeifen erfüllt, das aus allen Richtungen zu kommen schien. Sekundenbruchteile später prasselten schwere Steine auf sie nieder, und lange Pfeile durchbohrten viele Männer.

Schrille Schmerzensschreie waren zu hören, und ständig erklang das hohe Pfeifen.

Panik griff um sich, und hüben wie drüben mußten sie fluchtartig das Schlachtfeld räumen.

An die Pfeilgeschütze und Katapulte der Römer hatte niemand gedacht.

»Was können wir jetzt eigentlich noch tun?« Kritognat blickte Fearr, der neben ihm an der Mauer lehnte, fragend an.

»In dieser Situation – leider gar nichts«, stellte dieser betrübt und resigniert fest. »Weil wir uns mit unseren Freunden auf der anderen Seite nicht abstimmen können, sind wir dazu verurteilt, von hier oben ihre Aktionen zu beobachten und so gut wie eben möglich darauf zu reagieren.«

»Trotzdem ist für mich ein Rätsel, daß wir, obwohl zahlenmäßig haushoch überlegen, es nicht schaffen, die da unten fertigzumachen!«

»Noch ist nicht aller Tage Abend, Kritognat! Du wirst sehen, beim nächsten Angriff gehen wir aufs Ganze. Gelingt es uns dann nicht zu siegen, war alles umsonst …«

49

Im Lager des Entsatzheeres war unterdessen der Kriegsrat gerade auseinandergegangen. Man hatte in der Tat die alles entscheidende Schlacht geplant und vorbereitet, und der Plan, nach dem man vorgehen wollte, war unter den gegebenen Umständen klug angelegt.

Eine ausgewählte Mannschaft aus allen Stämmen unter Führung Fercaswallons, etwa sechzigtausend Mann, sollten die römischen Stellungen weiträumig umgehen und versuchen, eine von den Belagerungsschanzen weitgehend ausgesparte Höhe, auf der allerdings zwei Legionen in Stellung gegangen waren, zu nehmen und zu halten, um so dem Feind während des gleichzeitig zu führenden Hauptangriffs in den Rücken fallen zu können.

Um die Mittagszeit des nächsten Tages leitete das Dröhnen aus Hunderten der langen keltischen Kriegshörner, gefolgt von wildem Kriegsgeschrei, die Schlacht ein.

Auch Fearr und seine Krieger führten daraufhin einen entschlossenen Angriff aus der Stadt heraus gegen die Schanzen, die man zu ihrer Seite hin angelegt hatte.

Am Morgen noch hatte Fearr seine Truppen auf diese alles entscheidende Schlacht in einer flammenden Rede vorbereitet und sie ermahnt, ihr Bestes für die endgültige Freiheit ihres Volkes und ihres Landes zu geben.

Und so kämpften sie sich mit Todesverachtung in die Reihen der römischen Kohorten hinein.

Fearr selbst, in der vordersten Linie, biß sich mit seinen Schwertern einen Weg durch Eisen, Leder und Fleisch. Kaum nahm er wahr, daß seine Krieger neben ihm in heimtückische Fallen stürzten und, an feuergehärteten Holzspitzen aufgespießt, elend verbluteten.

Wieder und wieder, ohne Unterlaß, rannten sie gegen die Wand aus Schilden und Speeren an.

Lange Zeit wurde so auf beiden Seiten erbittert gefochten, wobei die von Fearr erdachte neue Kampfesweise sich bewährte. Langsam schien das Kriegsglück sich doch den Verbündeten zuzuneigen.

Fearr feuerte seine Männer ohne Unterlaß an, und so vollbrachten sie schier Übermenschliches.

Gerade hatte er wieder einen Gegner niedergestreckt, da sah er ihn. Ja, es war Caesar.

Und wenn er auch das Gesicht nicht erkannt hätte, der rote Mantel wäre ihm aufgefallen, denn niemand sonst im römischen Heer trug einen solch auffällig hellrot gefärbten Mantel.

Auch Caesar kämpfte zu Fuß und in vorderster Linie, hinter sich vier Kohorten und eine Schar von Reitern.

Ohnmächtige Wut stieg in Fearr auf, vor allem weil der römische Feldherr sich in seinem Rücken hinter den keltischen Linien befand.

Zähneknirschend mußte er diese Tatsache hinnehmen und versuchte dann, plötzlich ernüchtert, sich ein Bild von der Lage zu machen. Zu diesem Zeitpunkt erwies sich dies als besonders schwierig, da es kaum noch eine Schlachtordnung, sondern nur noch wild aufeinander einschlagende Gruppen gab.

Doch da wurde er bereits, ohne daß er etwas dagegen hätte tun können, Zeuge dessen, was den Römern letztendlich den Sieg bescheren sollte.

Caesar war es gelungen, mit seinen Kohorten den im Schwerpunkt kämpfenden keltischen Verbänden in den Rükken zu fallen. Als nun die schon fast unterlegenen Römer ihres Feldherrn im Rücken des Feindes ansichtig wurden, schöpften sie nochmals Mut, und es gelang ihnen unter Aufbietung all ihrer Kräfte, die Kelten zurückzudrängen. Als diese sich daraufhin zur Flucht wenden wollten, liefen sie den von Caesar geführten Kohorten und der Reiterschar direkt in die Arme.

In einem unsäglichen Blutbad ging so die unersetzliche Hauptmacht der Entsatzarmee unter.

Eine heillose Flucht setzte ein, und die den Kelten nachstürmenden Legionäre mähten sie nieder wie ein Schnitter die Ähren. Fearr gelang es gerade noch, seine ihm verbliebenen Truppen einigermaßen geordnet nach Alesia zurückzuführen.

Das stark zusammengeschmolzene Entsatzheer hatte sich ebenfalls und nur mit größter Mühe von dem schnell nachsetzenden Feind lösen und seine Stellungen auf dem Höhenzug erreichen können. Zu ihrem Glück verzichtete der römische Feldherr auf weitere Verfolgung, wohl auch deswegen, weil die Abenddämmerung eingesetzt hatte und er, die Lage richtig einschätzend, keine dringende Notwendigkeit sah, dem geschlagenen Feind mit seinen ausgelaugten Legionären nachzusetzen.

Die völlig erschöpften Krieger des Entsatzheeres ließen sich da, wo sie gerade standen, zu Boden fallen, nachdem sie das rettende Lager erreicht hatten. Eilig versammelten sich die Heerführer zu einer Lagebesprechung. Alle waren sie gezeichnet von den furchtbaren Anstrengungen des Tages und dem katastrophalen Ende der Schlacht, und nicht wenige waren selbst schwer verwundet.

Lange schauten sie auf das Schlachtfeld hinunter – und zu dem hoffnungslos eingekesselten Alesia hinüber, das schattenhaft vor dem immer dunkler werdenden Abendhimmel und vom steigenden Nebel teilweise verhüllt aufragte.

»Der Tag ist verloren«, murmelte Fercaswallon.

»Nicht nur der Tag! Der ganze Krieg, fürchte ich«, entgegnete Commios scharf.

»Es stimmt. Wir können hier nichts mehr tun. Fearr sitzt wie ein Fuchs in der Falle, und wir können ihm nicht mehr helfen, geschweige denn er sich selbst«, warf Teutomat bitter ein.

»Das beste wäre, wenn wir auf der Stelle, die Nacht nutzend, abziehen würden«, schlug Commios vor.

»He, he! Was fällt dir ein? Wir haben noch mindestens genauso viele Krieger wie die da unten! Ihr werdet doch Fearr jetzt nicht im Stich lassen wollen. Ich bin sicher, daß auch die Römer schwere Verluste hinnehmen mußten und daß sie verwundbarer sind als je zuvor. Warum wohl, ihr Memmen, hat uns der Rotmantel nicht weiter verfolgt? Weil er am Ende ist! Weil sie nicht mehr können! Wir verfügen noch über mehr als sechzigtausend Krieger, die Besatzung Alesias nicht mitgerechnet. Und da wollt ihr aufgeben?

Ich sage, wir greifen morgen in aller Frühe erneut an! Wir können Fearr jetzt nicht im Stich lassen!« schrie Lochtaire aufgebracht.

»Ach, mach dir doch nichts vor! Der Römer hat uns nur deswegen nicht verfolgt, weil er weiß, daß wir fertig sind. Der Traum des jungen Arverners ist ausgeträumt! Was hat uns denn seine neue Strategie beschert? Seitdem er nach Alesia gezogen ist, mußten wir eine Niederlage nach der anderen einstecken. Allzu hochfliegend waren die Pläne dieses

Emporkömmlings! Wir hätten uns lieber mit den Römern arrangieren sollen und nicht den haltlosen Fantastereien deines Freundes Glauben schenken. Ein geeinter Staat der Kelten! Pah! Alles nur Worte!«

Commios spuckte aus, nachdem er das gesagt hatte.

»Ja! Laßt uns abrücken! Vielleicht können wir so besser die Heimat schützen, wenn die Römer in unser Land einfallen sollten.« Auch Virdomar war die Angst anzusehen.

»Ich kann es nicht glauben! Ihr wollt euren gewählten König allen Ernstes im Stich lassen und euch nach Hause stehlen? Was seid ihr doch für erbärmliche Feiglinge! Nach dem Schicksal der Männer in Alesia brauche ich euch dann auch nicht mehr zu fragen. Das habt ihr nämlich damit ebenfalls entschieden!«

Doch war Lochtaire bereits klar, daß es keine Möglichkeit mehr gab, die anderen von ihrem Entschluß abzubringen.

»Was soll das Gerede! Wir rücken noch zur Stunde ab! Vermeidet jeden Lärm! Jede Meile, die wir an Vorsprung vor den Römern gewinnen, wird uns helfen. Los! Bringt eure Männer auf die Beine! Wir haben keine Zeit mehr zu verlieren!« entschied Commios unnachgiebig.

»Ich werde mit meinen Männern hierbleiben! Ich lasse Fearr jetzt nicht alleine«, entgegnete Lochtaire bestimmt.

»Was du machst, geht uns nichts mehr an! Bleib nur bei ihm! Vielleicht kann er ja mit deiner Hilfe die Römer doch noch schlagen«, lästerte Fercaswallon hämisch.

»Du willst sein Vetter sein?« Lochtaire krampfte die Hand um den Schwertgriff.

Wenig später starrte er in die neblige Dunkelheit, in der das Heer schon nach kurzer Zeit verschwunden war.

50

Er wollte allein sein.

In der Stadt ging der Hungertod um.

Die Hoffnungslosigkeit war jedem ins Gesicht geschrieben.

Eine unheimliche Stille lastete über Alesia.

Der süßliche Geruch des Todes wehte vom Schlachtfeld herauf in die Stadt.

Niemand hatte Fearr einen Vorwurf gemacht, aber es wollte auch niemand mehr mit ihm sprechen. Jetzt lag er auf seinem Bett, hellwach, doch unfähig, sich zu bewegen.

Er wußte, daß er eine nicht nur für ihn schwerwiegende Entscheidung treffen mußte.

Die Worte des Hochdruiden klangen in seinem Ohr: Der König muß sich für sein Land opfern, wenn er versagt hat.

Am heutigen Nachmittag, einen Tag nach der verhängnisvollen letzten Schlacht, hatten ihm die Römer mitgeteilt, daß Alesia und seine Bewohner nur unter der Vorraussetzung verschont würden, wenn er, Fearr, sich ihnen auslieferte. Bis zum Anbruch des nächsten Morgens hatte er sich Bedenkzeit ausbedungen.

Er dachte an Brigainn und Carantana.

An die letzte Nacht.

Wie lange das schon her war!

Sie hatten sich in dieser Nacht so oft geliebt, hatten sich beim Abschied gegenseitig die Lippen wundgebissen.

Als er sich noch einmal nach ihr umdrehte, hatte sie einfach so dagestanden, Carantana an der Hand.

Der Wind hatte in ihrem Haar gespielt.

Und wie vor langer, langer Zeit hatte sie ihm zugerufen, daß er zurückkommen solle, da er hier gebraucht würde.

Ob sie wohl noch am Leben waren?

Tiefe Müdigkeit übermannte ihn …

»Fearr Singetrech, mein Geliebter!«

In seinem Traum erschien die weiße Hindin.

Plötzlich begann das Tier zu zerfließen, und an seiner Stelle nahm Troucissa ihre menschliche Gestalt an.

Sie blickte ihn aus ihren unergründlichen Augen an.

»Denkst du an das, was ich dir bei deiner Weihe mit dem Blute des Ebers sagte?

Du bist das Land.

Aber das Land ist nicht mehr.

Unsere Götter haben es verlassen.
Sie wichen dem blitzetragenden Adler!
Das Land wurde tausendfach geschändet.
Der große Eber hat sich zum Sterben hingelegt.
So mußt auch du weichen und dich für dein Volk opfern.
Steh nun auf, mein Geliebter – dies ist die Stunde des Ebers!« Das Phantom verblaßte, und Fearr erwachte jäh aus seinem kurzen Schlaf.

Langsam erhob er sich, hüllte sich in seinen Mantel und ging einsam durch die menschenleeren Gassen der Stadt bis zur Stadtmauer. Er stieg die schmale Treppe zum Wehrgang hinauf zu der Stelle, an der er die letzten Tage so oft gestanden hatte, um die römischen Stellungen zu beobachten.

Der Morgen war angebrochen.

Fearr schreckte aus seinen Erinnerungen hoch.

Jetzt erst bemerkte er den alten Mann, der wohl schon eine Zeitlang neben ihm gestanden haben mußte.

»Atechtorig! Wie kommst du hierher?«

»Ich mußte dich noch einmal sehen.«

»Atechtorig, ich werde mich ihnen ausliefern.«

»Das wußte ich, denn ich kenne dich. Du hättest niemals den heiligen Eid gebrochen.«

»Atechtorig, begleite mich noch ein Stück des Weges. Ich werde den Menschen hier meinen Entschluß mitteilen und dann ...«

Die beiden verließen die Mauer und machten sich auf den Weg zum Marktplatz der Stadt.

Nahezu alle Bewohner Alesias waren gekommen.

Fearr räusperte sich.

»Ich werde mich nun den Römern unverzüglich zu eurem Wohle ausliefern.

Damit habe ich meinen Königseid erfüllt.

Ich opfere mich, damit ihr leben könnt.

Aber denkt daran, daß der Tod in Freiheit besser ist als ein Leben in Sklaverei! Ich habe mit euch und für euch für die Einheit und die Freiheit unseres Landes gekämpft. Jetzt will ich für euch hoffen, daß einer kommt, der diesen Traum zur Erfüllung bringt.

Lebt also wohl!«

Ein Mann mit einer tief ins Gesicht gezogenen Kapuze brachte ihm sein Pferd.

»Gute Reise, mein Freund!«

»Lochtaire!«

»Nicht so laut! Ich werde gesucht! Ich bin nur deinetwegen hergekommen. Am liebsten würde ich dich befreien, aber ich respektiere deinen Eid. Und dann möchte ich dir noch eines sagen: Der Kampf geht weiter! Was du begonnen hast, werden wir vollenden!«

»Gib mir dein Schwert, Lochtaire!«

»Warum? Du hast doch selber eines, oder hast du es etwa wieder verloren?«

»Gib schon!«

Lochtaire gab ihm die Waffe, und Fearr hatte indes die seine gezogen.

»Lochtaire, alter Freund, nimm du meine Klinge. Du weißt, wie teuer sie mir ist. Führe sie an meiner Statt. Ich mag sie Caesar nicht zu Füßen legen.«

Fearr schob Lochtaires Schwert in die Scheide und saß auf.

»Hast du Nachricht von Brigainn?«

Lochtaire zögerte einen Moment, schüttelte dann aber den Kopf.

»Lebe wohl, alter Freund!«

»Lebe wohl, mein König!«

Vor dem geöffneten Stadttor zügelte er sein Pferd und schaute hinab zu den Schanzen.

In der Mitte der Ebene war ein purpurfarbener Baldachin aufgespannt worden, um ihn herum, in Kohorten gegliedert, die Legionen.

Die morgendlichen Strahlen der warmen Sommersonne spiegelten sich in den glänzend geputzten Waffen, den funkelnden Schilden der Legionäre.

Direkt vor dem Baldachin hatten die Legaten und Centurionen Aufstellung genommen.

Caesar selbst saß lässig auf seinem Sessel.

Zu seinen Füßen wie auch auf den Treppenstufen, die zu seinem Podest hinaufführten, lagen die gedemütigten keltischen Feldzeichen.

Sie lagen im Schatten, so daß das Sonnenlicht die bronzenen Eber nicht erreichen konnte.

Fearr schaute noch einmal zu den Hügelketten, weit über das Land.

Dann ließ er sein Pferd in Trab fallen und trieb es den Berg hinunter.

Noch einmal würde er vor Caesar stehen.

Epilog

Noch ein Jahr sollte der furchtbare Todeskampf des keltischen Ebers dauern, bis er dann endlich in den Klauen des römischen Adlers kläglich verendete. Weder der Aufstand unter dem Atrebatenfürst Commios, der Fearr Singetrech vor Alesia verraten hatte, noch die Reste der einst so hoffnungsvoll ausgezogenen Armee der Entrechteten und Vogelfreien, die von Fearr aufgestellt worden war und die sich, von Lochtaire und dem Senonen Drappes angeführt, noch ein letztes Mal heldenhaft und mit dem Mut der Verzweiflung kämpfend bei Dun Uchell gegen den übermächtigen Feind warf und dabei vollständig vernichtet wurde, hatten dieses Schicksal aufhalten können.

Lochtaire wurde von dem Arverner Epasnacht verraten, gefangen und den Römern ausgeliefert. Man tötete ihn, aber das Schwert Fearrs hatte er vorher noch in die Hände Atechtorigs spielen können. Drappes ereilte das gleiche Geschick. Commios ergab sich Caesar und unterwarf sich ihm.

Fearr Singetrech wurde nach Rom in die Gefangenschaft geschleppt und dort, einige Jahre später, nach dem Triumphzug Caesars im mamertinischen Kerker erdrosselt.

Als Brigainn, die bis zuletzt auf Fearrs Rückkehr gehofft hatte, dies erfuhr, brachte sie Carantana, so wie es abgesprochen war, zu Troucissa und stürzte sich dann in ihr Schwert.

Troucissa fuhr heimlich mit Carantana nach Britannien, wo sie beim Stamme der Ikener, im Norden der Insel, Aufnahme und eine neue Heimat fanden. Dort diente Troucissa dem Kult der Großen Mutter noch viele Jahre, in denen sie sich vor allem der Ausbildung Carantanas widmete. Hochbetagt durchschritt sie nach vielen Jahren das Tor zur Anderswelt.

Carantana heiratete noch zu Lebzeiten Troucissas den jungen Ikenerfürsten Boudicen. Ihre Urenkelin Boudicca war es dann, die gemäß der Prophezeiung den letzten großen Aufstand der freien Kelten gegen Rom führte. Aber auch sie scheiterte. Das keltische Erbe war damit nahezu ausgelöscht. Was blieb, waren Lieder ... Erinnerungen ... und die Kraft des Ebers.

Nachwort und Glossar

Die in diesem Buch verwendeten Bezeichnungen der keltischen Stämme, Städte oder Länder finden sich, allerdings in latinisierter Form, in dem Buch Caesars ›De Bello Gallico‹. Das gilt auch für den größten Teil der gallischen bzw. keltischen Eigennamen. Einige Personennamen, die ich für die fiktiven, also nicht historischen Charaktere in meinem Buch gebraucht habe, entstammen Grabinschriften oder anderen Texten aus dieser Zeit, die, da die Kelten keine eigene Schrift hatten, entweder in Latein oder Griechisch abgefaßt wurden.

Ich habe mich bemüht, diese Namen in Anlehnung an die heute noch gesprochenen keltischen Sprachen, wie dem Irischen, Schottischen oder Walisischen, wieder in ihre ursprüngliche Form und Aussprache zu bringen. Hierzu sei angemerkt, daß die Römer die für das Keltische typischen Kehl- und Zischlaute nicht artikulieren konnten und aus diesem Grund das, was sie hörten, einfach lateinisch wiedergaben und den männlichen Personennamen zum Beispiel die Endung ›us‹ anhängten (Lochtaire = Lucterius), schon um sie besser deklinieren zu können. Viele männliche Eigennamen, die uns von Caesar überliefert wurden, erscheinen uns als wahre Wortungetüme, wie zum Beispiel Catamantaloedes oder eben Vercingetorix

Nehmen wir einen gängigen iro-keltischen Namen wie Cillian O'Flaherty. Der Vorname ist Cillian, das ›O‹ bezeichnet die Clanzugehörigkeit zu den Flahertys. Würde nun jemand, der der etwas komplizierten irischen Schreibweise nicht mächtig ist, aufgefordert, diesen Namen so, wie er ihn gehört hätte, schriftlich wiederzugeben, könnte das so aussehen: Killenoflarty. Dementsprechend müssen wir also auch die tradierten gallischen Namen behandeln. Vercingetorix läßt sich zu Fearr Singetrech, Catamantaloedes zu Cataman Ta Leod entschlüsseln. Da es für die Römer wahrscheinlich zu mühselig war, jeden dieser komplizierten gallischen Namen vollständig niederzuschreiben, haben sie sich offenbar darauf beschränkt, nur die Rufnamen in ihren Berichten zu benutzen.

Bei den in diesem Text verwendeten geografischen Bezeichnungen wie Städte- oder Flußnamen bin ich ähnlich verfahren. So habe ich den Fluß Rhodanus (= Rhone) als Rhoiden wiedergegeben, was nichts anderes als ›Grenzfluß‹ bedeutet, da das keltische Wort für Grenze ›Roina‹ ist (vgl. auch Rhenus, also kelt. Rhoina). Auch das deutsche Wort ›Rain‹ (Wald, Feldrain) leitet sich davon ab. Die keltischen Städtenamen enden zumeist auf ›dunum‹ (kelt. Festung), wie z. B. Lugdunum oder Uxellodunum (Festung des Lug, bzw. Festung des Uxello). Einige Städte in Irland und Schottland, wie z. B. Dundee, Dun Laoghire oder Dundalk führen diese Tradition fort. Dementsprechend habe ich die gallischen Städtenamen umgeformt, wie etwa Dun Uchell oder Dun Vellau.

Natürlich erhebe ich mit dieser eigenwilligen Interpretation keinen Anspruch auf Authentizität, da es, wie schon erwähnt, keinerlei autochthones Schriftgut aus dem gallischen Raum gibt, aber ich meine dennoch, daß meine Auffassung den damaligen Gegebenheiten sehr nahe kommt.

Im folgenden habe ich die wichtigsten Personen, Stämme und Sachbegriffe, die in diesem Buch vorkommen, aufgelistet.

Glossar

I. Personennamen (die mit * gekennzeichneten Namen sind historisch belegt)

a) Gallier bzw. Kelten

Acco*: Senonenfürst. Führer eines Aufstandes gegen die Römer im Jahre 53 v. Chr. Wurde auf Befehl Caesars zu Tode gegeißelt.
Adderic: Schmied in Gergovia.
Agedell: Bote der Kadurker.

Atechtorig: Hochdruide. Geistiger Führer des Aufstands gegen die Römer.

Bodugnat*: lat. Boduognatus. Stammesfürst der Nervier. Wurde von Caesar 57 v. Chr. an der Sabis (Sambre) zusammen mit den Viromanduern und Atrebaten vernichtend geschlagen.

Bratron: Ehemaliger Anführer einer Bande von Vogelfreien. Wurde von Vercingetorix (Fearr Singetrech) für den Freiheitskampf gewonnen.

Brigainn: Gemahlin des Vercingetorix.

Camulogen*: Stammesführer der Aulerker. Verbündeter des Vercingetorix. Führte seinen Stamm zu Beginn des Aufstandes 52 v. Chr. gegen die Legionen des Labienus und fiel in der Schlacht.

Caramariacha: Mutter des Vercingetorix.

Carantana: Tochter von Brigainn und Vercingetorix.

Castich*: lat. Casticus. Stammesfürst der Sequaner.

Cavarill*: Adliger Haeduer. Führte das haeduische Fußvolk unter dem Befehl des Vercingetorix und wurde kurz vor Einschließung Alesias von den Römern gefangengenommen.

Celteall*: lat. Celtillus. Stammesfürst der Arverner und Vater des Vercingetorix. Wurde um 54 v. Chr. ermordet.

Commios*: Stammesfürst der Atrebaten. Unterstützte Caesar zunächst bei dessen Feldzügen nach Britannien, distanzierte sich danach aber zunehmend von den Römern und schloß sich zuletzt dem Aufstand des Vercingetorix an. Obwohl er bei der sich abzeichnenden Niederlage den Arverner verließ, setzte er dennoch im folgenden letzten Kriegsjahr seinen Widerstandskampf gegen Caesar fort. Nach einer Schlacht gegen die Truppen des Antonius mußte er kapitulieren und sich ergeben. Sein weiteres Schicksal ist unbekannt.

Coto*: Vergobret der Haeduer im Jahre 52 v. Chr. Wurde auf Betreiben Caesars abgesetzt und schloß sich den Truppen des Vercingetorix an. Er fiel in der Schlacht bei Alesia.

Cotruad*: Kriegsdruide. Führte den Aufstand der Karnuten 52 v. Chr., bei dem die römischen Bürger in Kenabo massakriert wurden. Cotruad mußte 51 v. Chr. mit den anderen karnutischen Freiheitskämpfern kapitulieren und wurde auf Befehl Caesars zu Tode gepeitscht.

Cunlean: Druide. Lehrer des Vercingetorix.

Donnotal: Stammesfürst der Kadurker und Vater Lochtaires.

Dumnorech*: lat. Dumnorix. Stammesfürst der Haeduer und Bruder des Dyffekiach (lat. Diviciacus). Erbitterter Gegner Caesars. Wurde 54 v. Chr., als er sich mit seinen haeduischen Reitern, die zu diesem Zeitpunkt den Truppen Caesars unterstellt waren, während der Einschiffung nach Britannien absetzen wollte, von einer römischen Turma gestellt und erschlagen.

Dyffekiach*: lat. Diviciacus. Stammesfürst der Haeduer und Bruder des Dumnorech. Prorömisch eingestellt. Reiste um 59 v. Chr. nach Rom, um einen Freundschafts- und Beistandspakt gegen die Sueben zu erwirken, was aber erfolglos blieb. Unterstützte Caesar während des gesamten Krieges um Gallien. Sein weiteres Schicksal ist unbekannt.

Elouissa: Gemahlin Lochtaires. Wurde von marodierenden römischen Legionären mit ihren beiden Kindern ermordet.

Epasnacht*: Adliger Arverner. Prorömisch eingestellt. Intrigierte gegen Vercingetorix. Verriet Lochtaire im letzten Kriegsjahr an die Römer.

Fearr Singetrech*: lat. Vercingetorix. Sohn des Arvernerfürsten Celteall. Führer der gesamtgallischen Erhebung gegen die Römer (52 v. Chr.) Mußte sich nach der verlorenen Schlacht um Alesia Caesar ausliefern und wurde nach dessen Triumphzug 47 v. Chr. im mamertinischen Kerker in Rom erdrosselt.

Fearr Caswallon*: lat. Vercassivellaunus. Vetter des Vercingetorix. Wurde während der letzten Gefechte vor Alesia gefangengenommen und wahrscheinlich hingerichtet.

Galava*: lat. Galba. Stammesfürst der belgischen Suessionen. Mußte sich Caesar während des Belgerkrieges unterwerfen.

Govanned*: lat. Gobannitio. Bruder des Arvernerfürsten Celteall und Onkel des Vercingetorix. Übernahm nach dem gewaltsamen Tod Celtealls die Herrschaft über die Arverner und suchte ein Bündnis mit Rom. Da er sich gegen seinen Neffen stellte und ihn sogar ächtete, wurde er wahrscheinlich von Vercingetorix hingerichtet.

Indochmar*: lat. Indutiomarus. Stammesfürst der Treverer. Wurde 56 v. Chr. von den Truppen des Labienus besiegt und während der Schlacht erschlagen.

Kintogen: Sohn des Lingonen Trogon und Bruder von Brigainn.

Kritognat*: lat. Critagnatus. Arvernischer Heerführer und Verfechter des kompromißlosen Krieges gegen die Römer. Seine Spur verliert sich während der Kämpfe um Alesia.

Llyddowech*: lat. Litavicus. Adliger Haeduer und Sympathisant des Vercingetorix.

Lochtaire*: lat. Lucterius. Sohn des kadurkischen Stammesführers Donnotal. Engster und vertrautester Freund des Vercingetorix. Führte mit dem Senonen Drappes den Aufstand nach dem Fall von Alesia noch über ein Jahr an. Wurde von dem Haeduer Epasnacht, bei dem er während seiner Flucht nach der Niederlage vor Dun Uchell Unterschlupf suchte, an Caesar ausgeliefert, der ihn wahrscheinlich hinrichten ließ.

Orgetrech*: lat. Orgetorix. Stammesführer der Helveter. Veranlaßte 57 v. Chr. den Auszug der Helveter aus ihrem Stammesgebiet. Wurde aufgrund seiner persönlichen Machtgier vom helvetischen Stammesrat des Verrates an seinem Volk bezichtigt und zum Tode verurteilt. Orgetrech entzog sich der Exekution durch Selbstmord.

Teutomat*: lat. Teutomatus. Stammesfürst der Nitiobroger. Einer der Heerführer des Vercingetorix. Seine Spur verliert sich auf dem Schlachtfeld um Alesia.

Troucissa: Druidin. Schwester der beiden Haeduerfürsten Dumnorech und Dyffekiach. Mentorin des Vercingetorix.

b) Römer

Caesar, Gaius Julius*: Römischer Staatsmann und Feldherr. Eroberte während eines blutigen, sieben Jahre währenden

Raubkrieges ganz Gallien (58–51 v. Chr.) Wurde am 15. 3. 44 v. Chr. in der römischen Kurie von republikanischen Verschwörern ermordet.

Cicero, Marcus Tullius*: Römischer Staatsmann. 63 v. Chr. Konsul. Berühmter Anwalt und Redner. Gewährte der haeduischen Gesandtschaft unter der Führung des Dyffekiach, die 59 v. Chr. in Rom um Beistand gegen die Sueben nachsuchte, Gastfreundschaft und Unterstützung im Senat.

Labienus, Titus*: Legat im Heere Caesars und dessen rechte Hand. Exzellenter Stratege. Nach dem gallischen Krieg wandte er sich jedoch gegen Caesar und bekämpfte ihn im Bürgerkrieg an der Seite des Pompeius. Fällt in der Schlacht von Munda (45 v. Chr.).

Mutius: Römischer Kaufmann. Dessen Tochter Valeria war die erste Jugendliebe des Vercingetorix.

Sempronius: Präfekt von Massilia. Verheiratet mit der Griechin Iokaste. Stand seinem Volk eher kritisch gegenüber.

c) Geografische Begriffe (vgl. dazu auch die Landkarte)

Agedinco: lat. Agedincum. Stadt der Senonen. Heute Sens im Dept. Yonne.

Alesia: Hauptstadt der Mandubier. Heute Alise-St.-Reine im Dept. Côte d'Or. Hier wurde das Schicksal Galliens 52 v. Chr. durch die vernichtende Niederlage des keltischen Heeres gegen die Legionen Caesars besiegelt.

Arar: Zufluß der Rhone. Heute Saône.

Avarico: lat. Avaricum. Hauptstadt der Biturigen. Heute Bourges.

Achona: lat. Axona. Nebenfluß der Isara (Oise). Heute Aisne.

Bebracht: lat. Bibracte. Hauptstadt der Haeduer. Wahrscheinlich durch die Römer geschleift und als Augustodunum wiederaufgebaut. Heute Autun.

Dun Novio: lat. Noviodunum. 1. Stadt der Biturigen zwischen Loire und Cher. 2. Stadt der Haeduer, heute Nevers.

Dun Uchell: lat. Uxellodunum. Hauptstadt der Kadurker. Vielleicht das heutige Puy d'Issolu (Dordogne).

Cavillon: lat. Cabillonum. Stadt der Haeduer an der Arar. Heute Chalon-sur-Saône.

Elaver: Linker Nebenfluß des Liger (Loire). Heute Allier.

Gallien: Bezeichnet den keltischen Siedlungsraum zwischen Spanien, Italien, Germanien und dem Atlantik.

Gergovia: Hauptstadt der Arverner in der Nähe des heutigen Clermont-Ferrand. Vielleicht das Plateau de Gergoie.

Helvetien: Ungefähr die heutige Schweiz.

Lutecha: lat. Lutetia. Hauptstadt der Parisier. Heute Paris.

Magetobriga: Stadt der Sequaner in der Nähe von Besançon. Die genaue Lage ist umstritten.

Massilia: Von den Griechen im 4. Jahrhundert v. Chr. gegründete Stadt an der Mittelmeerküste östlich der Rhone. Heute Marseille.

Rhoina: lat. Rhenus. Der Rhein.

Rhoiden: lat. Rhodanus. Die Rhone.

Rom: Hinlänglich bekannt.

Sabis: Die Sambre.

Vesontio: Stadt der Sequaner an der Dubh (Doubs). Heute Besançon.

d) Gallische Stämme

Allobroger: Ihr Siedlungsgebiet befand sich zwischen Rhone, Isère, Genfer See und den Alpen. Hauptstadt Vienna.

Arverner: Besiedelten den Raum um die Allier. Hauptstadt Gergovia. Die heutige Auvergne erinnert noch an den Stammesnamen.

Belger: Sammelbegriff gallo-germanischer Stämme im nördlichen Teil Galliens zwischen Seine, Marne, Mosel und Rhein. Es sind dies: Menapier, Nervier, Aduatuker, Atrebaten, Viromanduer, Condrusen und Bellovaker.

Biturigen: Volkreicher Stamm im Loirebogen. Hauptstadt Varico, das heutige Bourges, in dem sich der Stammesname erhalten hat.

Haeduer: Einer der Hauptstämme Galliens. Ihr Siedlungsgebiet lag zwischen Loire und der Saône. Hauptstadt war Bebracht.

Kadurker: Klientelstamm der Arverner. Ihr Siedlungsgebiet lag zwischen Lot und Garonne. Hauptorte Dun Uchell und Divona, das heutige Cahors, in dem der Stammesname fortlebt.

Karnuten: Stamm nördlich des Loirebogens. Hauptstadt Kenabo, das heutige Orléans. Die Stadt Chartres erinnert an den Stamm.

Lingonen: Siedelten im Quellgebiet von Seine, Saône, Marne und Maas. Hauptstadt Andematunum (heute Langres, nach dem Stammesnamen).

Senonen: Gallischer Hauptstamm zwischen Yonne und Seine. Hauptstadt Agedinco (das heutige Sens, nach dem Stammesnamen).

Sequaner: Einflußreicher Hauptstamm zwischen Saône und dem Jura. Hauptstadt Vesontio (Besançon). Rivalisierten mit den Haeduern und den Arvernern um die Hegemonie in Gallien.

Treverer: Gallisch-germanischer Stamm an der Mosel. Der Name Augusta Treverorum (Trier) erinnert an sie.

Dieses Buch enthält eine Landkarte, die dem interessierten Leser hinreichende Informationen über die geografischen Gegebenheiten und die Lokalisation aller in diesem Buch vorkommenden gallischen Stämme vermittelt.

Nun noch einige Sachbegriffe:

Druide: Angehöriger der Priesterkaste der Kelten.

Korma: Starkes, obergäriges Bier. War neben Met und Wein das gängigste Getränk der Kelten.

Korrigan: Den keltischen Druidinnen wurde die Fähigkeit nachgesagt, sich des Nachts in eine weiße Hindin zu verwandeln (= Korrigan).

Legion: Römische Militäreinheit. Eine Legion zur Zeit Caesars hatte etwa 4–5000 Mann, unterteilt in 10 Kohorten zu 4–500 Mann. Eine Kohorte hatte 10 Zenturien zu je 50 Mann. Das Feldzeichen der Legion war der Adler.

Lucell: Keltischer Gott der Schmiede und des Feuers.

Morrigan: Geflügelte Todes- und Schlachtengöttin der Kelten.

Sagum: Keltischer knielanger Kapuzenmantel.

Taranis: Eine der drei obersten Gottheiten der Kelten. Sein Symbol war das Rad, das Zeichen für Ewigkeit.

Teutates: Höchste Gottheit der Kelten. Gott der Völker und der Weisheit.

Turma: Römische Reiterabteilung in Kompaniestärke (ca. 60 Mann).

Vergobret: Höchster Ratsherr im Stammesrat der Haeduer.

Zenturio: Führer einer Zenturie im römischen Heer.